Charlotte von Kalb (1761-1843) ist heute vor allem wegen ihrer Liebesbeziehungen zu Schiller und Jean Paul bekannt, die beide unglücklich für sie endeten. Aus altadeligem Geschlecht, mit einem ungeliebten Mann verheiratet, hochgeschätzt von Wieland, Herder, Goethe, Fichte und anderen geistigen Größen ihrer Zeit, blieb sie trotz mancher Schicksalsschläge teilnehmend und ungebeugt bis ans Ende. Literarische Verführung ist ein zentrales Thema dieses »Lebensromans« einer passionierten Leserin, von der Rahel Varnhagen schrieb: »Frau von Kalb ist von allen Frauen, die ich je gekannt habe, die geistvollste; ihr Geist hat wirklich wie Flügel, mit denen sie sich in jedem beliebigen Augenblick, unter allen Umständen, in alle Höhen schwingen kann.« Ursula Naumann zeichnet die Lebensgeschichte Charlotte von Kalbs behutsam und eindringlich nach.

Von Ursula Naumann ist im insel taschenbuch erschienen: *Schiller, Lotte und Line. Eine klassische Dreiecksgeschichte* (it 3079)

insel taschenbuch 3234
Ursula Naumann
Schillers Königin

Ursula Naumann

SCHILLERS KÖNIGIN

Das Leben
der Charlotte von Kalb

Mit einem Bildteil

Insel Verlag

Umschlagabbildung: Johann Friedrich August Tischbein.
Bildnis Charlotte von Kalb. Foto: Deutsches Literaturarchiv, Marbach

insel taschenbuch 3234
Erste Auflage 2006
© Insel Verlag Frankfurt am Main und Leipzig 2006
Alle Rechte vorbehalten, insbesondere das der Übersetzung,
des öffentlichen Vortrags sowie der Übertragung
durch Rundfunk und Fernsehen, auch einzelner Teile.
Kein Teil des Werkes darf in irgendeiner Form
(durch Fotografie, Mikrofilm oder andere Verfahren)
ohne schriftliche Genehmigung des Verlages
reproduziert oder unter Verwendung elektronischer Systeme
verarbeitet, vervielfältigt oder verbreitet werden.
Hinweise zu dieser Ausgabe am Schluß des Bandes
Vertrieb durch den Suhrkamp Taschenbuch Verlag
Umschlag nach Entwürfen von Willy Fleckhaus
Satz: Hümmer GmbH, Waldbüttelbrunn
Druck: Druckhaus Nomos, Sinzheim
Printed in Germany
ISBN 3-458-34934-0
ISBN 978-3-458-34934-1

1 2 3 4 5 6 − 11 10 09 08 07 06

INHALT

I · DICHTERLIEBE

II · DAS PHANTOM DER SEHNSUCHT

III · ANHANG

KÖNIGIN
Auch ich bin eine Freundin von Geschichten.
Schiller, Don Karlos.

I · DICHTERLIEBE

Was ist's in mir, das diesen Geist in mir schafft
und dies Erheben über alles und Ergeben in alle Dinge?
Charlotte von Kalb an Jean Paul, am 16. Juni 1799

1 · DASEIN

Der Freiherr Johann Friedrich Philipp Marschalk von Ostheim ist als einziger Sohn seiner Eltern Erbe des Familienstammgutes Waltershausen im unterfränkischen Grabfeld. Nach dem Tode des Großonkels Karl Christoph und (etwas später) dem seines Miterben wird er außerdem Besitzer der im Bambergischen liegenden Güter Trabelsdorf und Dankenfeld. Er hat die zeittypischen Leidenschaften – vom Standpunkt der Untertanen betrachtet Laster – seines Standes: Jagd- und Baulust, und den üblichen Lebenslauf. Sein Kavaliersstudium absolviert er in Straßburg, daran schließt sich eine mehrjährige Reise durch die Schweiz und Frankreich an, wo er *schöne Gegenden*, vor allem aber Gebäude und Gärten studiert. Nach der Heimkehr (er ist sechsundzwanzig Jahre) läßt er in Waltershausen aufwendige Umbauten vornehmen und den Garten neu anlegen. *Er wollte nur dann eine Braut heimführen, wenn die Umgebungen des Schlosses verändert.* Das dauert seine Zeit. Erst neun Jahre später heiratet er die nach damaligen Vorstellungen auch schon nicht mehr ganz junge (fünfundzwanzigjährige) Wilhelmine Rosina von Stein-Nordheim, seine zweite Wahl. Eine andere Verlobung war zuvor, wie es heißt, *durch Streitsucht der Verwandten* zerbrochen.

Schon bald, 1759, wird ihnen ein Sohn geboren, der stirbt (die Familienlegende sagt: in der gleichen Stunde), als ein Jahr später ein zweiter Sohn geboren wird: Johann Christian August Friedrich Wilhelm Gottlob Egyd, genannt Fritz.

Diese Verschränkung von Geburt und Tod hat die Mutter tief verstört. Als Wilhelmine gleich wieder schwanger wird, nimmt sie ihre Angst, ein totes Kind oder, ihr fast ebenso schlimm, nur ein Mädchen gebären zu müssen, für Vorahnung. *Die Eltermutter allein war zuversichtlich, es werde wieder ein Knabe geboren. Aus dem Kinderzeug war alles weggetan, was ein Mädchen zu bekleiden dient, und schon hatte sie seinen Taufnamen erwählt. Eine andere Möglichkeit zu äußern, reizte ihren Unmut. – Das Kind war ein Mädchen; heftig rief sie aus: ›Du solltest nicht da sein!‹ Oft wiederholte sie es, und das Brüderchen sprach die Silben »Dasein« wie ein Echo nach, und so ward frühe das Schwesterchen von ihm genannt.*

Das Mädchen wird auf die Namen Charlotte Sophia Juliane getauft. Sein Geburtstag ist mitten im Sommer, am 25. Juli 1761.

Wilhelmine Rosina, die sich so sehr einen Sohn wünscht, bringt noch drei Töchter auf die Welt: Wilhelmine (November 1762), Eleonore (Januar 1764) und Karoline (Juni 1766). In acht Jahren hat sie sechsmal Wochenbett halten müssen. Die Kinder haben ihre Eltern nicht lange. Der Vater stirbt im Herbst 1768 *ganz unvermutet an einem heimlich schleichenden Fieber*, die Mutter im April des folgenden Jahres.

2 · RITTER

Das kleine Landschloß, in dem das unerwünschte Mädchen Charlotte seine frühe Kindheit verbringt, hat zehn Kammern, zwölf Stuben und einen Festsaal, der mit zierlichem Rokoko-Stuck geschmückt ist, dazu Küchengewölbe, Wein- und Bierkeller, Obstlager, Kutschenhalle, Stallungen und ein Verließ: Daß es einmal Burg war, sieht man ihm von außen noch an. Seine drei Flügel sind zu einem massiven Karree zusammengedrängt, das, flankiert von vier Türmen, etwas Verschlossenes, Abweisendes hat und etwas Abgehobenes oben auf einem Hügel, um den sich im Halbkreis das Dorf herum biegt mit den Häusern der Pächter, Tagelöhner, Handwerker. Nahe am Schloß liegt die evangelische Kirche, in der der Pfarrer Nikolaus Nenninger predigt, ein Müllerssohn aus Waltershausen, der als Vierzehnjähriger mit zwei Freunden von zu Hause weggelaufen war. Bis nach Ostindien wollten sie kommen und sich das Geld und Brot dazu durch *ihre Waldhörner und Violinen verdienen*. Aber Nenningers große Reise war schon in Nürnberg zu Ende, wo er Gönner fand, die ihm Schule und Studium zahlten, während seine Freunde in Holland *Feldmusici* wurden.

Zwischen dem Schloß und dem Dorf erstreckt sich ein großer Baum- und Küchengarten, der, wo er im Süden zu einem kleinen Flüßchen, der Milz, hin abfällt, von Johann Philipp mit gemauerten Terrassen und mit zwei Springbrunnen versehen worden ist. Die Kinder werden früh mit Familiengeschichten und -legenden vertraut gemacht.

Wie gern hören Kinder von der Vergangenheit! Wie es war, ehe sie waren, Neues, immer Neues, und das schon Gehörte wiederholt erbitten sie.

Eine Veränderung in der Umgebung des Schlosses war sichtlich. ›Sieh'‹, sprach Fritz, ›um das Schloß herum war ehemals ein tiefer Graben, und die Zugbrücke ging fast bis an die Kirche. Der Graben wurde ausgefüllt; die lange Ebene, jetzt mit Blumen und Kräutern geschmückt, die Gänge bis zum Teich hinunter, alles dies war einst ein Kirchhof; und nun ist von dem klaren Bach, der so manche Mühle treibt, auch der Garten begrenzt. Komm mit mir und laß uns nun hier die geschlängelten Pfade zur Wiese hinab gehen.‹

›Lieber Bruder, ehemals war es wohl noch nicht bequem über die Gräber zu laufen.‹

Also mußten die alten Ritterburgen umschanzt sein, um gegen

Überfall zu schützen. Mancher mag wohl beim Heraufklettern Hals und Beine gebrochen haben.

Charlotte hat ihre Kindheits- und Jugenderinnerungen, die einzige Quelle für ihre frühen Jahre, als alte blinde Frau diktiert, in einem Stil, dessen bedeutungsschwere, wunderlich starre Feierlichkeit alles Kindliche verleugnet. Vieles hat sie darin verschwiegen, vieles hat sie nicht mehr gewußt. *Die Personen in der Vergangenheit entschwinden uns immer mehr – und wollen wir davon sagen, muß es Dichtung werden,* reflektierte sie, und: *Über das innere werde ich treuer sein können, als über das äußere Leben – auch ist ja kein äußeres.* Daß ›eigentlich‹, im emphatischen Sinne, nur das innere Leben zähle, ist das für Charlotte wohl wichtigste Moment ihres Selbstentwurfes, ihre erste Antwort auf die Frage: Wer bin ich? Jeder Autobiograph muß sie sich stellen, denn er will ja davon berichten, wie er zu dem wurde, der er ist.

Sein eigenes Leben erzählt, wer der Welt interessant geworden ist, durch besondere Leistungen in den Künsten oder Wissenschaften zum Beispiel, oder durch besondere Erfahrungen, als Reisender, als einer, der mit berühmten Leuten umgegangen ist. Die Freunde, die Charlotte von Kalb zum Niederschreiben ihrer Erinnerungen drängten, haben von ihr Memoiren erwartet mit Nachrichten, Neuigkeiten, Enthüllungen aus dem Leben der Geistesgrößen, mit denen sie bekannt und befreundet gewesen war. Doch sie hat, sehr zu ihrer Enttäuschung, nur eine Autobiographie verfaßt, eine – Fragment gebliebene – Lebensbeschreibung um ihrer selbst willen, ohne daß sie dazu durch Leistungen legitimiert gewesen wäre und deshalb auch, ohne von einem ›etwas Gewordensein‹ her einen Weg durch das Labyrinth der Vergangenheit finden zu können. Männer hatten es da leichter. Sie hatten immer einen Beruf, ein Amt. Wer bin ich? Ein Schriftsteller, konnte etwa Jean Paul antworten und (in seiner »Selberlebensbeschreibung«) schon den kleinen Johann Paul Friedrich Richter beim spielerischen Büchermachen entdecken. Charlotte war nichts geworden. Sie war nur, eine Not, die sie als höchste Tugend erkannte.

So findet und zeigt sie sich also vor allem in der Eigentlichkeit ihres inneren Lebens, von dem sie in symbolischen Bildern und Szenen zu sprechen sucht, *denn um zu sagen, was man denkt, meint und bilden möchte, muß man Figuren und Chimären schaffen.* Aber sie findet sich auch in den Bedingungen ihres In-der-Welt-Seins, in den Rollen, die ihr durch Geschlecht und Stand zugeteilt waren. Von der einen erzählt die Geburts-, die Dasein-Geschichte: Ich bin (nur) ein Mädchen. Über die andere läßt sich dieser »Defekt« kompensieren: Ich bin eine Marschalk von Ostheim.

Die Marschalk von Ostheim gehörten zur *reichsfrei unmittelbaren Ritterschaft Landes zu Franken,* die von altersher in sechs Kantonen organisiert war. An ihrer Spitze stand jeweils ein von Ritterräten unterstützter Ritterhauptmann. Charlottes Vater, Johann Philipp, gehörte mit seinem Stammgut Waltershausen zum Kanton Rhön und Werra, mit seinen Gütern im Bambergischen (als Ritterrat) zum Kanton Steigerwald. Die ritterliche Interessenvertretung sollte Machtlose stärken, denn die Reichsfreiheit, die sich diese Herren zusprachen, war seit langem kaum mehr als ein leeres Wort. *Reichsfrei! Wie ist längst das Reich verkleinert und die Freiheit zur Fabel geworden!* ruft Charlotte in ihrem Ritterroman »Cornelia« aus. Nicht dem ohnmächtigen Kaiser in Wien waren diese Reichsritter in der Praxis verpflichtet, sondern den nahen und schon deshalb mächtigeren Landesfürsten. *Bei-*

nahe jede ritterliche Herrschaft bildete eine Enklave, war von fürstlichem, reichsstädtischem oder geistlichem Gebiet umfaßt, zuweilen sogar von mehreren freien Gebieten dermaßen eingeschnürt, daß man sich nicht frei bewegen konnte, ohne mit der in der Regel sehr wenig günstig gesinnten Nachbarschaft in Streit zu kommen, beschreibt ein Historiker und Reichsritter (Roth von Schreckenstein geheißen) diesen Zustand. Meist waren die Reichsritter den Landesherren lehnsverpflichtet oder sogar in ihrem Dienst, was natürlich die Gefahr von Übergriffen verminderte. Johann Philipp hatte (wie üblich) gleich mehrere Herren. Seine Stammgüter lagen im Machtbereich des Fürstbischofs von Würzburg und dem des Herzogs von Sachsen-Meiningen, die großen Güter Dankenfeld und Trabelsdorf waren zum überwiegenden Teil Lehen des Fürstbischofs von Bamberg, dem Johann Philipp als *Bambergischer Untererbmarschall und als pfälzischer und hochfürstlicher Bambergischer Geheimer Rat und Kammerherr* besonders eng verbunden war.

Die verschiedenen Abhängigkeiten führten natürlich zu höchst komplizierten Lehns- und Besitzverhältnissen. Der Tod eines Reichsfreien hatte fast unweigerlich Erbstreitigkeiten zur Folge und Prozesse, die sich oft Jahrzehnte hinschleppten. Auch Johann Philipp hat lange gegen einen Miterben, den verschwenderischen Onkel Karl Christoph, prozessiert.

Auf der Vaterseite konnten die Marschalk von Ostheim ihren Stammbaum bis auf die Zeit um 1300 zurückverfolgen. Seit 1522 waren sie alleinige Besitzer von Waltershausen, das durch Heirat an sie gekommen war, rund hundert Jahre später wurde, auf dem Fundament der alten Wehrburg, das neue Schloß errichtet. Damals legte man auch den Friedhof vom Schloß weg an den Rand des Dorfes, in Charlottes Erinnerungen Sinnbild für die Wende von der alten Zeit, in der die Ritter kämpften, raubten, töteten, zu einer Epoche, in der sie zivilisierten und Gärten anlegten, wo ehemals Gräber waren.

Die Landadeligen des 18. Jahrhunderts lebten auf ihren Gütern wie auf Inseln, die gewöhnliche Unterhaltung bestand in Besuchen von Insel zu Insel. Charlottes Vater liebte solche Gastlichkeiten, die Mutter hemmte diese Neigung nicht, wie Charlotte sich ausdrückt, die die Mutter nach dem eigenen Bilde geformt hat, als Wesen, *nur das vom Äußern aufnehmend, was die Gediegenheit des innern Lebens mehrt ... Sie besaß Sprachkenntnisse, Belesenheit in religiösen und historischen Schriften, wie damals wenige.*

In wenigen Strichen skizziert Charlotte die engsten Freunde und häufigsten Besucher der Eltern. Ein Herr von Truchseß hat nach einem Aufenthalt in England die Eigenheiten der englischen Landedelleute angenommen, eine Passion für Landwirtschaft nämlich und *Schreibsucht.* Jeden Morgen soll er Predigten verfaßt und sie abends vorgetragen haben. Herr von Grappendorf dagegen ist nach der Tradition französisch gebildet und liest sehr gefällig aus Racine und Fénelon vor. Den Kindern gibt er wohlwollend Rätsel auf. Mit Herrn und Frau von Bose wird musiziert. Am liebsten aber hat es die kleine Charlotte, wenn der Bruder der Mutter kommt, den schon seine Zugehörigkeit zum Deutschen Orden zu einer romantischen Gestalt macht. Er ist weitgereist, ein weltgewandter, tugendhafter Mann, der, einem Gelübde gehorchend, weder tanzt noch Karten spielt, der gewöhnliche Zeitvertreib der Gesellschaft.

Am meisten Gäste kommen im Herbst ins Dankenfelder Schloß, zur Jagd im Steigerwald. So wildreich soll damals die Gegend gewesen sein, daß man mit Glück einen Hirsch sogar aus dem Schloßfenster erlegen konnte. Für Johann Philipp Marschalk von Ostheim ist die Jagdsaison der Höhepunkt des Jahres. Um alle Jagdfreunde unterbringen zu können, läßt er sogar anbauen. *Ein neuer Flügel im Jagdschloß zu Dankenfeld war erbaut, dessen Wände man bekleiden wollte. Die chinesischen Tapeten waren Mode und da man gern eignen Stoff verwandte, ward ungebleichte und auch gelb gefärbte Leinwand genommen, in großen Rahmen gespannt. Auf diese wurde mannigfaltige Bildnerei in erhabener Arbeit mit Seide, Wolle, bunten Flicklein geklebt. Die Gegenstände waren, wenn nicht kunstreich, doch gefällig und belustigend zu fertigen, wenn da ein Palmbaum heute den Stamm uns zeigte, morgen mehrere Äste, bald die ganze Pracht, dann Figuren erschienen, Kamele, Pyramiden mit Inschriften, so ohne Wiederholung gar Manches in verschiedener Form und Art – welch' ein Frohlocken! Wir meinten auf solchem Grund bald alles zu erblicken, was auf Erden sei.*

Ganz verklärt aber steigt aus dem Dunkel der Vergangenheit ein ländliches Fest empor, eine Fischpartie an den Ufern der Milz. Dressierte Windhunde tragen die Einladungen zu Freunden, Bekannten, den Verwandten nach Nordheim. Die Kinder können ihre Rückkehr kaum erwarten: *Fritz stand längst am Fenster, da rief er: ›Da kommt Caro gesprungen!‹ Die Tür wurde geöffnet, schnaufend warf sich der Windhund zu den Füßen des Knaben, der sorglich die blecherne Kapsel öffnete und das Blatt las: ›sie kommen, sie kommen; auch von Nordheim, mit allen Kindern, die jetzt laufen können!‹* Auf der Wiese am Flüßchen werden Tafeln gedeckt und daneben in großen Kesseln die Fische zubereitet. Dazu wird *südlicher Rebensaft* und *goldglänzender Rhein im grünlichem Glase* gereicht. Dann geschieht, was diesen Tag in Charlottes Erinnerung zum *Solitair* werden ließ. Von Posthörnern angekündigt, erscheint Fürst Ernst Friedrich Karl von Sachsen-Hild-burghausen, ein glanzvoll auftretender, verschwenderischer Herr, der als einer der bestaussehenden Fürsten seiner Zeit galt. Er ist mit seinem Gefolge auf der Durchreise nach Bad Kissingen und kommt ganz zufällig vorbei, welch unerwarte-te Krönung des Festes!

Als Charlotte diese Geschichte diktierte, hatte sie zwei Revo-lutionen erlebt und mit ihren Zielen und Ideen sympathi-siert. Sie kannte die Öde und Langeweile adligen Landle-bens, wußte, wie roh und ungebildet die Ritter meist waren und wie unbedeutend die Fürsten. Aber weder Einsicht noch Erfahrung haben etwas vermocht gegen den Hang und Zwang zur Verklärung. In ihrer Poesie ist der Adel tatsäch-lich, was sein Name behauptet, nämlich edel, und er zele-briert sich in einem Fest, dessen Glanz Repräsentation inne-ren Wertes ist.

3 · GEISTER

Wie Vöglein den Faden nicht sehen, der sie bindet, so waren auch wir beachtet.

Gesinnung, Gedanke waren früh erweckt, und sind wohl bei je-dem gepflegten Kinde der Gehalt des Daseins.

Ich erinnere mich, daß wir gewöhnlich nach Straßburger Tracht, zierlich und fein gekleidet waren, das reichliche Haar war da-für ein geeigneter Schmuck. O Jugendzeit, so rein, so frei, dein Nachgefühl ward uns zum Trost der Gegenwart!

Wir neigen dazu, unsere Kindheit erinnernd zu verklären; für die früh verwaiste Charlotte war das Bedürfnis danach besonders groß, eben weil sie in den ersten Lebensjahren noch ein richtiges Zuhause hatte. Sonderlich glücklich kann es nicht gewesen sein.

Eine liebevolle Beziehung verbindet das kleine Mädchen nur mit dem Bruder, der *mitteilend und schützend immer ihr Fürsprecher war,* Fürsprecher bei der Mutter, die den Sohn immer um sich haben will und die Tochter fern hält, der sie ihr Dasein nicht verzeihen kann. Schon früh wird Charlotte der Aufsicht einer aus Nancy gebürtigen Witwe übergeben, von der sie in kurzer Zeit das in ihren Kreisen unentbehrliche Französisch lernt. Die Liebe des Vaters ist für die Ablehnung der Mutter kein Ersatz. Er ist ein heftiger, jähzorniger Mann; die Furcht, die man vor ihm als Vater hat, läßt vertrauensvolle Zuneigung nicht aufkommen. Man muß zu ihm aufschauen. Seine Hand schlägt und segnet, wie die Hand Gottes. *Gewöhnlich saß ich am Tisch neben dem Vater, und der Bruder bei der Mutter. Der Vater hatte die Gewohnheit, die Hand auf mein Haupt zu legen.* Selbst das ist ein Traum. Denn Gewohnheit kann eine Berührung nicht gewesen sein, auf die das Kind so einmalig überwältigt, so außergewöhnlich reagiert: Charlotte bricht in Tränen aus. *Fritz sagte: ›Lotte, warum weinest du?‹ ›Habe ich dir wehe gethan?‹ sprach der Vater. Da faßte ich seine Hand und sagte: ›C'est une bénédiction, mon père!‹*

Wir sehen ein zärtlichkeitshungriges, ekstatisches, ernstes kleines Mädchen. Eine Erziehung, die aus Kindern so schnell wie möglich Erwachsene machen will, hat es bei ihr leicht. *Eigentliches Kinderspiel war nicht verboten, aber es blieb dazu keine Zeit. Ob es absichtlich gehindert wurde, weiß ich nicht, mit Docken (Puppen) hab ich nie gespielt. Wird ein Mädchen dadurch in Handarbeit geübt, wird sie doch besonders nur gewitzigt, sich und ihresgleichen für Puppen anzusehen, wenn nicht leblos, doch geistlos.*

Charlotte sinnt, träumt, lebt in Phantasiewelten, ist dünnhäutig, feinfühlig, leicht erregbar. *Tief erschüttert, habe ich einen fast bewußtlosen Zustand oft erduldet; und nur nach langer Stille faßte der Geist wieder Gedanken und Wollen.* Sie hat schlechte Augen; um so empfänglicher ist sie für das, was sie hört. Das Ohr sei ihr Himmel und ihre Hölle, hat sie einmal gesagt.

Ein Kandidat der Theologie, der als Gast in der Waltershausener Kirche predigt, versetzt sie mit seinen Warnungen vor dem Teufel in Angst und Schrecken. *So wahrhaftig aufgenommen war es dem Mädchen ein bleibender Eindruck.*

Gegen ihre Angstphantasien verordnete die Mutter das Lernen frommer Sprüche, moralischer Sentenzen, doch die Grenzen zwischen Glauben und Aberglauben waren und sind fließend. Teufel und Schloßgespenster wohnten gewissermaßen Wand an Wand.

Die Gräfin Rotenhan, Schwester meines Vaters, kam zum Besuch mit ihren zwei Töchtern. Als die Wärterin die jüngste durch den Saal führte, schlug ein Bild herab; das Kind schrie gewaltsam und fiel in Zuckungen. Nach wiederholten Anfällen starb es in einigen Tagen. Von sehr zarter Bildung war es doch nie kränklich gewesen.

Auf das genaueste ward untersucht, was den Fall des Bildes konnte veranlaßt haben; kein Windzug, der starke Ring am Rahmen noch fest, so wie der Widerhaken einige Zoll tief in der Mauer. Nicht für Zauberei wollte man es halten, doch blieb es unerklärlich.

Den Geisterglauben hat Charlotte aus der Kindheit ins Erwachsenen- und Greisenalter mitgenommen. *Gegen Schrecken und Furcht haben wir, weil es ein feindliches Land ist, immer zu wachen.* Ahnungen, Ängste, Wahrträume durchziehen ihre Erinnerungen, die mit der Erzählung einer großmütterlichen Todesahnung beginnen und ihr eigenes – Charlottes – Dasein an eine düstere Ahnung der Mutter knüpfen. Daß diese Ängste in ihr so tiefe Wurzeln schlagen konnten, hat wohl mit dem traumatischen Verlust der Eltern zu tun.

Im Herbst 1768 nimmt die Tante Rotenhan die siebenjährige Charlotte mit sich auf eine Reise, erst auf ihr Landgut im Itz-Grund, dann in die Stadtresidenz nach Bamberg. Die Eltern sollen sie dort später wieder abholen. Charlotte ist von der schönen Stadt mit den vielen Kirchen, Klöstern, Menschen tief beeindruckt; der Katholizismus ist ihr Phantasienahrung und Augenlust.

In diesen Tagen sah man häufig Fallsüchtige auf den Straßen von Mönchen und Laien umringt, die da sagten: Da liegt wieder einer, der vom Teufel besessen ist.

Die Gespielinnen hatten mir gesagt, das Christuskind brächte auch mir am Weihnachtsmorgen Gaben dar. Da erwachte ich denn allzu früh, der Tag brach an, ich erblickte brennende Kerzen und eilte zur Anschauung. Ein wunderschönes Kind, in Wachs geformt, lag auf grünem Moos, gar lieblich, von jedem bewundert. Der Pater Joseph hatte es aus Loretto mitgebracht. ...

Daß ein Jesuskind aus Loretto zu sehen, wurde manchen bekannt; sie kamen, um es zu schauen. Kinder besonders fesselte dieser Anblick, sie knieten nieder und vergossen der Zärtlichkeit weiche Tränen. Bald darauf wurden wir von der Priorin eines Klosters ersucht, ihr dieses Bild zu senden; ein krankes

Kind, welches dasselbe bei uns gesehen, sehne sich danach. Es wurde ihm dargelegt; mit Entzücken, unverwandt in Schauen versunken, sagte es nicht mehr von Leid und stechendem Weh, nur von der Hoffnung, bald bei dem Jesus-Kinde zu sein.

Die Trennung von daheim dauert länger als geplant. Charlotte fühlt sich sehr allein. Statt der sehnsüchtig erwarteten Eltern ist ein schwarz gesiegelter Absagebrief eingetroffen: weil ein Ritterhauptmann gestorben sei, müsse der Vater zur Wahl eines Nachfolgers nach Schweinfurt und könne deshalb den Tag seiner Ankunft nicht bestimmen.

In dieser Zeit war ich besonders durch Träume aufgeregt; ich schrieb an Fenster und Pfosten den Namen meines Vaters; ich sah ihn im Traume in seinem Schlafgemach auf dem Lager liegend, umgeben von meinen Geschwistern, und daneben seinen treuen Hund. Dieser Traum wiederholte sich mir mit stärkeren Zügen. ...

Als darauf wirklich der Tod meines Vaters im November eintraf, waren alle über so Unerwartetes betroffen, ich aber vorbereitet, gleichsam heimisch in dieser Trauer.

Weil sie *dem Vater so wert gewesen*, wird Charlotte zu Hause mit ungewöhnlicher Aufmerksamkeit empfangen. *Mein Lager war in der Mutter Schlafgemach bereitet. Bruder Fritz schien aber betrübt darüber, daß ich immer bei der Mutter war, denn er geizte ihr nahe zu sein. Wie durch Eifersucht erregt, wechselten in ihm Freude und Trauer. In engeren Räumen ward nun das Familienleben zugebracht; alles beschränkter, stiller, jedes so nahe und doch so schweigsam. Wir sahen nur nach den Augen der Mutter und lauschten ihrer Rede. Ich erfuhr in diesen Tagen auch wohl Tadel, in der Haltung wäre ich nicht so gefällig wie ehemals, dabei unwahrnehmend für Äußeres und anderer Begegnung.*

Dann stirbt auch die Mutter, an ihrer Frömmigkeit. Das tödliche Fieber hatte sie sich beim Besuch in der kalten, feuchten Kirche geholt.

Suchend und rufend sei sie nach dem Tod der Mutter durch das leere Haus gelaufen, habe endlich die Tote in einem Zimmer auf einem *Ruhebett* liegend gefunden, noch einmal ihre kalte Hand gehalten, ihr ruhiges Gesicht ergriffen betrachtet, erzählt Charlotte. *Plötzlich drangen mehrere in das Gemach und erschraken, als sie mich bei der Leiche erblickten, ich ward fortgezogen und durch den Saal geführt, wo schon der Sarg stand.*

Wenige Tage später folgt die endgültige Vertreibung aus der melancholischen Kindheitsheimat. *Verwandte führten mich, die Türen, welche wir soeben verlassen und an denen wir vorübergingen, wurden gewaltsam zugeschlagen, verriegelt und verschlossen. Viele Hände waren außerdem beschäftigt, noch mehr zu verriegeln und zu versiegeln, und so unter klirrendem Geräusch und Stoßen der Versiegelung gingen wir langsam, leise die Stufen der hohen Treppe hinab.*

4 · KINDER

Die erste Fremde ist dem Zuhause noch nahe. August Philipp Freiherr von Stein, der Onkel und nach dem Tode des Vaters auch Vormund der Kinder, nimmt sie zu sich nach Nordheim, das nur ein paar Kilometer von Waltershausen entfernt liegt. Einfluß, Auftreten, aufwendiger Lebensstil hatten ihm den Beinamen eines ›Fürsten der Rhön‹ eingetragen, und auf *einem hochtrabenden fürstlichen Fuß* lebte er noch im Winter 1787, als ihm Schiller, eingeführt durch eine Empfehlung und vorbereitet durch Erzählungen Charlottes, einen Besuch abstattete: *Hier ist statt einem Hause ein Schloß, Hof statt Gesellschaft Tafel statt Mittagessen; die Frau ein vaporöses, falsches, intriguantes Geschöpf, dabei aber höflich wie die Falschheit und übrigens voll gutem französischen Ton. ... Herr von Stein ist ein imposanter Mensch von sehr viel guten und glänzenden Eigenschaften, voll Unterhaltung und Anstand, dabei ein Libertin in hohem Grade.*

In Charlottes »Erinnerungen« hören wir davon nichts, sie hat sich öffentliches Kritisieren von Personen streng versagt. Ihre ausgeprägte Abneigung gegen die Tante hat sie in eine Geschichte versteckt, die vor allem die schalkhafte Anmut der kleinen Schwester Eleonore vorführen will. *Feenkind* hat Charlotte sie zärtlich genannt: *Alles war zu unserm Wohl bedacht, nur über eine Kleinigkeit klagten wir, denn oft waren wir genötigt, Rüben und Wurzeln zu essen. Jeden Abend war dergleichen serviert und an jedem wiederholten wir dieselbe Beschwerde. Lorchen sagte:* ›Klagen darf man nicht, – ändern!‹

›Wie soll das geschehen?‹

›O laßt mich nur.‹

Sie hatte die Eigenheit, wenn sie sich etwas ausfinden oder auslisten wollte, so eilte sie, allein zu sein, schwebte hüpfend und schleifend umher; des kleinen Wesens Laune war in jeder Bewegung sichtbar, dann sprach sie ganz leichthin: ›Nun bin ich fertig.‹

Als wir darauf am Abend zu Tische waren und jene Speise vorüber, zeigte sie den leeren Teller hin, da sagte die Tante: ›So war es artig, Lorchen, heute hast du doch die Wurzeln aufgegessen.‹ – *Wir standen auf, man wollte ihr Zuckerwerk reichen, da sprach sie:* ›Das gib einem gehorsamen Kinde.‹

›Das bist du ja.‹ – *Die Kleine aber legte leise ein Papierröllchen auf den Tisch und rief, indem sie hüpfend forteilte:*

›ätsch, ätsch, Wurzeltante!‹ – Dieser Vorfall befreite uns von allem Zwang in Speisen, aber den Titel ›Wurzeltante‹ verbat man sich auch.

In ihrem Testament hatte Wilhelmine Rosina Marschalk von Ostheim Wünsche für die Versorgung ihrer Kinder geäußert, um deren Erfüllung sich die Vormundschaft nun bemühen mußte. Zu ihr gehört neben dem Onkel von Stein der geheime Legations- und Ritterrat von Bibra auf Irmelshausen. Fritz sollte unter Aufsicht seines Hofmeisters Trapp erst eine evangelische Schule, dann eine evangelische Universität besuchen. In Coburg, dem Schulort, mietete man für die beiden zunächst eine möblierte Wohnung, deren Besitzerin auch für die Verpflegung sorgte: *Frau von Boileau sind für des Herrn Barons und Hofmeisters Mittags- und Abends-Kost, welche mittags in 4 und abends in 3 Gerichten besteht, und beide damit wohl zufrieden sind, 400 Thaler … jährliches Kostgeld zu zahlen.* Später wurde ihnen eine leere Wohnung mit *drei Stuben, zwei Kammern, nebst einer halben Stube und ganzen Kammer für den Bedienten* standesgemäß eingerichtet. *Es kamen … in die große Stube, so drei Fenster hat, weiße Vorhänge, ein großer Spiegel mit vergoldetem Rahmen, zwei große und sechs Lehnstühle, nebst einem Taburett mit rotem Tuch beschlagen, ein großer und zwei kleine Tische, wovon letztere mit Wachstuch beschlagen.*
Die Unterbringung der Töchter gestaltete sich schwieriger. Die Mutter hatte sie zu ihrer Schwester nach Dresden geben wollen, aber daraus wurde nichts, vielleicht, weil die nicht alle vier nehmen konnte und man den Kindern die Trennung voneinander ersparen wollte. Schließlich nahm (im Juli 1770) der Meininger Kammerpräsident von Türck, ein Schwager des Vormunds von Bibra, die vier Schwestern als Pfle-

gekinder in seine Familie auf, einen Monat später wurde darüber mit ihm ein Kontrakt abgeschlossen: *Hochderselbe machen sich anheischig, gedachte Fräulein in Kost und völlige Verpflegung zu nehmen und wie bereits bishero, seit deren kurzen Dasein geschehen, auch fernerhin allezeit nebst Hochdero Frau Gemahlin Hochfreiherrliche Excellenz gleichsam als Vatter und Mutter an ihnen zu handeln, sie zur Gottesfurcht und allen christlichen Tugenden anweisen zu lassen, auch für deren Gesundheit und gute Erziehung alle mögliche Sorgfalt zu tragen.* Für jedes der drei älteren Fräulein wurde ein jährliches Kostgeld von 160 Talern vereinbart, für die jüngste, Karoline, 120 Taler, für die französische Mademoiselle, die Tee oder Kaffee (aber ohne Zucker!) bekommen sollte, 80 Taler, für die zwei Kindermädchen zusammen 100 Taler. Bis ins Detail war alles geregelt. So geruhten der Herr Kammerpräsident nicht nur zuzusichern, die Mädchen zur Kirche fahren zu lassen, sondern auch *zu Erhaltung und Besserung deren Wohlseins zum Spazierfahren Hochdero eigene Pferde und Wagen ohnentgeltlich zur Verfügung zu stellen.*

Die Nordheimer Wartezeit bis zur Übersiedlung nach Meiningen hat Charlotte meist in träumerischem Nichtstun hingebracht. Sie lernt ein wenig Filetstickerei (zu den feinsten Handarbeiten ist sie wegen ihrer schlechten Augen wenig geschickt), läßt sich *im Haushalt* beschäftigen, und ist, weil sich die Erwachsenen wenig um sie kümmern, viel unter Kindern. *Die Jugend war auf diesem Landsitze so zahlreich, sowohl in sich* – die Steins hatten neun Kinder – *als durch andere in Ort und Nachbarschaft, daß, wenn wir ausgingen, gleichsam eine Prozession durch Felder und Wiesen zog.*

Ein Reich der Brüderlichkeit, der Freiheit ... Für eine Weile fällt Charlotte aus der Erwachsenen-Welt der Ansprüche, der Zwänge heraus, niemand tadelt sie, niemand will sie erzie-

29

hen. *Drei Sommermonate wurden auf einem andern Schlosse [Völkershausen] zugebracht, wo ein großer Saal und lange Galerien die verwandte Jugend stets versammelten; auch ein Tanzmeister war gegenwärtig, und Volantspiel, wie Ballschlagen wurden weidlich geübt. Von der gegenseitigen Zuneigung dieser Jugend habe ich gesagt; dennoch fühlte ich das Verlangen nach Alleinsein, und ein solches bereitete ich mir.*

In dem Saale waren sehr hohe Lehnstühle mit breiter Rückwand. Mit solchen umstellte ich ein Fenster, wo ich noch Raum für Tisch und Bank behielt. So mir selbst überlassen, vergingen die Stunden in einem Nu, ohne Unterscheidung, aber auch ohne Unterbrechung des Wohls.

Dann ist es Herbst geworden, die Jäger sind wieder unterwegs und die Kinder retten ein von *klaffenden Doggen* verfolgtes Reh: ›*Es ist mein!‹ sprach die eine, ›es ist auch mein‹, sagte die andere – ›es ist unser, und von jedem wird es gepflegt und genährt werden.‹ Da ward das zitternde Tier gehalten, gestreichelt, mit süßer Milch gelabt. Welche Sorge und beneidete Mühe erregte unter uns nicht das kleine Tier! ... Wir bereiteten auf grünem Rasen dem Rehlein ein Lager; am Tage wurde es mit Kränzen geschmückt, und so manche Gunst ihm bereitet, die leider dem armen Tiere unerquicklich war.* Das zu Tode geliebte Reh wird den Kindern zum Trost ausgestopft. Als im Herbst zum Abschied der Sommergäste im Schloß ein allegorisches Singspiel aufgeführt wird – *nichts geringes – der Parnaß mit allen Musen –* stellt es den Pegasus vor, *seine Füßchen wohl beschlagen.*

Ein Winter noch, dann holt der *nutzlose Zwang* Charlotte und ihre Schwestern wieder ein. *Es kamen Lehrer, Aufseherinnen für uns Mägdlein. Alles wurde stattlicher und befangener. Täglich wurde gesagt:* ›*seid gehorsam, folgt und widersprecht nicht!‹.*

Am dritten Pfingstfeiertage sollte eine Wanderung durch die Alleen und den Wald stattfinden und abermals wurde wiederholt: ›seid gehorsam, folget nur!‹ – Der älteren Jugend waren die Gänge wohl bekannt, die hin und her leiteten, doch den heutigen Anführern war die Umgebung fremd, sie hatten nicht den Faden durch dieses Labyrinth. Alle folgten ohne Widerspruch und im dumpfen Gehorsam. Es brach die Dämmerung ein, wir waren im Dickicht des dunklen Waldes, nun fragte man die Knaben: ›wo finden wir den Weg zum Ausgang?‹ ›Wir müssen nun durch das dichte Gehölz zurück, denn hier ist das freie Feld uns doch näher!‹

Erst nach Mitternacht werden sie von einem Suchtrupp gefunden und ins nächste Städtchen begleitet.

Mit dieser ziemlich aufsässigen Geschichte über die bösen Folgen dumpfen Gehorsams läßt Charlotte ihre Kindheit enden. Bald danach ging es zu den Pflegeeltern nach Meiningen.

Hemmend wirkt für die Jugend die Veränderung äußerer Umgebungen, und welcher Zeit und Entfaltung bedarf es nicht, um die Zustände zu verstehen! Unter gänzlich Unbekannten fühlen wir keine Neigung, zu fragen, zu verlangen. So erschien denn den neuen Hausgenossen mein Betragen ungeregelt, auch vernahm ich zum ersten Mal die Rede: ›Du bist ein wildes Mädchen!‹

Früher hatte ich nie im Traum die Mutter, das elterliche Haus gesehen, doch jetzt war die Mutter in jeder Nacht lebend mit mir, und am Morgen starb sie mir wieder. Tränen flossen diesem sich immer erneuernden Verlust, und ich kann sagen: als Kind hab' ich ausgeweint.

Jungen wurden für den künftigen Beruf erzogen und auf ihre Stellung in der Welt vorbereitet, Mädchen erzog man damals (und noch lange) für den künftigen Mann, sah ihre natürliche Bestimmung in der Rolle einer Ehefrau und Mutter. Sie sollen gut wirtschaften können und häuslich, fromm, selbstlos, sanft sein. Sie dürfen etwas wissen, aber eher zuwenig, als zuviel, gelehrte Frauen sind Männern ein Greuel. Lektüre ist in Maßen erlaubt, Romane allerdings gelten als gefährlich. Vor allem aber müssen sie gefällig sein, um zu gefallen, damit sie ihr einziges Lebensziel, die Heirat, erreichen. *Es war eine schmeichelsüchtige Freundlichkeit, die man dem Kinde lehrte und die vor allem dem Weibe eigen sein sollte.*

Als Erwachsene hat sich Charlotte manchmal in sehnsüchtigem Übereifer mit Zügen dieses Rollenbildes identifiziert, in Briefen, in denen sie ein Loblied auf hauswirtschaftliche Tätigkeit singt und sich bei der aufopfernden Pflege ihrer kranken Kinder vorstellt, in ihrem aus dem Nachlaß herausgegebenen Roman »Cornelia«, in dem sie eine Dame sagen läßt: *Man tadele, daß wir so wenig Unterweisung erhielten, doch was man den Frauen zu lehren meint, ist doch nur Spreu oder eitel Schnitzwerk. Unwissenheit ist Unschuld.* Oder auch: *Hätte ich Romane und Chimären gekannt, so hätten mich wohl törichte Träume irregeführt, so aber war ich einfältig; den schlichten Tag hindurch war mein Tun einzig häuslicher Sorgfalt gewidmet; es gab immer zu erwägen und zu schaffen.*

Auch in den »Erinnerungen« beansprucht sie eine gute Note im Fach Hauswirtschaft, *(man hat mir später die Fähigkeit für praktische Sorgfalt abgesprochen, doch glaub' ich, mit Un-*

recht), aber es ist doch unübersehbar, daß es für sie eben doch nur ein Nebenfach war. Der Protest überwiegt. Nicht nur gegen die auf *schmeichelsüchtige Gefälligkeit* zielende Erziehung polemisiert sie, sie wendet sich auch grundsätzlich gegen das weibliche Schicksalsmodell, mit einer feministischen Fluchtutopie. Dafür hat sie die Schwestern zur Hilfe geholt, genauer, zwei von ihnen, Wilhelmine und Eleonore. Denn die jüngste, Karoline, fehlt hier nicht nur wegen ihres zarten Alters. Sie ist aus den »Erinnerungen« ausgestoßen. Man weiß von ihr nicht sehr viel mehr, als daß sie einen Fehler im Wuchs hatte.

Eine ältere Gespielin meiner Schwester, die oft des Abends kam, ... ward verlobt und der Tag ihrer Trauung bestimmt. Da sagte die Bonne: ›wollen Sie denn heute nicht der Trauung beiwohnen?‹ ›Nein gewiß nicht‹, sagte Minchen, ›die Bräute weinen immer so sehr, und ich kann mein Jettchen nicht weinen sehen.‹ Lorchen rief: ›ich mag heute auch nicht in der Kirche sein, – denn was Gott der Eva gesagt hat, gefällt mir gar nicht, mir hat auch noch kein Mann gefallen als der kleine Tambour, und der schöne Pariser (ein Seiltänzer) und mit denen werde ich doch nicht kopuliert.‹

Minchen. ›Ein Kind möcht' ich wohl haben ..., womit ich spielen und das ich pflegen kann.‹

Lorchen. ›Ein Kind, ein Kind darfst du ja nicht haben, denn die Amme muß ja Kirchenbuße tun, weil sie nur ein Kind gehabt hat.‹

Minchen. ›O mit aller Liebe würd' ich ein einzig Kind pflegen.‹

Lorchen. ›Nein, das geht nicht so, im Ehestand mußt du sterben. Charlotte, sage uns doch, wie die so sehr Leidende [die Mutter] gesprochen.‹

Charlotte. ›Das Weib ist nur hienieden, damit wieder ein Mann lebe; hat sie einen Knaben geboren, dann eilt sie willig zu der ewigen Mutter.‹

Lorchen. ›Da wollen wir auch nicht in der Welt sein, nicht wahr, Charlotte? – Der gute Bruder hat einige Schlösser, da gibt er uns eins, und so bleiben wir beieinander, du führst die Wirtschaft und wir helfen dir. Des Abends lesen wir, so geht dann das Leben hin, recht einig und freudig, und keines darf zu uns, das nicht auch in so sanfter Stille das Leben achtet. Wie das werden soll, will ich nun ausdenken.‹

Sie ging über den Saal, schleifend, hüpfend in schönster Bewegung, kam jauchzend zu uns zurück und berichtete dann den Plan zur künftigen Existenz. Von da an war eine solche Existenz Jahre hindurch unsere Unterhaltung und Hoffnung.

Rückblickend hat Charlotte erkannt, daß es ihr Religionsunterricht gewesen war, der den Konflikt mit ihren Erzieherinnen – der Pflegemutter und der französischen *bonne* – verschärfte, *denn alle Reden und Gedanken, die [der Lehrer] mir einflößte, hatten Beziehung auf Stille, Abgeschiedenheit, schweigsame Andacht. Früher schon war mir zum Vorwurf, daß ich ungesellig, störrig sei, und da man jetzt diesen Ernst immer mehr gewahrte, so ward ich streng getadelt, und man drohte: ich könnte nicht eingesegnet werden, weil ich einen so unfreundlichen Sinn hätte. Ich beteuerte: daß bei ernstem Sinnen ich innerlich freudig wäre, und oft bei heiterer Laune, die andere als Zeichen von Freude und Glück nehmen, mich unglücklich fühlte.*

Aber sie gesteht doch auch ein, daß sie eine Neigung zur Schwermut hatte, die durch pietistische Bekehrungsschriften, die ihr der Lehrer zu lesen gab, genährt wurde. *Er bemerkte den Eindruck, und änderte die Wahl der Schriften aus seiner für einen Privatmann reichhaltigen Bibliothek. Bei sei-*

ner Neigung, orientalische Sprüche vorzutragen und die ver-
schiedensten religiösen Meinungen zu erklären, wurde mit der
christlichen Lehre manche Ansicht entwickelt. Einen Auszug
aus dem Koran teilte er mir auch mit, so daß ich gleichsam
wandelte wie unter den Palmen des Paradieses, im Anschaun
die Seele auf den Wipfeln des Lebens schwebend. Begeistert
von dem Reich solcher Wonnen ward mir der erste Eindruck
einer allumfassenden Dichtung.

Zur Vorbereitung auf die Konfirmation geht Frau von Türck
mit Charlotte und dem Religionslehrer aufs Land zu einem
Dorfgeistlichen. *Mehrere Stunden des Tages, auch auf Spazier-*
gängen war ich mit diesen beiden Geistlichen ... Später habe
ich erkannt, daß der Geistliche des Orts mich über die Pflich-
ten des bürgerlichen Lebens belehren wollte, der Lehrer aber
mich zu einer geistigen, freieren Heimat leiten. Charlotte hat
sich ihres ersten Seelenführers mit schwärmerischer Dankbarkeit erinnert. *Er war klein von Gestalt, leicht in seinen*
Bewegungen, ein freier Blick, eine hohe Stirn bezeichneten
ihn.

Johann Georg Fleischmann war Lehrer an der Meininger
Mädchenschule, Anhänger eines mystisch gefärbten Gefühls-
christentums, dabei undogmatisch, tolerant, als Orientalist
auch interessiert an anderen Religionen. Als er zum Unterricht der Marschalkschen Schwestern ins Türcksche Haus
kam, mußte die neunjährige Charlotte das *Buchstabieren* von
ihm erst wieder neu lernen. *Von diesen Tagen an blieb Lesen*
mir Hauptinhalt des Lebens. Lesen war für sie Leben. *Mich*
verwandelt der Gedanke anderer in das Gefühl, so bin ich,
schreibt sie später einmal.

Ein großes Lektüre-Erlebnis ihrer frühen Jugend verbindet
sich für sie mit den französischen Klassikern, Corneille, Racine, Voltaire, deren Dramen, für den Hof geschrieben, noch

im späten 18. Jahrhundert die standesgemäße Lektüre der deutschen Aristokratie waren und bei den Türcks an langen Winterabenden im Familien- und Freundeskreis gelesen wurden. *Schöner vergingen keine Abende, so reichen Gehalts, bewegt durch Bewunderung ... Alles, was in Beziehung der Verhältnisse zu Menschen dargetan, war mir weniger verständlich, als befreitere Ideen, die keine Bezweckung hatten. Die, so eine Verbindlichkeit fordern, müssen wir erfahren und dulden. Jene Ideen aber, wie von Ätherswehen getragen, bereichern die Anschauung, werden die Anweisung zum seligen Leben.*

Intensive Begegnungen mit dieser Literatur knüpfen sich auch an das kinderreiche Haus des Onkels Ludwig von Wolzogen, dessen Frau Henriette eine geborene Marschalk von Ostheim war. *Der alte Geheimerat verließ nicht mehr seine Wohnung, war kränklich, aber bei heiterer Laune versammelte er gern uns Kinder um sich, und gestattete kindliche Spiele. Jeden Sonntag wurden wir bei ihm erwartet; zum Zeitvertreib wurde ersonnenes oder erfundenes Lust- und Sprichwörterspiel dargestellt. Da ich Athalie und Esther gelesen und manches daraus erlernt, auch schon biblische Dramen von Schülern aufführen gesehen, war ich zu diesem geneigt. Auch der Geheimerat verschmähte nicht, in solchem Spiel als der alte Tobias zu erscheinen.*

Die Dramen der französischen Klassik sind abstrakte Konfigurationen, die im hohen Stil von den großen Gefühlen, Passionen, Konflikten hochgestellter Personen erzählen.

Chimène a l'âme haute, et quoique intéressée,
Elle ne peut souffrir une basse pensée –

Chimène hat eine große Seele, jeder niedrige Gedanke ist ihr unerträglich, heißt es programmatisch von der Heldin des Corneille'schen »Cid«, einer Tragödie, in der die Kollision von Ehre und Liebe in die Katastrophe führen muß: Chimène liebt den Mörder ihres Vaters.

Die Großen sind einsam, weil sie groß sind, umgeben von Neidern und Intriganten, die sie stürzen und vernichten wollen. Pflicht und Neigung bekriegen sich unversöhnlich, die Heftigkeit der Affekte und Leidenschaften wird gebändigt durch die aristokratisch-höfische Form des Umgangs, die sich in der strengen sprachlichen Stilisierung dieser Dramen ästhetisch spiegelt. Öffentlicher und privater Raum, Repräsentation und Intimität, sind zwei gewöhnlich streng voneinander geschiedene Bereiche in dieser aristokratischen Kunstwelt, die den Lesern / Zuschauern formloserer, bürgerlich-demokratischer Zeiten meist fremd und unzugänglich scheint. Charlotte aber hat sich in ihren Helden noch wiederfinden können, erkannte ihre Gefühle als *selbst empfunden, selbst beweint*, lieh sich von ihnen das Ideal eines großen Lebens. Wohl auch deshalb ist sie den nachgeborenen Literarhistorikern von allen bedeutenden Frauen der Goethezeit die fremdeste, die irritierendste gewesen, ganz im Sinne von Karoline Schlegels hellsichtiger Kritik: *Frau von Kalb hab ich auch gesehn, aber Ihr mögt sagen was Ihr wollt, sie kann am jüngsten Gericht als eine echte Adlige bestehn, und wird so erfunden werden. Über Mangel an Artigkeit hab ich gar nicht zu klagen – allein ihr Geist – und Geist hat sie – ist doch in eine etwas schiefe, verrenkte Form gegossen.*

Wenn auch oft überlagert, modifiziert durch vielerlei andere Einflüsse – was hat Charlotte in ihrem Leben nicht alles gelesen, in wie vieles hat sie sich hineingedacht und eingefühlt –, der hohe, gedrängte, sentenziöse Stil der französischen Klassiker war die Grundfigur, nach der sie ihr Schreiben und wohl auch Sprechen formte. Bei ihren schriftstellerischen Versuchen geriet ihr das zur Parodie, da wirkt gestelzt, was groß sein soll, doch ihre manchmal wunderbaren Briefe lassen ahnen, wie beeindruckend sie im Gespräch gewesen sein muß. *Qui l'eût cru, qui l'eût dit*, schreibt sie einmal voll Empörung und hat damit eine Wendung aus der berühmten Szene »Cid« III,4 im Ohr:

CHIMENE

Malgré des feux si beaux, qui troublent ma colère,
Je ferai mon possible à bien venger mon père;
Mais malgré la rigueur d'un cruel devoir,
Mon unique souhait est de ne rien pouvoir.

DON RODRIGUE

O miracle d'amour!

CHIMENE

O comble de misères!

DON RODRIGUE

Que de maux et de pleurs nous coûterons nos pères!

CHIMENE

Rodrigue, qui l'eût cru?

DON RODRIGUE

Chimène, qui l'eût dit?

CHIMENE

Que notre heur fût si proche et sitôt se perdit?

DON RODRIGUE

Et que si près du port, contre toute apparence,
Un orage si prompt brisât notre espérance?

CHIMENE *Trotz all der Qualen, die mir fast das Herz zerbrechen, / Tu ich mein Möglichstes, des Vaters Tod zu rächen. / Doch faßt auch diese Pflicht mich noch so grausam an – / Mein einziger Trost ist, daß ich nichts erreichen kann. //* RODRIGO *O Liebe wunderbar! //* CHI-

Die vier Fräulein hätten um die Bestimmung eines *Wochengeldes* gebeten, meldet der Marschalksche Gutsverwalter und Amtmann Johann Valentin Schwendler im Herbst 1772 der Vormundschaft. Er sei aber der Meinung, das sei nicht nötig. Bisher habe man der Mademoiselle jedes Quartal eine bestimmte Summe gegeben, von der sie kleinere Ausgaben wie Opfergeld und Almosen für die Fräulein bestritten habe, das könne doch so bleiben. Auch wenn man ihnen wöchentlich nur ein paar Batzen aussetze, so würde sich das im Jahr doch zu einer beträchtlichen Summe addieren, *und würde damit nichts gefruchtet sein, als daß Personen davon unverdienterweise profitieren könnten. Ohne untertänige Maßgabe sollten also die Fräulein noch wohl länger bestehen und auskommen können, bis sie erst besser, als jetzo noch, mit Geld zu wirtschaften imstand wären; doch habe [ich] diese nötige untertänige Vorstellung nur nach Pflichten getan, und bin dieseshalben gnädige Verfügung in Untertänigkeit gewärtig.*

Dieser Amtmann Schwendler, der den Schwestern kein Taschengeld geben will, sollte 1783, elf Jahre später, als Betrüger entlarvt werden. Allein aus dem Marschalkschen Vermögen soll er über 30 000 Taler unterschlagen haben, doch noch ein Vielfaches dieser Summe Privatpersonen und Untergebenen schuldig gewesen sein. Wie viele Gutsverwalter seiner Zeit hatte er ein Herrenleben führen wollen und sich dabei

MENE *O namenloses Leid!* // RODRIGO *Welch bittres Elend ward uns durch der Väter Streit!* // CHIMENE *Wer hätte je geglaubt –* // RODRIGO *Wer sich erkühnt zu sagen –* // CHIMENE *Daß unser Glück, noch kaum errungen, schon zerschlagen.* // RODRIGO *Daß plötzlich, da wir uns im Hafen schon geglaubt, / All unsers Hoffens uns ein Wirbelsturm beraubt.*

ruiniert: *Er hatte seine Wohnung in Zerbst viel glänzender eingerichtet, als ein Edelmann, hatte einen prächtigen Garten in Zerbst angelegt und kam manchmal mit vier, manchmal mit sechs Pferden hier angefahren.* Als eine Kommission zur Untersuchung seiner Amtstätigkeit eingerichtet wurde, *schnitt er sich aus Verzweiflung mit einem Schermesser die Pulsadern an den Händen und am Arme auf, ja er gab sich noch einen Stich in den Leib. Ein Arzt heilte ihm die Wunden. Nach seiner Wiederherstellung wollte die Kommission die Arbeit fortsetzen, allein Schwendler erhing sich an einem seidenen Schnupftuch.*

1772 aber ist er für seine Herren noch der treue, sparsame Verwalter, der nicht nur gegen den Wochengeld-Wunsch der Mädchen gute Gründe anführt, sondern auch gegen eine Forderung des Herrn von Türck, der 400 Taler Zuschuß zum Unterhalt der Pflegekinder haben will, einmal wegen der allgemeinen Teuerung, schließlich würden die Mädchen größer und die Verpflegungsgelder nähmen *nach Proportion* zu. Zweitens bräuchte er als Hofmarschall keine eigenen Pferde, wolle aber *der Fräulein halber solche zum Spazier- und Kirchenfahren behalten.* Drittens wolle er einen eigenen Hofmeister halten, welcher neben seinen Kindern auch die Fräulein unterrichten solle. Und viertens müsse er gegenwärtig einen Bedienten mehr halten, als er nötig haben würde, wenn die Fräulein nicht bei ihm in Pension wären.

Der Verpflegungskontrakt sei vor drei Jahren abgeschlossen worden, als alles fast teurer als gegenwärtig gewesen sei, kontert Schwendler. Der Fräulein halber würden die Kutschpferde sicher nicht gehalten, *bei deren Ermangelung ein Kutscher mit Mietpferden, dergleichen zu Meiningen zu haben, wenn die Fräulein gesundheithalber mit Fahren zu Zeiten sich Bewegung machen sollen, ihm billiger zu nehmen würde,* und sie vielmals fahren müßten, ehe der Fuhrlohn 100 Taler betrage. Drittens werde der Hofmeister für des Herrn von Türck jungen Herrn angenommen und endlich *wird kein Bedienter der Fräulein halber mehr gehalten, welches auch bei 2 Kammermägden überflüssig wäre, sondern der Herr von Türck habe einen Garten ... genommen und halten darauf einen Gärtner, welcher als Bedienter mit in Livreé steht.* Die Vormünder bewilligen dem Herrn von Türck trotzdem 200 Taler Zuschuß und den Mädchen einen Gulden Taschengeld die Woche, aber die Mademoiselle solle ihnen künftig nichts mehr auslegen. Vielleicht hatten sie es nicht gern, wenn ihr Verwalter an seinen Herren sparen wollte. Und dann waren die letzten Jahre tatsächlich, gegen Schwendlers Behauptung, Teuerungsjahre, für die Ärmeren Hungerjahre gewesen, nicht allein in Meiningen, sondern in den meisten deutschen Ländern.

Nach einer verregneten Ernte 1770 war das Getreide knapp geworden, der Preis für Korn stieg rasch um das Doppelte, Dreifache, Zwölffache an, es gab kleinere Aufstände gegen den festgesetzten Preis. Dem Brot wurden oft so viele minderwertige Zutaten beigemischt, daß die Menschen davon krank wurden. Getreidesperren, die rigorosen Ein- und Ausfuhrverbote, die die Länder verhängten, verschärften die Not noch, weil sie Ausgleich und Austausch verhinderten. Erst auf inständiges Bitten ihrer Untertanen konnte sich die Meininger Herzogin Charlotte dazu entschließen, den Bischof von Würzburg um eine Lieferung aus seinen Vorräten zu bitten. Viele wurden zu Bettlern, viele Bettler kamen um. *Am 30. Juli 1771 fand ein Knecht zu Herpf einen fremden Betteljungen in einem Schweinestall tot; desgleichen wurde am ersten August zu Neubrunn in einer Scheuer des Morgens ein fremder Bettler tot aufgefunden.* Eine »Almosenkommission« erließ Verordnungen gegen das *bei der seitherigen Teuerung ein-gerissene Betteln* und warnte vor *unzeitigem Mitleiden gegen bettelnde Kinder.*

Auch in den Rechenschaftsberichten Schwendlers an die Vormundschaft finden sich Spuren dieser großen Not. So baten einige Waltershausener Juden *untertänigst* um Erlaß des Schutzgeldes, wie man die ihnen abverlangte Zwangsabgabe nannte. Einige von ihnen seien während der außerordentlichen Teuerung *zu viertel und halben Jahren* betteln gegangen und mithin des Schutzes nicht teilhaftig gewesen. Gleichwohl hätten sie den Schutz nicht aufgekündigt, seien nominell also zu Zahlungen verpflichtet.

In äußerste Bedrängnis geriet auch der Trabelsdorfer Schulmeister, der bei dem erbärmlichen Lohn, den man den Landschulmeistern damals zahlte, mit Frau und sechs Kindern im wesentlichen von dem Ertrag seiner winzigen Landwirtschaft leben mußte. Nach den Mißernten der Vorjahre verlor er 1773 den größten Teil seines Getreides durch Hagelschlag. Das Elend dieses armen Mannes hat selbst den kühlen Schwendler zu einer dringenden Fürbitte bewegt: *Da nun gedachter Schulmeister außer seinem Schulamt sich kein Gewerb oder Verdienst machen kann, und während der dreijährigen, aufs höchste gestiegenen Teuerung sein und seiner Frau Habseligkeiten nicht nur zugesetzt, sondern damit nicht einmal zugereicht und wirklich schon erlebt hat, daß in der äußersten Not seine Kinder, um dem Hunger zu wehren, nach Brot gehen mußten; hierzu noch neuerlich das für ihn nicht geringe Unglück gekommen, daß er eine Kuh eingebüßet, deren Nutzung nebst Brot seiner Kinder beständige Nahrung gewesen, mithin demselben der völlige Unterhalt für seine ganze Familie durch Unglück entgangen ist, so werden gnädigste Vormundschaft gerechtest einsehen, daß dieser Mann, von allem Vermögen und*

Nahrungsmitteln beraubt, ohne Gnadengabe und einigen Er-
satz seines bemeldeten Verlustes, mit den Seinigen keinen an-
dern Trost und Rettungsmittel gegen Hungersnot hätte, als den
Bettelstab zu ergreifen.

Der Landadel hat sich für die Ertragseinbußen und Ein-
kommensverluste zu entschädigen gewußt. Ende 1773 mußte
der Waltershausener Pfarrer Nenninger von der Kanzel eine
neue Feiertagsregelung der Marschalk von Ostheimschen
Vormundschaft vorlesen, die die bisher als Feiertag gehalte-
nen Aposteltage auf die vorausgehenden oder nachfolgenden
Sonntage verlegte, *welches auch mit denen andern Festen, als*
Heilige 3 Könige, Mariae Reinigung, Mariae Verkündigung,
Johanni, Mariae Heimsuchung und Michaelis auf gleiche Wei-
se zu halten. Alle dritten Feiertage an Ostern, Pfingsten und
Weihnachten wurden ganz abgeschafft, ebenso der Tag Mariae Magdalenae, der andernorts schon längst nicht mehr ge-
feiert worden sei.
Diese Neuerung (so ist überliefert) *machte außerordentlichen*
Lärm in der Gemeinde. Man glaubte, Gott werde die fürchter-
lichsten Strafgerichte über Waltershausen ergehen lassen, wenn
die verlegten Fasten- und Feiertage nicht restituiert würden.
Man bat, man flehte darum, aber die Vormundschaft blieb
standhaft. Endlich wurden die erregten Gemüter nach und
nach ruhig.
In dem »Freiheits-Büchlein«, das Jean Paul, selbst Sohn eines
Landpfarrers in feudalen Diensten, drei Jahrzehnte später
veröffentlichte, hat er vor allem für die Freiheit des Schrift-
stellers, für Presse- und Bücherfreiheit gegen die Zensur gekämpft. Aber er hat dann auch an die gedacht, die schon
mit Geringerem als einem Freiheitsbüchlein, die mit einem
Freudenbüchlein zufrieden gewesen wären: *Das arme Volk!*

Überall wird es in den Schloßhof geladen, wo die größten La-
sten des Friedens und des Kriegs wegzutragen sind; überall
wirds aus demselben gejagt, wo die größten Güter auszuteilen
sind, zum Beispiel Licht, Kunst, Genuß, ja bloß dritte Feier-
tage.

7 · SEHR WEISS UND SEHR SCHWARZ

Der Rangstreit zweier Königinnen, Kriemhild und Brunhild,
hat nach der Sage einst zum Untergang der Nibelungen geführt. Der Rangstreit zwischen zwei Damen der Meininger
Hofgesellschaft, der Frau von Gleichen und der Frau von
Pfaffenradt, hat 1747 einen Krieg zwischen Sachsen-Meiningen und dem benachbarten Sachsen-Gotha ausgelöst, in
dem es Tote und Verwundete gab. Mit dieser Tragikomödie
des »Wasunger Krieges«, genannt nach seinem Hauptschauplatz um den Ort Wasungen, dem Schilda Sachsen-Meinin-
gens, hat sich der Duodezstaat am unvergeßlichsten in die
Geschichte eingeschrieben.
1771 zählt man im Herzogtum 37 079 Einwohner, in der Residenzstadt Meiningen 3501 Einwohner. Das Ländchen ist arm
und unbedeutend, die Hauptstadt ein verschlafener Ort, mit
Wall und Grabenanlagen, schön gelegen im engen Tal der
Werra, die freilich durch Überschwemmungen immer wieder großen Schaden anrichtet. Die Straßen sind größtenteils
ungepflastert, Federvieh und Ziegen laufen frei herum, die
Karren der Bauern, die aus den umliegenden Dörfern Getreide, Obst, Vieh in die Stadt bringen, begegnen den Karossen
der Hofgesellschaft.
Charlottes Fensterblick aus dem Türckschen Haus am Marktplatz zeigt uns ein ländliches Genrebild: *Einst wurde auf dem*

Markt ein Brunnen errichtet. Von der Volksmenge umringt, die dieser Aufrichtung zusehen wollte, hatte auch in dem soge- nannten roten Hause, wo wir wohnten, sich die stattlichste Ge- sellschaft versammelt; die Erhöhung des Löwen mit Wappen und Stab war gelungen; aus dem Rachen strömte der fließende Strahl. Da nahten, welche zum erstenmal aus diesem Brunnen schöpften, Knechte mit Eimern, das Vieh zu tränken, Mägd- lein mit Wannen, den Salat zu waschen. Es war gegen Abend. Auch der Ziegen große Zahl an diesem Orte kam heran, und die mutigsten sprangen auf den Rand des Brunnens. (Die Sze- ne läßt sich datieren: der Brunnen wurde im September 1775 errichtet, die Brunnenfigur war allerdings kein Löwe, son- dern ein Neptun mit Dreizack.)

Über dem Städtchen liegt das *mit Pracht aufgeführte* Schloß, *ein längliches Viereck, stark und dauerhaft gebaut und eines der größten Fürstenschlösser Deutschlands.* Bis 1775 regierte darin die Herzogin Charlotte Amalie, eine geborene Prinzes- sin von Hessen-Philippstal, Witwe des Herzogs Anton Ul- rich, für ihre unmündigen Söhne, dann übergab sie die Re- gentschaft ihrem ältesten Sohn Karl, der 1782 seinen Bruder Georg zum Mitregenten annimmt (Meiningen war 1801 der letzte europäische Staat, der das Erstgeburtsrecht einführte). Die älteste Tochter Charlotte Amalies war mit dem Erbprin- zen von Sachsen-Gotha verheiratet, zwei andere Prinzessin- nen, Wilhelmine und Amalie, lebten noch bis zu ihrer Verhei- ratung nach 1780 im Schloß.

Die meisten Bewohner Meiningens lebten vom Hof, waren schon deshalb sehr gehorsame Untertanen. *Man spricht im- mer in Respektsausdrücken: ›Unser gnädiger Herr! der durch- lauchtige Herr Herzog! Unser souveräner Fürst‹,* wunderte sich ein norddeutscher Reisender. Viel passierte hier nicht, wie man der Stadtchronik entnehmen kann, die neben den

wechselnden Meldungen über Lebensmittelpreise, Baumaß-
nahmen, Verordnungen, Diebstähle etc. jahrein, jahraus die
Launen des Wetters und der Regierenden, die Neuigkeiten
von Himmel und Hof verzeichnet.

Vom 2. Sept. an war ein großer Komet zu sehen.

*Am 5. Sept. kam der Erbprinz Ernst Ludwig von Sachsen-Go-
tha mit seiner Gemahlin hier zum Besuche an.*

*Der Okt. brachte Frost und Schnee; am 6. Nov. hatte man da-
gegen ein starkes Gewitter. An mehreren Orten wurde die Witterung nach den Nordscheinen ungewöhnlich warm, und auch
in Römhild hatte man heftige Gewitter mit Sturmwind und
Platzregen und tags darauf einen dicken, schweflichten Nebel.
An manchen Obstbäumen kamen Blüten zum Vorschein, besonders an der sogenannten Straßburger Birne und an Pfir-
schen.*

*Am 4ten Adventssonntage, als am 24. Dez., wurde in der Schloß-
kirche nach der Vormittagspredigt ein im Dienste der Herrschaft stehender Mohr, nach öffentlicher Prüfung und abge-
legtem Glaubensbekenntnis getauft. Die Herzogin stand nebst
dem Prinzen Karl und Georg Gevatter und wurde dabei durch
Abgeordnete vertreten. Der neue Christ erhielt die Namen:
Karl Friedrich Gottlob Jan.*

Und wie Untertanen überall ließen sich auch die Meininger
bereitwillig zur Jubelkulisse arrangieren, so wie zum Beispiel
im April 1774, als die Herzogin nach längerer Abwesenheit
und Krankheit wieder in ihrer Residenz eintraf:

*Als sie abends gegen 5 Uhr an die Stadtgrenze kam, wo die
Helbaer Gemeinde nebst ihren Schulkindern an einer vom Ob-
ristleutnant von Bose, als Erb- und Gerichtsherr von Helba, er-
richteten Ehrenpforte sie mit einem Dankliede empfing, wurde
auf dem untern Rasen ein Signal von drei Kanonenschüssen
gegeben. Vor der untern Ehrenpforte stand der Waisenvater*

Mockenheim mit den Waisenkindern, das Lyceum und die Mädchenschule mit sämtlichen Lehrern: alsdann folgten die beiden Bürgerkompagnieen mit klingendem Spiel. An der Ehrenpforte, wo sich der Stadtrat aufgestellt hatte, wurde die Herzogin durch eine Anrede des Rats und Oberbürgermeisters Heim empfangen: von dieser bis zur ersten Ehrenpforte stand die übrige Bürgerschaft in Mänteln. Die Ehrenpforten waren mit Tannenalleen umpflanzt und mit passenden Sinnbildern und Inschriften geschmückt: auch das äußere Tor war durch Verzierungen verschönert. Unter dem Donner von 12 Kanonen, welche auf dem obern Rasen aufgestellt waren, ging der Zug in die Stadt ...

Wohl im Herbst 1770 sind Charlotte und ihre Schwestern zuerst bei Hofe vorgestellt worden. *Die vielfältigen Ermahnungen: ›seid artig, seid ja recht artig‹, – erregten uns eine eigene Spannung, den Sinn dieser Rede zu kennen. Für jeden Ausdruck, den wir zum erstenmal vernehmen, suchen wir einen innern Zustand auf. So fragte denn Lorchen: ›was heißt artig sein?‹ ›Être sage‹ antwortete man ihr. ›Sage – das heißt ja weise, das bin ich nicht, und will es auch nie werden. Nun so wollen wir denn hingehen, und wenn sie gütig sind und willig antworten, dann werden wir ja erfahren, ob wir artig waren.‹ Lorchen war sehr verlangend, die fürstlichen Personen zu sehen, sie meinte: ›es müßten andere Menschen sein, denn jeder Stand hätte ja seinen Adam gehabt; das sähe man den Menschen an, sie wären ja so verschieden in Aussehn und Tracht.‹ – Sie beharrte dabei auch noch, als sie die Durchlauchtigsten gesehen, denn sie hätten, sagte sie, ein blasses Gesicht und schwarze Kleider mit langen Schleppen. (Es war damals tiefe Trauer.) Der Ausdruck: ›sehr weiß und schwarz‹, war ihr synonym für die Vornehmsten.*

Man kann diese Anekdote als sanfte Distanzierung von der Hofwelt lesen, die in den »Erinnerungen« nur eine Nebenrolle spielt, obwohl Charlotte und ihre Schwestern viel Zeit mit etwa gleichaltrigen fürstlichen Kindern verbrachten. Sie erzählt von Spielen mit dem Prinzen Georg, aus dessen Bibliothek mit den neuesten Kinderschriften sie sich eifrig bediente. Später holte sie die Prinzessin Wilhelmine zu gemeinsamen Gesangsstunden ins Schloß. *Sie wünschte zu Duetten eine Altstimme.* Den Unterricht erteilte ein feuriger italienischer Meister, der aus der Hofkapelle des Herzogs von Gotha ausgeliehen war. Ehemals war er Mitglied der päpstlichen Kapelle gewesen, wo er nur Messen und Psalmen gesungen hatte. *Nun waren ihm Metastasio's Opern so gegenwärtig, daß er sogleich Scenen daraus darstellen konnte, durch Geschick und Geschäft von jeher gewöhnt, lyrische Ausdrücke zu gebrauchen, und es war ergötzlich, wenn er oft die gewöhnlichsten Fragen mit lyrischem Schwung beantwortete, nicht absichtlich, – er konnte sagen:* ›je ne sais dire que cela!‹ Er sang mit der Prinzessin Liebesduette und war bitter enttäuscht, als man ihm zum Abschied als Gnadengeschenk eine Dose gab, die nur mit Brillanten besetzt war, *nicht aber mit dem Bild der Prinzessin. Eine solche Kunsterscheinung war ungehörig an einem Ort, wo jedes der praktischen Tätigkeit und dem Hergebrachten gewidmet war.*

Für ein Hoftheater, wie es zum Beispiel Weimar und Gotha hatten, gab es in Meiningen kein Geld. Dafür rief Herzog Karl schon bald nach seinem Regierungsantritt ein Liebhabertheater für die Mitglieder der Hofgesellschaft ins Leben, das meist Komödien und Singspiele brachte, zuweilen aber auch Anspruchsvolleres. *In jeder Woche war ein Abend bestimmt, wo sich die Fräulein bei der Prinzessin [Wilhelmine] zu einer Kollation versammeln konnten.* ›Willkommen heut‹,

sagte die Prinzessin, ›denn ich habe allen Manches und Er-
götzliches zu sagen. – Wir erwarten viele Besuche aus Sachsen
und den Rheinlanden. – Trauer- und Lustspiele sollen aufge-
führt werden, ich lerne meine Rolle schon; ich bin die Blanka
in ›Julius von Tarent‹. – Sie haben es doch alle auch gele-
sen?‹ – Ich gestand, daß ich es noch nicht kenne. – ›Nun, da
ist das Buch, ich lese es mit Ihnen, Charlotte, und kann dann
leichter die Rolle einüben.‹ – Dies war mein Anteil an der
Schauspielkunst, mir selbst verboten, aus diesem Phantasien-
reich Erhabenheit oder ein Dienendes darzustellen. Wohl, daß
eines Geistes Wort es mir versagte, denn ich hätte leicht alles
mit entzündetem Eifer gesprochen, und im Ton und Affekt
einer Krëusa meiner Gebieterin das Band bei der Toilette ge-
reicht.

Das intellektuelle Meiningen, das bei den Türcks verkehrte,
war bürgerlich. Dazu gehören der Prinzenerzieher Johann
Ludwig Heim, *der durch Wissenschaft und musikalische Ta-*
lente sich auszeichnete; war er nicht auf Reisen mit dem Prin-
zen, fand jeder Abend ihn in unserm Kreise; außerdem der
Hofprediger Pfranger und der Bibliothekar Wilhelm Reinwald. Beide waren sehr belesen, versuchten sich auch selbst
als Schriftsteller und stellten ihre Dichtungen im Freundes-
zirkel vor. So wurde etwa Pfrangers »Mönch von Libanon«,
eine polemische Auseinandersetzung mit Lessings »Nathan«,
gemeinsam, mit verteilten Rollen gelesen. Dieses Stück läßt
übrigens erkennen, daß er mit seinem Hofpredigeramt nicht
recht glücklich war:

SITTAH
Geistliche gehören in die Kirch: an Höfe nicht!
SALADIN
Von welchem Narren hast Du diese Sprache

Gelernt? Wenns anders Ernst ist, Sittah? wie
Wenn mir ein Mann, Mönch oder was er sei,
Das Herz für Pflicht und Wahrheit fühlen lehrt,
Macht er sich nicht ums ganze Reich verdient?

Das Schicksal Reinwalds, der mit wachsendem Alter immer verdrossener, geiziger und unliebenswürdiger wurde, ist ein Beispiel dafür, wie es Leuten von Geist und Talent nur allzu oft bei Hofe erging. Man hatte ihm Hoffnungen auf eine glänzende Karriere gemacht. Stattdessen speiste man ihn nach dem Studium mit einer schlecht bezahlten Bibliothekarsstelle ab. *Ich fand ein bloßes Chaos von Büchern zwar in Repositorien gestellt, aber aus Mangel an Foliofächern oft oben zunächst der Decke in Duodezfächer eingepfropft; zwar mit bedruckten Rubiken auf Pappe überall behangen, die aber beinahe sämtlich täuschend waren. Es fehlte an Repositorien, und welche machen zu lassen, wurde mir teils schwer gemacht, teils verweigert. Die Heizung des Arbeitszimmers geschah unordentlich, ich mußte deshalb meine Gesundheit vernachlässigen, mein Gedächtnis und meine Augen übermäßig anstrengen, und mit Anfang des Jahres 1777 überfiel mich eine fürchterliche Hypochondrie, mit anhaltendem Schwindel begleitet, deren erste heftige Anfälle den Verlust meines Gesichtes zum Lesen und Schreiben 4 Jahre lang zur Folge hatten, außer, daß ich in den besseren Stunden Büchertitel mit meinen Augen zur Not aufzufassen vermochte. Im Jahre 1780, als die Ordnung der Bibliothek aus dem Groben größtenteils herausgearbeitet war, wurde dem Rat Walch die Direktion derselben übertragen.*
Reinwald und Pfranger machten Charlotte mit der zeitgenössischen deutschen Literatur bekannt: mit Dramen der Stürmer und Dränger, die ihr viel zu wild und roh und gewalttätig

waren, mit empfindsamen Gedichten und mit schwärmerischen Prosadichtungen, über denen sie alles, natürlich auch die Mahlzeiten, vergaß.

›Wo mag wohl Charlotte bleiben?‹ – Da sagte Lorchen (denn ich besonders war Gegenstand ihrer kleinen Sarkasmen): ›sie hört und sieht nicht, ich habe sie schon zweimal gerufen.‹ – ›Was macht sie denn?‹ – ›Sie liest in einem Buch: la farce du cœur et les élans du sentiment.‹ Dies Witzwort wurde zur Devise für Stolbergs Fülle der Herzen.

Daß Lorchens Witzwort mehr ist als ein Wortspiel, zeigt ein Blick in den Text, der es inspirierte. »Über die Fülle des Herzens« von Graf Leopold zu Stolberg (erschienen 1777) ist so etwas wie das Manifest einer aus dem Herzen direkt in Feder quellenden Gefühlspoesie, deren Programm der Dichter naiv materialistisch durch Wortfülle abzubilden suchte:

Wenn ich ein Weib hätte, und nun, nach den bängsten Minuten meines Lebens, käme der erwünschte Augenblick, da die Geliebte, beinah ohnmächtig zurücksinkend, mit blassen Wangen, mit bebenden Lippen, mit Tränen in auf mich gerichteten Augen (nur Engel könnten unterscheiden, ob es noch wären Tränen der Leiden, oder schon Tränen der Wonne), mit diesen Tränen mir schweigend sagte: ›Ich habe geboren dein Kind!‹, ich ihr um den Hals fiele, dann sprachlos vor ihr stünde, und in dem Augenblick ein Wunsch für mein Kind und ach! für ihr Kind, so schnell in meiner Seele reifte wie keimte, oh! was würd’ ich ihm wünschen, dem kleinen Liebling, den ich mit der Lebensgefahr meiner liebsten Hälfte erkauft hätte? Nicht Reichtum würd’ ich, nicht langes Leben ihm wünschen, auch nicht Wissenschaft; für solche Wünsche wäre mir der Augenblick zu teuer. ›Vater‹ würd’ ich denken, ›Vater, der dem Hirsche Schnelligkeit, Stärke dem Löwen und dem Adler Flügel gab, gib diesem Menschen, der schwach und doch dein Eben-

bild ist, gib ihm die menschlichste aller Gaben, die eine gött-
liche Gabe, gib ihm Fülle des Herzens!‹

8 · KATZENPFÖTCHEN

Monate hindurch hatte ich das Ticken der Totenuhr gehört,
nun war sie abgelaufen. Im September 1779 stirbt Luise von
Türck, Charlottes Pflegemutter, im Alter von nur 35 Jahren
nach zweijährigem Siechtum und erschöpft durch physisch
und psychisch angreifende Schwangerschaften. Die letzten
drei ihrer sieben Kinder *nahm, kaum geboren, der Sarg schon*
wieder auf. Wie sonderbar, daß das hinsterbende Leben noch
Gebärerin sei. – Bei solchem Anblick war auch meine Natur
und Jugend wie mit dem Leichentuch bedeckt, das bald die
Dulderin verhüllen sollte.
Wie bei ihrer eigenen Mutter hat Charlotte bei Frau von
Türck erst während ihrer Krankheit einen Schatten von Liebe
gefunden, in den langen Nächten, die sie wachend an ihrem
Lager verbrachte. *Sie war in diesem Zustand unverhüllter, zu-*
traulicher, als ich sie je in gesunden Tagen gegen mich gefun-
den; ich möchte sagen, ihre Seele hatte eine demütigere Strenge
auf mich gerichtet, die vertrauend war, aber auch Empfänglich-
keit bedingte. Wie Charlotte später in einem Brief an Jean
Paul schrieb, war sie in dieser Zeit in einer *sonderbaren Lage:*
ein Buch in der Hand und lesend; in der Küche, Keller, Boden,
Kinderstube und am Krankenbette immer Beobachtung der
Wirklichkeit; tätig und ordnend stand ich einem Hauswesen
vor, wo mehr als 20 Personen Nahrung und Aufsicht forderten.
Mir schien jede Tätigkeit im Leben und selbst das Sterben so
leicht, daß ich nichts für schwer achtete und fürchtete, als die
Geduld. Und dieser ernsten, strengen, stummen und tötenden

Gewalt habe ich mein Lebtag dienen müssen. Das Sterben so leicht? Der Todeskampf der Frau von Türck war lang und qualvoll, sozusagen *in der Hölle und im Himmel.*

Charlotte und ihre Schwestern sind ein zweites Mal verwaist. Eine neue Pflegestelle wird gesucht und gefunden, ein neuer Vertrag wird zwischen der Vormundschaft (in die inzwischen für den verstorbenen Herrn von Bibra der Legationsrat Friedrich Albrecht von Wechmar eingetreten war) und der *Frau Geheimen Rätin von Erffa Hochwohlgeborene Excellenz* im Winter 1779 zu Meiningen abgeschlossen: *Frau Geheime-Rätin macht sich anheischig, genannte Fräulein mit übrigen 3 Personen in Kost und völliger Verpflegung, zu behalten, gleichsam als rechte Mutter an denen Fräulein zu handeln, sie zur wahren Gottesfurcht und allen Tugenden, auch der Wirtschaft und Sparsamkeit angelegentlich anzuweisen, nicht weniger für Erhaltung deren guten Gesundheit jedoch ohne Auslagen mit besorgt zu sein.* Der französischen Mademoiselle wird diesmal Kaffee oder Tee mit Zucker zugestanden. Die Mädchen wissen, daß sie bei der Frau von Erffa nur noch warten sollen, bis sie ein Freier abholt. Die kleine unscheinbare Schwester Karoline wird in einem Altenburger Stift untergebracht. Wie wir aus einem Brief ihres Bruders Fritz an Charlotte erfahren, hat sie sich dort sehr unglücklich gefühlt. *Es gehet mir außerordentlich nahe, daß sie mit ihren Schicksal unzufrieden ist, wie gerne würde ich alles mögliche für sie tun, nur habe ich zu wenige Bekanntschaft in Häusern wo man etwa Kost-Fräuleins nähme; vielleicht hast Du mehrere; tue doch ja, was Du kannst, ich will Dich auf alle mögliche Art unterstützen; Gott weiß, wie gerne ich ihr helfen würde, sie bedarf Hülfe, und hat ein Recht auf die unserige Anspruch zu machen.*

Charlotte erinnert sich an einen feuchten Herbst und einen kalten Winter, in dem sie, einsam und nun wieder ganz ohne Pflichten, eine Korrespondenz mit sich selber erfindet. Im Jahr darauf ist sie einige Zeit zu Besuch bei Verwandten mütterlicherseits, der Familie des Ansbach-Bayreuthischen Ministers Friedrich Karl von Seckendorff, dessen Frau an der neunzehnjährigen Charlotte Gefallen fand. *Ich muß damals einer lebhaften Erregung, die in anderen Anschauung erweckt, fähig gewesen sein. Ältere Frauen besonders näherten sich mir mit Herzlichkeit.* In ihren Erinnerungen an diese Reise allerdings ist von der Frau von Seckendorff kaum die Rede, aber viel von deren ältester Tochter, ihrer ersten richtigen Freundin, der sie unter dem fiktiven Namen Mathilde ein Denkmal gesetzt hat. Sie muß eine lebhafte, heitere Person gewesen und (ähnlich wie Lorchen) entspannend auf sie gewirkt haben.

Von Bayreuth, dem Hauptwohnsitz der Seckendorffs, reisen sie gemeinsam nach Erlangen, wo die Großmutter von Seckendorff eine Stadtresidenz bewohnt und Charlottes Bruder Fritz gerade ein Jurastudium begonnen hat. *Bei einem angenehmen Lustort, eine halbe Stunde vor Erlangen, stiegen wir aus, durch erneute Kleidung den Verwandten auch ehrend zu erscheinen. Man hörte Reiter eilend dahersprengen. ›Wen hast du gefahren, Schwager?‹ riefen sie dem harrenden Postillon zu. ›Excellenz von Seckendorf und ihre Töchter.‹ – Die Reiter sprangen ab und liefen eilend die Treppe hinan. Es war mein Bruder und der Enkel der Edelfrau. Ehrerbietigst führte dann bald mein Bruder die letztere die Treppe hinab, und auf ebner Bahn rollte der Wagen schnell über die breiten Straßen, bis zur Wohnung der ehrwürdigen Frau, in welcher wir gemütlichst, freundlich empfangen wurden. Ein Flügel des schönen*

*Hauses war uns eingeräumt, ich wohnte mit der Tochter. Um
so traulicher konnten wir uns die Erfahrungen des Tages mitteilen.*

Hauptschauplatz dieser ganz normalen Jungmädchenfreund-
schaft ist in den »Erinnerungen« das Stammschloß der Sekkendorffs im fränkischen Unterleinleiter. Es lag damals ro-
mantisch zwischen Felsblöcken in einem verwilderten Park,
war allerdings ziemlich verkommen. Jahrelang hatte dort niemand mehr gewohnt, nach Ankunft der Sommergäste muß
es erst einmal entrümpelt und gesäubert werden. *Die Rüstig-
sten im Dorfe waren aufgeboten, Keller und Boden zu lichten;
mancher vergrabene Geist wurde vom Schutt und Sand befreit, nicht jeden erwartet eine solche Erlösung. Auf dem Boden vielfach von Mäusen angefressene Betten und Linnen.
›Ich liebe die Ordnung und Sparsamkeit‹, sprach die Hausfrau; ›was ich nicht brauchen kann, den Armen! und die Lumpen sogleich in die Papiermühle gebracht, daß daraus das
Schlimmste (was uns aber in der elenden Welt so notwendig
geworden) verfertigt werde.‹ So ging es von Stube zu Kammer. Mancher verrostete Schlüssel ward gefunden, auch ein
Wandschrank entdeckt, der vielleicht in hundert Jahren nicht
eröffnet worden: schön geschliffene Gläser, unter diesen zwei
mit vergoldeten Schrauben, mit Wappen und Sinnsprüchen;
noch waren vertrocknete Früchte darin. Dies bewies, wie alles, was zum Gewöhnlichen diente, von den Altvätern durch
Gediegenheit und Kunst veredelt wurde. – Tassen, ungewöhnlicher Form, worüber ich mit meiner Gefährtin in Streit geriet, da sie die schönsten zum Kaffee, ich aber zum Tee bestimmte ...
Kein Buch – kein Besuch – keine Zeitung – was war da mit
der Zeit anzufangen? Ich strickte und flickte vom Morgen bis*

zum Abend. Da sagte Mathilde voll Unmut: ›leer ist alles, ja auch die Flöte schweigt. Will ich was finden, muß selbst ich erfinden; so sei ein Wochenblatt ersonnen, für Wochen, wo man nichts erfährt, als nur die eig'ne Laune.‹ So entstand das Leinleiter Wochenblatt: Passanten, Promotionen, Gesetze, Strafen und Belohnungen waren darin nicht vergessen. – Wenn wir stundenlang von rührenden, höchst tugendhaften Handlungen erbauet werden sollten und so die Musterbilder aus dem Plutarch der Umgebung gepriesen wurden, konnte sie diesen ehr'nen Säulen eine so sonderliche Wendung geben, daß sie plötzlich wie ein Kartenspiel zusammenstürzten. Der rege, zum Burlesken geneigte Sinn Mathildens war immer bereit, Leid und Erhabenheit komisch zu travestieren; oft konnte ich den Unmut nicht bergen, wenn die edelsten Sentiments durch ihre Possen zu Grunde gingen, willig nahm sie meine Rüge auf, doch auch zu meiner Lust war hier die Besserung unmöglich. Belebt durch die Verschiedenheit waltete zwanglose Traulichkeit, – eines warnte das andre, hegte Mitleid mit dem Fehl. ... Keine Verhüllung fand statt, die man Höflichkeit zu nennen pflegt, die Gutes und Arges in gleiche Formen kleidet.

Das Wochenblatt genügte ihr nicht, sie kam auf den Einfall, einen Orden zu kreieren: ein Kreuz, in Form von Leitern. Die Leine bezeichnete den Cordon, die Stufen die Grade und dem Ceremoniell der Beleihung. Aber wie einen Knopf oder Kopf zu diesem Orden finden? – das war die Frage; – unergründet, unbestimmt blieb dies Tag und Nacht. Da sie in diese Nachforschung versunken, sprang ein Kätzlein über die Mauer herein in das Fenster. ›Siehe, da bist du, du bedarfst keiner Stufen, du bist gleich obenauf.‹

Das Miauchen wurde zum Haupt des Ordens ernannt, die drei Seiten des Kreuzes mit Katzenpfötchen verziert. Dieses

Symbol des Menschen wurde angenommen, ist ja auch schon von den Egyptern angebetet worden.

Zurück in Bayreuth, gab es dann wieder Geselligkeiten, Konzerte und Bücher. Nicht *ohne einige Langeweile* kämpfte sich Charlotte durch »Grandison« von Samuel Richardson; seine weit unterhaltsamere »Clarissa«, einen europäischen Bestseller, las sie mit *Erstaunen und Schmerz.* Mit diesem episch breiten, düsteren Gemälde von den Seelenqualen einer bedrängten Tugend, die schließlich von ihrem Möchtegern-Verführer Lovelace vergewaltigt wird und stirbt, war Charlotte wieder ganz bei sich selbst, so scheint es im erinnernden Rückblick, der diesen Roman als Abbild des Lebens *(gleiche Kämpfe, gleich verworrener Harm)* und Hilfe zum Überleben deutet *(so mußt du das Leben denken, wenn es dich verschonen soll und du es schonen willst).* Unauslöschlich eingeprägt hatte sich ihr die große feierliche Begräbnisszene am Ende der »Clarissa«. *Wer es nachempfunden, vergißt es nie; hört noch das schwere Geläut, das dumpfe Rollen des Leichenwagens, sieht die erleuchteten Zinnen, und wie nun in Tränen und Trauergewande die Leiche empfangen wird, von denen, so die Lebende in Wahn und Zorn gebannt. Ich weiß nicht, ob ich es gelesen oder gehört: Clarissa sei eine tiefsinnige Allegorie des weiblichen Seins.*

Der erste Bewerber um die Hand Charlottes war im Sommer 1778 der fränkische Freiherr Friedrich Wilhelm von und zu Aufseß gewesen, doch sein Antrag wurde von der Vormundschaft abgelehnt. Seckendorff, der als Freund der Familie um Rat gefragt wurde, sprach sich gegen die Verbindung auch deswegen aus, weil *die gute Fräulein Charlotte gar keine Neigung zu dem Herrn von Aufseß haben soll ... Kurz, ich liebe sie zu sehr, als ihr zu einem Schritt zu raten, den sie gewiß, spät oder früh, bereuen müßte.* Ein paar Jahre später verheiratete er eine seiner eigenen Töchter mit Aufseß. Zeitweise im Gespräch war dann eine Verbindung mit dem schwermütigen, unentschlossenen Karl Ludwig von Bibra, einem Bruder der Frau von Türck, aber auch daraus wurde nichts.

Hoffnungslos war die Leidenschaft, die der Kandidat Johann Christian Fleischmann für Charlotte empfand. Er war ein Verwandter ihres ersten Lehrers und gab den Schwestern Unterricht in Geographie. *Er gehörte zu denen, die nicht von den Grazien gepflegt doch ihnen huldigen. Persönlich war er nicht ausgezeichnet, aber der Ton seiner Sprache hatte Bedeutung, Traulichkeit. Er las auch gern Gesänge vor aus älteren und neueren Dichtern. Sein Vortrag war, wie mancher finden mochte, allzu ergriffen. Unter denen, die uns besuchten, waren Reinwald und Pfranger, ich zeigte ihnen einen Lieder-Almanach, den er mir gegeben; sie blätterten darin, lächelten, blätterten weiter und legten es bedenklich hin; da ich ganz allein war, nahm ich das Büchlein, fand unterstrichene Worte, Silben, Zeilen; ich schrieb es nach, dann es übersehend fand ich Klagen, Bekenntnisse, Trauer. Befangen, erschrocken, gab ich das Büchlein zurück, verbarg die Abschrift unter darauf ge-*

wickeltem Strickgarn, und keine geheimnisvolle Deutung wurde mir mehr überreicht.

1781 wurde Fleischmann erst als Bibliothekssekretär, dann als Privatdozent an der Universität Göttingen angestellt, wo Charlottes Bruder Fritz inzwischen studierte. Schon ein Jahr später aber kündigte er seine Stelle – eine Überlieferung sagt, weil er nicht gleich Professor geworden sei, die Göttinger Professorentochter Therese Heyne behauptet, weil er sich in sie unglücklich verliebt habe – und ging zurück nach Meiningen, wo er nach einem Selbstmordversuch in eine schwere Gemütskrankheit fiel. *Der Körper hat bei ihm auf die Seele und die Seele wieder auf den Körper gewirkt, er verdient daß man ihn bedauert,* schrieb Fritz an Charlotte und mahnte sie: *Mäßige Deine Betrübnis, man mögte sie sogar verkennen, wenn ich und andere vernünftige Leute es gleich nicht tun.*

Charlotte muß zu dieser Zeit überaus anziehend und wahrhaft herzergreifend gewesen sein, mit ihren großen Augen und der leidenschaftlichen Intensität, der Beseeltheit ihres Wesens. Ein Pastellbild zeigt die etwa Zwanzigjährige mit modisch hochtoupierten, von einem Band durchflochtenen hellgepuderten Haaren, eine Frisur, die die hohe Stirn und die großen Augen betont. *Jedem gefielen die feinen Züge, die fast allzu großen Augen wie Geisterschein über das holde Antlitz,* sagt Charlotte in ihrem Roman »Cornelia« über ein Mädchenportrait und hat dabei gewiß ihr eigenes im Sinn gehabt. Man spürt ihr Bemühen, sich auch schon äußerlich in der Eigentlichkeit ihres inneren Lebens darzustellen. Auch die Maske, in der sie in den »Erinnerungen« bei einem höfischen Fest erscheint, ist ein Seelenkostüm.

Redouten sollten gegeben werden … Sinnend und wählend kehrten wir heim: ›Lorchen, du bist der Frühling, Wilhelmine

der Herbst und ich der Winter.‹ Lorchen, das Feen-Kind, im
blassen Grün und reichen Blumenschmuck, Wilhelmine dunk-
ler, mit den glänzenden Farben herbstlicher Blumen; blendend
weiße Arme, schöne Augen und Mund, und das bräunlich
goldglänzende Haar, bestimmten sie zur Grazie an einem Bac-
chusfest; mit bunten Trauben war ihr Hauptschmuck erhöht.
So trug sie ein Körbchen mit Obst, und Lorchen eines voll Blu-
men. Der Winter sollte in weißem Krepp und Schmelz dicht
verhüllt erscheinen. So sollte es fein geordnet werden. Wir wa-
ren emsig beschäftigt, die Blumen wurden gewählt und gewun-
den. Da ging leise die Tür auf, im braunen Mantel, den Hut
tief in die Stirn gedrückt, kam es näher. Der Mann, der da
so geheimnisvoll eintritt, ist Galliazi, Charlottes Gesangsleh-
rer, der im Gefolge der Herzogin von Gotha zur Redoute erschienen ist.

Eben zu diesem Redoutenfeste hatte die Herzogin eine Co-
stumière aus Kassel mitgenommen. Es wurde gesagt, welche
Kleidung man gewählt. ›Nur ja der Winter nicht. Die Costu-
mière wird Sie morgen besuchen.‹ Sie kam mit Bildern man-
cher Art, mit Bändern aller Farben. Da wurden lange Ketten,
schwarz, hochrot mit Goldband verfertigt. In Krepp gehüllt,
von solchen Ketten umschlungen, von Haupt zu Fuß, von Hand
zu Arm, das Haar in Locken wallend, mit goldnen Spangen
geheftet; so leicht und sonderlich verhüllt, war ich im Gefolge
der Masken.
Als ich in den Saal zu der Herzogin kam, fragte sie: ›Wie nennt
man Ihre Maske?‹ ›Wenn sie nur gefällt, den Namen weiß ich
nicht.‹ Da kam Galliazi in spanischer Tracht mit der Mando-
line und sang ein leichtes Lied. Die Herzogin sprach zu ihm:
›Wie werden Sie diese Maske nennen?‹ ›Uranie en chaîne. Ver-
hüllt, gefesselt ist die Seele, das Herz, das Auge strahlt von Ver-
langen, Flammen werden die Seele befreien. Doch wie ein Blitz

aus Gewölken der Nacht, schwindet Wonne und Güte dahin.‹
Mit leisem Saitenspiel eilte er den Saal entlang.

Bescheidener kann man kaum unbescheiden sein! Es ist schon eine ziemlich komplexe, anspruchsvolle und mythologisch zweideutige Kreation, die sich Charlotte aus dem Fundus der Mythologie hier auswählen und ganz individuell anpassen läßt, nachdem sie das langweilige weiße Winterzeug erleichtert in die Ecke geworfen hat. Sie ist die himmlische Muse Urania, vor allem aber Venus Urania, von der Karl Philipp Moritz in seiner »Götterlehre« schreibt: *Sie ist das erste Schöne, was sich aus Streit und Empörung der ursprünglichen Wesen [der Titanen] gegeneinander entwickelt und gebildet hat. Saturnus entmannet den Uranos. Die dem Uranos entnommene Zeugungskraft befruchtete das Meer, und aus dem Schaume der Meereswellen steigt Aphrodite, die Göttin der Liebe empor. In ihr bildet sich die himmlische Zeugungskraft zu dem vollkommenen Schönen, das alle Wesen beherrscht und welchem von Göttern und Menschen gehuldigt wird.* Mit anderen Worten: Sie ist eine junge Frau, die sich so leidenschaftlich nach der großen hohen Liebe sehnt, daß ihr Wesen mit diesem Wunsch verschmilzt. Die alte Frau, die ihr erinnernd zusah, wußte mit Signor Galliazi, daß man mit solchen hochfliegenden Träumen nur unglücklich werden kann.

Wilhelmine war die erste der drei Schwestern, die heiratete. Den Mann, den sie liebte, der sie liebte, bekam sie nicht. Ludwig Heim, wie man jetzt erkannte, seit Jahren vor allem um ihretwillen ständiger Besucher bei den Türcks, hatte als Bürgerlicher keine Chance, von der Vormundschaft als Bewerber akzeptiert zu werden. Charlotte berichtet von dramatischen Szenen. Wilhelmine weint heftig, Ludwig fällt gar hin, *bleich, krankhafte Zuckungen bewegten ihn.* Erst habe sie den beiden die Unmöglichkeit ihrer Verbindung entgegengehalten, behauptet sie. *Noch sind die Stände schroff geschieden.* Heim habe ihr als Revolutionär geantwortet: *Ich ergrimme, daß ich Sie zu mir habe rufen lassen, ein Kampf erhebt sich wider Euren Stand, ich sah ihn voraus, und hab' jetzt durch diesen Widerspruch doppelt zu leiden; die Zeit ist nahe, wo wir nicht nach den Gewohnheiten der Stände, sondern nach höhern Ideen leben werden.* Dann will Charlotte zu Besonnenheit und Überlegung gemahnt haben: *Die Frage ist jetzt: wie können, wie wollen Sie diesen Wunsch in Erfüllung bringen?*

Eine Antwort gibt es nicht. Sie zu verhindern, schuf man vollendete Tatsachen. Wilhelmine wurde eilends dem oberelsässischen Freiherrn Gottfried Waldner von Freundstein verlobt. *Er hatte gewählt, ehe er sah, ersucht, genommen ohne gewonnen die sanfte Wilhelmine.* Heim benimmt sich *wie ein Rasender*; in Briefen an den Vormund von Wechmar scheint er sogar mit kompromittierenden Enthüllungen über Wilhelmine gedroht zu haben. Fritz Marschalk von Ostheim in Göttingen war empört: *Sage liebe Charlotte, kann wohl ein Mensch sich hinsetzen und schreiben ›er könnte die Ehre meiner Schwester zernichten‹ ohne zu rasen? Wird es aber ein Rasender bei Besserung seiner Raserei lassen und sich auf einmal beruhigen? H[err] von Wechmar muß Ursache gehabt haben ihn zu schonen – ich hätte keine finden können, ich hätte dann den Stoff dazu aus der Hölle geholt; und wie läßt sich das nur denken. Du verstehest mich liebe Schwester; Gib mir aber doch noch etwas mehr Licht in der ganzen Sache. Sollte H[eim] der Mine wohl Versprechungen abgelockt haben – Sie war nicht unvorsichtig, und dachte gewiß edel und rechtschaf-*

fen, er müßte unter dem Mantel der Freundschaft einhergetre-
ten sein – dann wäre es ein großer Beweis wider die zu schlie-
ßenden Freundschaften mit dem andern Geschlecht.

Mit viel Gefolge, darunter einem Mohren, kam Waldner von
Freundstein in Meiningen an, um seine Braut zur Hochzeit
abzuholen. Wilhelmine sei sehr still in diesen Tagen gewesen,
erzählt Charlotte. Beim Abschied sei sie in Ohnmacht gefallen und so in den Reisewagen gebracht worden. *Dann rollte
er unter den Torweg, wie ein Trauerwagen die Straße hinab.*
Charlottes Vordeutung im Rückblick. Wilhelmine, die sich
so sehr ein Kind gewünscht hatte, starb ein Jahr später, im
Januar 1803, drei Wochen nach ihrer Niederkunft.

Erst nach der Hochzeit ihrer Schwester (so Charlotte in den
»Erinnerungen«) habe sie von einer Bekannten erfahren, daß
die Meininger Gesellschaft sie mit einem anonymen Brief
an Waldner von Freundstein in Verbindung bringt, schlecht,
unorthographisch, des Inhalts: *Da Wilhelmine frühere Versprechungen eingegangen, sollte er sie nicht wählen, sie habe
Schwestern und Basen, so jugendlich wie sie, doch mit mehr
Vorzügen begabt. Er lachte höhnend darüber und hat es mehreren vorgezeigt; man sagte, es müsse von dir sein, wenngleich
es deine Schrift nicht war. Von diesem Verdacht spreche ich
dich los, aber Frauen meinen, du müßtest vor Gram umkom-
men, eine solche reiche Partie verfehlt zu haben, und unsere
Herren trauen es deinem lebhaften Sinn wohl zu, ein solches
Stratagem zu wagen.*

Auch Lorchen wurde gegen den Brauch vor Charlotte verheiratet, an den ehemaligen Weimarer Kammerpräsidenten
Johann August von Kalb. Die Verbindung kam über seinen
Schwager Siegmund von Seckendorff zustande, der Kammerherr am Hof zu Weimar und ein Bruder des Bayreuther Mi-

nisters war. *Kalb wird nach Völkershausen kommen, um die Lore kennen zu lernen*, schrieb Fritz Ende Oktober 1782 an Charlotte. *Kalb ist mein Freund und wenn ich ein Mädchen wäre, ich würde mich für ihn decidieren, zum Schwager mögte ich ihn ganz gerne haben, soweit wie ich ihn kenne, denn seine Vermögensumstände sind mir ganz fremd, ob ihn aber die Lore zum Mann haben will, muß ganz von ihr abhängen, und ich wünschte nicht, daß ihr zu- oder abgeraten würde.*

Tatsächlich waren Kalbs Vermögensumstände miserabel, er war hochverschuldet. Ein Witwer von 35 Jahren, hatte er sich schon seit längerer Zeit nach einer neuen, vorteilhaften Partie umgesehen. Zudem hatte er eben erst, im Juli 1782, in Weimar seinen Abschied nehmen müssen, man warf ihm finanzielle Mißwirtschaft vor. Seine Stelle war, sehr zum Mißvergnügen altgedienter Hofbeamter, Goethe übertragen worden, den Kalb einst von Frankfurt nach Weimar abgeholt hatte. *Daß Kalb weg ist, und daß auch diese Last auf mich fällt, hast du gehört. Jeden Tag, je tiefer ich in die Sachen eindringe seh ich wie notwendig dieser Schritt war. Als Geschäftsmann hat er sich mittelmäßig, als politischer Mensch schlecht, und als Mensch abscheulich aufgeführt, und wenn du nun nimmst, daß ich diese dreie wohl mit der Feder sondern kann, im Leben es aber nur ein und derselbe ist; so denke dir*, lesen wir in einem Brief Goethes an Knebel vom 27. Juli 1782.

Für Kalb war Eleonore Marschalk von Ostheim also ein Geschenk des Himmels, und es gelang ihm schnell, ihre Verwandtschaft für sich einzunehmen und sie über seine finanzielle Lage gründlich zu täuschen.

Johann August von Kalb in Nordheim an Karl Ludwig von Knebel in Weimar:

Endlich, liebster Freund, kann ich Dir etwas Bestimmtes über mein Schicksal schreiben. Lange ungewiß, ob ich bloß in entfernteren Gegenden leben, oder die Wünsche der Meinigen durch eine zweite Verbindung erfüllen, diese letztere wagen sollte, habe ich mich zu diesem letztern entschlossen. Überaus viel Vorteilhaftes so ich von der jüngsten Fräulein von Marschall, einer Verwandten von Seckendorf's und dem Kammerherrn Stein, gehört hatte, beförderte meinen Entschluß. Ich habe bei der persönlichen Bekanntschaft alle das Gute bestätiget gefunden. Die Fräulein von Marschall besitzt außerordentlich viel Candeur, einen richtigen Verstand und ein Herz, voll Gefühl und Unschuld. Mit Vergnügen habe ich mich denen Eindrücken überlassen, die sie auf mich gemacht hat, und von dem Augenblick an, wo ich ihres Herzens gewiß bin, genieße ich wiederum einen Grad von Zufriedenheit, dessen ich mich seit geraumer Zeit für unfähig hielte. Siehst Du, lieber Freund, da bin ich wieder durch die Wege des Schicksals in eine Lage versetzt, von welcher mich eben die Begebenheiten zu entfernen schienen, die mich selbiger genähert haben. Wenn die Vorsehung mir das liebe Geschöpf erhält, so sich mir mit der liebenswürdigsten Schüchternheit anvertraut hat, so ist Dein Freund in dem reinsten Genuß der Liebe und Freundschaft gewiß glücklich, in dem sich zu erhalten, die Wohltaten der Vorsicht zu erkennen und zu verdienen, die Bemühung seines Lebens sein wird.
In drei Wochen, hoffe ich, soll meine Heirat vollzogen werden.

Am Morgen des 20. November, dem Tag, an dem dieser Brief geschrieben wird, stirbt Friedrich Marschalk von Ostheim in Göttingen. Die Nachricht von seinem Tod trifft einen Tag später, mittags um 1 Uhr, bei Steins in Nordheim ein.

Mittlerer Größe, am meisten der Mutter ihren schönen Zügen nach ähnlich. Vielseitige Gewandtheit, Fertigkeit im geselligen Spiel, kein ernstes Studium, aber feiner Sinn und Leichtigkeit der Fassung; Denkende sprachen gerne mit ihm. Sprachen lernte er, mehr um mit Ausheimischen zu reden, als zu erforschen; teilnehmend an Freud' und Leid, höchst ehrerbietig gegen das Alter, gemütlicher Neigung. Auch war er bis zum schreienden Schmerz bewegt, wenn er von einer Ungerechtigkeit hörte, die er nicht rächen, versöhnen konnte. Mißtrauen war ihm fern.

Das ist Charlottes Charakterskizze des Bruders; sein Göttinger Studienfreund Peter Poel malte dazu das Portrait: *Die kräftige Fülle seines, in allen Teilen proportionierten Körpers, seine blühende und zugleich männlich gebräunte Gesichtsfarbe, kündigten die ungeschwächte Gesundheit der Jugend an; der Adel seines Charakters sprach sich in allen seinen Zügen aus, besonders flößte ein unbeschreiblich lieblicher Zug um den Mund, einem jeden gleich Zutrauen ein.*

Von Friedrich Marschalk von Ostheim haben sich nur wenige Briefe aus seiner Studienzeit erhalten – die meisten davon an Charlotte –, in denen sich teilnehmendes, heiteres Wesen und entspannte Klugheit gewinnend aussprechen: *Noch warm aus des Postboten Händen, beantworte ich Deinen Brief, liebste Schwester...* Das Anziehendste an seinen Briefen aber ist, daß sie so jung sind, so unbeschwert, so voller Hoffnungen in die Zukunft. Freilich hatte er es auch leichter als die Mehrzahl seiner Kommilitonen.

Während ungefähr zur gleichen Zeit der Student Johann Paul Friedrich Richter, mit einem Armutszeugnis versehen, in Leipzig Theologie und Philosophie studierte, nie wußte, wie er sein täglich Brot bezahlen sollte und am Ende vor seinen Gläubigern bei Nacht und Nebel aus der Stadt fliehen mußte, unterhielt der Student Friedrich Marschalk von Ostheim in Göttingen seinem Stand gemäß eine mehrköpfige Dienerschaft – Stallmeister, Jäger, Läufer, Diener, Hofmeister. Natürlich verkehrt er in der besten Gesellschaft (und mokiert sich über ihre Steifheit); mit den Schwestern tauscht er eifrig Neuigkeiten und Klatsch aus. Die Ankunft hochgestellter Persönlichkeiten, Liebesaffären, Nachrichten aus dem Badeleben:

Ich wünschte sehr, einen kleinen Lokalbericht über die diesjährige Geschichte von Brückenau zu haben, nebst pragmatischer Erzählung der merkwürdigsten Anekdoten, sollten sie auch in die chronique scandaleuse einschlagen, so kannst du dich ganz auf meine Diskretion verlassen.

Daß der Herzog von W[eimar] der jungen Frau Herzogin [von Meiningen] die Cour gemacht hat, finde ich so wenig sonderbar, als wenn ein Mädchen Romane liest.

Auf großem Fuß kommen auch die Studentenscherze des jungen Mannes daher: *Eine Anekdote muß ich Dir doch erzählen, die uns hier sehr amüsiert hat. Vor einigen Wochen war ich in einer Gesellschaft, teils von meinen Bekannten, teils Professoren, teils Engländer aus einem Club. Es schneite den Abend, und wir verabredeten unter uns eine Schlittenpartie. Aber den nächsten Morgen war der Schnee wieder weg; wer uns begegnete, bedauerte von Grund des Herzens unsere fehlgeschlagene Hoffnung. Das ärgerte mich. Wir kamen auf den Einfall und führten ihn sogleich aus, nahmen statt der Schlitten Cariolen, legten auf das Pferd völliges Schlittengeläute, nahmen vor einer jeden Cariol [ein kleines zweirädriges Fuhrwerk] zwei Vorreiter und fuhren so des Nachmittags 3 Uhr durch alle Straßen. Das gab nun ein entsetzliches Aufsehn. Niemand fragte mehr: Ist wohl Cornwallis gefangen? Wer mag wohl der Vater zum Dauphin sein? oder haben sie den Kaiser auf seinen Reisen gesehen? sondern jedermann fragte haben sie die Cariolen-Partie gesehn?*

Daß Fritz außerdem noch ernsthaft studierte, zeichnete ihn nach Peter Poel *am ehrenvollsten* aus: *Er war als letzter männlicher Abkömmling einer früher weit verbreiteten Familie, Besitzer zahlreicher Güter in Franken und Thüringen, deren Verwaltung und die Beförderung des Glückes seiner Untertanen er als seine Lebensaufgabe betrachtete; und er warf es sich bitter vor, daß schon so manches Jahr für Erwerbung der dazu nötigen Kenntnisse verloren gegangen. Mit dem angestrengtesten Fleiße studierte er neben dem öffentlichen und Privatrecht alle Zweige der Kameral-Wissenschaften ... Um an den Werkeltagen ungestörter arbeiten zu können, mietete er ein Gartenhäuschen in einer abgelegenen Gegend, wo außer mir keiner unserer Bekannten ihn vermutete und also auch keiner ihn aufsuchen konnte.* Und der Tageslauf, den er seiner Schwester skizziert, klingt wirklich fleißig:
Göttingen, den 13. April:
Ich wohne jetzt auf meinen Garten, stehe um 5 Uhr auf, gehe dann um 7 Uhr in die Collegia und esse noch früher als der Kaiser von Fez und Marokko, ohne mich an seine Erlaubnis zu kehren. Bin dabei fröhlich und gesund, ich wünsche daß es das Vergnügen ist, seine Pflicht getan zu haben.
Neben dem Pflichtstudium von Jura und Kameralwissenschaften hört er zum Vergnügen Vorlesungen beim gefeierten Professor Heyne, *nämlich die Archäologie, oder Geschichte und Beschreibung aller alten Kunstwerke der Griechen und Römer, besonders der Überreste und Ruinen derselben ...,* in

68

der hiesigen Bibliothek finden sich vortreffliche Zeichnungen von allen möglichen; wenn wir uns einmal sehen, so sollst du meine Hefte lesen; sie werden dir gefallen und nützlich ist es gewiß, denn durch die Kenntnis des Geschmacks der Alten bilden wir den unsrigen nach der Quelle.

Als Familienoberhaupt fühlt sich Friedrich Marschalk von Ostheim verantwortlich für die Schwestern; er will für sie sorgen können und manchmal macht er sich Sorgen um sie. Gerade Charlotte, seine engste Vertraute, mit der er über alles sprechen und Kolleghefte teilen kann, scheint seines brüderlichen Beistandes besonders bedürftig.

Einen Wunsch hätte ich noch und wage es auch, diese Bitte an Dich zu tun, nämlich etwas weniger Gleichgültigkeit gegen das Urteil des größeren Haufens, von Deiner Seite, und mehr scheinbare Teilnehmung an ihren Schwachheiten. Ich kann das keine Vorstellung nennen, so wenig wie ich den Lügner schelten kann, der mir bei einer Staatsvisite sagen läßt, er wäre nicht zu Haus. Wenn das eigene Bewußtsein und das gute Urteil weniger vernünftiger Menschen auch die Mutter der Glückseligkeit ist, so trägt das, was ich vorhin gesagt habe, gewiß viel zu unserm Vergnügen und Annehmlichkeiten dieses Lebens bei und Pflicht ist es doch wohl, von unserer Seite die Unannehmlichkeiten so viel wie möglich zu vermeiden.

Wie viele Menschen haben Vorzüge vor mir, diese nötigen mich, wenn wir auch sonst kein gleiches Interesse, also auch keine gleiche Meinungen haben, sie hochzuschätzen; lassen sie mir aber ihre Vorzüge zu merklich fühlen, so zwingen sie mich sie zu hassen, wenn ich sie auch nicht verachten kann. Ich gebe es zu, daß es Schwachheit ist, aber eine den Menschen sehr gemeine Schwachheit. Jean Jacques Rousseau sagt, La nature a brisé le moule dans le quelle elle m'avait formé. Ce n'est

pas que je crois valoir plus ou moins que les autres; mais je le
sens, que je suis autre …
Rousseau aber sagte auch: die ganze Welt hätte sich gegen ihm
verschworen, und er hätte keinen Freund.

Charlotte und Fritz planten für bald gemeinsame Reisen in
freiheitliche, republikanische Länder, vielleicht einmal nach
England – Charlotte trieb eifrig Sprachstudien –, zunächst
einmal in die Schweiz, und sollte die Schwester ein Land finden, *wo sich Umstände und Verhältnisse nach unseren Idealen*
bilden, so wollen wir hinreisen noch ehe wir nach der Schweiz
gehen. Er wollte nicht die standesgemäße mehrjährige Kava-
liersreise unternehmen, *um recht mit Muße in Frankreich*
tanzen, in England reiten und in Italien malen zu lernen, sondern er werde einen großen Teil seines Lebens alle Jahre eine
Reise machen, und dann wieder einige Monate sich selber
und seinen eigenen Angelegenheiten widmen, *dann reist*
man zum zweitenmale und mit Nutzen, wenn man seinen Be-
obachtungen ruhig nachdenken und seine Bemerkungen einem
Freund oder einer Freundin mitteilen kann.
Eine Reise war ihm noch, kurz vor seinem plötzlichen Tod,
vergönnt. *Du hast mir in Deinem letzten Brief so viel Lust*
zu schönen Ansichten, romantischen Gegenden, empfindsamen
Reisen pp gemacht (schreibt er der Schwester am 14. September 1782) *daß ich mich auf einmal entschlossen habe, mor-*
gen die Ostsee zu bereisen, ich gehe daher in einigen
Stunden von hier auf Schwerin, Lübeck, Kiel, Hamburg usw.
Wenn Du erst meinen Entschluß gelobt hast, so sollst Du auch
erfahren, ob der liebe Mond in der Ostsee sich so recht aller-
liebst ausnimmt, erst mußt Du mir aber schreiben, ob Du recht
vergnügt bist, ich bin es heut wie ein König, und wollte gerne,
daß es die ganze Welt wäre.

Seit gestern bin ich von einer sehr vergnügten Reise zurückge-kommen, meldet er am 29. Oktober, im letzten Brief, den wir von ihm haben.

Knapp drei Wochen später besucht er einen Ball auf dem Hardenberge, *den damals der Graf, nachherige Fürst Harden-berg mit seiner ersten, sehr schönen und liebenswürdigen Ge-mahlin, geborenen Reventlow bewohnte.* Von diesem Ball sei er, so berichtet der Freund Peter Poel, erst spät in der Nacht heimgekommen. *Gegen Morgen erschien sein Jäger vor mei-nem Bette, und bat mich in seines Herren Namen, doch so-gleich zu ihm zu kommen, indem er sich sterbend fühle. Er war noch vom Tanze erhitzt in einem offenen Wagen zurück-gefahren, wodurch er sich eine Erkältung des Unterleibes zuge-zogen, die eine Verschlingung der Eingeweide, mit allen Symp-tomen dieser furchtbaren Krankheit, unleidlichen Schmerzen und besonders Erbrechen zur Folge hatte.* Doch in Göttingen und Meiningen kursieren Gerüchte, die nach Meinung der Verwandten von boshaften Leuten in die Welt gesetzt wur-den, nicht um dem Andenken Marschalks, sondern dem Ruf einer Frau zu schaden, *quell'on voulait décrediter*. Char-lotte hört, auf dem Ball sei der Bruder von der schönen Grä-fin zum ersten Contre-Tanz aufgefordert worden. Ein eifer-süchtiger Engländer habe ihm daraufhin einen an ihn (den Engländer) gerichteten Liebesbrief der Gräfin überbringen lassen, um seine Ansprüche auf sie zu beweisen, doch der Bruder habe es abgelehnt, diesen Brief zu lesen *(was Ihnen die Gräfin geschrieben, darf kein fremdes Auge sehen)* und ihn in Fetzen gerissen. Daraufhin sei es zu einem Duell ge-kommen, in dem Friedrich Marschalk von Ostheim tödlich verwundet worden sei.

Herr von Wechmar macht sich auf diese Gerüchte hin schleu-nigst auf den Weg nach Göttingen. *Es hatten nämlich die*

Freunde des Verstorbenen ... deswegen, weil das Gerücht allenthalben verbreitet worden als sei Herr von Marschalk durch einen Zweikampf ums Leben gekommen, die Vorsicht gebrauchet, den verblichenen Körper zwar beisetzen, jedoch aber das Grab offen zu lassen und eine Wache dazuzustellen, damit allenfalls noch seine Familie jemanden absenden könne, um sich durch den Augenschein von dem Gegenteil zu belehren. Doch als Wechmar am Abend des 1. Dezember dort ankommt, findet er das Grab schon geschlossen. *Wenige Stunden vor meiner Ankunft daselbst war eine Staffette, welche der Herr von Kalb auf Veranlassung des Herrn von Stein nach Göttingen expediert hatte, dorten eingetroffen und hatte die Freunde des Verstorbenen veranlaßt das Grab desselben sogleich zumauern zu lassen.*

Wodurch mir zwar die augenscheinliche Bestätigung der Wahrheit von dem natürlichen Tode des Herrn von Marschalk benommen ward, doch hat mich die Aussage von mehr als 50 Personen, welche seiner Krankheit und Tode beigewohnt, das eigenhändig unterzeichnete visum repertum vereideter Ärzte und Chirurgen und die von erstern entworfenen Krankengeschichte so ganz überzeugt, daß auch kein Schatten von Zweifel stattfinden kann. Diese ärztlichen Berichte haben sich erhalten und wer sie liest, wird sich wie der Herr von Wechmar überzeugt finden, daß Fritz eines natürlichen Todes (nach heutiger Diagnose an den Folgen eines durch rheumatisches Fieber hervorgerufenen Nierenversagens) gestorben ist. Aber höchst befremdlich bleibt die Staffette der Herren von Stein und von Kalb doch, und es gab sogar Stimmen, die letzteren mit dem Tod seines zukünftigen Schwagers in Verbindung brachten. Ein finanzielles Interesse daran hätte er gehabt.

In seinen letzten, nach dem Krankheitsbericht sehr qualvollen Stunden, hat Friedrich Marschalk von Ostheim noch ein Testament gemacht, das seine Humanität eindrucksvoll bezeugt. Alle seine Bediensteten werden darin mit Geldsummen bedacht, in einem Fall unter einer Bedingung, die auf Abschaffung eines menschenunwürdigen Berufes zielt: Dem Läufer, dessen einzige Aufgabe nach darin bestand, der herrschaftlichen Kutsche vorauszurennen, sollen seine jährlich 100 Taler nur dann ausgezahlt werden, wenn er *seine Läufer-Motion aufgebe und eine andere Hantierung ergreife.*

Ein kleines Testaments-Geheimnis gibt es auch: Dem Maler Fiorillo in Göttingen soll sein schönstes Gemälde (um den höchsten Preis, ohne darum zu handeln) abgekauft und dann dem Studenten Peter Poel übergeben werden, *welchen er hiermit nochmals bestens ersuchte, es gehörigen Orts abzuliefern.* Der Witwe des *seligen Beicht-Vaters*, des alten Pfarrers Nenninger, welcher wenige Wochen zuvor verstorben war, hinterläßt Marschalk von Ostheim 500 Taler und bittet darum, den Sohn in die Stelle des Vaters einzusetzen, den Untertanen erläßt er alle rückständigen Zahlungen. 1000 Taler soll man an die Göttinger Armen verteilen und für die katholische Kirche in Dankenfeld eine Glocke bezahlen. Seine vier Schwestern setzt er zu Universalerbinnen ein.

Nach seinem Tod schreibt die Professorentochter Therese Heyne an eine Freundin: *Ein großer Teil unserer jungen Leute ist jetzt in der größten Bestürzung – Marschalk, der blühende, einnehmende, – der allgemein beneidete Marschalk ist nach einer Krankheit von drei Tagen gestorben. Ach! Hätten Sie ihn gekannt, wie er alles, was verführerisch war, in sich vereinigte, wie er selbst Fehler liebreizend zu machen wußte! Die letzte Hoffnung einer edeln, nun erloschenen Familie! ... Ich sah ihn begraben – ein so schöner Morgen! freudevoll ging die*

Sonne auf, als sei sie stolz, daß sie den Staub des Edeln be-
scheine. Aber die Zurückbleibenden: Sein Läufer, der Jäger,
der Kammerdiener, sie waren ganz betäubt; mit kaltem, stei-
nernen Antlitz folgten sie der Leiche und zittern taten sie wie
das Laub am Grabe, als das Lied gesungen wurde: ›Auferstehn,
ja auferstehn sollst du mein Staub nach kurzer Ruh.‹ Und wie
nun der Sarg eingesenkt wurde, riß der Läufer seine gefalteten
Hände auseinander, schlug sich vor die Stirn und rief: ›O Gott
im Himmel!‹ und vermochte nicht ins Grab zu sehen. So ein
allgemeiner Schmerz! Graf Schulenburg war aus dem Wagen
hervorgefallen und lag wie sinnlos auf beiden Armen, und
Poel war wie eine leblose Maschine!

Ach! Es war ein herrlicher Junge, soll der Onkel Stein gesagt
haben. *Ich verlor mit ihm meinen Freund und Ratgeber, den*
Stolz und die Freude meines Herzens, klagte Charlotte. In Pa-
nik hat sie gleich nach dem Tod des Bruders von dessen
Freund Peter Poel die Rücksendung ihrer Briefe gefordert:
Ich schrieb meinem Bruder mit der äußersten Offenherzigkeit,
vertraute ihm die geheimsten Gedanken; es darf also nie-
mand, wenn nicht meine Ruhe für die ganze Zeit meines Le-
bens noch schrecklicher gestört werden soll, meine Briefe lesen.
Nichts hat sie mehr gefürchtet, als die Verletzung ihrer In-
timsphäre.

Von all den vielen Verlusten, die sie in ihrem Leben erlitten
hat, ist der des Bruders wohl der schlimmste und unheilvoll-
ste gewesen. *Uns Schwestern, – mir, der sie überlebenden, ist*
der Stachel des Schmerzes über den verlornen geliebten Bruder
nie aus der Seele gewichen.

Aus dem mittelalterlichen Lehnswesen hatte sich im Laufe der Jahrhunderte ein höchst kompliziertes feudales Besitz- und Erbrecht ausgebildet; den Universalerbinnen des Friedrich Marschalk von Ostheim gehört längst nicht alles, was dem Bruder nach seiner Volljährigkeit gehört hätte. Nur Söhne- und Töchterlehen, Besitz, der auf männliche und weibliche Familienmitglieder übergehen kann, fällt ihnen zu, außerdem das Allodialgut, das frei vererbbare Eigentum der Familie. Unbestritten ist ihr Anspruch auf das Familienstammgut Waltershausen (mit zugehörigen kleineren Orten) und auf das *schöne Dorf Dankenfeld, wobei 6000 Acker Holz und einige Weinberge in Steinbach am Main.* Die großen Güter und Ländereien im Steigerwald zu Erl, Kolmsdorf, Feigendorf, Triesenbach, Trabelsdorf, Priesendorf, Kirchaich, Dankenfeld und Seesbühl beansprucht nun eine andere Linie der Familie Marschalk von Ostheim, die Marisfelder Linie, als *Mannslehen* für sich. Sie wird vertreten durch Heinrich August Marschalk von Ostheim, hochfürstlich Bambergischer Geheimer und Hof-Kriegsrat, Oberst und Kommandant der Residenzstadt Bamberg und der Feste Forchheim (außerdem Inhaber zahlreicher anderer Ämter und Ehrentitel) und durch seinen Neffen Christian Ernst Marschalk von Ostheim zu Walldorf, einem Bruder der Frau von Wolzogen. Kampflos aber wolle man den Marisfeldern eine solche reiche Beute nicht überlassen. Über die fieberhaften Aktivitäten, die einsetzten noch bevor die endgültige Todesnachricht aus Göttingen eintraf, hat der Vormund Friedrich Albrecht von Wechmar einen ausführlichen Bericht verfaßt, der zeigt, wie diese Ritter des 18. Jahrhunderts raubten und um Besitz kämpften, nicht mehr mit Waffen, sondern mit Notaren, die durch formelle Akte der Besitzergreifung zunächst einmal vollendete Tatsachen schufen, die dann freilich gerichtlich angefochten werden konnten.

Nachts 1 Uhr zwischen 20ten und 21ten November ward mir [in Waltershausen] durch eine Estaffette ... ein Brief aus Göttingen den 19ten November von einem gewissen Herrn Poel einen besonders guten Freund des Herrn von Marschalk, ausgehändiget, darin derselbe mir auf Begehren des Herrn von Marschalk meldet, daß dieser an einer Entzündung im Unterleibe gefährlich krank, und wahrscheinlich dem Tode sehr nahe sei – ich sollte einstweilen das, was das Interesse seiner vier Fräulein Schwestern beträfe, die nötige Rücksicht nehmen, auch würde ich, wenn der Tod erfolgen sollte, sogleich durch eine 2te Estaffette davon Nachricht erhalten.

Ich will in dieser Geschichts-Erzählung nichts von dem Schrekken und der damit natürlich verbundenen Unentschlossenheit erwähnen, welche mich bei einer so traurigen Nachricht in den ersten Momenten ganz außer Stand setzten, einen überlegten Entschluß zu fassen. Die tiefe Verschwiegenheit, welche die Umstände auf den Fall nötig machten, wenn Herr von Marschalk sterben sollte, erschwerte mir meine Lage noch mehr. Bis 2 Uhr brachte ich zu, mich in so ferne zu fassen, daß ich sofort den Jäger Güth zu Waltershausen, auf dessen Verschwiegenheit und Treue ich mich verlassen konnte, als Courier nach Trabelsdorf schickte, und dem Amtmann Schwendler unter dem Siegel der Verschwiegenheit aufgabe, sogleich sich mit einem Kaiserlich geschworenen Notario zu versehen und bereit zu halten, auf die erste Nachricht von den Gütern im Steigerwald für die Frau und Fräulein Schwestern des Herrn von Marschalk Besitz nehmen zu können. Zugleich setzte ich mich mit dem Vorsatz zu Pferde, eilends nach Göttingen zu reiten, und mei-

nem kranken Freund beizustehen. – Ich hatte kaum einige Stunden geritten, als ein Sturz meines Pferdes bei denen ganz ungebahnten holperichten Wegen und eine kältere Überlegung mich bewogen, von dem Gedanken nach Göttingen zu reisen, abzustehen, weil ich dort von wenigerem Nutzen als hier auf den Fall des Todes sein würde. Ich kam um 6 Uhr wieder nach Waltershausen, ließ meine Chaise einspannen, und eilte nach Nordheim, um mich dorten des Rats der nächsten Verwandten meines Herrn Pflegbefohlenen bedienen zu können. Um 9 Uhr Vormittags 21ten November traf ich in Nordheim ein. Auf alle Fälle hatte ich in Waltershausen den eisernen Kasten, in welchem die meisten Familiendokumente verwahrt sind, unter dem Vorwand mitgenommen, es sei eine Heirat mit der Fräulein Eleonora im Werk, weshalb ich verschiedene Familienurkunden in Nordheim nachsehen müsse. Diesen Kasten brachte ich einstweilen zu Nordheim in Sicherheit, traf aber den Kammerherrn von Stein nicht zu Hause an. Ich war genötiget, der Frau von Stein, die traurige Nachricht, welche mich nach Nordheim führte, obwohl mit aller Vorsicht zu hinterbringen. Die gegenwärtigen Fräulein Charlotte und Eleonore von Marschalk sowie Herr Kammerpräsident von Kalb wurden bei der Meinung gelassen, ich sei wegen der vorseienden Heirat gekommen, und dem Herrn Kammerrat von Stein ward ein reitender [Bote] nachgeschickt, um ihn eilends nach Hause zu rufen. Noch schwebte ich zwischen Hoffnung und Furcht, doch war die Lage um so peinlicher, weil die unbefangenen Fragen der Fräulein Schwestern nach Nachricht von ihrem Bruder, in meinem Gesicht einen Anstrich von Ruhe erforderten, dem die Empfindungen der ängstlichen Erwartungen in meinem Herzen so ganz widersprachen. Um 1 Uhr mittags brachte die 2te Estaffette mir die Nachricht in einem Brief von eben gedachtem Herrn Poel aus Göttingen, daß Herr von

Marschalk am 20ten November früh 3 Uhr würklich verschieden sei. –

Kurz darauf kam Herr Kammerherr von Stein an, und ich trug ihm, jedoch mit der Behutsamkeit, mit der eine ihm so plötzlich als höchst empfindliche Nachricht beizubringen die Freundschaft erfordert, dieselbe vor. Die Standhaftigkeit, mit welcher er sie ertrug, rief mich mit aller Lebhaftigkeit zu Erfüllung dessen, was mir als Vormund der Erben der Verstorbenen iezt oblag, zurück.

Wechmar schickt einen Kurier nach Trabelsdorf *mit dem schriftlichen Auftrag an den Amtmann Schwendler, daß derselbe ohngesäumt von allen Steigerwälder Gütern, in so ferne die Schwestern des Verstorbenen einigen Anspruch daran machen könnten, Besitz ergreifen solle.* Er selbst läßt von Waltershausen und den dazu gehörenden Ortschaften notariell Besitz nehmen und reist dann nach Trabelsdorf ab, wo er bei schlechtem Wetter am Abend des 22. November ankommt. Schon hat sich das Gerücht vom Tode des jungen Herrn verbreitet, aber dem Amtmann Schwendler aufgetragene Besitzergreifung der Güter im Steigerwald hat immer noch nicht stattgefunden. Erst am 23. November wird damit begonnen.

Wieder steigt von Wechmar in den Reisewagen, diesmal in Richtung Bamberg, wo er nun, da ohnehin jeder davon weiß, den Bischof als Lehnsherrn und den Obristen von Marschalk offiziell von dem Todesfall und seinen diesbezüglichen Aktivitäten in Kenntnis setzen will. Unterwegs begegnet er dem Grafen Friedrich von Rotenhan, einem Vetter der Allodial-Erbinnen, der Ansprüche an das Marschalksche Erbe zu haben glaubt und ebenfalls durch Besitzergreifungen geltend machen will. *Dieses zu hindern mußte mir allerdings angelegen sein* (schreibt Wechmar). *Sobald sich unsere*

Wagen begegneten, ließ ich halten, stieg aus, Herr von Roten-
han, der noch einen Herrn von Redwitz im Wagen hatte, tat
ein gleiches. Ich sagte dem Herrn von Rotenhan, Herr von
Marschalk sei tot, ich sei Willens gewesen, nach Bamberg zu
fahren, um ihm den Tod dieses nahen Verwandten zu berich-
ten, und zugleich Seiner Fürstlichen Gnaden wegen dringen-
der Angelegenheiten aufzuwarten. Herr von Rotenhan erwi-
derte: er habe gehört, ich sei in Trabelsdorf, und käme, um
mich dort zu besuchen, ich bedauerte, daß ich diese Visite um
so weniger annehmen könne, da ich in Trabelsdorf ihn zu be-
wirten außer Stande, weil der Amtmann mit Notarius *auf an-*
dern Gütern um Trabelsdorf herum mit Possessions-Ergrei-
fung beschäftiget, mithin das Haus ganz leer sei, ich bate also
wieder umzukehren, und mir zu erlauben, ihm in Bamberg auf-
zuwarten. Rotenhan, ohngeachtet die Wendung, welche diese
Sache nahm, ihm nicht die angenehmste zu sein schien, bietet
Wechmar einen Platz in seinem Wagen an (quartiert dafür
den Herrn von Redwitz in dessen Kutsche um) und nimmt
ihn mit nach Bamberg.

Sein *unermüdlicher Eifer* trug Wechmar die Anerkennung
des Ritterkantons Rhön und Werra ein. Was er getan habe,
könne so wenig hinlänglich belobt als übertroffen werden.
Doch schuf er damit auch die Grundlage zu den jahrzehnte-
langen Prozessen und Erbstreitigkeiten, die das Leben der
Schwestern seitdem überschatteten.

Eine Besitzergreifung im größeren Stil drohte kurz danach,
im Winter 1782/83, dem Herzogtum Sachsen-Meiningen.
Herzog Georg, nach dem frühen Tod seines Bruders Friedrich Karl Alleinregent, war schwer erkrankt und, gerade erst
verheiratet, noch ohne Erben. Für den Fall seines Todes machte sich sein Vetter, der hochverschuldete Herzog von Sach-

sen-Coburg-Saalfeld, Hoffnung auf die Nachfolge. Vorsorglich traf er alle Anstalten zur Besetzung von Sachsen-Meiningen. Milizen standen zum Ausrücken bereit am Stadttor.

Doch Georg wird wieder gesund. Am 4. Februar 1783 feiert man in Meiningen ein großes Genesungsfest: *Früh um 6 Uhr zog der Kantor Krause mit dem Chore, der Kapelle und einer großen Menge Volks in den Schloßgarten, wo unter dem Fenster der Herrschaft die Lieder ›Nun danket all und bringet Ehr‹ und ›Nun danket alle Gott‹ gesungen wurden.* Und in Meiningen, bald auch in Coburg, zirkuliert ein Spottgedicht, die »Wunderseltsame Historia des berühmten Feldzuges, als welchen Hugo Sanherib, König von Assyrien, ins Land Juda unternehmen wollte, aber unverrichteter Ding wieder einstellen mußte.« Zu früh gefreut:

> *Fürst Sanherib erzählte schon*
> *Den Damen seine Siege,*
> *Aufs Wohl des neuen Landes flohn*
> *Von Tisch zu Tisch die Krüge,*
> *Schon möbelt' man das neue Schloß –*
> *Je glätter der Burgunder floß.*
> *. . .*
> *Doch während daß der Vetter schon*
> *Nach deiner Krone schielte,*
> *Und auf dem noch besetzten Thron*
> *Schon Davids Harfe spielte,*
> *Lagst Du – o Fürst – beweint vom Land,*
> *Noch unversehrt – in Gottes Hand.*
>
> *Gott stand auf Höhen Sinai's*
> *Und schaute nach der Erden,*
> *Und sahe schon ein Paradies*

80

Durch Deinen Zepter werden.
Und sahe mit erhabner Ruh
Dem Unfug Deines Vetters zu.

Schnell schickt er einen Cherub fort,
Und spricht mit sanftem Lächeln:
›Geh Raphael – dem Fürsten dort
Erfrischung zuzufächeln.
Er ist mein Sohn – mein treuer Knecht!
Er lebe – denn ich bin gerecht.‹

Dem Willen Gottes Untertan,
Steigt Raphael herunter,
Nimmt eines Arztes Bildung an,
Und heilt Dich durch ein Wunder.
Dein Fürst ersteht – jauchz Vaterland!
Gerettet durch des Himmels Hand.

Die Post schleicht nach Assyrien,
Wo Sanherib regieret,
Und eben seine Königin
Vom Schlitten heimgeführet. –
›Ihr Durchlaucht! Ein Kurier!‹ – ›Herein!
Es werden Trauerbriefe sein.‹

Schnell öffnet er den Brief, und liest,
Liest – ach! der Posten trübste –,
›Daß Josaphat am Leben ist‹ –
Und flucht an seine Liebste:
›Der Krieg ist aus! – Pest über dich!
Zweitausend Taler schmerzen mich!!‹

Als Verfasser der Ballade zeichnet ein gewisser *Simeon Krebs-auge, Baccalaur.* In Coburg argwöhnt man, daß sich dahinter der Hofprediger Pfranger verstecke (*Die Chronika aus Juda schrieb / mit einer schwarzen Feder. / Gescheider wärs, des Dich-ters Trieb / ging mehr auf Bußgebeder*). Tatsächlich stammt sie von dem jungen Dichter der »Räuber«, von Friedrich Schil-ler, den die Coburger freilich kaum in Meiningen vermuten konnten.

12 · DER SÜSSE BUND

Am 7. Dezember 1782 wurde dem Herrn Bibliothecarius Reinwald in Meiningen ein Billett überbracht:
Ein Fremder von Stuttgart der vor einer halben Stunde hier eintraf, und Ihnen vielleicht schon bekannt ist, wünscht das Vergnügen zu haben Sie zu sprechen; weil er aber wegen Si-cherheit seiner Person inkognito bleiben muß, so werden Sie so gütig sein zu bestimmen, wo wir beide am ruhigsten beiein-ander sind. Ich höre, Sie haben die Kost aus dem Hirsch, ich bin also so frei Sie auf ein Mittagessen zu bitten.
Der Hang zum dramatischen Effekt ist unverkennbar in die-sem Brieflein, dessen Absender unter dem Namen »Ritter« reist. Schiller, der aus Württemberg geflohen war, weil ihm sein Dienstherr, Herzog Karl Eugen, das Dichten verboten hatte, war auf dem Weg nach Bauerbach, einem Rittergut, das ungefähr zwei Wegstunden südlich von Meiningen liegt. Dort, in ländlicher Verborgenheit, wollte er auf Einladung der Gutsherrin Henriette von Wolzogen – die Mutter seines Stuttgarter Freundes Wilhelm – eine Zeitlang bleiben, bis Gras über die Sache gewachsen war.
Der Winter in dem armseligen Nest kam dem unruhigen,

brennend ehrgeizigen Dreiundzwanzigjährigen bald wie eine Verbannung vor. *Liebster Freund, ich wünschte Sie so oft – so oft in meine einsame grillenhafte Zelle hinein, und möchte oft meine tägliche Kost um eine menschliche Gesellschaft dahingeben. Gelegentlich muß ich anmerken, daß ich nunmehr der Meinung bin, daß das Genie wo nicht unterdrückt, doch entsetzlich zurückwachsen, zusammenschrumpfen kann, wenn ihm der Stoß von außen fehlt.* Seine wichtigste Verbindung zur Welt war Reinwald in Meiningen, der seinen Briefverkehr besorgte und ihm Zeitungen und Bücher, den unentbehrlichen Schnupftabak (eine gute Sorte aus Marokko), Tinte und Schreibpapier besorgte, *meine Louise Millerin darauf abzuschreiben.*

Ab und zu kam Besuch (*Morgen bekomme ich Visite von Reinwald, Herrn Hofprediger [Pfranger] und seiner Frau, wo eine Zinshenne bluten wird*), sonst vergrub Schiller sich in seine Arbeit und ließ sich zwischendurch zu Gelegenheitsgedichten überreden, zu der »Sanherib«-Ballade und zum Prolog eines Kinderstückes, das zum Geburtstag des Meininger Herzogs Georg aufgeführt werden sollte. Daß dieses Gedicht in seinem allerungenießbarsten Prunk- und Glanzstil nichts taugte, wußte er schon selbst, aber (so schrieb er an Reinwald): *Sie glauben nicht wie wunderlich es mir vorkömmt aus 2 Schauspielen großen Inhalts heraus zu treten und Prologen für Kinderstücke zu machen. Nicht anders als wenn einer aus der Schlacht kommt und Flöhe fangen muß.*
Das eine dieser beiden Schauspiele ist der »Don Karlos« (damals noch »Dom Karlos« genannt), für den er sich Quellenwerke aus der Meininger Bibliothek ausborgt. Das andere ist die »Louise Millerin«, die dann zugkräftiger zu »Kabale und Liebe« umgetauft wurde. In diesem bürgerlichen Trauerspiel

begegnet uns – nur als Name – eine Gräfin von Ostheim, die der Präsident von Walter seinem Sohn Ferdinand zur Gemahlin vorschlägt. *Friderike von Ostheim könnte jeden andern zum Glücklichsten machen*, muß ihm der arme Ferdinand antworten, der schon eine andere, das Bürgermädchen Louise Millerin liebt. Und es begegnet uns darin in der Figur des Hofmarschalls von Kalb die Karikatur eines eitlen, kriecherischen, französisch parlierenden, unsäglich törichten Höflings.

Henriette von Wolzogen, die sich um die Jahreswende 1782/83 in Meiningen und Bauerbach aufhielt, hatte Schiller von dem Unglück erzählt, das jüngst über die Marschalkschen Schwestern hereingebrochen war: der plötzliche Tod ihres Bruders und die Heirat der Erbin Eleonore Friederike Marschalk von Ostheim mit dem Präsidenten von Kalb. Die Tendenz ihrer Erzählung kann man aus Schillers Verwendung der Namen Ostheim und Kalb erschließen.

Natürlich hat auch Charlotte vom geheimnisvollen Gast ihrer Verwandten erfahren, der sie als passionierte Leserin interessieren mußte. In den »Erinnerungen« erzählt sie, sie habe damals auf dringende Empfehlung der Frau von Wolzogen die »Räuber« gelesen, wenn ihr auch vor der Lektüre bange gewesen sei, denn man hatte ihr *Schreckhaftes* davon gesagt. *Ich las das Trauerspiel wiederholt; doch manches konnte ich nicht erfassen. Einzelnes war mir von höchster Bedeutung ... Wie spricht Amalia das Unerklärliche aus ... Welcher Inhalt in den Worten: ›Du hassest ihn, du hassest mich doch auch?‹ Eine Stelle hatte mich besonders ergriffen: ›Wo die einsame Nacht und die ewige Wüste meine Aussichten sind, da würde ich die schweigende Öde mit meinen Phantasien bevölkern, und hätte die Ewigkeit zur Muße, das verworrene Bild des Elends zu zergliedern.‹* An den Schauspieler Iffland allerdings schrieb sie im April 1796, sie hasse das Stück.

Persönlich kennengelernt hat sie Schiller in seiner Bauerbacher Zeit nicht. Möglicherweise aber nahte sie sich ihm indirekt als Verehrerin, indem sie ihm (zusammen mit andern jungen Mädchen) einen Lorbeerkranz zukommen ließ. Oder war doch Reinwald der Empfänger dieses Kranzes, wofür es gewichtige philologische Indizien gibt? Sicher ist, daß beide, Reinwald und Schiller, die Huldigung mit einem gemeinsam verfaßten Dankesgedicht quittierten:

> *Den Lorbeer übersandten mir*
> *Von Teutschlands schönsten Mädchen vier*
> *Wer sind sie? Sag es Dichterkönig?*
> *Sinds Musen? – Nein! Sie wären fünf zu wenig.*
> *Sinds Grazien die vierte wär zu viel*
> *Doch hab ich nicht von Wieland jüngst vernommen*
> *Daß Psyche zu den Grazien gekommen.*

Mehr rhetorischen Schwung hat das Gedicht, das Schiller zur Hochzeit einer Pflegetochter seiner Gastgeberin verfaßte, in deren leibliche Tochter – auch eine Charlotte – er zu dieser Zeit ziemlich verliebt war. Männerträume!

> *Wie schön ist doch das Band der Liebe!*
> *Sie knüpft uns, wie das Weltgetriebe,*
>   *Auf ewig an den Schöpfer an.*
> *Wenn Augen sich in Augen stehlen,*
> *Wenn Tränen Tränen sich vermählen,*
> *Ist schon der süße Bund getan.*
>
> *Wie göttlich süß ist das Vergnügen,*
> *An's Herz des Gatten sich zu schmiegen,*
>   *Wie süß, sich seines Glücks zu freun!*

Wie süßer – sich für ihn zu quälen!
Auch Wehmut kettet schöne Seelen,
Und wollustvoll ist diese Pein
…

Wenn unter drückenden Gewichten
Des Kummers und der Bürgerpflichten
*   Der müde Gatte niederfiel,*
Wirst Du mit e i n e m holden Lächeln,
Erfrischung ihm entgegenfächeln –
Und spielend trägt er sie zum Ziel.

Schöne Aussichten. Als Gipfel des Glücks, das die Frau in der Ehe erwartet, schilderte der Dichter dann die Freuden des Mutterseins, merkte beim Schreiben freilich selbst, daß er darüber nicht kompetent urteilen konnte:

Die Seligkeit – Du wirst sie kennen,
Wenn stammelnd Dich die Kinder nennen,
*   Und herzlich Dir entgegen fliehn –*
Die bange Lust – – die süßen Qualen – –
Umsonst! kein Jüngling kann sie malen –
Hier werf ich meinen Pinsel hin –

Das Gedicht dauert dann trotzdem noch weitere sechs Strophen.

Das Glück der Mutterschaft blieb Eleonore Marschalk von Ostheim in der Ehe mit Johann August von Kalb versagt; bei der Hochzeit Ende 1782 weinte sie allenfalls aus Kummer oder Zorn. *Gleichgültigkeit würde zu schwach ihre Abneigung bezeichnen.* Eigentümlicherweise verbindet Charlotte diese

Feststellung mit einem leisen Vorwurf gegen die Schwester: *Lorchen, das lieblich scharfe Wesen, verlangte wohl, daß andere ihren Launen gefällig sein sollten; was solchen nicht fügsam, blieb ihr indifferent,* und sie setzt hinzu, daß Kalb dieses *weibliche Kind so schmeichelnd gehalten,* seine Wünsche zu erraten und zu befriedigen gesucht habe, wie es kaum ein anderer getan haben würde. Aber dann ist sie Lorchens lieblicher Schärfe doch wieder verfallen, wenn sie erzählt: *Eine ältere Dame, welche der Präsident von Kalb sehr vorzüglich fand, hatte sich vorgenommen, die junge Frau zu freundlichen Gesinnungen gegen ihn zu bewegen, und verfolgte sie öfter mit Ermahnungen ... ›Wenn Sie ihn auch nicht lieben, verehren werden Sie ihn doch wohl‹, sprach sie einst zu ihr. Das jugendliche Wesen im schwarzseid'nen Gewande, das Köpfchen im Schmuck der blonden Locken, richtete sich auf, mit abwehrender Bewegung sagte sie: ›Dem muß es recht elend zu Mute sein, der den Wunsch hegt, ein anderes besonders verehren zu wollen.‹*

Die Monate nach der Hochzeit lebt Charlotte mit Schwester und Schwager erst in Trabelsdorf *schlummernd, trübselig* dahin; im Sommer ziehen sie ins Jagdschloß Dankenfeld um, dorthin getrieben vielleicht durch die Schikanen des Marisfelder Marschalk von Ostheim, der versucht, die Schwestern wegzuärgern von einem Besitz, der eigentlich ihm zusteht, wie er glaubt. Kalb beschwert sich deswegen beim Wiener Reichshofrat, der ein kaiserliches Schutz-Dekret für die Allodial-Erbinnen erläßt und dem Obersten bei Androhung einer Geldstrafe verbietet, sie in ihrem Besitz *zu stören.* Anfang August kommen auf Einladung des Präsidenten sein Weimarer Freund Karl Ludwig von Knebel und dessen Schwester Henriette für ein paar Tage zu Besuch und freunden sich besonders mit Lorchen an. Ende des Monats trifft Heinrich von Kalb, der um zwei Jahre jüngere Bruder des Präsidenten, in Dankenfeld ein. Er ist Offizier im Regiment »Royal Deux-Pont, Royal-Zweibrücken« und kommt frisch aus dem amerikanischen Unabhängigkeitskrieg, wo er mit seinem an die Franzosen verliehenen Regiment unter Lafayette auf seiten der Aufständischen gekämpft und sich bei einem der wichtigsten Kriegsereignisse, der Belagerung und Eroberung von Yorktown, rühmlich ausgezeichnet hatte. Die Besatzung der Festung bildeten – unter englischem Regiment – vor allem von ihren Fürsten verkaufte Landeskinder aus Hessen und aus Ansbach-Bayreuth.

Heinrich von Kalbs Erzählungen von diesem historisch so bedeutsamen Kriegsschauplatz ziehen interessierte Besucher nach Dankenfeld. Auch auf Charlotte machen sie großen Eindruck und bestärken sie in ihren Sympathien für die Amerikaner: *Früher schon hatte ich stets die Hamburger Zeitung gelesen, und obgleich ich nie eine politische Meinung geäußert, neigte ich mich doch schweigend auf die Seite der Opposition; man nannte die Streitenden die Englisch- und Franklinisch-Gesinnten.* Entschieden aber bestreitet sie, daß sie Zuneigung oder gar Liebe für Heinrich von Kalb empfunden habe, den ihr der Präsident als Ehemann zugedacht hat. Er *empfing den Bruder mit einer lebhaften, fast heftigen Freudigkeit, mit dem Ausdruck innigster Zuneigung, wie ich solche früher wie später nie wieder bei ihm bemerkt habe. Der Affekt bei dem Wiedersehen hatte wohl eine zwiefache Beziehung, denn längst hatte er eine eheliche Verbindung seines Bruders als einzige Bedingung erachtet, um über das Allodial-Vermögen allein, selbständig zu walten.*

Als wir, und ebenso seine Verwandte, besonders Siegmund von Seckendorff seinen Absichten entgegneten, war er in der heftig-

sten Erregung. Mit Erbitterung sprach er von dem Druck sei-
ner Lage, von der Verwirrung seiner Geschäfte, und sowohl
ich, als meine Schwester mußten nach seiner Darstellung einen
gefährdeten, bedenklichen Zustand erkennen. In diesen Vermö-
gensbeziehungen war er rastlos, unablässig in Korresponden-
zen, von Juristen und Advokaten umringt; und solche ange-
strengte Sorge erregte oft Mitleid. Die von Begehrlichkeit und
Angst entzündete Beredsamkeit des Präsidenten besiegt am
Ende allen Widerstand. Am 25. Oktober 1783 wird Charlotte
Marschalk von Ostheim mit Heinrich von Kalb verheiratet.
Der Präsident aber, gegen dessen hohe Kunst der Heuchelei
die Ränke des Schillerschen Hofmarschall von Kalb nur
Stümperei sind, schreibt an seinen Geschäftsfreund Bertuch
in Weimar:

Wahrscheinlich hat Ihnen mein Bruder (die Furchtsamkeit
und Bescheidenheit eines außerordentlich zärtlichen Liebha-
bers könnte ihn allein abgehalten haben) die Confidence eines
Ereignis gemacht, die fast selbst meine Wünsche übersteigt –
die von seiner Verbindung mit meiner ältesten Schwägerin,
einer Person von ausgezeichnetem Verdienst ... Ich habe nicht
zugeredet, nichts getan, als alles seinen Gang gehen lassen;
das erste Wort so ich gesprochen, war, nachdem alles richtig
war. Sie fühlen leicht, wie sehr mein Glück durch das von zwei
Personen erhöht wird, die meinem Herzen so nah sind.

Im Dezember nach Bayreuth. In der Wohnung, die mir be-stimmt war, fand ich alles leer, noch kein Möbel. Charlotte setzt an den Anfang ihrer Ehe auch schon das Bild ihrer Auf-lösung. Sie sagt »mir« und nicht »uns«. Sie löscht auch das Dazwischen aus: In ihren »Erinnerungen« kommen die Mö-bel nie, bleibt die Ehe ein leerer Raum, darin Heinrich und Charlotte *in tiefster Wesenheit geschieden.* Wir wissen: Sie haben miteinander gelebt, geredet, gegessen, geschlafen und Kinder gezeugt, aber dieses Wissen bleibt abstrakt. Briefe der Eheleute haben sich nach Charlottes Willen nicht erhal-ten. Nur Spuren ihres Umgangs finden sich, die oft das Ge-fühl vermitteln, als ertappte man die Charlotte der »Erinne-rungen« beim Lügen. Dieser fremde Mann soll seine Frau geliebt, soll gar eifersüchtig gewesen sein? An diesen Hein-rich von Kalb soll sie anläßlich der Einladung zu einer Schlit-tenpartie so fürsorglich gedacht haben, wie dieses Billett er-kennen läßt? *Mein Mann wird die Ehre haben die Damen zu begleiten. Aber haben Sie … die Güte, für ihn zu sorgen und ihm einen Pelz zu schicken, damit weder Zug noch Kälte ihm schaden – ich fürchte bei seinem heftigen Katarrh.* Daß uns das Selbstverständliche wundert, ist ein Erfolg dieser Strate-gie des Verschweigens und Auslöschens alltäglicher, beding-ter und bedingender Ehewirklichkeit im Namen einer unbe-dingten, *befreiten* Idee von Liebe.

Außenstehende haben Heinrich von Kalb zumeist freundlich und wohlwollend gefunden, nennen ihn zum Beispiel *einen herzlich guten Mann.* Besondere Eigenschaften gewinnt er in ihren Zeugnissen nicht. Zu Hause, seiner Frau gegenüber, scheint er schon im ersten Ehewinter von *trüber Verschlossen-heit* gewesen zu sein; *diese Verborgenheit war entweder sein*

Charakter, oder schien ihm nötige Vorsicht. Auf ihr Drängen hin zeigt er ihr einen Brief seines Vaters, *worin dieser mit Herbe über seine Anforderungen sich ausließ,* dem Sohn also wohl Vorwürfe machte, weil er im Leben bisher wenig erreicht hatte. Aber dessen Depressionen waren wohl eher eine Folge einer dramatisch veränderten Lebenssituation. Eben noch aktiver Soldat und Kriegsheld, war Heinrich von Kalb jetzt zum Nichtstun verurteilt, lebte in Erinnerungen an die aufregenden Zeiten in Amerika, wo er über den Sinn seines Lebens nicht hatte nachdenken müssen. Als Charlotte ihren Mann im Frühjahr 1784 in seine Garnisonsstadt Landau begleitet, lernt sie dort viele Offiziere kennen, denen es so ging wie ihm: *Ernster, melancholischer Stimmung schienen die meisten Offiziere, die vor einem Jahre aus Amerika zurückgekommen waren. Früher Gewohntem waren sie entfremdet ... So, Gleichgültige, Unzufriedene, Strebende, von sinnendem Eifer erfaßt; und in solcher Erregung waren sie stets in Journale und Zeitungen vertieft, teilten gern das Merkwürdigste der Begebenheiten und der Satire mit über die Ersten in Frankreich. Diese Philippiken verstand ich keineswegs; der Geister Toben hätte den Bedachtsamen schon damals verwundern können.*

Charlottes Aufenthalt in Landau war gegen die Konvention. Üblicherweise wohnen die Frauen der Offiziere nicht bei ihren Männern, *da man in Frankreich so wechselnden Aufenthalt für Frauen für unpassend hielt.* Vielleicht hoffte man, daß eine junge, hübsche Frau Heinrich von Kalb nützen würde bei seinen Bemühungen um einen Posten am Hof von Zweibrücken. Bruder und Vater scheinen, wie bei der Heirat, auch bei diesen Karriere-Spekulationen die treibende Kraft gewesen zu sein.

Der Winter 1783/84, Charlottes erster Ehewinter, war in allen deutschen Landen außerordentlich streng und lang. Das Datum ihrer Abreise nach Landau hat sie noch als alte Frau erinnert: *Den 5. Mai reisten wir von Waltershausen … bei Schneegestöber und eisiger Kälte nach Würzburg. – Milder wurden die Lüfte.* Im Rückblick wurde ihr ein Garten an den Ufern des Main bei Frankfurt zum Vorschein des Paradieses: *Wir nahten dem Aurikelflor. – So bunter Farbenglanz, so zart, so mannigfalt. – Die Blumenreihen in samtnem Staub, im Schmelz des Lichts – in süßem Weiheduft des Wonnemonds – wenn es der Hoffnung Atmen wäre?* Sie ist im fünften Monat schwanger.

In Mannheim, wo gerade die Kirsch- und Pflaumenblüte begonnen hat, schickt Charlotte zu Schiller, der seit dem Herbst 1783 am dortigen Nationaltheater als Theaterdichter angestellt ist. Reinwald, der ziemlich sauer war, weil Schiller ihm seit Bauerbach kaum noch schrieb, hatte ihr ein kurzes Empfehlungsschreiben an ihn mitgegeben: *Sollten Sie auch gleich nicht mehr mein Freund sein wollen, wie ich aus verschiedenen datis schließe; so sein Sies wenigstens in einem, und lassen Sich von der Frau von Kalb (die ihnen dieses Billet mitbringen wird) sprechen. Sie zeichnet sich gar sehr unter ihrem Geschlecht aus und ist Ihrer Geistesprodukte große Bewunderin; so wie sie überhaupt das Schöne und Gute enthusiastisch fühlt.*

Am 9. Mai – es ist ein Sonntag – besucht Schiller die Kalbs in ihrem Mannheimer Gasthof und hat sich mit Charlotte gleich so viel zu erzählen, daß die Zeit wie im Fluge vergeht. Er und Charlotte scheinen sich sofort in einem lebhaften Gespräch verloren und gefunden zu haben. *Einige Stunden hatte er geweilt, da nahm er den Hut und sprach: ›Ich muß eilends in das Schauspielhaus.‹ Später habe ich erfahren, Ka-*

bale und Liebe wurde diesen Abend gegeben, und er habe den Schauspieler ersucht, ja nicht den Namen ›Kalb‹ auszusprechen. – Bald kehrte er wieder ... Durch Scheu nicht begrenzt, traulich, da gegenseitig mit dem Gefühl des Verstandenseins das Wort gesprochen werden konnte, löste der Gedanke den folgenden Gedanken, ohne Wahl oder Nachsinnen. – Wohl die Rede eines Sehers. – Im Laufe des Gesprächs rasche Heftigkeit, wechselnd mit fast sanfter Weiblichkeit, und es weilte der Blick von hoher Sehnsucht beseelt.

Wie erotisch so ein Austausch von Gedanken und Gefühlen ist! Die Befangenheit, an der beide leiden, auch wenn Charlotte das besser überspielen kann, schwindet, sie entspannen sich, berauschen sich an ihren Worten, an den hochfliegenden Ideen, wie wunderbar die Übereinstimmung, wie stimulierend der Widerspruch, die Wangen röten sich, die Blicke senken sich ineinander ... Die Rede-Seligkeit setzt sich fort, als Schiller den Kalbs am nächsten Tag die Sehenswürdigkeiten von Mannheim zeigt, einer Planstadt, deren ›absolutistische‹ rechteckige Regelmäßigkeit den dänischen Dichter Jens Baggesen wenige Jahre später frieren ließ: *Ich fühle im Innern, daß ich mich hier unmöglich verlieben könnte, zumindest nicht auf der Straße, wie es doch in einigermaßen krummen Städten möglich ist. Alle Wärme, jede Bewegung, alle Liebe ist rund oder wenigstens oval, spiralförmig oder auf irgendeine Weise hügelig.*

Vielleicht verliebten sich Schiller und Charlotte also im Mannheimer Antikensaal ineinander, wo sie mehrere Stunden in der Gesellschaft von Gipsabgüssen berühmter antiker Statuen verbrachten, der Laokoongruppe, dem borghesischen Fechter, der Venus von Medici, dem Torso des Herakles, dem Apollo von Belvedere. *Den geübtesten Zeichner wird es ermüden, die herrlichen Formen, die durch kontrastierende Schlan-*

genlinien ineinander schmelzen, nur für das Aug nachzuahmen,
schrieb Schiller, der bisher wenig Interesse und Sinn für bildende Kunst verraten hatte, bald nach diesem Besuch in einem kleinen Aufsatz über den Antikensaal (»Brief eines reisenden Dänen«). Charlotte wird dazu beigetragen haben, ihm die Augen für die Größe des antiken Menschenbildes zu öffnen. *Der Mensch brachte hier etwas zu Stande, das mehr ist, als er selbst war, das an etwas Größeres erinnert, als seine Gattung ... Die Griechen malten ihre Götter nur als edlere Menschen, und näherten ihre Menschen den Göttern. Es waren Kinder e i n e r Familie.*

Schiller an Henriette von Wolzogen, am 7. Juni 1784: *Vor einem Monat waren Herr und Frau von Kalb hier und machten mir in ihrer Gesellschaft einige sehr angenehme Tage. Die Frau besonders zeigt sehr viel Geist und gehört nicht zu den gewöhnlichen FrauenzimmerSeelen. Sie ließen mich wenig von ihrer Seite, und ich hatte das Vergnügen, ihnen einiges Merkwürdige in Mannheim zu zeigen. Jetzt sind sie weiter nach Landau – haben aber versprochen, öftere Besuche hier abzulegen.* Und am 24. August nennt er Charlotte in einem Brief an Wolfgang Heribert von Dalberg *eine vortreffliche Person, die, ohne aus ihrem Geschlecht zu treten, sich glänzend davon auszeichnet.*

In Landau hat es Charlotte nicht lange gehalten, und ihre Schwangerschaft war ein guter Grund für den Umzug nach Mannheim, wo die ärztliche Versorgung besser war als in der kleinen Garnisonsstadt. Die »Erinnerungen« halten fest, mit welcher Ungeduld sie die Abreise ersehnte: *In den letzten Wochen, die ich noch in Landau zubringen sollte, eilte ich gerne aus den engen Straßen, den Wällen der Festung.* Ende Juli/

Anfang August bezieht sie in Mannheim eine Wohnung. Am 8. September wird ihr erster Sohn geboren, und Heinrich von Kalb meldet seinem Vater stolz: *Freuen Sie sich gnädigster Vater, über das glückliche Schicksal ihres Sohnes, heut Nachmittag halb 3 Uhr wurde meine Frau mit einem sehr großen, muntern hübschen und der Familie sehr ähnlich sehenden Buben glücklich entbunden. Mutter und Sohn befinden sich überaus wohl, erstere trägt mir auf Sie Ihnen nebst Ihren Kind zu Gnaden zu empfehlen, nebst der Bitte letzteren zu Ihren Paten anzunehmen, und sämtliche sich bei Ihnen befindliche Waltershäuser Damens, und die Seckendorfin dazu zu bitten. Morgen erhält Ihr Enkel in der Taufe die Namen Karl Friedrich, Heinrich, Alexander.* Gerufen wird das Kind Friedrich oder Fritz, wie Schiller, wie der Bruder.

Einen der höchsten lebhaftesten Augenblicke des menschlichen Daseins hat Charlotte später das Erlebnis der ersten Mutterschaft genannt. Die Formulierung findet sich in einem Brief an Schiller, dem sie zur Geburt seines ersten Sohnes gratulierte. *Möchte von diesem Augenblick stets eine süße Erinnerung ein freudiger Nachklang in Ihren Herzen bleiben! ... Die Mutter ich sehne mich es zu erfahren daß sie das Wochenbett glücklich überstanden es ist so manches in der weiblichen Natur was höchst schmerzhaft selbst gefährlich werden kann – Selbst die Freude sei mäßig – doch schweigend, ruhig – alle leidenschaftlichen Ergüsse, rächen sich in diesen Augenblicken!*
Schiller wird das möglicherweise als Anspielung verstanden haben. In ihren »Erinnerungen« nämlich verbindet Charlotte ihr eigenes Wochenbett mit einem traumatischen Erlebnis. In der zweiten Nacht nach der Geburt des Kindes, als ihr Mann abwesend war, wie sie betont, sei in ihrem Zimmer plötzlich eine Frau mit aufgelöstem Haar erschienen und habe an den Vorhängen und der Decke ihres Lagers gerissen.

Sie habe geschrieen, sei ohnmächtig geworden, habe tagelang unter Schock gestanden. Später habe sie gehört, daß es Schiller gewesen sei, der sofort einen Arzt geholt habe ... Ein Albtraum? Eine Vision?

Wie Charlotte selbst berichtet, hat sie öfter an solchen schockartigen Lähmungszuständen gelitten. Psychologen würden sie vermutlich als Hysterien, also als unbewußte Inszenierungen diagnostizieren und ihre Wurzeln in ausweglos scheinenden seelischen Konflikten suchen. In diesem Fall wäre das nicht schwer. Unter wie unglücklichen Umständen hat Charlotte das Glück der ersten Mutterschaft erlebt! Durch ihr Kind fand sie sich nun noch enger an einen ungeliebten Mann gebunden, während sie sich leidenschaftlich nach einem anderen, nach Schiller sehnte.

14 · EDLE SEELEN

Mannheim den 10. Februar. 85.
Unterdessen, daß die halbe Stadt Mannheim sich im Schauspielhaus zusammendrängt, einem Auto Da Fé über Natur und Dichtkunst – einer großen Opera – beizuwohnen, und sich an den Verzuckungen dieser armen Delinquentinnen zu weiden, fliege ich zu Ihnen, meine Teuersten, und weiß, daß ich in diesem Augenblick der Glücklichere bin ... Es ist kein Opfer, das ich Ihnen bringe, wenn die Erinnerung an Sie meinen ganzen Horizont um mich her zernichtet – es ist wirklicher Eigennutz, meine süßeste Erholung von meiner jetzigen freudenlosen Existenz, daß meine Seele um Sie schweben darf.

Schiller kannte Christian Gottfried Körner und seinen engsten Zirkel (die Braut Minna Stock, die Schwägerin Dora und deren Verlobten Ludwig Ferdinand Huber) noch gar nicht persönlich, als er ihnen so enthusiastisch schrieb, aber eben diesen Enthusiasmus rechnete er sich als Vorzug an. Die Liebe war für den jungen Schiller eine Religion, und in der Religion geht der Glaube bekanntlich über alle Vernunft: *Urteilen Sie deswegen von meiner Freundschaft nicht zweideutiger, weil sie vielleicht die Miene der Übereilung trägt. Gewissen Menschen hat die Natur die langweilige Umzäunung der Mode niedergerissen. Edlere Seelen hängen an zarten Seilen zusammen, die nicht selten unzertrennlich und ewig halten.*

Liebe sei *die Leiter, worauf wir emporklimmen zu Gottähnlichkeit*, schreibt er in den »Philosophischen Briefen«, und nennt sie *das schönste Phänomen in der beseelten Schöpfung*, den *allmächtigen Magnet in der Geisterwelt, die Quelle der Andacht und der erhabensten Tugend – Liebe ist nur der Widerschein dieser einzigen Urkraft, eine Anziehung des Vortrefflichen, gegründet auf einen augenblicklichen Tausch der Persönlichkeit, eine Verwechslung der Wesen.*

Auf solche wild-idealistische Vorstellungen war auch seine Beziehung zur »edlen Seele« Charlotte von Kalb gegründet, in die er sich (wie aus späteren Bemerkungen zu schließen ist) mit ähnlicher Begeisterung gestürzt hat, wie in die Freundschaft mit Körner – und das galt umgekehrt auch für sie. Ihr Credo hat sie Jahre später formuliert, in einem Brief an Jean Paul und im Anschluß an Schiller:

Die Liebe und die Tugend, sagt ein bekannter Schriftsteller, ist eine Schöpfung aus Nichts. Findet oder g l a u b t eine Seele jene Eigenschaften, nach denen sie sich sehnt und die ihr die Möglichkeit erschaffen können, ihr Wesen auszusprechen und mitzuteilen, so beginnt in ihr dies mächtige Werden aus Nichts für eine Seele, eine Person, die von ihr erkannt [werden] und

*die sie erkennen soll in ihrer Sinnigkeit, in ihrer Macht und
Unterscheidung ihres Herzens und ihres Verstandes.*

*Wo die Liebe in einem Herzen erschaffen wird, kann die Tu-
gend mit erschaffen werden; wo aber dies Herz sie sehnt und
liebt, da ruhte schon von Anbeginn die Existenz die Liebe und
die Tugend, das heißt die Begierde, nach reinen, hohen Ideen
zu handeln, die Gerechtigkeit über alles zu ehren, zu herrschen
durch die Macht der Wahrheit, der Tat, der Klugheit, der er-
haltenden Weisheit, die Liebe genannt wird, wenn ein anderes
Wesen zu diesem seltenen Gemüt sagt: Du bist's. Nach diesem
Augenblick, der eine Ewigkeit werden muß, verlangt die Seele.*

Die Mannheimer Herbst- und Wintermonate 84/85 müssen
für die junge Frau aus der fränkischen Provinz so aufregend
wie aufreibend gewesen sein. Eine Überfülle neuer Eindrük-
ke, Bekanntschaften, Freundschaften, ein Chaos von Gefühlen. Sie ist fasziniert von der bunten, lauten Theaterwelt, die
sie durch Schiller näher kennen lernt, dem lockeren Lebens-
wandel der Schauspieler, von der Macht, die sie über ihr Publikum ausüben. Und dann alles beherrschend, dieses *Du
bist's*, die Liebe zu Schiller, ihre neue, wichtige Rolle als Vertraute und Ratgeberin eines Jungstars der Literaturszene.
Da ist ihr Kind, sind neue Gefühle zu entdecken, gibt es ei-
fersüchtige Bemerkungen Heinrich von Kalbs, ist Charlotte
eifersüchtig auf Schillers Passion für die Schauspielerin Katharina Baumann und all die Frauen, für die er sich sonst
noch interessiert *(zu jedem Gedicht eine andere Laura!)*, gibt
es verbotene, unerfüllbare, immer heftiger werdende Wünsche. Weil sie ihre Empfindungen zueinander so hoch, gleich
an die Sterne, gehängt hatten, werden sie und Schiller sich
für eine Weile darüber hinweggetäuscht haben. Aber auch
edle Seelen wohnen in einem Körper.

In Charlottes »Erinnerungen« hören wir davon nichts. Ihre Begegnungen mit Schiller läßt sie in der Öffentlichkeit stattfinden, und unter den Augen ihres Mannes, der sie regelmäßig, dreimal in der Woche, in Mannheim besucht. Vielleicht ist es gerade seine Anwesenheit, die sie noch enger aneinander bindet, sie deutlicher empfinden läßt, daß sie eigentlich füreinander bestimmt gewesen wären? Man geht zusammen ins Theater, in Gesellschaften, Schiller ist oft bei den Kalbs zum Abendessen geladen, Charlotte legte Wert auf gute Küche.

Daß sich Charlotte und Schiller in diesem Mannheimer Winter auch körperlich sehr nahe gekommen sind, davon waren seine Biographen von jeher überzeugt. Sie berufen sich vor allem auf das Gedicht »Freigeisterei der Leidenschaft«, das man für eine Indiskretion Schillers halten kann. Zwar hat er es im Untertitel ausdrücklich zurückdatiert (»Als Laura vermählt war im Jahre 1782«), aber die Vermutung liegt doch nahe, daß sich hinter Laura die auch noch nicht sehr lange verheiratete Charlotte von Kalb verbirgt. Vom Riesenkampf der Pflicht ist darin die Rede, anläßlich einer stürmischen erotischen Szene zwischen dem männlichen Erzähler-Ich des Gedichtes und einer von ihm heftig begehrten, unglücklich verheirateten Frau, deren Bindung die Liebeserfüllung verhindert – was den Liebhaber rebellisch macht gegen einen Gott, dessen Moralgesetze solch widernatürliches Entsagen fordern:

> *Jetzt schlug sie laut die heißerflehte Schäferstunde,*
> *jetzt dämmerte mein Glück –*
> *Erhörung zitterte auf deinem brennenden Munde,*
> *Erhörung schwamm in deinem feuchten Blick.*

Mir schauerte vor dem so nahen Glücke,
*   und ich errang es nicht.*
vor deiner Gottheit taumelte mein Mut zurücke,
*   ich Rasender! und ich errang es nicht!*

Woher dies Zittern, dies unnennbare Entsetzen,
*   wenn mich dein liebevoller Arm umschlang? –*
weil dich ein Eid, den auch schon Wallungen verletzen,
*   in fremde Fesseln zwang?*

Weil ein Gebrauch, den die Gesetze heilig prägen,
*   des Zufalls schwere Missetat geweiht?*
nein – unerschrocken trotz ich einem Bund entgegen,
*   den die errötende Natur bereut.*

O zittre nicht – du hast als Sünderin geschworen,
*   ein Meineid ist der Reue fromme Pflicht,*
das Herz war mein, das du vor dem Altar verloren,
*   mit Menschenfreuden spielt der Himmel nicht.*

Die Schlichtheit freilich, mit der so gut wie alle Biographen den Gedichtinhalt für eine Reportage, eine wahrheitsgemäße Aussage nehmen über das, was sich zwischen Schiller und Charlotte abspielte, verwundert; ärgerlich ist es, wenn aus der Nacherzählung noch eine Umdichtung wird, und Charlotte als herzlose Kokette erscheint, die den Dichter erst sinnlich gereizt und angelockt und sich ihm dann in letzter Minute verweigert habe: *Sie hatte alle seine Wünsche entfesselt, um sie dann im Augenblick des Sturmes mit einer eiskalten Redensart von Pflicht und Anstand abzuwehren.* Aber woher will man denn wissen, daß das *ich errang es nicht* für bare Münze zu nehmen ist? Andererseits wäre schließlich auch denkbar, daß Schiller in seinem Gedicht verschiedene Erfahrungen verknüpfte und sein illegitimes Begehren nach einer hochgestellten verheirateten Frau wenigstens in der Phantasie auslebte. Eine solche verbotene Leidenschaft stand auch im Zentrum seines neuen, in Bauerbach konzipierten Dramas »Don Karlos«, mit dem Schiller in höhere, klassische Regionen strebte.

Im Herbst 1784 begann er den in Prosa abgefaßten ersten Akt des Dramas in Jamben umzuformen. *Es kann nicht fehlen, daß der Vers meinem Karlos sehr viel Würde und Glanz geben wird,* hatte er dem Mannheimer Theaterintendanten Wolfgang Heribert von Dalberg in einem langen Brief erläutert, in dem er von der prägenden Lektüre französischer Klassiker berichtet (er hoffe dadurch, *zwischen zwei Extremen, englischem und französischem Geschmack in ein heilsames Gleichgewicht zu kommen,* also gleichsam Shakespeare und Corneille miteinander zu kreuzen) und von seinen neuen Plänen: *Ich kann es mir jetzt nicht vergeben, daß ich so eigensinnig, vielleicht auch so eitel war, um in einer entgegengesetzten Sphäre zu glänzen, meine Phantasie in die Schranken des bürgerlichen Kothurns einzäunen zu wollen, da die hohe Tragödie ein so fruchtbares Feld, und für mich, möchte ich sagen, da ist; da ich in diesem Fach größer und glänzender erscheinen und mehr Dank und Erstaunen wirken kann, als in keinem andern.* In der auf den 11. November 1784 datierten Ankündigung zu seiner neuen Zeitschrift, der »Rheinischen Thalia«, sagte er sich dann öffentlich los von seiner Vergangenheit als Dichter der »Räuber« (er habe sich darin angemaßt, *Menschen zu schildern, ehe mir noch einer begegnete)* und verkündete im Posa-Ton: *Ich schreibe als Weltbürger, der keinem Fürsten dient.*

Eine rasante Entwicklung, an der Charlotte vermutlich wesentlichen Anteil hatte. Sie war Schillers Königin, als er sein großes Freiheitsdrama schrieb und veredelte. *Dadurch, daß ich mit Schiller öfter über die weiblichen Charaktere in den Räubern und Fiesko sprach, ihm auch nicht vorenthielt, in welcher Hinsicht ich meiner Meinung nach, diesen und jenen Zug für verfehlt halte, mag ich einigen Einfluß auf die Charakterzeichnung der Frauen im Don Karlos gehabt haben,* soll sie viel später untertreibend gesagt haben. Vor allem aber war es wohl die schon erwähnte Parallelität von dramatischer und biographischer Konstellation, die Schiller inspirierte. Oder umgekehrt: Was für ihn bisher ein abstrakter, aus dem historischen Stoff begründeter Entwurf gewesen war, war nun nachvollziehbar geworden, er konnte seiner Imagination durch Erfahrung aufhelfen und hat die Affäre mit Charlotte deshalb vermutlich sehr viel intensiver gelebt, gespielt, als er es ohne den »Don Karlos« getan haben würde:

KÖNIGIN

*Wer sagte Ihnen, daß an Philipps Seite
mein Los beweinenswürdig sei?*

KARLOS

Mein Herz

*Das feurig fühlt, wie es an meiner Seite
beneidenswürdig wäre.*

KÖNIGIN

Eitler Mann!

*Wenn mein Herz nun das Gegenteil mir sagte?
Wenn Philipps ehrerbiet'ge Zärtlichkeit
und seiner Liebe stumme Mienensprache
weit inniger als seines stolzen Sohnes
verwegene Beredsamkeit mich rührte?
wenn eines Greisen überlegte Achtung –*

KARLOS

Das ist was andres – Dann – ja, dann – Vergebung.
Das wußt' ich nicht, daß Sie
den König lieben.

KÖNIGIN

                Dieses stolze Lachen
versteh' ich – Nein. Ich lieb' ihn nicht – doch ihn
zu ehren ist mein Wunsch und mein Vergnügen.

KARLOS

Sie haben nie geliebt?

KÖNIGIN

                Seltsame Frage!

KARLOS

Sie haben nie geliebt?

KÖNIGIN

             – *Ich liebe nicht mehr.*

KARLOS

Weil es Ihr Herz? weil es Ihr Eid verbietet?

KÖNIGIN

Verlassen Sie mich, Prinz, und kommen Sie
zu keiner solchen Unterredung wieder.

KARLOS

Weil es Ihr Eid? weil es ihr Herz verbietet?

KÖNIGIN

Weil meine Pflicht – – – Unglücklicher, wozu
die traurige Zergliederung des Schicksals,
dem Sie und ich gehorchen müssen?

KARLOS

                Müssen?

Gehorchen müssen?

Am meisten aber hat Charlotte Schiller durch die begeisterte Anteilnahme an seinen Ideen, durch ihren Glauben an sein Genie gefördert, und sie half ihm, der in den Heldenträumen von Karlos und Posa seine Träume von Schriftstellerruhm verbirgt, auch konkret, durch Ausnutzung ihrer gesellschaftlichen Beziehungen. Im Dezember 1784 vermittelt sie eine Einladung Schillers an den Darmstädter Hof, wo der Weimarer Herzog Karl August, Goethes Förderer und Freund, gerade zu Besuch ist. Seine Lesung aus dem »Don Karlos« wird von den Herrschaften mit Wohlwollen aufgenommen. Als Anerkennung verleiht ihm Karl August den Ehrentitel eines *Fürstlichen Rats*. Das Ziel Weimar war ihm damit vorgezeichnet.

Charlottes Glauben an ihn, zu einer Zeit, als er noch nicht viel galt in der Welt, hat Schiller später dankbar anerkannt. Auf ihr begeistertes Lob des »Wallenstein« antwortete er am 20. April 1799:

Ihr Andenken, teure Freundin, wird seinen vollen Wert für mich behalten. Es ist mir nicht bloß ein schönes Denkmal dieses heutigen Tages, es ist mir ein teures Pfand Ihres Wohlwollens und Ihrer treuen Freundschaft und bringt mir die ersten schönen Zeiten unserer Bekanntschaft zurück. Damals trugen Sie das Schicksal meines Geistes an Ihrem freundschaftlichen Herzen und ehrten in mir ein unentwickeltes, noch mit dem Stoffe unsicher kämpfendes Talent. Nicht durch das, was ich war und was ich wirklich geleistet hatte, sondern durch das, was ich vielleicht noch werden und leisten konnte, war ich Ihnen wert. Ist es mir jetzt gelungen, Ihre damaligen Hoffnungen von mir wirklich zu machen, und Ihren Anteil an mir zu rechtfertigen, so werde ich nie vergessen, wie viel ich davon jenem und schönen und reinen Verhältnisse schuldig bin.

Verklärende Erinnerung oder großmütige Geste? Denn wenn das Verhältnis zwischen Schiller und Charlotte damals etwas nicht gewesen ist, dann schön und rein. Charlotte hatte sich bald mehr erhofft, als die geistige Mäzenatenrolle, doch der Dramenplan sah anderes vor: *[Des Prinzen] Heldensinn erwacht wieder und fängt an über seine Liebe zu siegen.* Die von ihr geförderte Ruhmsucht wendet sich gegen sie. Im Dezember 1784 erinnert sich Schiller plötzlich an die Briefe seiner sächsischen Verehrer, die vor Monaten bei ihm eingetroffen und unbeantwortet geblieben waren. Ein Austausch von Freundschaftsbekundungen setzt ein, dem bald die Ankündigung seines Besuches folgt: *Ich kann nicht mehr in Mannheim bleiben. In einer unnennbaren Bedrängnis meines Herzens schreibe ich Ihnen. Ich kann nicht mehr hier bleiben. ... Menschen, Verhältnisse, Erdreich und Himmel sind mir zuwider. Ich habe keine Seele hier, keine einzige die die Leere meines Herzens füllte, keine Freundin, keinen Freund; und was mir vielleicht noch teuer sein könnte, davon scheiden mich Konvenienz und Situationen ... Meine poetische Ader stockt, wie mein Herz für meine bisherige Zirkel vertrocknete. ... Sehen Sie – ich muß es Ihnen gerade heraussagen, ich habe zu Mannheim schon feierlich aufgekündigt, und mich unwiderruflich erklärt, daß ich in 3-4 Wochen abreise, nach Leipzig zu gehen. Etwas Großes, etwas unaussprechlich angenehmes muß mir da aufgehoben sein, denn der Gedanke an meine Abreise macht mir Mannheim zu einem Kerker, und der hiesige Horizont liegt schwer und drückend auf mir, wie das Bewußtsein eines Mordes – Leipzig erscheint meinen Träumen und Ahndungen, wie der rosigte Morgen jenseits den waldigten Hügeln.* Schiller hat zu dieser Zeit drückende Schulden, er ist unzufrieden mit der Situation am Theater und seiner Stellung in der Welt, unglücklich in seiner Leidenschaft für Katharina

Baumann, die in den »Räubern« die Amalia gespielt hatte – aber reicht all das zur Erklärung einer so dramatischen Konfession, einer so überstürzten Flucht aus? Vielleicht flieht er auch vor der, von der ihn *Konvenienz und Situationen* jetzt noch trennen, fühlt er sich von ihr bedrängt? Weshalb hat er, noch unterwegs nach Leipzig, bei dem Mannheimer Verlagsbuchhändler Schwan brieflich um die Hand von dessen Tochter Margarethe angehalten? Auf die vermutlich ermutigende Antwort, die eine Zusage an Schillers berufliche Lage, also ein festes, ausreichendes Einkommen gebunden haben soll, hat er dann nicht mehr reagiert.

Charlotte hört von seiner geplanten Abreise erst, als sie längst beschlossene Sache ist. Aus allen Träumen gestürzt, scheint sie ihm deswegen eine heftige Szene gemacht zu haben, die sie viel später zu einem kurzen Dialog (»Maya – Fimanté«) hochstilisiert hat: *Und du entfliehst?* Wie sehr Schiller schokkiert war von ihrem Gefühlsausbruch, klingt selbst aus den wohlgesetzten Worten noch durch, die Charlotte ihn in den »Erinnerungen« sprechen läßt: *Wie sind Sie erregt! eine solche Stimmung habe ich nie in Ihnen bemerkt, ich beneidete Ihnen die Ruhe, frei von wechselndem Affekt.*
Auch ihre Antwort klingt, was ihren Inhalt angeht, authentisch: *Sie wissen nicht, was dieser Ruhe Stütze war – der Bund der Wahrheit – Sie wollen ihn trennen. Das Leben hat sie mir gesandt. Nur Momente sind uns im reinen Sein vergönnt, und diese Gabe besserer Stunden, auch sie wäre dahin? O wären Sie von irdischer Sorge frei, nicht so nach Ruhm strebend – des Friedens vertilgendem Feind.*

Einen gemeinsamen Besuch im winterlichen Schwetzinger Park hat Charlotte rückblickend zur Prophezeiung über das

Schicksal ihrer Liebe arrangiert: *Wir eilten durch den breiten Gang der Buchenwände, deren falbes Laub wie Blut gerötet, die hohen Statuen waren vom Abendnebel umschleiert und wie mit Wunden bedeckt durch das falbe Blatt. Dichte Schleier verhüllten die Gestalten, sie kamen mir vor wie Leichen, die ausgeblutet haben.*

Doch daß diese angstvolle Ahnung, Schiller sei ihr durch seine Abreise gestorben, schon damals in ihr war, zeigt uns der einzige Brief, der geblieben ist von all den vielen, die sie einander nach Schillers Abreise im April 1785 geschrieben haben, und auch er nur als Fragment:

Mannheim den 11ten [und 13.] *Mai –*

Nach einem wüsten lärmenden Tag, zu Ihnen mein Bester! zu Ihnen – denn bei Ihnen war meine Seele in diesen Lärm – wenn man so allein ist, unter einer großen Menge – dann flüchtet sich unsere Seele – zu der Erinnerung – das tat meine darbende Seele, und meine E r i n n e r u n g war in meinem Herzen! Ist's soweit mit mir gekommen, daß ich außer dieser keine Freude mehr kenne? Ich wußte nicht wie verlassen, wie einsam ich werden würde, als Sie gingen! Das habe ich nicht auf einmal wissen s o l l e n – Gütiger Gott was sind sich unsere Herzen gewesen! was sind sie sich noch! Wenn ich meine Freunde mir denke – Heinrich, das gute edle Gemüt, Sie – mein bester! Meinen Geist so viel – meinen Herzen immer mehr – wenn sich die Hoffnungen erfüllen die ich von Ihnen habe. – Wenn ich meine Freunde mir denke, so ist's mir als hätte ich den höchsten Grad des Glücks den freundschaftliche Verbindungen gewähren kann schon genossen – Die E m p f i n - d u n g e n können wiederholt – nicht erhöht werden! – Die Er- innerung gibt sie mir in Trauergewande. Wie ich ängstlich das Bild eines Entschlafenen hervorrufe, so rufe ich D e i n Bild hervor!

13ten Mai.

Gestern erhielt ich Ihren lieben Ihren vortrefflichen Brief. Ich weiß nicht, soll ich mich mehr über Sie – oder Ihre Beständigkeit freun! Beides ist ja eins. Unsere Liebe – gehört zu den Eigenschaften unserer Seele – sie kann nur mit dieser zerstört werden – die Ewigkeit ist ihr Ziel! Der Glaube an Unsterblichkeit unsere Hoffnung!

Das wußte ich aus eigener Erfahrung, daß Ihnen die Welt das nicht sein würde, was Sie bescheiden genug von ihr forderten – auch ich täuschte mich einst! Von diesen Wahn bin ich zurückgekommen. Bis jetzt bin ich ihr eigentlich nichts – ich lebe – für wenigen, den andern schwindet unbemerkt mein Dasein vorüber – Aber ich weiß nun wie schnell, und ich möchte beinahe sagen despotisch, ein hoher Grad von Geist – unbemerkt einen großen Haufen lenken und regieren kann – Geld und Rang erleichtert's freilich! Wenns der Mühe lohnte – würd ich auf der Bühne erscheinen. – aber es ist wie dort, auch hier, es lohnte sich der Mühe nicht.

Bester guter Freund! wie unendlich oft bin ich bei diesen kleinen Blättchen verhindert worden. Die Anwesenheit der Kurfürstin von Bayern, aller Lärm, Leben und Feierlichkeiten, so das verursachte – der Aufenthalt der Frau von Hutten – die Ankunft meiner Schwester – der Tod meines Schwagers Seckendorff! Alles dies hat mich so oft so mannigfaltig zerstreut – die Gärung meiner Seele war zu heftig – zur freundlichsten Unterhaltung, hätt ich getaugt, nicht aber, um Ideen für einen andern – einigermaßen den Papier zu verdrauen. Guter Schiller! Wie sehr freu ich mich Ihrer jetzigen Existenz – Ihr Dasein fließt unter der Sorge Ihrer Freunde dahin. Sie erleichtern Ihnen die Ökonomie Ihrer Bedürfnisse! Verschwenden Sie

Hier bricht der Brief ab.

Am oberen Rand von Charlottes Brief an Schiller findet sich noch ein Postskript: *Vielleicht merken Sies, daß Becks Brief erbrochen war – er ist's durch mich. Dies Opfer konnt' ich meiner Neugierde nicht bringen. Verzeihen Sies mein Bester, und lassen Sie sich ja nichts bei Beck merken. Wärs ein Verbrechen?*

Heinrich Beck war nach Ansicht Schillers unter den Mannheimer Schauspielern der beste an Kopf und Herz. Wie seine berühmteren Kollegen Iffland und Beil kam er vom Gothaischen Hoftheater. *Herr Beck spielt junge Liebhaber und ist noch als Anfänger zu betrachten. Gibt aber Hoffnung. Seine Gage ist 3 Taler und 3 Klafter Holz,* heißt es in einem Mitgliederverzeichnis dieser Bühne, die 1779 aufgelöst wurde, worauf fast das gesamte Ensemble am neugegründeten Mannheimer Nationaltheater ein neues Engagement fand. Mit seinen 24 Jahren ist er schon Witwer. Kurz vor Charlottes Übersiedlung nach Mannheim hatte er seine Frau, eine schöne, hoffnungsvolle Schauspielerin, auf traurige Weise verloren. Im fünften Monat schwanger, war sie in der Rolle der Emilia Galotti auf der Bühne unglücklich gestürzt, *wo aus Odoardos Arm ihr Kopf schmetternd auf den Boden fiel* und nach einer Fehlgeburt gestorben.

Zu den Freunden, die mit Beck um seine Karoline trauerten, gehörte auch, als häufiger Gast des jungen Ehepaares, Schiller, an den sich der Schauspieler in schwärmerischer Verehrung angeschlossen hatte. Äußerlich sahen die beiden einander *in Figur, Gang und Gesicht* auffallend ähnlich. Ludwig Ferdinand Huber spricht von einer *fausse ressemblance,* einer falschen Ähnlichkeit. Schillers markante Züge waren bei Beck ins Gefälligere abgeschwächt. Wie ein Echo mutet auch seine Beziehung zu Schillers Freundin Charlotte von Kalb an, die er naiver, rückhaltloser bewunderte als sein Idol. Nach dessen Abreise von Mannheim rücken die beiden Verlassenen näher zusammen. Sie geben ihre Briefe an Schiller gemeinsam auf die Post, teilen sich mit, was er ihnen schreibt – oder daß er ihnen lange nicht geschrieben hatte oder was sie über Dritte von ihm hören – und hoffen auf ein Wiedersehen. Vorläufig allerdings ist daran nicht zu denken.

Schillers verzweifelte Herzens-Spekulation hat sich als höchst gewinnbringend erwiesen. Zuerst in Leipzig, dann in Dresden lebt er über viele Monate in einem Freundschaftsrausch. In dem um drei Jahre älteren Juristen Körner findet er einen Freund nach seinem Herzen, gutaussehend, gescheit, vernünftig, gebildet, interessiert an Kunst, Literatur, Philosophie, zudem in komfortablen Verhältnissen, die ihm erlauben, Schiller Geld zur Bezahlung der dringendsten Schulden zu leihen.

Nach seiner Heirat mit Minna Stock nimmt er Schiller in seine Häuslichkeit auf, begleitet dessen Schaffen in kritischer Verehrung, schwärmt mit ihm, lebt und spielt mit ihm das hohe Freundespaar des »Don Karlos«: *Arm in Arm mit dir – / so fodr' ich mein Jahrhundert in die Schranken.* Huber – als zweitbester Freund – und die Schwestern Minna und Dora erweitern diesen Bund zum freundschaftlichen Zirkel, in dem die freimaurerisch inspirierte Utopie einer Menschheitsverbrüderung vorscheint: *Seid umschlungen, Millionen!* Das Gedicht »An die Freude« entsteht. Sie machen Pläne für eine gemeinsame Zukunft, eine große Villa auf dem Land, ein Leben für Kunst und Freundschaft. Auch Charlotte soll dabei sein, und vielleicht sogar ihr gutmütiger, wenn auch

unbedeutender Ehemann. Sie führt inzwischen einen eigenen Briefwechsel mit Körner ...

Und Beck? *Schade, daß er Schauspieler ist und es sein muß.*
Wie schön würde er sich zu unserm Bunde schicken! schreibt
Schiller am 16. April 1786 an Körner, und der Schauspieler
selbst hat sich in einem wenig später langen Brief an Schiller
über seine Bedeutung für diesen keine Illusionen – und doch
Hoffnungen gemacht: *Du nimmst die Äußerungen meiner*
innigen Schätzung deiner dortigen Freunde mit Wärme auf
und willst mich stolz machen durch Vergleich. Ich bin nicht
so unbescheiden dies so bar wie Münze einzustreichen. Ich
kenne die Grenzlinien zwischen Ihnen und mir sehr wohl.
Sie sind das für dich; was ich gern sein möchte. Sie begie-
ßen und erfrischen das in Dir, wovon ich nur die Früchte ge-
nieße. Wie viel bleibt ihnen an Verdienst zuvor! Wollte Gott,
ich könnte es mir erwerben, in ihren Zirkel hineingelassen zu
werden! wollte Gott, ich käme einst der Gegend nahe – ich
wollte versuchen mich des heiligen Bundes der Freundschaft,
Weisheit und Tätigkeit würdig machen zu lernen.

Dem Brief, in dem sich diese Passage findet, hatte Beck
einen Brief Charlotte von Kalbs an ihn beigelegt.
Wenn Du wissen willst wie sie in Deiner Abwesenheit von Dir
denkt – wie sie für mich denkt – so lies diesen Brief. Aber –
ich binde Dir ihn auf die Seele! schick ihn mir bald zu-
rück! Hörst Du! Zurück! Und bald! Ich kann mich nicht
einmal Tage von ihm trennen geschweige denn Wochen. Er
ist einige Monate alt – um die Zeit geschrieben als ich Dir
das Gerücht meldete Du habest Dich glücklich verheiratet. Es
ist ein vortreffliches Geschöpf! Schade daß wir sie nicht ge-
meinschaftlich sehen sprechen und von ihrer Seele Nahrung
holen können!

Sein Leben lang ist Beck dieser seiner doppelten Liebe zu Schiller und zu Charlotte treu geblieben, hat er mit Sehnsucht an die kurze, goldene Zeit ihres Zusammenlebens in Mannheim gedacht. Er blieb noch lange dort, ein geschätzter, beliebter, aber kein großer Schauspieler. Sein letztes Engagement in München, von dem er sich noch einmal viel erwartet hatte, wurde zu einem Fiasko. Als Reaktion auf sein erstes Auftreten dort vermerkte er noch *gefallen; Pfiff?*, aber schon wenig später mußte er in sein Tagebuch schreiben *ging schlechter – wurde kalt und boshaft aufgenommen*, und so immer wieder. In einem Brief, den er Schiller danach (Ende März 1801) schrieb, sprach er von seinem Wunsch, als Theaterleiter nach Mannheim zurückgehen zu können, um dort mit einem Schillerzyklus noch einmal in die gemeinsame Vergangenheit zurückzureisen: *Ich denke Karlos, Fiesco und – womöglich – die Räuber – dort wieder in Gang zu bringen – um uns so stufenweise zum Wallenstein zu erheben! zur Maria Stuart! ... Was macht Charlotte von Kalb? Eine Zeile von Dir edler! würde mich sehr glücklich machen! Eine Zeile!*

16 · DIE WUNDERBARSTE FRAU

Ende April 1785 schreibt Goethe seinem Freund Knebel: *Seckendorfs Tod wird Dich unerwartet getroffen haben, wie uns alle. Es ist dieser Fall reich an nachdenklichem Stoff.*
Er meinte Siegmund von Seckendorff, den Bruder von Charlottes Jugendfreundin Mathilde, den Mann ihrer Schwägerin Sophia Friederike. Von bizarrem Äußeren, adelsstolz, geistreich, musisch, melancholisch, hatte er zehn Jahre lang in Weimar am Hof Karl Augusts als Kammerherr gedient, als Gelegenheitsdichter und Komponist meist trauriger Lieder

zur Unterhaltung der Hofgesellschaft beigetragen und sich vor Ehrgeiz nach Beförderung auf eine höhere, verantwortungsvolle Stellung verzehrt, wie sie Goethe, dem bürgerlichen Günstling des Herzogs, so mühelos zugefallen war. Dann endlich konnte er sich am Ziel seiner Wünsche fühlen: er wurde zum Minister und Gesandten des Preußischen Hofes ernannt. Doch schon wenige Monate nach seinem Amtsantritt starb er an einer Lungenentzündung. Noch mehr *nachdenklichen Stoff* lieferte ein merkwürdiger Wahrtraum Sekkendorffs, den man nur als Ahnung, als Vorausdeutung auf seinen Tod lesen kann. Er erschien im angesehenen »Journal von und für Deutschland« und wurde verbürgt durch Charlotte von Kalb, die ihn ein halbes Jahr vor Seckendorffs Tod gehört haben will. Charlotte kommt in diesem Traum nicht nur vor, sie wird wohl auch daran mitgedichtet haben.

Im August 1785 reist Seckendorffs Witwe nach Mannheim, wo sich inzwischen auch schon Charlottes Schwestern Karoline und Eleonore aufhalten. *Durch die Anwesenheit meiner Verwandten ward ich mit mehreren Familien bekannt, wo mir aber die Personen nicht so bedeutend waren, als die Portraits, die ich in ihren Zimmern fand.* Die kühle Absage an eine Gesellschaft, die nur Adel hat, aber keinen Geist, richtet sich wohl vor allem an die Verwandten. Mit der Frau von Seckendorff soll Charlotte einige Male heftig aneinandergeraten sein; Krach gibt es auch, weil Karoline Marschalk von Ostheim sich nicht davon abbringen lassen will, eine neue Mannheimer Bekanntschaft, einen Herrn von Geispitzheim zu heiraten. Die Familie hält ihn für einen Mitgiftjäger, aber das war der Präsident von Kalb ja eigentlich auch gewesen.

Den Umgang nach ihrem Geschmack hat sich Charlotte selbst gesucht. Mit ihrem Eintritt in die Literaturgeschichte an der Seite Schillers manifestiert sich ihre ganz ungewöhnliche psychologische Hellsichtigkeit, die Fähigkeit, bedeutende Persönlichkeiten, Menschen von Kopf und Herz, zu erkennen, an sich zu ziehen und zu gewinnen, die sie zeitlebens auszeichnete.

In Mannheim gehört der als politisch-juristischer-historischer Schriftsteller berühmt gewordene Karl Freiherr von Moser dazu. Sein Name steht für Mut vor Fürstenthronen. Ehemals Minister und Kanzler von Hessen-Kassel, hatte er sich mit seinem Herrn zerstritten und war 1782 abgesetzt worden. Charlotte hat ihn, auch zusammen mit Schiller, in seiner Villa in Waldheim besucht, auf einer Anhöhe über dem Rhein, *die Bäume so schön, als hätte man sie aus der ganzen Pfalz ausgelesen, um sie hier zu pflanzen ... Der Geheimerat, – ein ernster Sinn, Heftigkeit, sprach aus den Falten und Furchen seiner Züge; – das Auge tief und düster, in seinen Äußerungen eine herbe Gutmütigkeit ... Die Frau war sanft, zart belebt, – Feinheit, auch in der Beschäftigung. Sie zeigte einen Kopf, in Haaren gestickt, mit einem Fleiß gebildet, den Künstler achteten.*

Charlottes wichtigste Mannheimer Eroberung (nach Schiller natürlich) war Sophie von La Roche. Deutschlands berühmteste Schriftstellerin, die Verfasserin der »Geschichte des Fräuleins von Sternheim«, verbrachte ein paar Monate im Winter 1784/85 in Mannheim, wovon sie dann in »Briefen über Mannheim« berichtete, nach ihrer Manier das Erlebte in belehrende Unterhaltung ummünzend.

Sie war die wunderbarste Frau, und ich wüßte ihr keine andre zu vergleichen schreibt Goethe in »Dichtung und Wahrheit«. *Schlank und zart gebaut, eher groß als klein, hatte sie bis in ihre höheren Jahre eine gewisse Eleganz der Gestalt sowohl als des Betragens zu erhalten gewußt, die zwischen dem Benehmen einer Edeldame und einer würdigen bürgerlichen Frau gar anmutig schwebte. Im Anzuge war sie sich mehrere Jahre gleichgeblieben. Ein nettes Flügelhäubchen stand dem kleinen Kopfe und dem feinen Gesichte gar wohl, und die braune oder graue Kleidung gab ihrer Gegenwart Ruhe und Würde. Sie sprach gut und wußte dem, was sie sagte, durch Empfindung immer Bedeutung zu geben. Ihr Betragen war gegen jedermann vollkommen gleich. Allein durch dieses ist noch nicht das Eigenste ihres Wesens ausgesprochen; es zu bezeichnen ist schwer. Sie schien an allem teilzunehmen aber im Grunde wirkte nichts auf sie. Sie war mild gegen alles und konnte alles dulden, ohne zu leiden; den Scherz ihres Mannes, die Anmut ihrer Kinder, alles erwiderte sie auf gleiche Weise, und so blieb sie immer sie selbst, ohne daß ihr in der Welt durch Gutes und Böses oder in der Literatur durch Vortreffliches und Schwaches wäre beizukommen gewesen.*

Die Wahllosigkeit, mit der Sophie von La Roche Personen und Dinge dieser Welt ergriff, hat ihre Enkelin Bettina Brentano zu liebevollem Spott provoziert. *Wie's doch in der Großmutter ihrem Kopf aussehen mag?* lautet ihr Stoßseufzer am Ende einer typischen Großmutterrede, bei deren Nacherzählung sie nicht einmal zu übertreiben brauchte, wie Sophies schriftliche Reden zeigen. Jeder ihrer Mannheimer Briefe zeigt so ein gleichmäßiges, gleichmütiges Gleiten vom einen zum andern zum wieder andern. Und auch zu Charlotte, die sie darin rühmt als *eine Dame, welche Scharfsinn – wahre Kenntnis, – wahre Güte und edle Feinheit des weiblichen Geistes in sich vereint; ihr Umgang ist einer der angenehmsten, welchen ich kenne, sie besucht mich oft, und ich gehe sehr gerne zu ihr, weil ich sicher bin, von allem sprechen* zu können, was den Verstand und das Herz interessieren kann.

Charlotte ihrerseits hat Frau von La Roche sogar als *intime Freundin* bezeichnet und gesagt, man kenne sie nicht, sie sei nur hinter verschlossenen Türen groß. Wenn sie zwei Treppen hoch zu ihrer Wohnung (im Haus eines Haarbeutelmachers am großen Platz des Schauspielhauses) heraufgestiegen war und im vertrauten Gespräch mit ihr zusammensaß, fand Charlotte Antworten auf dringende Fragen – *wo bin ich? Wer sind, die so mir begegnen?* –, und so etwas wie eine persönliche Utopie, die sie dann in ihrem Roman »Cornelia« sehnsüchtig ausgebreitet hat.

Und daß ich dazumal von der Gesellschaft zu Mannheim einiges Wissen und Erkennen fände, konnte mir wohl keine Belehrung reichlicher und unbefangener sein, als die Gespräche mit Frau von La Roche ... Durch ihren Rang in die Gesellschaft aufgenommen, war sie vielen vertraut und Intimes ihr bekannt. Die Frauen, die ihre belebte Darstellung vorführte, – in diesen schien tätigere Bestimmung, selbst kräftigerer Wille vorzuwalten, als in denen, die ich später im nördlichen Deutschland gekannt. Der katholische Reichsadel hatte manche Anwartschaften, durch hohe Würden, eine beschützende Macht, welche auf das geringste Glied der Familie Einfluß hatte. Die Jungfrau waren in der Jugend abgesondert von der größeren Gesellschaft oder ganz in Klöstern erzogen, und wußten von dem Weltlichen nur, was sie künftig für Vorrechte darin haben würden. Somit erhielten sie den Mut der Unbefangenheit; durch vorzügliche Sorgfalt persönlich angenehm, mit behaglichem Witz, Fassung in Leid und Freud', also waren viele Frauen, die ihr bekannt ... Als ich einige näher kennenlernte, konnte ich nicht umhin, in mir lästigen Schwersinn, trübe Befangenheit zu entdecken. Solche Wahrnehmungen gaben Licht

116

über den Grad der Erkenntnis und die Regionen jener Tage.
Da Frau von La Roche solche Beziehung mit scharfer Unter-
scheidung aussprach, so bemerkte ich nicht l'embarras langou-
reux, (den andere sowohl in ihrer Unterhaltung als in ihren
Schriften rügten).

Eine briefliche Verbindung zwischen Charlotte und Sophie
von La Roche blieb auch noch nach deren Abreise jahrzehn-
telang bestehen, leider hat sich kein Briefwechsel erhalten.
Von Mannheim aus ist Charlotte noch öfter nach Speyer gefahren, um die Freundin zu besuchen und hat bei ihr einige
namhafte Schriftsteller kennengelernt: den Schweizer Bonstetten *(leicht fließende Rede und persönliche Anmut),* den
empfindsamen Lyriker Matthisson *(scheinbar sanftmütig,*
doch besorglich strebend nach Wohlstand) und Heinrich Jung,
den seine Lebensgeschichte, in der er sich »Stilling« nannte,
so berühmt gemacht hatte, daß er sich seiner Braut vorstellen konnte mit den schlichten Worten: *Sie kennen mich aus*
meiner Lebensgeschichte. Sein kindlich frommes Wesen, dem
allerdings eine gehörige Portion Eitelkeit beigemischt war,
hat Charlotte, wie es scheint, sehr angezogen, an Jungs Ge-
genliebe kann man zweifeln. Zwar scharte er als selbster-
nannter Prophet gern auch Jüngerinnen um sich, doch hatte
er feste Vorstellungen von der gottgewollten Bestimmung
einer Frau, denen Charlotte kaum entsprach. Immerhin war
sie für ein paar Wochen Gast in seinem Heidelberger Haus.
Seine erhabene Idylle »Moses« soll auf ihre Anregung hin
entstanden sein, und auch sie selbst hat sich damals mit
einer poetischen Phantasie als Dichterin versucht. Inspiriert
wurde sie zu ihrer Geschichte durch ein dunkelrotes Nel-
kenstöckchen, das ihr Sophie von La Roche zum Geschenk
gemacht hatte. Die dunkle Nelke, *für mich das Köstlichste,*

hat sich Charlotte als Emblem brennender Liebesglut gewählt, wohl auch als Reminiszenz an die Meininger Freimaurerloge »Charlotte zu den drei Nelken«.

Die Besuche Charlottes in Speyer und Heidelberg fallen in das Ende ihrer Zeit in Mannheim. Wegen der angeblich zu hohen Lebenshaltungskosten hat der Schwager ihre Abreise gewünscht (das heißt befohlen), die sich wegen einer neuen Schwangerschaft noch hinauszögert.

Am 19. April 1786 bekommt sie ihr zweites Kind, eine Tochter, Adelheid Antoinette Sophia.

Heinrich Beck an Schiller: *Charlotte v. Kalb: ist glücklich mit einem Mädchen entbunden. Beide sind so gesund so glücklich, als sie verdienen. Ich war gestern an ihrem Bette, ich las ihr Deinen Brief, ich küßte ihre Hand und war so glücklich in ihrer Gesellschaft! Daß wir doch nie so ganz wissen, was wir besaßen als bis wir auf dem Punkt sind, es zu verlieren. Ich fluche jetzt der Konvenienz daß sie mir versagte, öfter bei ihr zu sein! Mit ihr scheidet alles was ich schätze und liebe! Ich kann ich kann es in Mannheim nicht aushalten!*

Am 10. Mai verliert Charlotte ihr Kind wieder. Als sie Jahre später Goethe zum Verlust eines Kindes kondolierte, schrieb sie: *Ich kenne diesen lange nicht zu besiegenden Schmerz.*

17 · GOLDENE AUE

Mit Trauer nimmt Charlotte Abschied vom Süden: *Nicht gefesselt, nicht zurückblickend, ward die Pfalz verlassen; aber jeder Meilenzeiger sagte mir: immer nur werden die Lüfte rauher, herb' die Früchte, die leichte Behaglichkeit ruht nur in jenen Auen.* Dabei reist sie in eine Gegend, die als thüringisches Arkadien gepriesen wird. Kalbsrieth, das Stammgut der Familie ihres Mannes, liegt in einem Tal, das seiner Schönheit und Fruchtbarkeit wegen »goldene Aue« genannt wird. Doch auch dies thüringische Arkadien ist ein melancholischer Ort – *wie die Mythe sagt, schon vor 6000 Jahren sind die guten Geister daraus vertrieben.* Wenn Charlotte bei ihren Spaziergängen ins benachbarte Heigendorf im Pfarrhaus einkehrt, trifft sie den Hausherrn betrunken an und seine Frau heulend, weil er sie im Suff *etwas* geprügelt hat. Im Dorf lebt in einem strohgedeckten Lehmhaus eine verarmte, alte, taube Verwandte der Kalbs, die das Gnadenbrot vom Schloß geschickt bekommt und nur noch ihren altadeligen Namen hat. *Ihr lauschendes Wesen war nicht angenehm.* Den verwitweten Schwiegervater fesselt die Gicht an sein Zimmer, Charlotte sieht ihn kaum. In der ganzen Gegend grassieren *hitzige Epidemien.* Charlottes Begleiterinnen – Gesellschafterin? Kammerzofe? Kinderfrau? – werden krank und müssen gesundgepflegt werden. *In diesen Monaten war ich also mit dem Kinde, der Krankenpflege und Büchern vollauf beschäftigt und in solcher Besorgnis las ich oft bis zu Tagesanbruch.* Bücher findet sie in der reichhaltigen Bibliothek ihres Schwiegervaters, liest historische Werke, Voltaire und, zum erstenmal, Herder, dessen Bedeutung sie erkennt, wenn sie ihm auch nicht gerecht werden kann: *Zerstreut nur konnt' ich sammeln.* Der Grund ihrer Zerstreutheit heißt Schiller, dessen Briefe aus Dresden quälend lang, manchmal mehr als vierzehn Tage nach Kalbsrieth unterwegs sind. Wenn sie nicht liest, dann schreibt sie, an ihn, an ihre vielen Freunde und Bekannten in Mannheim, Speyer, Meiningen ...

Charlottes Schwager ist in dieser Zeit allein oder mit Lore wiederholt in *Familien-Vermögens-Angelegenheiten* in Wien, wo er intrigiert und spekuliert, nur leider nicht mehr alle sich bietenden Gelegenheiten ausnützen kann: *Ich bin überaus von meinem hiesigen Aufenthalt zufrieden und wünschte mir 10 Jahre von meinem Leben zurück, um Partien aus mancherlei Bekanntschaften ziehen zu können, so viel älter aber und verheiratet läßt sich wenig anfangen.* Höchst unerwünscht ist ihm die Heirat seiner Schwägerin Karoline, die ihren Kopf durchgesetzt hat: *Der Frau von Kalb jüngste Schwester (die einen Fehler im Wuchs hat) hat sich eigenmächtig an einen Herrn in Mannheim verheiratet*, schreibt, im Januar 1786, Reinwald an Schiller, der im Sommer zuvor sein Schwager geworden war, ein fast so unerwünschter, wie der Freiherr von Geispitzheim dem Präsidenten von Kalb.

Noch während Schillers Bauerbacher Zeit hatte sich Reinwald in den Kopf gesetzt, dessen Lieblingsschwester Christophine zu heiraten, angeblich, weil ihn ein Brief Christophines an den Bruder von deren häuslichen Tugenden, vor allem von der bei ihm am höchsten stehenden Tugend der Sparsamkeit, überzeugt hatte. Bei einer Reise zu Schillers Familie gefiel er zwar dem Vater, Christophine aber war nicht begeistert. Ihr Bruder und Charlotte von Kalb, die Reinwald kannten, warnten sie eindringlich vor einer Ehe mit ihm. Doch Vater Schiller wollte seine Tochter unbedingt versorgt sehen, Reinwald blieb hartnäckig. Sein Freund, der Hofprediger Pfranger, den Christophine in ihrer Not um Rat bat, konnte ihr eine glückliche Ehe zwar nicht in Aussicht stellen, meinte aber, sie täte ein wahrhaft christliches Werk, würde sie Reinwalds Antrag annehmen. Christophine fügte sich, und Schiller schrieb ihr verärgert, sie habe sich ihren Entschluß ja wohl reiflich überlegt. *Du kennst ihn, und bist also auf alles vorbereitet, was unvermeidlich sein wird, und wirst*

Dich in das zu finden wissen, was Dich nicht mehr überra-
schen kann. Er wird das Opfer schätzen, was Du ihm ge-
bracht hast, und Dich mit jedem Fall zu verschonen trachten,
wo es Dich reuen könnte ... Meine und der Frau von Kalb
Briefe über diese Angelegenheit, bitte ich Dich, ihm ausdrück-
lich zu zeigen. Sie werden ihn an die Pflichten erinnern, die
er gegen Dich hat, und er wird sich Mühe geben, unsere Be-
sorgnisse zu widerlegen.

Leider haben die beschwörenden Worte Schillers nichts geholfen. Reinwalds Geiz, seine Kränklichkeit, seine Launen
machten die Ehe für die arme Christophine zu einem langen Martyrium stiller Selbstverleugnung: *Ich opfere mich*
unzähligemale auf, ohne daß er's nur ahnt, daß es mich etwas
kostet. – Doch wir Weiber sind einmal zur Abhängigkeit be-
stimmt, und mehr oder weniger müssen wir uns daran gewöh-
nen.

Vermutlich hat Charlotte schon sehr früh und in Überein-
kunft mit Schiller ein Wiedersehen in Weimar geplant und
vorbereitet. Mindestens einmal ist sie dem herbstlichen Kalbsrieth für ein paar Wochen dorthin entkommen, wie wir aus
einem Brief Wielands an seine Jugendfreundin Sophie von
La Roche und aus einem Billett Charlottes wissen. Am
23. Oktober nämlich hat seine *gehorsamste Dienerin Lotte*
Kalb geb. von Marschalk Herrn von Knebel in Tiefurt um
ein Treffen gebeten: *»Seit dem Tage Ihrer Abreise von Dan-*
kenfeld hat mich immer die Vorstellung gefreut, daß ich Sie
vielleicht auf meinem Weg wiederfinden würde. Wir sind uns
jetzo sehr nahe: können Sie nicht an der Herzogin Geburts-
tag hereinkommen, so wünsche ich Sie in Tiefurt besuchen zu
dürfen? Bestimmen Sie mir Tag und Stunde.« Das hat Knebel offenbar gleich getan. Nach seinen Tagebuchaufzeichnungen ist Charlotte am Nachmittag des gleichen Tages in Be-

gleitung der Frauen von Imhoff und von Schardt nach Tiefurt, dem Witwensitz der Weimarer Herzoginmutter Amalie, gekommen.

In den »Erinnerungen« weiß sie von diesem Besuch nichts mehr, sieht sie sich in Kalbsrieth ein einförmiges Lese- und Schreibeleben führen. *Man sagte: ›Nur Bücher, Briefe und Feder sind Ihnen wert,‹ und das habe ich dazumal erfahren. So erhielt ich Briefe aus Dresden, darin war die Sprache der Unbefangenheit, wie das Gemüt sich nur mitteilen möchte einem Wesen, das auf der Bahn des Lebens wir nie zu verlassen gedenken. In der Nähe wünschte Schiller zu sein, um dann in Jena und Weimar für fernere Zukunft zu wirken.* Was stand in diesen Briefen? Liebesbeteuerungen? Versprechungen? Entwürfe für die Zukunft? Wahrscheinlich, doch wenn das so war, sprach Schiller mit gespaltener Zunge. *Ich hoffe daß meine Wünsche – in Kalbsrieth – einige Zeit länger unentschieden bleiben werden,* schreibt er Ende Dezember 1786 an Körner, der über Weihnachten nach Leipzig gereist war.
Folgen wir den »Erinnerungen«, hat Charlotte aus Konvenienzrücksichten einen Besuch Schillers in Kalbsrieth für unklug gehalten. *Ich konnte –, ich durfte nicht dazu raten, meinte aber, er möchte nach Jena eilen, um Vorlesungen zu hören, oder zu halten. Er war noch unschlüssig, ob er das Studium der Geschichte oder Arznei-Wissenschaft wählen solle. Im Februar schrieb er mir darüber, weilte aber noch in Dresden, wo ein leidenschaftlicher Einfluß, der andern unheimlich schien, ihn erfaßte.*

Bei einem Maskenball hatte sich Schiller heftig in eine schöne Zigeunerin verliebt, die ihm aus der Hand las. Man hat diese Henriette von Arnim in der hinreißenden Griechin seiner Erzählung »Der Geisterseher« wiedererkennen wollen: *Zwei Schritte von mir fällt mir eine weibliche Gestalt in die Augen – – Nein! Ich kann sie nicht nachschildern, diese Gestalt! Schrecken war meine erste Empfindung, die aber bald dem süßesten Hinstaunen Platz machte.*

Das Ehepaar Körner – besonders Minna – versucht Schiller von seiner gefährlichen Leidenschaft abzubringen und warnt in bürgerlicher Tugendborniertheit eindringlich vor Henriette und ihrer Familie. Die verwitwete Mutter (eine Hofdame) setze alles daran, ihre drei Töchter vorteilhaft zu verkuppeln, Henriette selbst habe schon mehrere Liebschaften gehabt, darunter sogar einen jüdischen Bankier ... Schiller scheint – wie Ferdinand in »Kabale und Liebe« – außer sich vor Eifersucht gewesen zu sein und sie zur Rede gestellt zu haben. *Es ist wahr ich gestehe es daß ich vorher auch schon geliebt habe, aber bei weitem nicht so als jetzt, denn der Grund bei meiner ersten Liebe wurde durch die Eitelkeit auf beiden Seiten gelegt,* schreibt sie ihm (am 28. April 1787), verspricht völlige Aufklärung und meldet ihrerseits Zweifel an seiner Wahrhaftigkeit an:

Was Ihr Glaubensbekenntnis betrifft, so glaube ich doch noch nicht an alles so pünktlich wie an das Evangelium, es interessiert mich keine so wie die so Sie mir als Freundin aufführen da mag es doch wohl nicht ganz richtig sein denn Sie tun ganz entsetzlich geheimnisvoll mit ihr, und darum wünschte ich doch, diese liebe Freundin näher kennen zu lernen. Wollen oder können Sie das?

Muß ich denn aber just nur ein sublimes Geschöpf sein, um ihre Liebe zu verdienen? fragt sie ein paar Tage später, wiederum eine deutliche Anspielung auf Schillers hohe Freundin Charlotte von Kalb. *Gilt bei Ihnen das vor kein Verdienst was ich mir doch darzu rechne, nämlich Sie über alles zu lieben. Doch das denken Sie ist keine Kunst, aber von Ihnen geliebt zu werden, das will freilich mehr sagen.* Und sie schreibt: *Sie rechnen mir das zum Verbrechen an was Sie sich doch auch schon vorzuwerfen hätten.* Das ist nicht grundsätzlich gemeint. Aber man kann es ruhig so lesen.

Zur Zeit von Schillers *liaison dangereuse* mit Henriette von Arnim hat Charlotte Kalbsrieth schon wieder verlassen; während er sich in Dresden über Nebenbuhler und Körners Einmischung in seine Affäre ärgert, ist das *sublime Geschöpf*, mit dem er Henriette eifersüchtig machen will, in Gotha, um dort ärztliche Hilfe zu suchen. Schon früher war sie wegen ihrer schlechten Augen in Behandlung gewesen, aber erst in Kalbsrieth, wo sie ihre Augen durch allzu viel Lesen überanstrengt, entdeckt sie, daß sie schon lange halbblind ist: *Eines Morgens, als ich wieder das Buch mit Begierde erfaßte, war ein Schatten auf dem Blatt, was ich lesen wollte, die Zeilen verwirrt und ich unfähig der klaren Unterscheidung. Meist sind wir unbedacht und unbekannt mit uns selbst; nun wurde mir klar, daß ich stets nur mit dem linken Auge gesehen und das rechte nur einen Schein des Lichts bewahrt hatte.*

In Gotha findet Charlotte neue interessante Bekannte. Sie ist öfter zu Gast bei der über siebzigjährigen Frau von Buchwald, die einst das kulturelle Leben des Residenzstädtchens dominiert und in Fragen des literarischen Geschmacks den Ton angegeben hatte. Das Kanapee in ihrem grünen Salon war der Richterstuhl gewesen, von dem aus sie regelmäßig vor einer gespannten Zuhörerschaft Verdikte über (fast ausschließlich französische) Neuerscheinungen von sich gab. *Frau von Buchwald in weitem seidnen Gewand, ein kleines Häubchen, darüber ein Spitzenschleier unter dem Kinn gebunden. Ihr Auge war noch lebhaft, die Hand so weiß, daß ich sie für den Handschuh hielt.* So Charlotte über eine große Dame des »Ançien Régime«, die sie nicht nur öffentlich zur *Cour* empfängt, sondern auch durch die Einladung zu einem vertrauten Gespräch auszeichnet, um sie über ihre Ehe auszufragen. Es gab inzwischen Gerüchte, daß sich Charlotte mit ihrem Mann nicht vertrug, doch nach einem Treffen mit Heinrich von Kalb konnte die Schwägerin Sophia von Seckendorff der Verwandtschaft Entwarnung geben: *Beide leben gut zusammen es war ein falsches Gerücht; sie ist gutes aber eigenes Weib – Bücher haben ihre zu lebhafte Phantasie zuweilen überspannt … zu viel Gelehrsamkeit an einem Weiberkopf ist … Gift.*

Freundschaft schloß Charlotte auch mit dem als Lyriker und Theaterdichter damals sehr bekannten Friedrich Wilhelm Gotter, übrigens ein Rivale und scharfzüngiger Kritiker Schillers. Während ihres Aufenthaltes in Gotha hat er sie jeden Tag besucht. *Frau von Kalb soll zu Gotha sein,* schreibt Heinrich Beck an seinen ehemaligen Kollegen. *Ich beneide Sie mein lieber Gotter! Lange lange habe ich keinen Brief von ihr erhalten; womit ich dies verschuldet – weiß ich nicht. O schreiben Sie mir bald – und von ihr – wenn sie anders zu Gotha war, oder noch ist.*

Charlottes Augenleiden wurde in Gotha *gemindert,* aber nicht *gehoben.* Als sie Ende Juni 1787 nach Weimar zog (in ein Haus in der Windischengasse), fand sie dort in Christoph Wilhelm Hufeland einen Arzt, dessen Behandlung erfolgreicher war. Viele Jahre lang, so schreibt sie, habe er ihr *durch mannigfaltige, oft heftige Mittel, als Belladonna* das Augenlicht erhalten.

Gut zwei Jahre nachdem Schiller aus den Armen Charlotte von Kalbs zu den geglaubten Freunden nach Leipzig geflohen war, flieht er nun von diesen zu ihr zurück. Das Verhältnis zu Körner hat sich abgekühlt, besonders seitdem er und Minna sich in seine Liebesaffäre mit Henriette von Arnim erfolgreich eingemischt haben. Aber auch schon vorher litt Schiller zunehmend an der finanziellen und emotionalen Abhängigkeit von dem vernünftigen Freund. Katzenjammer! *Der Anfang und Umriß unserer Verbindung war Schwärmerei und das mußte er sein; aber Schwärmerei, glaube mirs, würde auch notwendig ihr Grab sein. Jetzt muß ein ernsthafteres Nachdenken und eine langsame Prüfung ihr Konsistenz und Zuverlässigkeit geben,* erklärt er ihm.

Größe, Hervorragung, Einfluß auf die Welt und Unsterblichkeit des Namens bleiben seine ehrgeizigen Ziele, doch immer noch ist seine finanzielle, berufliche und private Situation ungesichert. Verschiedene unklare Pläne schwirren in seinem Kopf. Vielleicht wird ihm der Weimarer Herzog Karl August zu einer Versorgung verhelfen? Möglicherweise gibt es Stellenhoffnungen an der Universität Jena? Oder soll er doch Weimar nur als Zwischenstation betrachten und eine Position als Theaterdichter in Mannheim anstreben? In jedem Fall will er hier mit den Größen der deutschen Literatur, Goethe, Herder, Wieland, bekannt werden, deren Anerkennung und womöglich Freundschaft er sucht. Gleichsam als Empfehlung hat Schiller sein neues Drama, den »Don Karlos«, mitgebracht. Die Buchausgabe war gerade erschienen, als er am frühen Abend des 21. Juli 1787 das Stadttor von Weimar passierte.

Am nämlichen Abend sah ich Charlotten, schreibt er zwei Tage später an Körner. *Unser erstes Wiedersehen hatte soviel gepreßtes, betäubendes, daß mirs unmöglich fällt, es Euch zu beschreiben. Charlotte ist sich ganz gleich geblieben, bis auf wenige Spuren von Kränklichkeit, die der Paroxysmus der Erwartung und des Wiedersehens für diesen Abend aber verlöschte und die ich erst heute bemerken kann. Sonderbar war es, daß ich mich schon in der ersten Stunde unsers Beisammenseins nicht anders fühlte als hätte ich sie erst gestern verlassen. So einheimisch war mir alles an ihr, so schnell knüpfte sich jeder zerrissene Faden unsers Umgangs wieder an.*

Ehe ich Euch über sie und auch über mich etwas mehr sage, laßt mich zu mir selbst kommen. Die Erwartung der mancherlei Dinge, die sich mir hier in den Weg werfen werden, hat meine ganze Besinnungskraft eingenommen. ...

Charlotte ist eine große sonderbare weibliche Seele, ein wirkliches Studium für mich, die einem größeren Geist als der meinige ist, zu schaffen geben kann. Mit jedem Fortschritt unsers Umgangs entdecke ich neue Erscheinungen in ihr, die mich, wie schöne Partien in einer weiten Landschaft überraschen und entzücken. Mehr als jemals bin ich jetzo begierig, wie dieser Geist auf den eurigen wirken wird.

Begierig ist er auch auf Charlottes Reaktion auf den »Don Karlos«, die ihn dann doch ein wenig enttäuscht. Zwar nennt er die Wirkung *angenehm, doch fehlte es ihr weil sie krank und schwach war oft an Sammlung des Geistes, selbst an Sinn. Des Königs sogenannter Monolog hat auf sie erstaunlich viel Wirkung getan. Die Stellen im Stück, die ich auf sie berechnet habe, wovon ich Dir gesagt, erreichten ihre Wirkung ganz. Des Marquis Szene mit dem König tat viel auf sie, aber alles faßte sie nicht beim ersten Lesen.*

Knapp drei Wochen nach seiner Ankunft kommt er (wieder in einem Brief an Körner) noch einmal ausführlicher auf seine Beziehung zu Charlotte zu sprechen: *Ich habe Dir nicht geschrieben, welche sonderbare Folge meine Erscheinung auf sie gehabt hat. Vieles, was sie vorbereitete, kann ich jetzt auch nicht wohl schreiben. Sie hat mich mit einer heftigen bangen Ungeduld erwartet. Mein letzter Brief, der ihr meine Ankunft gewiß versicherte, setzte sie in eine Unruhe die auf ihre Gesundheit wirkte. Ihre Seele hing nur noch an diesem Gedanken – und als sie mich hatte, war ihre Empfänglichkeit für Freude dahin. Ein langes Harren hatte sie erschöpft und Freude wirkte bei ihr Lähmung. Sie war fünf sechs Tage nach der ersten Woche meines Hierseins fast jedem Gefühl abgestorben, nur die Empfindung dieser Ohnmacht blieb ihr und machte sie elend. Ihr Dasein war nur noch durch konvulsivische Spannungen des Augenblicks hingehalten. Du kannst urteilen, wie mir in dieser Zeit hier zumute war. Ihre Krankheit, ihre Stimmung und dann die Spannung, die ich hieherbrachte, die Aufforderung, die ich hier hatte! Jetzt fängt sie an, sich zu erholen, ihre Gesundheit stellt sich wieder her und ihr Geist wird freier. Jetzt erst können wir einander etwas sein. Aber noch genießen wir uns nicht in einem zweckmäßigen Lebensplan, wie ich mir versprochen hatte. Alles ist nur Zurüstung für die Zukunft. Jetzt erwarte ich mit Ungeduld eine Antwort von ihrem Mann auf einen wichtigen Brief, den ich ihm geschrieben.*

Wie sah dieser zweckmäßige Lebensplan aus? Auch von Scheidung war sicher schon die Rede gewesen, vermutlich aber dachten Charlotte und er zu dieser Zeit noch an eine Art *ménage à trois*, eine Dreierbeziehung, wie sie Rousseau in seinem Roman »La Nouvelle Hélouïse« beschrieben hatte.

Diese wiederum sollte als Freundschaftsutopie in eine Wohngemeinschaft mit Körners und Hubers eingebettet sein. *Herr von Kalb und sein Bruder werden im September eintreffen* (schreibt Schiller dem Freund) *und Charlotte hat alle Hoffnung daß unsere Vereinigung im Oktober zustande kommen wird. Aus einer kleinen Bosheit vermeidet sie deswegen auch, in Weimar die geringste Einrichtung für häusliche Bequemlichkeit zu machen, daß ihn die Armseligkeit nach Dresden treiben soll. Sind wir einmal da, so läßt man euch für das Weitere sorgen.* Wie sich diese Dresdner Luftschlösser mit seinen Weimarer Hoffnungen vertrugen, nämlich schlecht, darüber sagt Schiller vorsichtshalber nichts. Jahre später schrieb ihm Charlotte: *Es liegt hier in meiner Nachbarschaft ein kleines Gütchen mit einem sehr schönen Haus Eichenhausen – wenn ich vorbei fahre fällt mir immer das verjährte verblühte Projekt von Sie und Körners wieder ein.*

Als Schiller verbal an diesem Projekt noch festhält, ist es für ihn eigentlich schon verblüht, hat er auch das Ende der Glaubensepoche mit Charlotte diagnostiziert und bemerkt, daß sie ihn viel mehr liebt, als er sie – inzwischen: *Kannst Du mir glauben, lieber Körner, daß es mir schwer – ja beinahe unmöglich fällt, Euch über Charlotte zu schreiben? Und ich kann Dir nicht einmal sagen, warum? Unser Verhältnis ist – wenn Du diesen Ausdruck verstehen kannst – ist wie die geoffenbarte Religion, auf den Glauben gestützt. Die Resultate langer Prüfungen, langsamer Fortschritte des menschlichen Geistes sind bei dieser auf eine mystische Weise avanciert, weil die Vernunft zu langsam dahin gelangt sein würde. Derselbe Fall ist mit Charlotten und mir. Wir haben mit der Ahndung des Resultats angefangen und müssen jetzt unsre Religion durch den Verstand untersuchen und befestigen. Hier wie dort zei-*

gen sich also notwendig alle Epochen des Fanatismus, Skeptizismus, des Aberglaubens und Unglaubens, und dann wahrscheinlich am Ende ein reiner und billiger Vernunftglaube, der der allein seligmachende ist. Es ist mir wahrscheinlich, daß der Keim einer unerschütterlichen Freundschaft in uns beiden vorhanden ist aber er wartet noch auf seine Entwicklung. In Charlottens Gemüt ist übrigens mehr Einheit, als in dem meinigen, wenn sie schon wandelbarer in ihren Launen und Stimmungen ist. Lange Einsamkeit und ein eigensinniger Hang ihres Wesens haben mein Bild in ihrer Seele tiefer und fester gegründet, als bei mir der Fall sein konnte mit dem ihrigen.

Danach hören wir dazu kaum noch etwas. *Nicht wahr, euch allen ist es aufgefallen, daß in allen meinen Briefen, die von Weimar aus datiert sind, so wenig von Charlotten vorgekommen ist. Eine Retizenz von der Art, ich gestehe es, konnte Euch zu allerlei Betrachtungen berechtigen.* Auch die Antwort des Herrn von Kalb auf seinen wichtigen Brief enthält Schiller dem Freund vor, teilt nur mit: *Herr von Kalb hat mir geschrieben. Er kommt zu Ende Septembers, seine Ankunft wird das Weitere mit mir bestimmen. Seine Freundschaft mit mir ist unverändert, welches zu bewundern ist, da er seine Frau liebt und mein Verhältnis mit ihr notwendig durchsehen muß. Aber seine Billigkeit und seine Stärke dürfte vielleicht durch Einmischung fremder Menschen und eine dienstfertige Ohrenbläserei auf eine große Probe gestellt werden wenn er kommt. Ich verstehe nämlich nur in Beziehung auf die Meinung der Welt, denn der Glaube an seine Frau wird nie bei ihm wanken. Herr von Kalb kann nach dem Tode des Kurfürsten von der Pfalz der Zweite in der Armee und eine sehr wichtige Person werden, ohne daß er seine französischen Dien-*

ste dabei aufzugeben hat … Er ist der Liebling des Herzogs von Zweibrücken, bei den Damen äußerst empfohlen und der Königin in Frankreich bekannt, welche sich gewundert hat, daß er sich nicht schon in Paris gemeldet. Alles das wundert mich nicht – aber es freut mich, daß er alles dies erreicht hat, und doch der wahre herzlich gute Mensch bleiben durfte, der er ist.

Was für eine merkwürdige, verräterische Eloge auf den Ehemann der Frau, die ihn liebt und mit ihm glücklich werden will! Darüber aber und über sein Verhältnis zu ihr schweigt er sich wie gesagt aus. Um so ausführlicher berichtet er von der neuen Welt Weimar, die zu erobern er gekommen ist. Zwar ist der Herzog Karl August zu seiner Enttäuschung gerade aus Weimar abgereist, aber es gibt genug neue, interessante, wichtige Bekanntschaften zu machen.

Am besten versteht er sich bald mit Wieland, den er schon bei der ersten Begegnung gewinnt: *Man sagte mir nachher, daß er es nicht gewohnt wäre sobald in d e n Ton mit einem anderen zu entrieren, und unverkennbare Teilnahme, Wohlwollen und Achtung sprach aus ihm*; im Umgang findet er ihn längst nicht so bedeutend, wie er ihn sich nach seinen Schriften vorgestellt hatte. Auch die erste Begegnung mit Herder fällt zu seiner Zufriedenheit aus. *Er hat mir sehr behagt. Seine Unterhaltung ist voll Geist, voll Stärke und Feuer, aber seine Empfindungen bestehen in Haß oder Liebe. … Ich muß ihm erstaunlich fremd sein, denn er fragte mich ob ich verheuratet wäre. Überhaupt ging er mit mir um, wie mit einem Menschen, von dem er nichts weiter weiß, als daß er für etwas gehalten wird. Ich glaube, er hat selbst nichts von mir gelesen. … Ich glaube, ich habe ihm gefallen, denn er äußerte mehrmal, daß ich ihn öfters wiedersehen möchte.* Bei beiden,

Herder und Wieland, steht Charlotte, wie er feststellt, *in hoher Achtung.*

Goethe, der oberste der Weimarer Götter, der Schiller natürlich am meisten interessiert, ist zu dieser Zeit zwar in Italien unterwegs. Doch in den Unterhaltungen der Weimarer bleibt er gegenwärtig, *Goethe wird von sehr vielen Menschen ... mit einer Art von Anbetung genannt, und mehr noch als Mensch denn als Schriftsteller geliebt und bewundert,* bemerkt Schiller. *Ich habe am 28gsten August Goethens Geburtstag mit begehen helfen, den Herr von Knebel in seinem Garten feierte, wo er in Goethens Abwesenheit wohnt. Die Gesellschaft bestand aus einigen hiesigen Damen, Voigts, Charlotten und mir. Herders beide Jungen waren auch dabei. Wir fraßen herzhaft, und Goethens Gesundheit wurde von mir in Rheinwein getrunken. Schwerlich vermutete er in Italien, daß er mich unter seinen Hausgästen habe, aber das Schicksal fügt die Dinge gar wunderbar. Nach dem Souper fanden wir den Garten illuminiert und ein ziemlich erträgliches Feuerwerk machte den Beschluß.*

In der Schilderung des Gastgebers Knebel hat sich dieser Abend stimmungsvoller abgespielt: *Goethens Geburtstag haben wir den 28. dieses ganz passabel hier zugebracht. Es war ein abwechselnder Tag, doch war der Abend ruhig und heiter. Die kleine Schardt, die Imhoff, Frau von Kalb waren bei mir, wobei noch ein paar andre Freunde waren, unter denen Schiller, der Verfasser des »Don Carlos«. Sie brachten einen Kranz für Goethe von wildem Heidekraut, das um Ilmenau wächst ... So ging es den Abend ganz gut. Ich ließ ein kleines Feuerwerk machen und den Garten erleuchten, wo sich Goethens Monument, nämlich eine Kugel von Sandstein auf einem steinernen großen Würfel ruhend, gar wohl ausnahm. Der Mond war feierlich, als ich die Damen nach Hause begleitete, und wölbte den Himmel weit und hoch, und die Schatten und Lichter der Bäume und Felsen im Stern [im Weimarer Park] waren merkwürdig.*

Gleich zu Anfang hatten sich Schiller und Charlotte vorgenommen, aus ihrem Verhältnis kein Geheimnis zu machen. Es sei schon ziemlich viel über sie geredet worden, einige Male sei man so diskret gewesen, sie nicht zu stören, *wenn man vermutete daß wir fremde Gesellschaft los sein wollten,* schreibt Schiller an Körner. *Laßt Euch ja durch kleinstädtisches Geschwätz nicht im Genuß Eurer Freuden stören,* bestärkt ihn dieser, doch seine Sorge ist kaum nötig. In Weimar sind die Sitten ziemlich frei, wie Schiller mißbilligend nach Dresden meldet, obwohl ihm das ja eigentlich recht sein muß. *Die hiesigen Damen sind ganz erstaunlich empfindsam; da ist beinahe keine, die nicht eine Geschichte hätte oder gehabt hätte; erobern möchten sie gern alle.*

Charlotte gibt sich große Mühe, ihren störrischen, unsicheren, arroganten, bürgerstolzen Künstlerfreund in die vornehme Gesellschaft einzuführen und ihm dort zum Erfolg zu verhelfen, was ihr auf die Dauer bei ihm mehr schadet, als ihr die Freundschaft von Herder und Wieland nützt. Auf ihren Rat hin stellt er einen Bediensteten ein – den ersten seines Lebens –, soll er Vorstellungsbesuche machen, muß er viel Zeit mit Menschen verbringen, die ihn nicht interessieren und bei denen er sich unwohl fühlt.

Charlotte kündigt mir an, daß ich als Weimarischer Rat sobald ich in der Stadt selbst mich dem Hof präsentieren wolle, beim hiesigen Adel und den ersten Bürgerlichen Zeremonienbesuche machen müsse. Ob das gleich nur durch bloße Karten ausgerichtet zu werden pflegt und ich meinen Bedienten habe, so stehe ich doch in Gefahr, bei einigen angenommen zu wer-

den, und wenn auch nicht, so ist eine halbe Woche schändlich
verloren.
Dieser Tage habe ich in großer adliger Gesellschaft einen höchst
langweiligen Spaziergang machen müssen. Das ist ein notwen-
diges Übel, in das mich mein Verhältnis mit Charlotten ge-
stürzt hat – und wieviel flache Kreaturen kommen einem da
vor. Die beste unter allen war Frau von Stein, eine wahrhaft
eigene interessante Person, und von der ich begreife, daß Goe-
the sich so ganz an sie attachiert hat. Schön kann sie nie ge-
wesen sein aber ihr Gesicht hat einen sanften Ernst und eine
ganz eigene Offenheit. Ein gesunder Verstand, Gefühl und
Wahrheit liegen in ihrem Wesen. Diese Frau besitzt vielleicht
über tausend Briefe von Goethe und aus Italien hat er ihr
noch jede Woche geschrieben. Man sagt, daß ihr Umgang ganz
rein und untadelhaft sein soll.

Bald nach seiner Ankunft fährt Wieland mit Schiller zu
einem ersten Besuch bei der Herzoginmutter Amalie nach
Schloß Tiefurt, tatsächlich mehr ein ländlicher Gutshof als
ein Schloß.
Wir waren zwei Stunden dort, es wurde Tee gegeben und von
allem möglichen viel schales Zeug geschwatzt. Ich ging dann
mit der Herzogin im Garten spazieren, wo ich sie schönstens,
aber mit … vieler Arbeit … unterhielt. Sie zeigte mir alles
Merkwürdige, Wielands Büste, die dort aufgestellt ist, ihres Bru-
ders des Herzogs Leopold von Braunschweig Monument und
andres. Nachher gingen wir in ihr Wohnhaus, das überaus ein-
fach und in gutem ländlichen Geschmack möbliert ist. Hier
wurden mir einige schöne Landschaften von Kobell gezeigt. Ge-
gen Abend empfahlen wir uns und wurden mit Herrschafts-
pferden nach Hause gefahren. Wieland, der keine Gelegenheit
vorbei läßt mir etwas Angenehmes anzukündigen, sagte mir,

daß ich sie erobert hätte. Und wirklich fand ich dieses in der
Art, wie sie mich behandelt hatte ... Sie selbst hat m i c h nicht
erobert. Ihre Physiognomie will mir nicht gefallen. Ihr Geist
ist äußerst borniert nichts interessiert sie, als was mit Sinnlich-
keit zusammenhängt, diese gibt ihr den Geschmack, den sie
für Musik und Malerei und dgl. hat oder haben will. Sie ist
selbst Komponistin, Goethens Erwin und Elmire ist von ihr ge-
setzt. Sie spricht wenig, doch hat sie das Gute, keine Steifig-
keit des Zeremoniells zu verlangen, welches ich mir auch treff-
lich zunutze machte. Ich weiß nicht, wie ich zu der Sicherheit
meines Wesens zu dem Anstand kam, den ich hier behauptete.
Charlotte versichert mir auch, daß ich es hier überall mit mei-
nen Manieren wagen dürfe. Bis jetzt habe ich, wo ich mich
zeigte, nirgends verloren. Charlottens Idee von mir hat mir
Zuversicht gegeben, und die nähere Bekanntschaft mit diesen
Weimarischen Riesen – ich gestehe Dirs – hat meine Meinung
von mir selbst – verbessert.
Nunmehr freue ich mich auf die junge Herzogin, von der mir
allerwärts viel Vortreffliches gesagt wird. Bei der Alten hatte
ich zu überwinden, weil sie meine Schriften nicht liebt und
ich ihr fremd war. Die junge ist meine eifrige Patronin, und
meinen Arbeiten ganz vorzüglich gut. Charlotte hat mehrmals
mit ihr von mir gesprochen und sagt mir, daß ich bei ihr sein
dürfte, was ich bin, daß ich sie für alles Schöne und Edle emp-
fänglich finden würde. In 14 Tagen wird sie hier sein. Der Her-
zog aber kommt erst im September. Eine unangenehme Neuig-
keit für mich.
Mein Verhältnis mit Charlotten fängt an, hier ziemlich laut
zu werden und wird mit sehr viel Achtung für uns beide be-
handelt. Selbst die Herzogin hat die Galanterie, uns heute zu-
sammen zu bitten, und daß es darum geschah, habe ich von
Wieland erfahren.

Schon beim nächsten Besuch in Tiefurt aber muß sich Schiller von Charlotte wegen seiner Manieren tadeln lassen: *Charlotte will behaupten, daß ich mich diesen Abend zu frei betragen habe, sie zog mich auf die Seite und gab mir einen Wink. Ich habe, sagte sie, auf einige Fragen, die die Herzogin an mich getan, nicht dieser sondern ihr geantwortet, und die Herzogin stehen lassen. Es kann mir begegnet sein, denn ich besann mich niemals, daß ich Rücksichten zu beobachten hätte.* Unsicher über die Etikette, läßt er sich von Charlotte in kleine Intrigen verstricken. Die Herzogin bittet ihn mündlich zur Aufführung einer Operette, schickt ihm aber keine schriftliche Einladung. Auf Charlottes Rat bleibt er weg, obwohl sie eine Einladung bekommen hat, *worin gesagt wurde, daß sie sich eine Gesellschaft dazu wählen könnte, wobei ich gemeint war. Aber da man mich nur als ein Pendant von ihr behandelte, so taten wir beide als verstünden wirs nicht. Wie sie ankam und mich nicht mitbrachte ging ihr Wieland entgegen und fragte wo ich wäre? Auch die Herzogin verwunderte sich, daß ich nicht gekommen war. Charlotte abgeredetermaßen fragte ganz einfältig: Ob ich denn gebeten worden wäre?* Als er dann hinterher erfährt, daß ihn Charlotte am Abend der Operette tatsächlich mit Unwohlsein entschuldigt, ärgert er sich natürlich über ihr Einknicken. Ebenso darüber, daß er die Herzogin Luise gegen Charlottes Versicherung nur in einem *steifen großen Zirkel sprechen dürfe*, wozu er keine Lust habe. *Charlotte hat mir schon oft falsche Nachrichten gegeben.*

In ihrem Eifer, etwas für den Freund zu tun, tut sie des Guten zuviel, schwindelt ihn an. Und sie unterschätzt seinen Stolz. Daß er von der Herzogin als ihr *Pendant* behandelt wird, hätte er ohne Charlottes Hinweis vielleicht gar nicht mitbekommen. Als er es weiß, ist er auch auf sie sauer, schließlich gehört sie zu der Gesellschaft, die ihn mit Gering-schätzung behandelt. Die Reserviertheit der Herzogin Luise nimmt er persönlich, während Charlotte sie als selbstver-ständliches Gebot ihres hohen Standes deutet und die edle Natur der Herzogin dennoch würdigen kann: *Selbsterwähl-ter Haltung, die in sich keinen Wechsel noch Affekte duldete, die selbst die Klage des Schmerzes der Natur verbietet – ein solches Wesen ist auch gerecht in der Beurteilung anderer, denn es weiß wohl: würde ich mein Gesetz verletzen, so wäre ich wie sie!*

Schiller schreibt den Hof ab. Er beginnt seine Pläne zu än-dern. Hatte er die Abwesenheit des Herzogs zunächst bedau-ert, so erklärt er jetzt, er habe ohnehin nichts von ihm zu erwarten und also auch nichts mit ihm zu besprechen, wäh-rend Körner, der immer viel länger an Schillers Projekten festhält, als dieser selbst, noch schreibt: *Daß du den Herzog nicht gesprochen hast, ist doch ärgerlich.*
Ende August 1787 bringt Charlotte Schiller nach Jena zum Philosophieprofessor Karl Leonhard Reinhold, bei dem Schil-ler dann eine Woche lang zu Gast ist. Reinhold, ein passio-nierter Anhänger Kants, ist mit Wielands Tochter Sophie ver-heiratet, einer guten Freundin Charlottes: *Sophie Reinhold, im Äußern lässig, nahm alles ergötzlich, und leicht erregt, lebte sie in Sinn und Gemüt der Phantasie; ohne schriftlich zu dich-ten hat sie mir Märchen erzählt, vor denen manches belobte hätte weichen müssen.* Auch Schiller wird ihr *herzlich gut*, so gut, daß er sie sogar mit Körner und seinen *Weibern* (Frau und Schwägerin) bekannt machen will. Er lernt weitere Jena-er Professoren kennen, informiert sich über die Universität und reist ab mit dem Gelübde, Jena *nicht zum letztenmal ge-sehen zu haben. Hätte ich einen Plan nach Jena,* so versichert

mir Reinhold, daß ich keine Schwierigkeit finden würde. Ich
soll, sagte er, ohne ein Wort darüber zu verlieren, noch vor
dem Frühjahr einen Ruf dahin bekommen. Ich weiß aber nicht
mein Lieber. Mit dieser Idee bin ich zerfallen. Meine Unab-
hängigkeit und die Vermengung meiner Existenz mit euch soll
das Schicksal meines Lebens bleiben, vorausgesetzt, daß mir
Schriftstellerei ein angenehmes Dasein verschaffen kann.

Im Grunde weiß er sehr wohl. Im Spätherbst beginnt er an
einer Geschichte über die *Niederländische Rebellion* zu schreiben, die ihn als Historiker qualifizieren und ihm eine Professur in Jena einbringen soll. Damit nimmt er Abschied von
der Selbstbestimmung zum Heldenleben einer freien Künst-
lerexistenz, die ihn in den vorausgegangenen Jahren umge-
trieben hatte.

Körner rät dem Freund mit eindringlichen Worten ab: mit
historischen Arbeiten verrate er sein dichterisches Genie.

Dieser Plan ist, als Voraussetzung, verbunden mit einem anderen immer dringender werdenden Wunsch Schillers, den
er Körner mit bewegten Worten nahezubringen sucht: Er will
heiraten, eine Familie gründen, sich im bürgerlichen Leben
etablieren. Der beständige Zwang zu literarischer Produktivität quält ihn. Der wechselnden Passionen und komplizierten Liebesbeziehungen überdrüssig, sieht er für sich nur noch
eine Rettung, einen Fluchtort: den Hafen der Ehe, eine Frau,
die ihm gehört, für die er arbeiten kann und muß, die ihn
endlich zur Ruhe kommen läßt. Leidenschaft dürfe bei seiner Wahl keine Rolle spielen, meint er, Achtung und ruhige
Zuneigung genügten völlig. Ja, er kann sich sogar vorstellen, eine von Wielands Töchtern zu heiraten, obwohl er sie
kaum kennt und schon gar nicht liebt. Körner solle ihm
doch sagen, was er von diesem Plan halte. Und dann fügt er

hinzu: *Charlotte weiß von diesem Monologe meiner Vernunft nichts.*

Körner rät ab. Schiller sei noch lange nicht reif zu einem solchen Schritt. Er solle nur erst einmal ruhiger und vernünftiger werden und noch ein paar Jahre ins Land gehen lassen, alsdann sei es möglich, *daß ein liebenswürdiges Mädchen Dich auf immer fesseln kann ... Laß uns immer erst alle zusammen in den Hafen eingeschifft sein, und dann wollen wir uns freuen, wenn Du in einer Gattin, die Deiner wert ist, uns eine neue Freundin zuführst.*

Da spricht der Körner, dem Schiller davongelaufen war. In einem weiteren Brief (vom 7. Januar 1788) wirbt dieser mit der Schilderung eines seelischen Katastrophenszenariums fast flehentlich um das Verständnis des Freundes und läßt damit zugleich sein Verhältnis zu Charlotte plötzlich in einem anderen Licht erscheinen. So unruhig, angespannt, nervlich überreizt, wie er sie bisher gezeichnet hatte, zeigt er sich nun.

Du weißt nicht wie verwüstet mein Gemüt, wie verfinstert mein Kopf ist – und alles dieses nicht durch äußeres Schicksal, denn ich befinde mich hier von der Seite wirklich gut, sondern durch inneres Abarbeiten meiner Empfindungen. ... Eine philosophische Hypochondrie verzehrt meine Seele, alle ihre Blüten drohen abzufallen. Glaube nicht, daß ich Dir hier die Laune eines Augenblicks gebe. So war ich noch bei euch, ohne es mir selbst klar zu machen, so kennt mich Charlotte seit langer Zeit. ... Ich bin bis jetzt ein isolierter fremder Mensch in der Natur herumgeirrt, und habe nichts als Eigentum besessen. Alle Wesen, an die ich mich fesselte, haben etwas gehabt, das ihnen teurer war als ich, und damit kann sich mein Herz nicht behelfen. Ich sehne mich nach einer bürgerlichen und häuslichen Existenz, und das ist das Einzige, was ich jetzt noch hoffe.

Körner solle aber nicht glauben, daß er schon gewählt habe, das mit Wielands Tochter sei nicht mehr als ein hingeworfener Gedanke gewesen. *Er sei noch ganz frei und das ganze Weibergeschlecht stehe ihm offen. Übrigens wiederhole ich Dir noch einmal, halte mich nicht für gefesselt, aber fest entschlossen, es zu werden.*

Das doppelte Dementi ist verdächtig. Schiller wußte zu diesem Zeitpunkt vermutlich schon, von wem er sich fesseln lassen wollte.

Ende November hatte er sich in Bauerbach (bei Meiningen) mit seinem Freund und Bewunderer Wilhelm von Wolzogen getroffen. Auf der Rückreise nach Weimar kamen sie am 6. Dezember nach Rudolstadt, wo zwei Cousinen Wolzogens lebten. *Eine Frau von Lengenfeld lebt da mit einer verheurateten und einer noch ledigen Tochter,* schrieb er Körner. *Beide Geschöpfe sind, ohne schön zu sein, anziehend und gefallen mir sehr.* Im gleichen Brief wurde Frau von Kalb von ihm verabschiedet und ihrem sympathischen Ehemann zurückgegeben. *Hier in Weimar habe ich Charlotte und ihren Mann wiedergefunden. Er ist ganz der alte, wie ich auf den ersten Anblick urteilen konnt, denn ich hab ihn nur einmal gesprochen. Sie ist gesund und sehr aufgeweckt. Ich weiß nicht, ob die Gegenwart des Mannes mich lassen wird, wie ich bin. Ich fühle in mir schon einige Veränderung, die weiter gehen kann.* Und ein paar Sätze später schreibt er: *Eine Frau die ein vorzügliches Wesen ist, macht mich nicht glücklich, oder ich habe mich nie gekannt.*

Jeder, der sich im letzten Drittel des 18. Jahrhunderts dauernd oder vorübergehend in Weimar aufhielt und nach Geist und (oder) Stand zur Gesellschaft zählte, lebt für die Nachwelt auf einer Bühne. Zählt er auch selbst nicht zu den ganz Großen, so fällt doch der Glanz ihrer Namen auch auf ihn. Der Forschungseifer, mit dem vor allem Literarhistoriker des 19. Jahrhunderts das Leben ihrer Helden detailliert rekonstruierten, kommt auch Nebenfiguren wie Charlotte von Kalb zugute.

Die Szenerie ist uns aus vielen Briefen und Memoiren vertraut (aber auch im heutigen Weimar steckt noch viel vom *Residenzdorf* des späten 18. Jahrhunderts): die ungepflasterten Straßen, die bei jedem Regen zu Morast aufweichen, so daß die Damen selbst Besuche auf die andere Straßenseite scheuen; das etwas düstere Schloß, an dessen Wiederaufbau nach einem Brand damals noch gearbeitet wurde; der Marktplatz, die Stadtkirche, in der der Oberkonsistorialrat Herder seine sonntäglichen Predigten hält und, in ihrem Schatten, seine Wohnung *(und ich sitze hinter der Kirche, arbeite, mühe mich, schreibe, pflege der Schulen, predige etc. etc. Alles ist ein Spiel, ein Spiel ist alles und das Kunstwerk der Götter war, das Spiel der blinden Kuh uns so ernstlich zu machen als ob wir den Stein der Weisen suchten)*; Goethes Haus am Frauenplan, sein Gartenhaus im Park an der Ilm, die Esplanade, ein schattiger Spaziergang, wo uns das ganze Ensemble in immer wechselnden Gruppierungen spazierengehend begegnet: Die Damen von Kalb, von Stein, von Imhoff, von Schardt, der Kammerherr von Einsiedel, Goethe, Wielands, Herders, Knebel, Corona Schröter, eine ehemals gefeierte Schauspielerin, mit der Charlotte in ihrer ersten Weimarer Zeit gut befreundet war ...

Schiller, der sich für sie besonders interessiert, weil Körner in ihrer Glanzzeit für Madame Schröter geschwärmt hatte, urteilt nach seiner Art erst sehr schroff: *Ihre Figur und die Trümmer ihres Gesichts rechtfertigen Deine Verplemperung. Sie muß in der Tat schön gewesen sein, denn 40 Jahre haben sie nicht ganz verwüsten können. Übrigens dünkt sie mir ein höchst gewöhnliches Geistesprodukt zu sein*, lernt sie aber dann doch schätzen. *Die Schrödern hat Charlotten und mir die Iphigenia, nach Goethes erstem Manuskript wie es hier gespielt wurde, vorgelesen. . . . [Sie] liest gut, sehr gut . . . mit Affekt und richtiger Auseinandersetzung . . . Wir sehen einander jetzt oft, fast drei- bis viermal die Woche; sie ist doch eigentlich eine von unsern behaglichsten Bekanntschaften und uns sehr attachiert.*

Du weißt doch, daß wir die Frau von Kalb, die älteste der Schwestern, diesen Sommer bei uns gehabt. Diese ist ein braves, ganz vorzügliches Weib; ihr wahrer, reicher Verstand unterhält mich sehr oft; sie hat ein ganz eigenes Gepräg, aber der Wert davon ist unverkennbar. Goethes »Urfreund« Karl Ludwig von Knebel, der das im September 1787 seiner Schwester Henriette schreibt, ist (damals und noch lange Junggeselle) von Anfang an einer der engsten Weimarer Freunde Charlottes. Er privatisiert, nachdem er erst als Offizier, dann als Weimarer Prinzenerzieher seinen Abschied genommen hat. Militärischer Drill und Hofintrigen waren ihm gleichermaßen unerträglich. Obwohl er sich auch als Dichter versucht hat, schätzten ihn die Zeitgenossen vor allem als Übersetzer der von ihm geliebten klassischen Autoren wie Lukrez und Properz. Er war ein verläßlicher Freund, klug und vernünftig, reizbar und wetterfühlig – zeitlebens führte er ein Wetter-Tagebuch – und liebte den Umgang mit Frauen. 1788 ist seine Favoritin Goethes Freundin Charlotte von Stein:

Sie ist ohne alle Prätention und Ziererei, gerad, natürlich, frei, nicht zu schwer und nicht zu leicht, ohne Enthusiasmus und doch mit geistiger Wärme, nimmt an allem Vernünftigen Anteil und an allem Menschlichen, ist wohl unterrichtet und hat feinen Takt, selbst Geschicklichkeit für die Kunst ... Nach ihr ist Frau von Kalb mir sehr wert. Reicher und wärmer als die erstere, doch hat sie die ganz bestimmte reine Linie von derselben noch nicht.

Auch ihre Schwester steht hoch in seiner Gunst. *Artiges kleines Glück, liebe süße Lore, süßer blonder Schatz* heißt sie im Briefwechsel mit seiner Schwester Henriette. *Die kleine Kalb ist gar artig und wünscht sich, nur immer aus dem Properz zu hören. Sie glaubt, sie sei Cynthia; wenigstens hab' ich es ihr weißgemacht. Jüngst sagte ihre ältere Schwester zu ihr: »Du verstehst es ja doch nicht und hörst nur die Worte!« »Ja!« sagte sie; »wer wollte aber auch die schönen Worte nicht schon gerne hören!«*

Herder ist ebenfalls entzückt von ihr gewesen; er widmete ihr sogar ein Neujahrsgedicht, das im »Göttinger Musenalmanach« erschien:

An Leonore von Kalb

Siehe dort schwebt sie hernieder die Hora des kommenden
Jahres,
im verschwisterten Chor, Grazien führen den Reihn;
Jeglichem lächelt sie Freude, der sie mit Liebe begrüßet,
schenket jedem so gern, was er bescheiden begehrt.
Liebend nahet sie Dir, sie bekränzt mit ätherischen Blumen,
die in Elysiums Flur sproßten, Dein lockiges Haar;
Schlinget den Arm um Dich und bringt dir süße Geschenke,
sanfte Freuden und Scherz mit dem verschwisterten Kuß.

Was Herder für Charlotte bedeutete, hat sie ihm in einem Brief so gesagt: *Lieber, vortrefflicher Freund! Sie erteilen durch ihre Güte für mich meinem Dasein einen Wert, den ich sonst nicht kannte. Jetzo noch schätzt Ihr Geist die werdende Veredelung in mir, die Ihr Werk sein wird; denn die Tugend lieben und glücklich sich fühlen unter edlen Menschen – beweist Fähigkeit zur Tugend. Die Verschiedenheit der Grundsätze und Meinungen sind meiner Seele merklich und ich könnte es, wie das Klima für den Körper unter Temperaturen verteilen, die gut oder schlimm auf mich wirken.*

Sie hat ihn sich also zum Lehrer, zum *Seelenführer* gewählt. 1793 schreibt sie ihm nach der Lektüre der ersten Sammlungen seiner »Briefe zu Beförderung der Humanität«: *So oft ich las, fand ich entweder den Glauben meiner Seele, oder meine Vernunft wurde von ihrem Geist genährt, gestärkt und überzeugt.* Und ganz bei sich war sie auch in seiner Schrift »Von der Gabe der Sprache am ersten christlichen Pfingstfeste«: *Herder ist mir immer mehr, je mehr ich lebe und denke. Herders Schrift über die Gabe der Sprachen las ich erst wieder vor wenigen Tagen; ob ich gleich nie über diese Begebenheit als Wunder nachgedacht hatte, so war mir doch diese Erklärung so erfreulich und für die Hoffnung des Geistes so erhellend, daß ich gestärkt durch sie mir vornahm, das Neue Testament wieder einmal als Genuß gebende Lektüre zu lesen. Ich glaube auch, daß wir im Zeichen der bessern Zeit seien, wenn die Theologie nicht mehr studiert wird, um d u r c h t o t e, v e r w o r - r e n e, d u n k l e B e g r i f f e den innersten Kern des Wesens noch mehr zu verunglückseligen, als die menschliche Natur t r a g e n k a n n. Es scheint mir nicht, als wenn die K i r c h e n zur Kirche gehörten – wenigstens unter ihnen findet man nicht die auserlesenen; der S t a a t hat sich ihrer bemächtigt und von ihm werden nicht die Lehren Jesu in Ausübung gebracht: der Einig-*

keit, der Gemeinschaft der Güter, der möglichsten Entfernung von allen irdischen Sorgen, daß die zeitliche Zeit nicht die Kräfte des Geistes und Herzens aller verschlinge und zernichte. O wie sehr ist [Jesus] verkannt worden und wird er noch! Ich möchte ihn gesehen haben – diesen Wunsch hatte ich schon in meiner Kindheit; dann fragte ich mich immer schnell, ob ich auch wohl eine Martyrerin seiner Lehre hätte werden können?

Wenn Charlotte Herder in den »Erinnerungen« als Mystiker bezeichnete, wollte sie damit nicht nur seine Religiosität charakterisieren, sondern auch seine Fähigkeit, als Psychologe das Wesentliche eines Menschen zu erfassen: *Im Mittelalter nannte man einen Mystiker ›den innigen Menschen‹, das hätte man von ihm auch sagen mögen; denn ihm ward schnell klar, selbst empfindlich, fühlte er, was anderen verborgen geblieben, ja was selbst das Individuum ohne seine Erkenntnis nicht in sich verstanden haben würde.*

Auch sie selbst hat sich durch ihn besser verstehen gelernt. *Sie, sagte er einst zu mir, können noch zu keinem festen Entschluß gelangen, weil die Einbildung Sie verhindert, die Wirklichkeit zu sehen, die ewig nur in schwankenden Bildern vor Ihnen steht. Mit Feuer und Geschick beginnen Sie, aber Ihr Blick schaut nicht die Schranken, noch die Untiefen der Lebensbahn. So lassen Sie ein Projekt nach dem andern fallen, doch wenige haben den Trost beim Verlust, den Sie besitzen, die Elastizität des Gemüts, die nichts ganz vernichten kann; denn die Spenden der Phantasie bleiben unerschöpflich.*

Ein anderes Mal hat er zu ihr gesagt: *Sie gehören nicht zu den klugen Jungfrauen, sie verschütten Ihr Öl, aber die Flammen schlagen über Ihrem Haupt zusammen.*

In der Zeit von 1787 bis 1799, als Charlotte (freilich mit großen Unterbrechungen) in Weimar lebte, waren Herders ihre vertrautesten, ihre beständigsten Freunde. Viel später, als sich ihr das übrige Weimar längst verdüstert hatte, schrieb sie: *In Weimar war mir immer zumute, als wäre ich im schweren Nebel nach Ungewittern. Bei Herder fand ich unbefangener seelische Mitteilung; er wußte wohl: es ist nicht für Feder und Schreibtisch, das Leben will uns, und wir wollen das Leben! ... Der starrsüchtigen Bewunderung bin ich nicht fähig, die Gemütlichkeit wird dadurch gehemmt, der Fluß des Lebens gebrochen.* Als Gegenspieler Herders hatte sie Goethe im Sinn.

In seinen guten Stunden muß Herder von bestrickender Liebenswürdigkeit gewesen sein. *Der kurländische Akzent stiehlt einem schon das Herz,* schreibt Karoline Schlegel, *und nun die Leichtigkeit und Würde zugleich in seinem ganzen Wesen, die geistreiche Anmut in allem, was er sagt – er sagt kein Wort, das man nicht gerne hörte – so hat mir denn seit langer Zeit kein Mensch gefallen, und es scheint mir sogar, daß ich mich im Eifer sehr verwirrt darüber ausgedrückt habe.* Nur hatte er nicht immer gute Stunden – Herder fahre fort, sich und andern das Leben sauer zu machen, schreibt Goethe einmal lakonisch –, und außerdem ziemlich oft Streit mit seiner Frau, was Besuchern natürlich nicht verborgen blieb.

Schiller kolportierte die folgende Anekdote, die man in Weimar von den Eheleuten erzählte: *Herder und seine Frau leben in einer egoischen Einsamkeit und bilden zusammen eine Art von heiliger ZweiEinigkeit, von der sie jeden Erdensohn ausschließen. Aber weil beide stolz beide heftig sind, so stößt diese Gottheit zuweilen unter sich selbst aneinander. Wenn sie also in Unfrieden geraten sind, so wohnen beide abgesondert in ihren Etagen, und Briefe laufen Treppe auf, Treppe nieder, bis sich endlich die Frau entschließt in eigener Person in ihres Ehgemahls Zimmer zu treten, wo sie eine Stelle aus seinen Schriften rezitiert, mit den Worten: Wer das gemacht hat muß ein Gott sein, und auf den kann niemand zürnen – Dann fällt ihr der besiegte Herder um den Hals und die Fehde hat ein Ende.*

Charlotte war trotzdem gerne bei ihnen. *Ebbe und Flut bin ich bei ihnen gewohnt das tut mir nichts mehr.* Wenn sich das Verhältnis in Herders späteren Lebensjahren trübte, dann weil er immer unleidlicher wurde. Herder hatte viele gute Gründe zu Unzufriedenheit und Verbitterung, aber sehr wahrscheinlich hätte keine Besserung seiner beruflichen und finanziellen Situation daran etwas ändern können. Ihm fehlte eine Charaktereigenschaft, die auch Charlotte abging: das Glück. Denn daß *Glück oder Unglück eine subjektive Eigenschaft ist, wie Gesundheit, Körperstärke* überliefert sie in ihren »Erinnerungen« als Herderschen Gedanken. *Wagen gewinnt und Kühnheit gehört zum Glück; man muß auch moralischen Mut haben, sprach er. Das Glück ist eine geheimnisvolle Fähigkeit an sich.* Und sie fügt hinzu: *Was ist Genuß ohne Sicherheit, wie kann äußeres Glück helfen, wo das innere Gleichgewicht fehlt? Was ausgezeichnete Eigenschaften, wenn man sie nicht recht anzuwenden weiß?*

Als im Dezember 1787 Karoline ihr siebtes Kind und den sechsten Sohn Karl Ferdinand Alfred zur Welt bringt, werden Charlotte von Kalb und Frau von Stein zu Gevatter gebeten. *Der Knabe habe zwei artige, gute Patinnen gehabt,* schreibt der stolze Vater einem Freund. Schon im April des folgenden Jahres verloren sie ihn wieder. *Mein jüngster und liebster Sohn ist ehegestern begraben. ... Meine Seele ist trocken, einsam und öde.*

Im März 1788 fährt Charlotte mit ihrem Mann für ein paar Wochen durch den Thüringer Wald nach Waltershausen, eine nicht ungefährliche Reise, wie wir aus einem Brief an Herders erfahren. *Der Schnee lag oft 4 bis 5 Fuß tief. Die Tannen waren ganz verschneit und standen da wie weiße Pyramiden. Die blendende Weiße schmerzte unseren Augen und die scharfe Luft gab uns ein kupferfarbenes Teint. Es ist ein Glück, daß wir der Gefahr entgangen sind – sie schien unvermeidlich. Oft haben wir auf Tier und Menschen warten müssen, die unsern Wagen wieder aus tiefen Geleisen und Gruben zogen – und immer unbeschädigt. Einige Stunden von Schleusingen fanden wir keinen Schnee mehr. Die Luft war milder, und die Gegend gehörte schon mehr dem Frühling. Waltershausen hat mit Tiefurt viel Ähnlichkeit ...*

Schiller ist froh, daß sie endlich weg ist. Schon seit Wochen nämlich hält sich das unverheiratete Fräulein von Lengefeld, auch eine Charlotte, die von ihren Freundinnen zärtlich Lottchen oder Lolo genannt wird, in Weimar auf, aber er hat sie bisher kaum sehen können, Charlotte von Kalb darf nicht merken, daß er sich ernsthaft für sie interessiert. Ein für Mai geplanter Besuch in Rudolstadt solle ihn dafür entschädigen, schreibt er Lottchen bedauernd, *wenn anders eine Versäumnis von dieser Art nachgeholt werden kann; und alsdann, gnädiges Fräulein, hoffe ich Sie auch zu überzeugen, wie wenig meine bisherige seltene Erscheinung bei Ihnen der Unfähigkeit zuzuschreiben ist, den Wert Ihres Umgangs zu empfinden.*

Am 11. März, zwei Tage vor ihrer Abreise, hatte Charlotte von Kalb in das Stammbuch Lottchen von Lengefeld die ahnungslosen Verse eingetragen:

Da nimm die Hand! am Lebensufer blühen
Uns spät noch Blümchen, und kein bittrer Schmerz
Soll unsern Glanz mit Wolken überziehen,
Nichts trüben unser Herz.

Wann spät am Abend uns die Händ' entsinken,
Und kühle Grabes Lüfte um uns wehn,
Dann laß uns sterbend noch einander winken:
Uns drüben bald zu sehn!

20 · GESTORBENE HOFFNUNGEN

Ein Mensch, ein Wesen, mit dem man leben möchte: dieser Wunsch ist der größte Irrtum, und wird fast stets zum lächerlichen Verbrechen. In diesem Fazit, das die alte Frau aus ihrer Beziehung zu Schiller zieht, stecken alle Liebesenttäuschungen ihres Lebens. Aber auch darum fällt es so bitter aus, weil sie aus ihrem Traum von der großen Liebe so grausam geweckt wurde, und weil Schiller sie so lange betrogen und hinters Licht geführt hatte, bis kurz vor seiner Heirat mit Charlotte von Lengefeld im Februar 1790.

Als er sich im November 1788 endlich von Rudolstadt losgerissen hat und nach Weimar zurückgekehrt ist, sagt er ihr nicht, wie eng seine Beziehung zu Lotte von Lengefeld und Caroline von Beulwitz mittlerweile geworden ist – ihn und die Schwestern verbindet eine ziemlich aufregende und komplizierte Dreiecksbeziehung –, verrät er ihr kaum etwas von seinen neuen Wünschen, Hoffnungen, Plänen, in denen sie keine Rolle mehr spielt. Rückblickend noch tröstete und täuschte sie sich mit Erklärungen, die ihm gute Vorwände für seine Abkehr von ihr lieferten: entscheidende Briefe, die unbeantwortet blieben, Mißverständnisse und Verstimmungen, die aus Charlottes Achtung vor der Konvenienz entsprangen. Umsonst hat sie Schiller immer wieder verständlich zu machen versucht, daß sie als Frau es sich nicht leisten könne, ihren guten Ruf zu verlieren: *Der Mann sieht die Verhältnisse, wählt daraus und sucht mit Unterscheidung zu sammeln; das Weib hingegen ist einer Gesinnung, hat weder Wahl noch Unterscheidung. Es ist ihr Gesetz und weil sie dies nur faßt, so kann sie die Unterscheidung der Gesinnung nicht wahrnehmen, wohl aber die der bürgerlichen Verhältnisse. So forderte er schriftlich oft, ich möchte doch zu ihm kommen, er könne nicht ausgehen. Obwohl geneigt, konnte ich doch wissen, daß solches unmöglich ... Auch dieses Versagen tadelte er.*

Besonders unangenehm für Schiller ist, daß sich Charlotte mittlerweile zur Scheidung von ihrem Mann entschlossen hat. Wie Varnhagen von Ense Jahrzehnte später von ihr erfahren haben will, hat sie Schiller *durch einen Brief den Antrag gemacht, sie wolle sich scheiden lassen und ihn heiraten ... Ein halbes Jahr ließ Schiller den Brief unbeantwortet.* Für Frauen damals war das noch ein schwieriger, kompromittierender Schritt; und nun gar für jemanden, der wie Charlotte so abhängig von der Achtung der Gesellschaft war! Sie wagt ihn nur, weil Schiller ihr so entschieden dazu geraten hatte, wohl wissend, daß sie für ihn frei sein wollte. Freilich hat sie auch noch einen anderen sehr guten und ostensiblen Grund, auf eine Scheidung zu drängen: den drohenden Ruin. Die arme Kalb daure ihn (schreibt Knebel im Dezember 1788). *Ihre Prozeßsachen stehen schlecht, und der Herr Schwager hat alles ins Verderben gebracht. Sie beträgt sich wirklich wie eine große Frau, und ist großer Entschlüsse fähig. Sie will sich von ihrem Mann trennen, weil sie sagt, sie könne von ihrem Vermögen nichts mehr abgeben, und müsse ihr einziges Kind besorgen. Diese Umstände aber greifen sie an, das sieht man wohl.*

Das Verhältnis der Kalb werde sich *über kurz oder lang ändern*, schreibt Karoline Herder ihrem Mann nach Rom. Bald nach Goethes Rückkehr aus Italien war er dorthin aufgebrochen. Ein vornehmer, wohlhabender Bewunderer, der Domherr Johann Friedrich Hugo von Dalberg, hatte ihn zu dieser Reise eingeladen, von der sich Herder gleichsam in der Nachfolge Goethes viel erhoffte. Doch fand er bald etwas, was ihm das ganze Unternehmen vergällte. Schon unterwegs, mußte er erfahren, daß Sophia von Seckendorff, Charlottes verwitwete Schwägerin, als Freundin Dalbergs mitreisen würde. Sie scheint hübsch, hochmütig und oberflächlich gewesen zu sein; schlimmer war, daß ihre Gegenwart Herder als Begleiter überflüssig machte, was für ihn – und seine Frau – eine Quelle beständigen Ärgers wurde. *Es ist alles aufs höchste gegen die Seckendorff aufgebracht, und das mit Recht, aus doppelter Ursache: Euch die Reise zu verderben, sieht ein jeder, und dann die weibliche Ehre so ganz zu beleidigen. Die Kalb ... kanns der Frauen nicht verzeihen. Ihr selbst hat sie in Mannheim ihre ganze Existenz verdorben; sie mußte ihrentwegen fort. Die kleinste Sache machte sie zur Intrige.*

Wir finden Charlotte in dieser Zeit viel zu Besuch bei Karoline Herder, oft zusammen mit Knebel und Frau von Stein. Es gibt reichlich Gesprächsstoff, die unmögliche Schwägerin, Scheidungspläne, Eheprobleme, Charlotte hat herausgefunden, daß ihr Mann sie betrügt, Karoline, schon wieder schwanger, ist besorgt, daß Herder ihr in Italien untreu werden könnte, liest aus dessen Reisebriefen vor. Manchmal kommt Goethe vorbei, um von seiner italienischen Reise zu erzählen, und wenn er nicht da ist, geht es in der Unterhaltung oft um ihn und darüber, daß er ganz verändert aus Italien zurückgekommen ist, sich nur noch für Kunst zu interessieren scheint und nicht mehr für seine Freunde. Knebel leidet darunter, vor allem aber Frau von Stein, die spürt, daß sie ihn verliert, auch wenn sie von seiner Liebesbeziehung zu Christiane Vulpius erst etwas später, im März 1789, erfährt.

Die beiden Charlotten schließen sich eng aneinander an. *Die Kalbin und die Stein sind jetzt viel zusammen,* bemerkt Karoline Herder nicht ohne Eifersucht. Sie haben einiges gemeinsam: eine unglückliche Ehe, einen genialen Dichterfreund, ein ausgeprägtes Gefühl für Schicklichkeit, den Traum von der hohen Liebe: *Bald ... teilte sie mir schon manches von Goethe mit, was später gedruckt worden, oder auch nicht erschienen ist. ... So las ich gierig Manuskripte und auch Briefe wurden mir vertraut, besonders einer merkwürdig. Wer hätte es wohl erraten können? also schrieb Goethe an Wieland: ›Ich kann mir die Bedeutsamkeit, die diese Frau über mich hat, anders nicht erklären, als durch die Seelenwanderung. – Ja, wir waren einst Mann und Weib!‹*

Ein literarisches Zeugnis dieser nun schon Vergangenheit gewordenen innigen Beziehung ist Goethes neues Drama »Torquato Tasso«, aus dem er im Herderschen Haus vorliest. Karoline Herder schreibt die ersten Szenen gleich ab und schickt sie ihrem Mann nach Italien, mit Goethes vorsorglicher Gebrauchsanweisung, *daß wir den Tasso, der viel Deutendes über seine eigne Person hätte, nicht deuten dürften, sonst wäre das ganze Stück verschoben,* eine Mahnung, die Charlotte offensichtlich nicht beherzigt hat: *Die gute Kal-*

bin, die wirklich eine treffliche Seele ist, grüßt Dich herzlich.
Sie war diese Woche bei mir; wir haben viel von Dir gespro-
chen und sie achtet und liebt Dich hoch. Sie nimmt Goethens
Tasso gar zu speziell auf Goethe, die Herzogin, den Herzog
und die Steinin; ich habe sie aber ein wenig darüber berich-
tigt. Das will ja auch Goethe durchaus nicht so gedeutet ha-
ben.

Anfang Dezember war dessen glühender Verehrer Karl Philipp Moritz, der berühmte Verfasser des autobiographischen
Romans »Anton Reiser«, nach zweijährigem Aufenthalt in
Italien zu einem längeren Besuch in Weimar eingetroffen.
Mit Herder ist er noch vor vier Wochen in Rom gewesen, der
ihn ungern verloren hat, berichtet Knebel am 5. Dezember
seiner Schwester. *Er bleibt einige Zeit hier und wohnt bei Goe-*
then, bei welchem ich gestern Abend noch bei ihm war, so wie
vorher bei der Frau (Charlotte) von Kalb. Diese hat uns vor-
gestern einen sehr artigen Ball gegeben, wobei etlich und drei-
ßig Personen zugegen waren. Alles war artig, mit Geschmack
und Überfluß angeordnet, und sie selbsten war das Artigste
von der Gesellschaft. Ohne sich fühlen zu lassen, wußte sie al-
les angenehm zu erwecken; sie tanzte und sang nachher sehr
artige Lieder und gab den Geist zu der Gesellschaft.
Schiller schreibt nichts von diesem Fest. War er nicht eingeladen? Weshalb nicht? Hatte er abgesagt? *Ich kann Ihnen ...*
gar nichts von Neuigkeiten berichten, die einzige ausgenom-
men, daß M o r i t z seit heut oder gestern hier ist, meldet er
den Schwestern Lengefeld/Beulwitz am 4. Dezember. *Ich ken-*
ne ihn schon aus einer Zusammenkunft in Leipzig, ich schätze
sein Genie, sein Herz kenne ich nicht; sonst sind wir übrigens
keine Freunde. Da Moritz »Kabale und Liebe« verrissen hatte *(mit welcher Stirn kann ein Mensch doch solchen Unsinn*

schreiben und drucken lassen), war das kein Wunder, aber die beiden lernten einander dann doch noch schätzen, auch wenn Schiller die Goethevergötzung von Moritz ziemlich auf die Nerven ging.

Charlotte kommt in seinen Briefen jetzt nur noch ziemlich selten und meist beiläufig vor. Vielleicht hat sie ihm wegen der angestrebten Scheidung Zurückhaltung auferlegt und sich und ihm allzu häufige Besuche verboten? Ziemlich sicher hat sie in seinem Leben immer noch eine größere Rolle gespielt, als seine Briefe verraten – und bisweilen auch noch den alten Zauber auf ihn ausgeübt. *Frau von Kalb habe ich heute besucht, und eine recht geistvolle Unterhaltung bei ihr gefunden. Wie sehr wünschte ich ihrem Geist die Welt, für die er eigentlich geschaffen ist. Es liegt unendlich viel eigenes in ihrer Vorstellungskraft und ihre Blicke sind ebenso scharf als tief.* Häufiger aber lesen wir Sätze wie *Sie ist munter und vergnügt und macht sich allerlei Zerstreuungen.*

Im Mai 1789 kann Schiller tatsächlich wie geplant eine Professur an der Universität in Jena antreten und zieht dorthin um. Anfang August verlobt er sich mit Lotte von Lengefeld, was vorläufig streng geheim gehalten werden soll, vor allem vor Charlotte von Kalb. Bisher war in seinem Briefwechsel mit den Schwestern Lengefeld/Beulwitz von ihr nur freundlich und respektvoll die Rede gewesen, Grüße wurden bestellt, Sympathiekundgebungen ausgetauscht, Briefe gewechselt. Das ändert sich nun. Ein neues Stück beginnt, bei dem Schiller die Regie führt und die Hauptrolle des Intriganten spielt, der alles daran setzt, die Schwestern gegen Charlotte einzunehmen. Fürchtete er, sie könne seine Hoffnungen in Gesprächen von Frau zu Frau doch noch zerstören? In jedem Fall erboste ihn ihr Urteil über seine Braut, das er eben deshalb kannte, weil er es zunächst mit ihr geteilt hatte.

September 1789.

Charlotte von Kalb möchte Schiller in ihrer Scheidungsangelegenheit konsultieren. Der hat zwar nicht die geringste Lust, mit ihr zu sprechen, gibt aber (in einem Brief an die Schwestern) zu, daß ihre Forderung nicht unbillig sei. *Sie hat auf meine Freundschaft – die gerechtesten Ansprüche und ich muß sie bewundern, wie rein und treu sie die ersten Empfindungen unserer Freundschaft, in so sonderbaren Labyrinthen, die wir miteinander durchirrten, bewahrt hat. Sie ahndet nichts von unserm Verhältnis ..., aber sie ist mißtrauisch und auch die Freundschaft kann empfindlich sein.* Er habe ihr geantwortet, er habe leider keine Zeit, nach Weimar zu fahren, sie möge ihn doch in Jena besuchen – wohl wissend, daß sie diesen Vorschlag nicht annehmen kann, ohne sich zu kompromittieren. *Zum Teil haben mich die Gründe die sie mir anführt überzeugt. Ihre Lage ist jetzt doppelt delikat, und sie glaubt nicht, daß die Sache unbeobachtet bleiben würde. Ich habe nun das meinige getan.*

An Körner schreibt er: *Eine sonderbare Sache, die ich Dir ein andermal schreiben will, und überhaupt ungern schreibe, hat mir ... eine starke Diversion gegeben. Sie betrifft Charlotte Kalb und mein neues Verhältnis mit Lotte Lengefeld. Vielleicht wirst Du Dir die Hauptsache zusammensetzen.*

Mit der Kalb wird es wahrscheinlich zur Scheidung von ihrem Manne kommen; auf den Brief, den Sie ihm darüber schrieb, hat er so geantwortet, daß er ihrem Willen nicht Gewalt antun wolle, und die Hindernisse, die er entgegensetzt, sind durch einen neuen Brief, den sie ihm deswegen schrieb ganz widerlegt. Er beruft sich auf eine Liebe, die sie ihm nie gezeigt und nie für

ihn gefühlt hat, und auf die seinige, die sie nie erfahren hat.
Sein Brief zeigt Delikatesse und Empfindung, aber er ist schlaff
und unmännlich und verbessert seine Sache nicht.

Oktober/November 1789.

Die Schwestern sind besorgt, daß Charlotte durch Frau von
Stein – Lotte von Lengefelds Patin und mütterliche Freundin – von ihrem engen Verhältnis zu Schiller erfahren haben
könnte. *Der Kalb traue ich nach allem, was ich von ihr höre,*
die Feinheit nicht zu das Geheimnis zu verschweigen, schreibt
Caroline von Beulwitz an Schiller, findet aber dann heraus,
daß *die Vertraulichkeit der Stein und der Kalb nur auf ihre*
Ehegeschichten gehe; *über Lottchen hat sie ihr seit vergange-*
nem Herbste nicht gesprochen. Die Stein hat gesagt, daß die
Kalb nicht unedel sei, aber neugierig und indiscret und étour-
die. Schiller schickt ihr einen Brief Charlottes, mit der Bemerkung: *Sie ist doch ein seltsam wechselndes Geschöpf, ohne*
Talent glücklich zu sein, wie könnte sie also geben, was sie
selbst nicht hat? Das Urteil, das man Dir von ihr gefällt hat,
finde ich ziemlich richtig. Vor ihrer N e u g i e r d e muß man
sich hüten, vor ihrer I n k o n s e q u e n z, die sie oft verleitet sogar
sich selbst nicht zu schonen, und auch vor ihrer S t a r k g e i s t e -
r e i, die sie leicht verführen könnte, es mit dem Besten andrer
nicht so genau zu nehmen.

Lotte erfährt, daß Herr von Kalb seiner Frau untreu und sie
deswegen eifersüchtig sei. Außerdem soll sie *erstaunend hef-*
tig sein. *Ich habe doch eigentlich die Ruhe im Charakter gern,*
bei jeden ü b e r t r i e b n e n G e f ü h l, und jeder zu heftigen
B e w e g u n g verliert die Seele an ihrer Würde.

Dezember 1789.

Charlotte von Kalb ist schwer krank, wie es heißt; möglicherweise hatte sie infolge all der Aufregungen, familiären Komplikationen, zerreißenden Entscheidungen einen Nervenzusammenbruch erlitten. In den »Erinnerungen« sagt sie, daß die Brüder Kalb ihre Zustimmung zur Scheidung nur dann geben wollten, wenn sie auf ihren Sohn verzichtete. *Diese Trennung empfand ich als unüberwindlich. Und es war also; denn sein Auge, das Wort sprach zu mir: Mutter!*

Schiller bittet Caroline und Lotte, die zu einem längeren Aufenthalt in Weimar eingetroffen sind, sich nach Charlottes Befinden zu erkundigen. *Hätte es Gefahr, so laßt es mich bald wissen.* Als er dann hört, es gehe ihr besser, schickt er die Schwestern zu einem Krankenbesuch, auf den er sie brieflich vorbereitet, er selbst will lieber nicht hingehen.

Ich bin doch nicht ganz ohne Neugierde, wie eure erste Zusammenkunft mit der Kalb ablaufen wird. Bei ihr wird sie stu-die r t sein, wenn sie darauf vorbereitet worden ist; überrascht ihr sie aber, so sollte es mich wundern, wenn ihre Empfindungen so ganz ohne Äußerung blieben. Sie hält viel auf Reprä-sentation und auf den sogenannten Anstand, der sie oft tyrannisiert. Ich vermute sie wird gegen Lottchen abgemes-sen sein, und überlegt; desto natürlicher müßt ihr euch gegen sie betragen. Ich habe es nie leiden können bei der Kalb, daß sie soviel mit dem Kopf hat tun wollen, was man nur mit dem Herzen tun kann. Sie ist durchaus keiner Herzlichkeit fähig. Sonst hat man doch in Verhältnissen wie meins gegen sie war, Momente der Wärme, die sie auch wirklich hatte; aber ich zweifle, ob sie Wärme geben kann. Ihr laurender Verstand, ihre prüfende kalte Klugheit, die auch die zärtesten Gefühle, ihre eigne sowohl als fremde, zerschneidet, fodert einen immer auf, auf seiner Hut zu sein.

Ich bin in keiner Disposition, sie zu sehen – ich kann nicht gerecht gegen sie sein. Der Gedanke, daß s i e es nicht gegen euch ist, daß sie, ein ganz von euch heterogenes Wesen, über eure und meine Liebe kalt und so befangen richtet – überhaupt i h r Bild neben dem eurigen gestellt, würde mir gar nicht gut tun. Sie hat mich immer mißverstanden, und würde sich auch jetzt in meine neue Lage zu ihr gar nicht zu finden wissen.

Lottes erster Besuch verläuft dann unerwartet gut, die Kalb hat sie und Caroline sogar für den nächsten Tag zum Mittagessen eingeladen. *Ich habe ihren heftigen leidenschaftlichen Charakter nicht zugetraut, daß sie mich so ruhig sehen könnte, und auch so gut von mir dächte.* Gegen die Stein habe sie sich wohlwollend über ihre – Lottes – mutmaßliche Verbindung mit Schiller ausgesprochen, die Stein habe das aber abgestritten. *Hätte dieser Unterredung eins von uns zugehört, so wäre es lächerlich genug gewesen, wie sich jede, eine der andern, einen blauen Dunst vorgemacht hat.*

Schiller schiebt eine neue Warnung nach. *Nur, meine Liebste, laß Dich von der Gefälligkeit und Freundschaft, die sie Dir immer mehr beweisen wird, nicht zu Hoffnungen verleiten, als könntest Du Dir wirklich eine Freundin in ihr erwerben. Ich muß hier den Apfel der Zwietracht zwischen euch werfen, aber ich kann nicht anders. Die Kalb kann Dich nicht lieben, selbst wenn sie es noch so sehr wollte. Gewisse Dinge verzeihen sich niemals; liebtest Du nach mir einen andern, und ich machte die Entdeckung, daß Du mich nie geliebt hättest, ich könnte es mir durch keine Anstrengung abgewinnen, der Freund dieses andern zu sein.* Ein vertrackter Satz! Die Kalb sei in ihren Neigungen *hartnäckig,* schreibt Schiller weiter, und vielleicht sei ihre Freundlichkeit Teil eines neuen Plans, mit dem sie ihn wiedererobern wolle.

Auch der zweite Besuch der Schwestern ist angenehm verlaufen. Die Krankheit scheine die Kalb *biegsamer und ruhiger* gemacht zu haben, meint Lotte, aber *herzlich, so wie wir kann sie nicht lieben.* Und Caroline schreibt als Echo Schillers: *Es ist wahr, der Ausdruck ihres Gefühles elektrisiert nicht, zu etwas Individuellem wird es nicht mit mir und ihr kommen. Ich kann mir nun denken, wie euer Verhältnis war, aber nicht recht, wie sie Dich anfänglich anzog, sie hat so gar keinen ungezwungenen Ton und etwas Studiertes und Prämeditiertes.*

Bei einer Hofgesellschaft am 20. Dezember beklagt sich die Kalb bei Lotte von Lengefeld darüber, daß Schiller am Tag zuvor in Weimar gewesen sei und sie nicht besucht habe. *Und es wäre äußerst unartig, daß Du Dich gar nicht um sie bekümmertest, sie gar nicht besuchtest, ich sollte es Dir schreiben, die Freundschaft hätte es fodern können, daß Du nur allein gekommen wärst, sie zu besuchen, da sie auf den Tod krank gelegen hätte und ihre Verhältnisse hätten so etwas wohl verlangen können. Hier war der Herzog uns so nahe, daß sie abbrach. Aber daß Du äußerst unartig wärst, wiederholte sie ein paar Mal mit großer Heftigkeit. Ich sagte ganz kalt (so sehr mir die Art mit der sie mir sprach auch auffiel), daß Du Sonnabend mit einer Gesellschaft hier gewesen wärst; übrigens war sie den Abend noch freundlich gegen mich, und es mag nicht zu ihrem Plan gehört haben, ihre Heftigkeit so zu zeigen, aber ihre Leidenschaft riß sie hin. Mich befremdete es sehr, denn ich gestehe, daß ich zuviel Stolz besäße, es mir merken zu lassen über eine Vernachlässigung mich gegen andre beleidigt zu zeigen.* Schiller solle die Kalb doch besuchen, damit diese nicht glaube, er habe Angst vor ihr.

Februar 1790.

Im Briefwechsel zwischen Schiller und den Schwestern gibt es Unregelmäßigkeiten, und Lotte verdächtigt die Kalb, mit Hilfe ihrer einflußreichen Verwandtschaft Briefe abgefangen zu haben. Auch ein anonymer Brief, der Lotte den guten Rat gibt, *sich nicht so um den Herrn Rat Schiller zu bemühen … Jagen Sie nicht so nach Poeten, sondern bilden Sie sich zu einer guten Hausfrau,* wird ihr angelastet, zu Unrecht, wie wir heute wissen. Sogar einen Mord würde sie ihr mittlerweile zutrauen: *Wären wir zusammen in Italien wo das Klima die Menschen noch lebhafter macht und die Leidenschaften heftiger ausbrechen, so könnte mir ein Dolchstich in die andre Welt helfen, gut daß unser raues Klima auf die überspannten Köpfe so wohltätig wirkt, und die Wärme der Leidenschaften mäßigt.*

Schiller, wie immer, gießt Öl ins Feuer. Den Namen der einst so bewunderten hohen Freundin, der Königin seines »Don Karlos«, ersetzt er in seinen Briefen von nun an durch drei Kreuze. *Wegen der XXX habe ich ernstlich Verdacht, denn ich weiß was sie fähig ist. Auch ohne italienischen Himmel würde ich Dir nicht raten, in gewissen Augenblicken mit ihr zusammenzutreffen – denn Leidenschaft und Kränklichkeit zusammen haben sie manchmal an die Grenzen des Wahnsinns geführt.*

Mit grausamer Befriedigung sehen er und seine Freundinnen zu, wie Charlotte, die inzwischen von der bevorstehenden Hochzeit weiß, die Selbstkontrolle verliert. *Sie ist jetzt nicht edel und nicht einmal höflich genug, um mir Achtung einzuflößen,* berichtet Schiller, und weiter: »*Da ich ihr neulich schrieb, ich zweifle, ob sie jetzt die Stimmung schon gefunden hätte, worin unsre Zusammenkunft für uns beide erfreulich sein könnte, und daß ich dieses aus einigen Vorfällen schlösse« so antwortet sie mir nun. Ich irre mich sehr, wenn ich ihr jetziges Betragen mit jener Tollheit, mit jenem ungeschickten Traum, der lange schon nicht mehr in ihrer Erinnerung sei, in Zusammenhang brächte, und dergleichen mehr. Darauf schrieb ich ihr. Die Versicherung, die sie mir gebe, daß das Vergangene in ihrer Erinnerung ausgelöscht sei, erlaube mir endlich, freimütig über das Glück mit ihr zu sprechen, das meine nahe Verbindung mir gewähre. Ich sprach nun mit vollem Herzen von unserer Zukunft, und dies hat sie nicht ertragen. Hat sie es nicht durch die Platitude verdient, womit sie ihre eigene Empfindung herabsetzt?* Daß die *Platitude* ein verzweifelter, untauglicher Versuch Charlottes ist, das Gesicht zu wahren, hätte Schiller schon verstehen können, der sich einer ähnlichen *Platitude* schuldig gemacht hatte *(Liebtest Du nach mir einen andern, und ich machte die Entdeckung, daß Du mich nie geliebt hättest ...).*

Lotte lobt ihren Bräutigam: *Daß Du der XXX recht viel von unsren künftigen Leben gesagt hast, ist recht gut; sie sieht nun vielleicht ein, daß Du mich wirklich liebst, es scheint ihr daran zu liegen, diesen Glauben den Menschen zu nehmen, und sie hat unter die Leute gebracht, Du liebtest mich nicht um meinetwillen, sondern Linen wegen, und was sie mehr sagt ... Es scheint ihren Stolz ganz undenkbar, daß Du sie um meinetwillen hättest vergessen können.*

Aber so sehr er versucht, sich im Recht zu fühlen, wohl kann Schiller all die Zeit doch nicht gewesen sein, und schon gar nicht bei der Lektüre des folgenden Briefes, den ihm Lotte zehn Tage vor der Hochzeit schrieb: *Gestern waren wir bei der Stein die Kalb ließ sich melden. Du hast keinen Begriff wie sie aussieht und tut ... Sie sah aus, wie ein rasender Mensch, bei dem der Paroxysmus vorüber ist, so erschöpft, so zerstört, das Gespräch wollte gar nicht fort. Der ganzen Fami-*

lie fiel es auf, daß sie noch nie so gewesen wäre; sie klagt über den Kopf; sie saß unter uns wie eine Erscheinung aus einen andern Planeten, und als gehörte sie gar nicht zu uns. – Ich fürchte wirklich für ihren Verstand. Sie ist mir sehr aufgefallen, und hätte sie nicht wieder die unverzeihlichen Härten und das Ungraziöse in ihren Wesen, sie könnte mein Mitleid erregen. Aber so stößt mich so vieles zurück. Ich beklage sie wohl, aber sie rührt mich nicht.

Der Zustand der XXX sei vermutlich eine Wirkung seines letzten Briefes gewesen, meint Schiller, und begründet ausführlich, daß und womit sie ihn verdient habe. Und überhaupt; *Sie war nie w a h r gegen mich, als etwa in einer leidenschaftlichen Stunde; mit Klugheit und List wollte sie mich umstricken. ... Warum schreibe ich von ihr soviel? Ich hätte etwas Besseres tun können.*

Ob Charlotte ihren Sohn aufgegeben hätte, wenn sie noch auf Schillers Hand hätte hoffen können? Ohne ihn bedeutet ihr auch die Scheidung nichts mehr, was den Kampf mit der Familie lohnen würde. Die Biographen melden, ohne zynisch sein zu wollen, eine Wiederannäherung der Eheleute von Kalb, die durch eine neue Schwangerschaft Charlottes gewissermaßen bewiesen wird.

Frau von Stein an Knebel: *Charlotte von Kalb ist mit einer Tochter niedergekommen, hat eine olla potrida von Gevattern, und das Kind heißt R e z i a!* Den anspruchsvollen Namen hatte Charlotte aus Wielands Versepos »Oberon«, zu den 11 Paten gehörten die Herzoginmutter Anna Amalia, der Erbprinz zu Sachsen-Weimar, aber auch Goethe, Wieland und Herder, der das Kind am 3. Oktober getauft hat.

Ihren Briefwechsel mit Schiller hat Charlotte nach und nach verbrannt. *Ich bewahrte [die Briefe] in einem Kästchen, das mit schwarzem Maroquin überzogen war; Frau von Schardt sah dies und sagte: »o tun sie doch das Kästchen weg, so eben sah das Särglein aus, worin meine Kinder sind begraben« – es waren totgebor'ne Kinder.*

21 · REVOLUTION

Nach dem Ende der Liebesbeziehung zu Schiller brechen Charlottes »Erinnerungen« ab. *Die Empfindungen können wiederholt – nicht erhöht werden.* Die wenigen Seiten, die der »Briefopferung« noch folgen, geben einen Ausblick auf zwei sehr verschiedenartige Mächte, die ihr Leben, ihr Denken, ihr Schicksal fortan bestimmen und prägen sollten: ihr Schwager mit seinen ruinösen Spekulationen – und die große historische Katastrophe der Französischen Revolution, die die Landkarte Europas und die Köpfe der Menschen so grundlegend veränderte: *Die Ideen, so man während dieses Streites wagen durfte, werden vielleicht mehr siegen, als der blutigste Kampf,* schreibt Charlotte schon bald. Die Stunden, die sie 1790/91 im Kreis der Herzoginmutter Anna Amalia verbrachte, oft bei gemeinsamer Lektüre, erschienen ihr rückblickend als verlorenes Paradies aristokratisch-geselliger Kultur: *Es waren Tage und Stunden, die nie wiederkehren können ... Jedes kann nur von sich zeugen, doch so war es mir, als hätte die Gegenwart der Unvergeßlichen in freier, leichter Mitteilung sich so anmutig, beseelend geäußert; wer hätte nicht solcher Gunst Dauer gewünscht! ... Doch so harmloser Genuß konnte in den Stürmen, die von Westen tobten, nicht länger bestehen; in der sich immer*

vermehrenden Sorge verstummte der Frohsinn der Leichtgesinn-
testen.

Heinrich von Kalb kostet die Revolution seine militärische Stellung. Karrierehoffnungen, die in ihm noch kurz vorher durch eine außerplanmäßige Beförderung zum Major erweckt worden waren, zerstörten Beschlüsse der Nationalversammlung vom September 1790. Im Zuge einer Neuorganisation des Heeres wurde auch das Offizierskorps reformiert und der Dienstgrad des Majors aufgehoben. Die davon betroffenen aktiven Offiziere aller Dienstgrade und Waffen wurden abgedankt und bis zur »Wiedereinreihung« auf halben Sold gesetzt. Auf diese Nachricht hin reiste Heinrich von Kalb sofort nach Paris zu seinem Gönner, dem Grafen Fersen, der ihn zu trösten suchte, ihm aber nicht helfen konnte, ebensowenig wie der König, der sich gezwungen sah, die Beschlüsse der Nationalversammlung zu bestätigen.

Von Charlotte hören wir, ihr Mann sei Mitwisser des geheimen Plans zur Flucht der französischen Königsfamilie gewesen, die durch Fersen, den Geliebten Marie Antoinettes, mitorganisiert und finanziert wurde. Auf ihre Erzählungen gehen vermutlich auch weitere Berichte zurück, nach denen Fersen Heinrich von Kalb den Auftrag gegeben haben soll, *alle Haupt- und Nebenwege von Paris bis Belgien so gründlich zu erkunden, daß er im Bedarfsfall, ohne jede weitere Nachfrage, bei Tag und Nacht als Wegweiser dienen könnte. Dieser Aufgabe nun habe Major von Kalb mit allem Eifer sich unterzogen, mit voller Aufbietung seines Kredits sich monatelang in der betreffenden Gegend aufgehalten und sodann dem Grafen Fersen gemeldet, daß er zur Führung bereit sei.* Dazu sei es dann nicht gekommen, weil sich die Ausführung des Planes verzögert habe. Ende Juni 1791 endete der Fluchtversuch der Königsfamilie dann bei Varennes. Heinrich von Kalb hatte mittlerweile seinen Dienst quittiert und sich erst nach Weimar, dann nach Waltershausen zurückgezogen, *sich noch lange mit der Meinung nährend, daß ihn nächstens ein Schreiben von Fersen wieder zurückrufen würde; denn jener war noch ein Decennium gefesselt von schmeichelnder Hoffnung.* Alle weiteren Versuche Heinrich von Kalbs, zu einer Anstellung zu kommen, schlugen fehl; erfolglos blieben auch die gewiß sehr zahlreichen Bittbriefe seiner Frau, die sich bei einflußreichen Persönlichkeiten für ihn einsetzte.

Wie überall in Europa werden auch in Weimar und von Charlotte die Ereignisse mit leidenschaftlicher Anteilnahme verfolgt; einen großen Teil des Tages nimmt in der ersten Zeit gemeinsame Zeitungslektüre ein. Erbittert wird diskutiert, Parteien bilden sich, gute Freunde sehen sich plötzlich in feindlichen Lagern. Charlotte von Stein, mit dem ganzen Hof auf Seiten der Royalisten, gerät wiederholt in heftigen Streit mit ihrem Verehrer Knebel, dem republikanischsten aller Weimarer. *Knebel ist ganz toll. Wir haben uns über die Franzosen so entzweit, daß er in acht Tagen nicht wieder zu mir kommen will.* Auch Herder ergreift zunächst Partei für die Revolutionäre und bekommt deshalb Schwierigkeiten mit seinen fürstlichen Arbeitgebern. *Herder hat sich schriftlich gegen die Herzogin über die Franzosen verteidigt und gesagt, nicht die Franzosen liebe er, sondern den Triumph der Vernunft. Ist's möglich, daß man den Triumph der Räuber den Triumph der Vernunft nennen kann?* Das ist wieder die Stimme der Frau von Stein.

Goethe kommentiert die welthistorischen Ereignisse im Nachbarland mit drei ziemlich mißlungenen Stücken, in denen er

sie zur Farce degradiert. In »Epigrammen« verteilt er weise
Worte nach beiden Seiten:

Alle Freiheitsapostel, sie waren mir immer zuwider;
Willkür doch suchte am Ende nur jeder für sich.
Willst du viele befrein, so wag es vielen zu dienen.
Wie gefährlich das sei, willst du wissen? Versuchs!

Frankreichs traurig Geschick, die Großen mögens bedenken;
Aber bedenken fürwahr sollen es Kleine noch mehr.
Große gingen zugrunde: doch wer beschützte die Menge
Gegen die Menge? Da war die Menge der Menge Tyrann.

Jene Menschen sind toll, so sagt ihr von heftigen Sprechern,
Die wir in Frankreich laut hören auf Straßen und Markt.
Mir auch scheinen sie toll; doch redet ein Toller in Freiheit
Weise Sprüche, wenn ach! Weisheit im Sklaven verstimmt.

Lange haben die Großen der Franzen Sprache gesprochen,
Halb nur geachtet den Mann, dem sie vom Munde nicht floß.
Nun lallt alles Volk entzückt die Sprache der Franken.
Zürnet, Mächtige, nicht! Was ihr verlangtet, geschieht.

So etwas sendet er seinen Freunden aus Venedig, auch an
Charlotte: *Hier schicke ich ein Blättchen Epigrammen, welche*
ich den Freunden mitzuteilen bitte ... Sagen Sie Herdern, daß
ich der Tiergestalt und ihren mancherlei Umbildungen um
eine ganze Formel näher gerückt bin und zwar durch den son-
derbarsten Zufall. Auch hab ich durch die Betrachtung der Fi-
sche und der Seekrebse gewonnen.
Auch als er 1792/93 seinen Herzog auf die Kampagne nach
Frankreich begleitete, blieb er distanzierter Zuschauer und

sein Interesse an Osteologie und Mineralogie irritierend stark.

Schiller schweigt und entwirft Pläne zur »Ästhetischen Erziehung des Menschen«. *Ich habe Ihr Schweigen über die politischen Ereignisse unserer Tage sehr geehrt*, schreibt ihm Charlotte im Juni 1793, *aber oft sehnte ich mich Sie darüber zu hören – – ich denke lese und träume nur davon – aber davon zu schreiben steht mir nicht an.* Im gleichen Brief empfiehlt sie ihm dringend die Lektüre von Mirabeaus Briefen.

In der Revolutionsgeschichte übertraf das Leben die Literatur, ihre wahren Dramen waren packender, ihre wirklichen Figuren farbiger, interessanter, angreifender, als jede Erfindung. Hier floß echtes Blut. Doch Charlottes Erschütterung mag auch damit zu tun gehabt haben, daß die Revolution sie mit sich selbst entzweite. Als Aristokratin gehörte sie zur alten Ordnung, und da finden wir sie auch in ihren Phantasien und Träumen. Zugleich aber macht sie die religiös geprägte Radikalität ihres Denkens zu einer Anhängerin der neuen Ideen. *Wie schnell geht's nicht mit der Veränderung der französischen Verfassung – was sagen Sie zu der gänzlichen Abolition [Abschaffung] des Adels. Ich finde dieses nicht nur allein zweckmäßig – sondern – um den Haß des Volkes gegen die Aristokraten zu tilgen, selbst von denen letztern klug – und für den philosophischen Bürger gut – wenn dieses falsche Prinzip der Ehrbegierde verbannt ist.* Diese an Knebel gerichtete Briefäußerung bezieht sich auf das Dekret der französischen Nationalversammlung vom 19. Juni 1790, das mit den Worten beginnt: *Der erbliche Adel ist für immer abgeschafft.* An Herder schreibt sie drei Jahre später: *Die Verschiedenheit der Art ist viel größer als die der Stände und der Reichtü-*

167

mer; *Vernunft könnte sich über manches erheben und müßte endlich alles gleichen.*

Der Appell an die Vernunft war bald zur ohnmächtigen Beschwörungsformel geworden. Louis XVI. stirbt auf dem Schafott, was viele Freunde der Revolution zu ihren Kritikern oder Gegnern werden läßt (und in Weimar schlägt ein Mann wie rasend mit dem Degen auf eine Ansammlung von Leuten ein, weil er sich für den König von Frankreich hält, der guillotiniert werden soll). Politik zeigt sich wieder wie das Wetter, manchmal als zerstörerische Willkür, als Fatalität: *Wir hatten und haben eine sehr üble Witterung. Der Frost hat dem Wein und Obst schrecklich geschadet, das beständige Regenwetter verzögert die Heuernte und zerstört sie wohl gar – und nebst diesen Übeln, die doch oft die Natur wieder zu vergüten weiß, sind so viele politische Leiden, die jetzt so schreckliche Wunden der Menschheit schlagen.* Das ist im Juni 1793, Charlotte in Waltershausen; wenig später geschieht, was niemand für möglich gehalten hatte, auch die Königin Marie Antoinette wird hingerichtet. Ihr Tod leitet Robespierres Schreckensherrschaft ein. *Man sieht jetzo keinen fröhlichen Menschen mehr. Das Unglück unserer Tage preßt allen Schwermut in die Seele! meine Nerven leiden – der Name Mensch erschreckt mich – und ich fliehe gerne – den Anblick dieser gequälten oder quälenden Gestalten –* Zwischen 1789 und 1795, so hat ein Historiker bemerkt, seien nicht sechs Jahre, sondern sechs Jahrhunderte verstrichen.

Das Menschenschlachten wütete an der Seine und Loire, heißt es in Charlottes Roman »Cornelia«, dessen dritter, aus Zeitungsberichten geschöpfter Teil in diese Zeit gehört, von ihr geprägt ist. Wie ihre Briefe bezeugt er den leidenschaftlichen Anteil, den sie an der Revolutionsgeschichte genommen hat.

Zwei Ereignisse haben sie besonders stark affiziert: Zum einen (natürlich) der Prozeß gegen Ludwig XVI. *Jeden Morgen ging ich um die Zeitungen zu hören. In jedem Blick lag die Frage: wie steht es um den König? ... Mit scharfer Einsicht urteilten die Verteidiger der Unverletzlichkeit des Monarchen ...* Charlottes Nacherzählung ist eine ohnmächtige, durch die Geschichte überholte Beschwörung von Gerechtigkeit und Menschlichkeit: *Gelassen in Würdigkeit erschien der König. Betroffen, bewegt von seinem Anblick, hatte ehrfurchtsvolle Stille die Versammlung erfaßt; doch dies milderte nicht die Sinnesart der Gegner, – sie wollten mit der Vergangenheit brechen.* Doch wenn sie in der »Cornelia« die Hinrichtung Ludwigs als Sakrileg verurteilt und ihn zum Märtyrer und Heiligen verklärt hat, so konnte sie Herder anderthalb Jahre nach diesem Ereignis doch auch schreiben: *Ein Monarch, [auch] der beste sein wollende, ist immer furchtbar: mit dem Donner der Götter ist auch das gute und strafende seiner Gebote, wie das Schicksal, einem blinden Fatalismus untertan.*

Charlottes zweiter längerer Auszug aus der Revolutionsgeschichte erzählt von der Marat-Mörderin Charlotte Corday. Der zeitgenössischen Diskussion, wie diese Tat moralisch zu bewerten sei – Jean Paul etwa hat sich in einem Essay über die Corday an dieser Frage abgearbeitet –, hat sich Charlotte entzogen: *Für solche Erscheinung hat keines weder Tadel noch Billigung.* Beeindruckt hat sie vor allem die bewundernswert gefaßte Haltung ihrer Heldin und Namensschwester.

Vor das Gericht geführt, erschien Charlotte Corday in fester Gelassenheit. Man verliest die Anklage-Akte und schreitet zum Zeugenverhör. Charlotte unterbricht den ersten Zeugen und sagt:

›Ich allein habe Marat getötet!‹
›Wer hat Sie zu diesem Morde bewogen‹, fragte der Präsident.
›Sein Verbrechen.‹
›Was verstehen Sie darunter?‹
›Das Unglück, das er angestiftet hat.‹
›Wer hat Sie zu dieser Tat aufgefordert?‹
›Ich mich selbst. – Ich hatt' es längst beschlossen und wollte meinem Vaterlande den Frieden geben.‹

Antworten im Stil Corneilles, hat ein französischer Historiker dazu bemerkt. Auf die Frage: *Glauben Sie denn alle Marat's getötet zu haben?* soll die Corday nach den Prozeß-Protokollen geantwortet haben: *Wenn dieser tot ist, werden die andern vielleicht Furcht empfinden.* Charlotte läßt sie – wohl kaum bewußt gegen die Überlieferung verstoßend – etwas anderes sagen:
›Glauben Sie denn alle Marat's getötet zu haben?‹
›Nein‹, erwiderte sie traurig, ›nein!‹

22 · HOFMEISTER

Im Sommer 1792 zieht sich Charlotte, für immer, wie sie damals glaubt, aufs Land, nach Waltershausen zurück. Sehr wahrscheinlich fügt sie sich damit den Wünschen ihres Schwagers und ihres arbeitslos gewordenen Mannes: *›Ich habe mich lange genug unter Menschen, zu Land und zu Meer herumgetummelt, spricht er, jetzt ist mir Weib und Kind, und Haus und Garten um so lieber‹,* soll er gesagt haben. So spricht auch – in einem Brief an Frau von Stein – Charlotte selbst, als ob das ihr Aufgezwungene eigener, freier Entschluß wäre: *Die Stimme der Vernunft sagt mir bleibe auf* *dem Lande, sorge für die Erziehung deiner Kinder – und für das sicherste Glück ihrer zukünftigen Tage; ich bin also lebhaft überzeugt, daß dies die vorteilhafteste Lebensweise ist, die ich für meine Zufriedenheit wählen kann! ... Ich bewohne ein schönes Haus in einem zwar beschränkten – aber durch mannigfaltige Aussichten reichen Tal. – Die Nähe von Meiningen und die zahlreiche Nachbarschaft macht diesen Aufenthalt wenig einsam. Dennoch werde ich oft mit Sehnsucht an Weimar denken – meine Freunde um ihr Andenken flehn. ... Von Weimar könnte ich nie ganz Abschied nehmen, sondern ich werde oft, wie meine Nachbarn die Katholiken zu der hehren heiligen Jungfrau, eine Wallfahrt halten, und die Tempel Apolls, der Freundschaft und Harmonie besuchen!* Schroffer, trotziger scheint sie sich gegen Körner geäußert zu haben, wie Dora Stock Lotte Schiller berichtete. *Die Kalb hat an Körner geschrieben und förmlich Abschied von ihm genommen. Ihre Briefe, so schreibt sie, könnten jetzt kein Interesse mehr für ihn haben, da sie sich ganz von der Welt zurückzöge und künftig auf ihrem Landgute leben würde, welches zwar alte, doch dicke Mauern hätte, und wo Ökonomie ihre einzige Beschäftigung sein würde. Hast du nichts davon gehört?*

Daß sie mit ihrer Lage hoch zufrieden sei, will Charlotte auch Herders weismachen. *Ich lebe jetzo zufrieden und tätig in meinem kleinen Wirkungskreis. Ich kenne nur die Genüsse der Einsamkeit, weil ich die Langeweile verbannt habe. Nie möchte ich diese Gegend wieder verlassen; ich fühle: hier ist meine Heimat. Leere Verhältnisse der Societät aufzusuchen: ach, das wäre wieder so viele verschwendete Z e i t – und was habe ich anders als d i e s e zu genießen und zu nutzen! Auch hier werde ich erkannt und ich merke es: ich finde Vertrauen und Zuneigung unter den hiesigen Einwohnern.*

Ein frommer Selbstbetrug. Solche Genügsamkeit geht gegen Charlottes Natur, und so schmiedet sie in der neuen Rolle als Hausfrau und Mutter bald ehrgeizige Pläne für die bisher vernachlässigte Erziehung ihres Sohnes, die ihr zugleich zu einem gebildeten Gesprächspartner in der ländlichen Einsamkeit verhelfen sollen und einen Vorwand liefern, die abgerissene Verbindung zu Schiller wieder anzuknüpfen. Wie ängstlich und aufgeregt hat sie (in ihrem Brief vom 27. April 1793) die Sachanfrage übermotiviert! *In einer Angelegenheit die mich nicht persönlich betrifft – die aber weil sie meinen lieben Fritz bestimmter angeht, mich sehr interessiert, in dieser Sorge möchte ich Ihnen gerne klagen, Sie um Ihren Rat – bitten! Darf ich in diesen Fall Ihnen meine Sorgen, Erfahrungen, Wünsche vortragen? – Es ist nicht Eitelkeit wieder an einen berühmten Mann zu schreiben – nicht Schwäche von mir wenn ich an Schiller schreibe: Was mich dazu drängt – über die Wahl eines Hofmeisters an Sie zu schreiben, sind die unangenehmen Erfahrungen, die ich während der Wahl, und jetzo, über diesen Gegenstand gemacht habe. Ich blicke um mich – ich frage mich ängstlich, wem darfst du, wem kannst du fragen? – wer ist in der Lage, dir raten, und wählen zu können? Wessen Kopf hat Menschen Charakter Kenntnis, um es zu können? – wer kann Fähigkeiten prüfen – und ihren vorteilhaftesten Gebrauch bestimmen? – Wer kann von andern sagen: Dies ist ein edles Wesen, – ein offnes, gutes Gemüt; – Er kann ein Kind zum guten mutvollen, edlen, denkenden Jüngling bilden. Er kann selbst der werdenden Menschheit ein Muster sein? – So frage so denke ich sorgenvoll Tag und Nacht – und das Resultat dieses sehnsuchtsvollen Nachdenkens war dies: unter deinen Bekannten ist es Schiller – Schiller kann es allein. –*

Mehr will sie nicht schreiben, ehe ihr Schiller nicht die Erlaubnis dazu ausdrücklich gegeben habe; übrigens wisse ihr Mann noch nichts von diesem Plan. Schiller, sich in ihrer Schuld wissend, sagt ihr in einem sehr verbindlichen Brief Hilfe zu. An Körner schreibt er: *Die Kalb hat wieder angefangen sich zu regen. Sie hat mich gebeten, ihren Sohn einen Hofmeister ausfindig zu machen, und ich übernahm diesen Auftrag mit um so größerer Bereitwilligkeit, je wichtiger es mir ist, ihr zu zeigen, daß sie in jeder schicklichen und gerechten Sache auf mich rechnen kann. Kaum erklärte ich ihr meine Bereitwilligkeit dazu, so bin ich auch sogleich mit Brief über Brief belagert und erhalte eine schöne Versicherung nach der andern.*

Die Hofmeistersuche, die nun als gemeinsames Anliegen gelten kann, macht den Hauptinhalt dieser Briefe aus, die aus ihr gleichsam hervorbrechen – *ich darf ja wieder schreiben!* Charlotte, die mit ihrer Zeit von der Erziehung wahre Wunder erwartet, entwirft in einem kleinen Aufsatz das Ideal eines Lehrers. Ein Ausbund aller Tugenden soll er sein. Keine nützliche, angenehme Eigenschaft des Geistes darf ihm fehlen. Wie der Künstler, der seine Bildsäule mit Leidenschaft bearbeitet, soll er an seinem Zögling arbeiten, jeden Fehler ausbessern, ihm jede mögliche Vollkommenheit geben. *Sind meine Forderungen übertrieben – ein allzu kühnes Verlangen meines Verstandes, meiner Einbildungskraft! so verzeihn es die Menschen wenn ich in diesem Augenblick die Schwäche ihrer Natur vergaß – o, ich glaube noch an Perfektibilität, an möglichste Vollkommenheit!!*

Fritz hat wohl schon einen Lehrer, aber der taugt nicht viel. Münch – so heißt er – hat Jura in Jena studiert und ist dem Präsidenten durch Bertuch empfohlen worden; Charlottes eigenmächtiger Versuch, ihn abzuschaffen, ist so etwas wie eine kleine, innerfamiliäre Revolte. Ihn bezeichne kein Laster, erklärt sie, aber *die Nullität ist sein Verbrechen – oder vielmehr das Gebrechen seiner Natur!* Äußerlich ist er unansehnlich, weshalb sie sich, schon um des Kontrastes willen, bei Schiller einen gutaussehenden Hofmeister bestellt: *Auch bei diesen Wunsche ist etwas Eitelkeit verborgen – einige, die ihm (Münch) wählten – werden in andern nur das Äußere bemerken können, und nach diesem werden sie urteilen. ... Münch hat ein verkümmertes borniertes – Ansehn nebst allen Façons eines Schneidergesellen.*

Schiller bemüht sich, Charlottes hochgespannte Erwartungen zu dämpfen, und schlägt ihr einen verarmten livländischen Adeligen vor, Gustav Behaghel von Adlerskron, der bei ihm in Jena studiert hat, sehr glücklich über die Stelle ist und sich überschwenglich bei Schiller bedankt. Doch die Vermittlung scheitert an Charlottes Mann, der erklärt, *nie einen Menschen seines Standes als Hofmeister seines Sohns zu sehn – angeborne anerzogne Grundsätze von beiden Seiten das point d'honneur als Offizier alles dies könnte zu Mißhelligkeiten, und vielleicht widrigen Situationen Anlaß geben denen wohl nicht auszuweichen – wäre –* Sie selbst habe darüber keine Meinung, fügt Charlotte hinzu, was natürlich heißt, daß sie anderer Meinung ist, *denn mir ist ein Mensch ein Mensch, und diese klassifiziere ich bloß nach gut und bös – dumm und klug.*

Verstimmt durch diese Ablehnung, findet Schiller schließlich einen anderen, nach Wunsch bürgerlichen Kandidaten. *Einen jungen Mann habe ich ausgefunden, der eben jetzt seine theologischen Studien in Tübingen vollendet hat, und dessen Kenntnissen in Sprachen und den zum Hofmeister erforderlichen Fächern alle die ich darüber befragt habe ein gutes Zeugnis erteilen. Er steht und spricht auch das Französische und ist (ich weiß nicht, ob ich dies zu seiner Empfehlung oder*

zu seinem Nachteil anführe) nicht ohne poetisches Talent, wo-
von Sie in dem Schwäbischen Musenalmanach vom Jahre
1793. Proben finden werden. Er heißt Hölderlin und ist Magi-
ster der Philosophie. Ich habe ihn persönlich kennen lernen
und glaube daß Ihnen sein Äußres sehr wohl gefallen wird.
Auch zeigt er vielen Anstand und Artigkeit. Seinen Sitten gibt
man ein gutes Zeugnis; doch völlig gesetzt scheint er noch
nicht, und viel Gründlichkeit erwarte ich weder von sei-
nem Wissen noch von seinem Betragen.

Charlotte antwortet Schiller, der gerade zum erstenmal Vater
geworden ist, aus Jena, ein paar Tage nachdem sie dort am
7. Oktober ihren zweiten Sohn, August, geboren hat. Eine bestimmte Nachricht wegen der Einstellung Hölderlins kann
sie ihm noch nicht geben, weil ihr Mann auf Reisen zum
belagerten Mainz und nach Mannheim ist und erst noch
um seine Zustimmung gefragt werden muß, an der sie nicht
zweifelt. Ende des Monats bestätigt sie: *Die Antwort meines*
Mannes erteilt mir die vollkommenste Freiheit bei der neuen
Wahl eines Lehrers und Hofmeisters für Fritz; – und ich gebe
Ihrer Wahl das Zutrauen – und die Hoffnung meiner Seele!!
Für Münch werde sich sicher bis Weihnachten eine andere
Versorgung gefunden haben. Schiller teilt das Hölderlin als
verbindlichen Einstellungstermin mit, doch als der Ende Dezember, mitten im tiefsten Winter, in Waltershausen eintraf,
kam er unerwartet. Major von Kalb war nur grundsätzlich
informiert, der alte Hofmeister noch ahnungslos im Amt
und Charlotte in Jena.

Zufällig hat sie dort noch Adlerskron kennengelernt, dessen
Arbeitgeberin sie fast geworden wäre. Bei ihren Begegnungen
im Haus einer gemeinsamen Bekannten haben sie einander
höchst interessiert studiert. Charlotte habe nicht viel über
ihn herausbekommen, weil er ihre Absicht durchschaut und

sich keine Blößen gegeben habe, meint Adlerskron. Um so erfolgreicher war er. Das bemerkenswerte Ergebnis seiner Beobachtungen hat er Schillers Schwägerin Caroline mitgeteilt.

So wie ich sie kennen gelernt habe, ist sie eine Frau von vielen Verstand und Belesenheit, die einen scharfe Beurteilungskraft besitzt, und dabei sehr klug ist, nur zu viele weibliche List, Eitelkeit, und feine Verstellungskunst hat, oft auch gewöhnliche Weiberschwachheiten. Äußerst viele Güte des Herzens scheint sie zu haben und besondere Züge des Charakters die ihr nur allein eigen und beinahe mit männlichen Stolz verwebt sind. An Forschungsgeist, an Welt, an Erfahrungen fehlt es ihr nicht, nur zu oft überläßt sie sich dem Schwunge ihrer Einbildungskraft, verfällt dann in Empfindelei und überläßt sich ihrer Lieblingsideen, wobei innere Gefühle sie bis zu Tränen in einer tiefen Melancholie bringen. Äußerst leicht war sie zu affizieren, ja manche Begebenheiten konnten ihr ganzes Gemüt erschüttern, so, daß es sichtbarlich an ihrem Körper wurde. Gewiß wäre sie mir interessant geworden, wenn sie ihren enthusiastischen Gefühl und einem solchen Charakter gemäßen Genie besäße und dabei mehr natürlichen Sanftmut und Anmut in ihrem Charakter und in ihrem Äußern hätte. Sie ist in allen Fällen kein gewöhnliches Weib. ... Beim Abschied mußt' ich ihr versprechen, zu schreiben; das macht mich wirklich verlegen, denn ich weiß nicht was ich ihr schreiben soll, und doch möchte ich eine Korrespondenz mit ihr haben, denn als Menschenbeobachter würde ich hier vielen Stoff zu neue Belehrungen bekommen.

Der liebe Vaterlandsboden gibt mir wieder Freude und Leid. Ich bin jetzt alle Morgen auf den Höhn des Korinthischen Isthmus, und, wie die Biene unter Blumen, fliegt meine Seele oft hin und her zwischen den Meeren, die zur Rechten und zur Linken meinen glühenden Bergen die Füße kühlen. So beginnt Hölderlin seinen Briefroman »Hyperion«.

Ich habe mich nun im Innern des Hauses und der Menschen, die ich vor mir habe, und auch draußen in meinen Tannenwäldern und auf meinen Bergen umgesehen, schreibt er gleich nach der Ankunft in Waltershausen. Den Rundblick von seinen Bergen dort begrenzen wohl wieder Bergketten, doch die Seele zieht auch hier bald weitere Kreise: *Letzten Sonntag war ich auf dem Gleichberge, der sich eine Stunde von Römhild über die weite Ebene erhebt. Ich hatte gegen Osten das Fichtelgebirge (an der Grenze von Franken und Böhmen), gegen Westen das Rhöngebirge, das die Grenze von Franken und Hessen, gegen Norden den Thüringer Wald, der die Grenze von Franken und Thüringen macht, gegen mein liebes Schwaben hinein, südwestlich, den Steigerwald zum Ende meines Horizonts. So studiert' ich am liebsten die Geographie der beiden Halbkugeln, wenn es sein könnte!*

In solchen Gipfelmomenten ist die Welt sein Zuhause. Weiter unten aber ist er in rastloser Flucht und Heimatsuche unterwegs.

Kurz vor Weihnachten 1793 war Hölderlin aus Stuttgart abgereist. Sein Weg führt ihn über Nürnberg, Erlangen (wo er am Christtag in der Universitätskirche eine *herrliche, schön und hell gedachte Predigt* hört), Bamberg (*auf einem verdammt kalten und unsichern Wege, wo man uns wegen den*

Diebsbanden in den Wäldern einen Husaren entgegenschick-
te), durch das himmlische Tal, das von der Itz durchflossen
wird, bis Coburg und von dort *mit Extrapost* nach Waltershausen, wo er am Abend des 28. Dezember ankommt, *traf*
an HE. Major von Kalb (der in französischen Diensten war,
und unter Lafayette den Amerikanischen Krieg mitmachte,)
den humansten gebildetsten Mann, eine Freundin der Frau
von Kalb, die noch mit zwei Kindern in Jena ist, meinen künf-
tigen Zögling, einen schönen guten Buben, aber auch noch den
Hofmeister an, der, wie das ganze Haus, noch kein Wort von
meiner Ankunft wußte, und mich ungeachtet seines klugen ed-
len Benehmens in große Verlegenheit setzte.

Dieser sicher schon ziemlich geschönte Bericht geht an seine
Freunde Neuffer und Stäudlin; der Mutter schreibt er am
5. Januar:

Der HE. Major von Kalb, der gebildetste gefälligste Mann von
der Welt, empfing mich wie einen Freund; und hat sich noch
nicht geändert bisher. ... Meinen Kleinen muß man lieb ha-
ben, so ein guter gescheiter schöner Bube ist er. Meine Lebens-
art ist folgende: Morgens zwischen 7 und 8 Uhr wird mir mein
Koffee aufs Zimmer gebracht, wo ich dann mir selbst leben
kann bis 9 Uhr. Von 9 bis 11 geb' ich Unterricht. Nach 12 wird
zu Mittag gespeist. (NB. Weil Sie mich wegen der sächsischen
Kochkunst so bedauerten, muß ich Ihnen sagen, daß hier eine
Wiener Köchin ist und der Tisch gar schön besetzt.) Nach
dem Essen kann ich, wie auch nachts bei dem Major bleiben
oder nicht, mit dem Kleinen ausgehen oder nicht, arbeiten
oder nicht, wie ich will. Von 3 bis 5 Uhr geb' ich wieder Unter-
richt. Auch nachts wird hier gespeist; und ich vergesse unsern
Neckarwein leicht bei dem trefflichen Biere, das, wie von mir,
auch von der Herrschaft getrunken wird. ... Die Gegend ist
sehr schön. Das Schloß liegt über dem Dorfe auf dem Berge,

*und ich habe eines der angenehmsten Zimmer. Auch sind die
Menschen hier, so viel ich sie bisher kennen lernen konnt, recht
guter Art. ... Ich möchte unter solchen Umständen in keine
Stadt.*

Wie Charlotte preist auch Hölderlin seinen Korrespondenten
die Vorteile des einsamen Landlebens an und sehnt sich fort.
Schon bald hat er einen Strahlenkranz von Fluchtwegen aus
Waltershausen ausgemacht. *Ich lebe zwar ziemlich einsam,
aber ich finde dies gerade günstig für die Bildung des Geistes
und Herzens. Die Menschen, mit denen ich umgehe, sind wenige, aber es sind verständige und gute Menschen. Das Örtchen,
wo ich für jetzt lebe, ist zwar etwas entfernt von Städten und
ihren Neuigkeiten und Torheiten, aber seine Lage ist sehr angenehm, und das Schloß steht auf einem der schönsten Hügel
des Tals, und auch der Garten ums Haus herum gibt mir schon
jetzt manche frohe Stunde, und wenn ich ausfliegen will, habe
ich nordwärts 5 Stunden von hier im Sächsischen – Meiningen,
im Würzburgischen 8 Stunden von hier Schweinfurt u. s. w.
Gotha liegt ungefähr eine Tagreise von hier, jenseits der Thüringer Gebirge, die hier einen sehr schönen Prospect geben.
Bis Ostern werd' ich wohl eine kleine Reise dahin machen.*

Hölderlins Gesprächsmöglichkeiten mit dem Major von
Kalb sind begrenzt. Über Politik sind sie vermutlich völlig
verschiedener Meinung, die aristokratischen Vergnügungen,
zu denen Kalb Hölderlin einlädt, interessieren diesen nicht:
*Ich kann mit dem Major auf die Jagd wenn ich will, hab aber
bisher wohlweislich noch keinen Hasen geschossen.* Entspannt
kann sein Verhältnis zu dem Mann nicht sein, der Wert darauf legt, im Hofmeister seines Sohnes einen eindeutigen
Dienstboten zu haben. *Ohne allen Zwang, den Etikette und
Stolz sonst einem auflegt in meiner Lage* lebt Hölderlin nur,

als der Major verreist und die gnädige Frau immer noch nicht da ist. Dafür macht ihm hoher Besuch – einmal kommt der Herzog von Meiningen nach Waltershausen – diesen Zwang dann wieder um so mehr bewußt, der Herzog mag sich noch so populär geben: *Sie können denken, welch ein Kontrast es ist, sich an den Herd der Mutter hinzudenken – unmittelbar nach solchen Paradestunden.*

Am ehesten kann er noch mit dem Pfarrer Nenninger reden, dessen Bescheidenheit, Wärme und beinahe eleganten Anstand auch Knebel gerühmt hat. Weil er so gastfreundlich ist, kennt man seinen Pfarrhof in der ganzen Gegend als »Gasthof zur goldenen Bibel«. Aber bei aller Sympathie sitzen sie bei abendlichen Gesprächen einander doch gegenüber wie Bewohner zweier Welten. Hölderlin, der in dieser Zeit an seinem »Hyperion« arbeitet *(mich beschäftigt jetzt beinahe einzig mein Roman)*, seinem Leiden an der Wirklichkeit, seinen griechischen Träumen von einem schöneren, größeren Leben. Und der biedere Nenninger mit seinen zwei Leidenschaften, der Obstbaumzucht *(wo ich einen Baum antreffe, pfropfe ich ihn)*, und der Diplomatik, der Erforschung alter Urkunden und Siegel. So ganz hat ihn der *furor diplomaticus* ergriffen, daß er davon träumt, seine Pfarrstelle mit der eines Archivarius zu vertauschen; Veröffentlichungen wie der Aufsatz über die *Nützlichkeit eigener Pfarrsiegel* oder die Tabellen über die *Aufzeichnung und Aufbewahrung der kirchlichen Urkunden* sind sein ganzer Stolz. Nur ein Weinrausch könnte die beiden zu Brüdern machen: *Tränken wir hier nicht Bier statt Wein, so wäre sicher auf Erden kein vertrauter Paar als er und ich*, so Hölderlin, den oft beschäftigt haben mag, daß Nenninger als Pfarrer mit fester Anstellung das ist, was er zum großen Kummer seiner Mutter nicht werden will, und besonders dann, wenn er ihn – ihr zuliebe? – in der

Waltershausener Kirche als Prediger vertritt: *Am Ostermontage hab' ich auch wieder gepredigt. Ich sage das Ihnen, liebste Mutter! weil ich weiß, daß es Ihnen so höchst tröstlich ist.*

Als Charlotte Mitte März 1794 endlich in Waltershausen eintrifft, mit der vierjährigen Rezia, die nur Edda genannt wird, und dem kleinen August, gewinnt er durch sie wohl an Unterhaltung, an geistiger Anregung, verliert aber an Unbefangenheit und Freizeit, was man vermutlich aus seiner Versicherung des Gegenteils schließen kann: *Wenn wir in Gesellschaft zusammen sind, wird meist vorgelesen, abwechslungsweise, bald von Herrn, bald von der Frau von Kalb, bald von mir und über Tische oder auf Spaziergängen oft in Ernst und Scherze, wie es jedem gelegen ist, davon gesprochen. Wenn ich aber über einer eignen Arbeit etwas zerstreut bin und Gesichter schneide, so weiß man schon, wie's gemeint ist, und ich brauche nicht unterhaltend zu sein, wenn ich nicht in der Laune bin. ... Die Zeit, die mir zu meiner eignen Beschäftigung übrig bleibt, ist mir jetzt teurer, als je.*

Hölderlin ist in seinen Briefen von äußerster Verschlossenheit, die sich oft als Verstellung tarnt. Wir wissen nicht, was sich wirklich abgespielt hat zwischen ihm und dem Major, Charlotte, Fritz. Daß sich überhaupt etwas abgespielt hat zwischen ihm und Charlottes Gesellschafterin Wilhelmine Kirms, ist erst seit Mitte des letzten Jahrhunderts bekannt, als der Hölderlin-Forscher Adolf Beck seine Funde dazu publizierte.

Im Jahre 1797 – Hölderlin war inzwischen Hauslehrer bei der Bankiersfamilie Gontard in Frankfurt – schrieb der Kaufmann Ernst Schwendler, ein Sohn des betrügerischen Amtmanns der Marschalkschen Familie, aus Frankfurt an die

Hofrätin Heim in Meiningen, also an die Frau des Mannes, der einst Charlottes Schwester Wilhelmine hatte heiraten wollen, kürzlich habe er Hölderlin in einem Konzert getroffen und lange mit ihm gesprochen, *nur nicht von der Kirms. Ich glaube ohnedies, daß er mich vielleicht, wenn er vermutet, daß ich etwas davon weiß, lieber 10 Meilen weiter gewünscht hat. Ein hübscher Mann ist es. Ich wünschte selbst zu wissen, wie er jetzt wegen der Kirms gestimmt ist, möchte aber nicht gerne gerade zu ihm sagen, daß ich davon weiß.*

Charlotte hatte die damals 20jährige Wilhelmine im Sommer 1792 von Weimar mit nach Waltershausen genommen. Sie war damals noch unglücklich mit einem sehr viel älteren kranken Mann verheiratet, der im Jahr darauf starb, bevor es zu der von ihr gewünschten Scheidung kam.

Hölderlin an seine Schwester:

Die Gesellschafterin der Majorin, eine Witwe aus der Lausitz, ist eine Dame von seltnem Geist und Herzen, spricht französisch und Englisch, und hat soeben die neuste Schrift von Kant bei mir geholt. Überdies hat sie eine sehr interessante Figur. Daß Dir aber nicht bange wird, liebe Rike! für Dein reizbares Brüderchen, so wisse 1) daß ich um 10 Jahre klüger geworden, seit ich Hofmeister bin 2) und vorzüglich, daß sie versprochen und noch viel klüger ist, als ich. Verzeihe mir die Possen, Herzensschwester!

Wohl doch keine Possen. Das Sterberegister der Hofkirche zu Meiningen nämlich vermerkt für den 20. September 1796: *Nachmittags um 2 Uhr starb an den Blattern der verwittibten Frau Rätin Maria Wilhelmina Kirmes von Meißen gebürtig eine Tochter Louise Agnese 1. Jahr 9. Wochen 5. Tage alt ...* Louise Agnese muß also Mitte Juli 1795 geboren sein, neun Monate früher lebten Wilhelmine Kirms und Hölderlin noch unter einem Dach.

Was Schwendler und die Hofrätin Heim wußten, davon muß Charlotte natürlich als erste informiert gewesen sein. Aber sie hat das Geheimnis bewahrt. An Jean Paul schrieb sie 1806: *Ich könnte viel von ihm sagen.*

Hölderlin spricht in seinen Briefen von ihr immer lobend und immer ohne Wärme. Er zitiert seinen Freunden, was sie ihm schreibt und sagt, um zu demonstrieren, welch hoher Art sie sei, er macht sich zum Spiegel ihres Selbstentwurfes ins Große. Was darin erscheint, ist eine Statue, hat schon etwas Parodistisches.

An die Schwester:

Sie erzeigen der Menschheit einen Dienst durch die Bildung eines echten denkenden Menschen – schrieb sie mir in einem Briefe, den ich aufbewahren werde – Sie erzeigen der Menschheit einen Dienst, und mir ist es vorbehalten, Ihnen die Dankbarkeit zu äußern, die Sie Ihnen schuldig ist.

An Neuffer:

Diesen Nachmittag wurd' ich im Schreiben durch die Majorin unterbrochen. Sie sah, daß ich an Dich schrieb, und trug mir auf, Dir recht herzlich zu danken für Deinen Gruß, Dir zu schreiben, daß sie an die Fortdauer unserer Freundschaft, mehr als bei irgend einer, glaube, nach allem was sie von uns wisse, denn wenn einmal Wesen zu diesem Zweck sich die Hand reichen, daß sie durch Anteil an allem was Geist und Gemüt interessiere, an allem, was das Sein erhöhe, erweitere, verherrliche, sich stärken, und emporhelfen, dann seien sie auf ewig verbunden, denn ihre Liebe sei, wie der Fortschritt ihrer Vervollkommnung, unendlich. Dies ist beinahe wörtlich, was sie sagte. ... Du kannst aus diesen Worten, die ich getreu ausrichtete, einen Teil ihres Wesens ahnden.

Dem Studienfreund Hegel, der auch als Kalbscher Hofmeister im Gespräch gewesen war, dann aber eine Stelle in der Schweiz angenommen hatte, schreibt er gar:

Deine Seen und Alpen möchte ich wohl zuweilen um mich haben. Die große Natur veredelt, und stärkt uns doch unwiderstehlich. Dagegen leb' ich im Kreise eines seltnen, nach Umfang und Tiefe, und Feinheit, und Gewandtheit ungewöhnlichen Geistes. Eine Frau von Kalb wirst Du schwerlich finden in Deinem Bern. Es müßte Dir sehr wohltun, an diesem Strahle dich zu sonnen. Wäre unsere Freundschaft nicht, Du müßtest ein wenig ärgerlich sein, daß Du Dein gutes Schicksal mir abtratest. Auch sie muß beinahe denken, daß sie verloren habe, bei meinem blinden Glücke, nach allem, was ich ihr sagte von Dir. Sie hat mich schon sehr oft gemahnt, an Dich zu schreiben; auch jetzt wieder. Man glaubt, Irritation zu spüren über Charlottes Versuche, ihm nahezukommen, in seine Freundschaften einzudringen.

Wenn sich Hölderlin ihr verweigert hat, dann vielleicht, weil sie ihm zu ähnlich war, auch in seiner Liebe zu Schiller. *Warum muß ich so arm sein, und so viel Interesse haben um den Reichtum eines Geistes*, schrieb er ihm aus Waltershausen. *Ich werde nie glücklich sein.* Charlotte hat diese Verwandtschaft nicht nur erkannt, sondern auch formuliert – in Briefen an Schiller:

Das einzige Wesen welches manchmal unzufrieden – mit Hölderlin – ist – ist er selbst. .... Ich kenne – durch mich – ich hörte oft die Klagen über den Verlust oder nicht Besitz des selbständigen Glücks oder innern Seins – der reinen unbefangnen Aufnahme und Einwirkung der Gegenstände außer uns so wenig getrübt durch Affekt, als Vorurteile. Der reine hohe Besitz eines solchen Daseins gehört nur den Unsterblichen wer wägt nicht mit sich ab – was er sein möchte könnte und ist – und dieser Rückblick dies in

sich Schaun – ist wirklich ein Übel, eine Krankheit die der bes-
seren Menschenart anklebt – aber ich möchte mit Herder sa-
gen der es mir so oft versicherte – es ist die übelste dies ärmste
Sein welches ich in Betrachtungen über mich selbst hinbringe
und jawohl hat er recht – dann bin ich nicht – wenn ich suche
was ich war! –

Und als sie sich etwas später (am 25. Oktober 1794) wiederum bei Schiller über Hölderlins Härte gegen Fritz beklagt,
fällt sie sich selbst ins Wort: *Hölderlin ist sehr empfindlich;*
lassen Sie sich also nicht merken daß ich etwas über diesen Ge-
genstand Ihnen schrieb – ich vermute – Hölderlin ist – etwas
überspannt – und so sind vielleicht auch seine Forderungen
an das Kind. – Aber was darf ich von Überspannung sagen –
ich die so oft über gänzliche Disharmonie meines Wesens zu
klagen habe.

Erinnert sie sich noch, daß dieser phantastische Plan einer
Mustererziehung eigentlich von ihr stammte? Freilich hatte
selbst Schiller ihn offenbar so ernst genommen, daß er ihn
beim »Vorstellungsgespräch« feierlich an Hölderlin weitergab. Sie waren eben alle Kinder Rousseaus. *In einer Stunde,*
worin die Nähe eines großen Mannes mich sehr ernst machte,
versprach ich, der Menschheit Ehre zu machen in meinem
jetzigen durch die Folgen so ausgebreiteten Wirkungskreise.
Ich versprach es Ihnen. Ich lege Rechenschaft ab. So beginnt
ein Brief Hölderlins vom März 94, in dem er Schiller wiederum sehr ernst seine bisherige Arbeit beschreibt:
Meinen Zögling zum Menschen zu bilden, das war und ist
mein Zweck. Überzeugt, daß alle Humanität, die nicht mit an-
dern Worten Vernunft heißt, oder auf diese sich genau bezieht,
des Namens nicht wert ist, dacht' ich in meinem Zögling nicht
frühe genug sein Edelstes entwickeln zu können. Im schuldlo-

sen Naturzustande konnt' er jetzt schon nimmer sein, und war auch nimmer drin. Das Kind konnte nicht so gehütet werden, daß aller Einfluß der Gesellschaft auf seine erwachenden Kräfte abgeschnitten wäre. Wenn es also möglich war, es jetzt schon zum Bewußtsein seiner sittlichen Freiheit zu bringen, es zu einem der Zurechnung fähigen Wesen zu machen, so mußte dies geschehen. Nun hat es zwar für jetzt, wie mir scheint, für die erweiterten moralischen Verhältnisse schwerlich eigentliche Rezeptivität, aber doch gewiß für die engern, worunter das des Freundes zum Freund in meinem Fall das einzig anwendbare war.

Die *seltne Energie des Geistes*, die er an der Frau von Kalb bewundere, solle dem seinigen aufhelfen, wünscht er und: *Könnt' ich doch die mütterlichen Hoffnungen dieser edlen Dame realisieren!*

Was als Projekt einer Mustererziehung begonnen hatte, verwandelte sich in eine Tragikomödie. Hölderlin, der ein dreiviertel Jahr lang mit entschlossener Munterkeit alles in Waltershausen positiv gesehen und seinen Schützling Fritz über den grünen Klee gelobt hat, ändert seinen Ton. Der kleine Fritz, so die neue Version, sei bei seiner Ankunft ein verwildertes Kind gewesen, verdorben auch durch die rohe Behandlung von Hölderlins Vorgänger Münch. Nach anfänglichen Erziehungserfolgen Hölderlins, die alle in Erstaunen setzen, fällt das Kind in die ihm eigene Trägheit und Stumpfheit zurück. Schlimmer noch, ein Laster zeigt sich wieder, auf das ihn Heinrich von Kalb (von Mann zu Mann) schon vorbereitet hatte: Fritz onaniert. Das erklärt Trägheit, Stumpfheit, Lernunwillen nach der Meinung der zeitgenössischen Mediziner und Pädagogen mehr als hinreichend. Düster warnen sie vor den gräßlichen, gar tödlichen Folgen der Selbstbefriedigung. Uns erscheinen heute die vorgeschlagenen Gegenmittel viel gruseliger. Hölderlin versucht es mit pausenloser Überwachung. Das Resultat scheint ein Katz- und Maus-Spiel zwischen Lehrer und Schüler gewesen zu sein, bei dem man nicht nur den um seinen Schlaf gebrachten Hölderlin bedauern muß: *Ich ließ ihn keinen Augenblick beinahe von der Seite, bewachte ihn Tag und Nacht aufs ängstlichste, sein Körper wie seine Seele schien sich zu erholen, und ich hoffte wieder. Aber er wußte am Ende meiner Aufmerksamkeit doch zu entgehen, und seine Verstocktheit, die Folge jenes Lasters, stieg besonders zu Ende des Sommers zu einem Grade, der mir beinahe auch meine Gesundheit, alle Heiterkeit, und so auch meinen Geisteskräften ihre gehörige Tätigkeit raubte.*

Als Hölderlin es nicht mehr aushält, schickt ihn Charlotte mit Fritz nach Jena, wohin er sich schon lange gesehnt hatte, vor allem sein Idol Schiller zog ihn magnetisch an. Auf Anraten Charlottes hatte er ihm noch von Waltershausen aus für seine Zeitschrift »Thalia« ein Gedicht und ein Fragment seines »Hyperion« geschickt. Fritz wird in ärztliche Behandlung gegeben und muß Tanzstunden nehmen, die, wie Bewegung überhaupt, als Heilmittel gegen sein Laster gelten. Leider tritt keine Besserung ein, im Gegenteil ... *Das ängstliche Wachen bei Nacht zerstörte meinen Kopf und machte mich für mein Tagwerk beinahe unfähig. Inzwischen kam die Majorin. Das edle Weib litt sehr viel über ihr Kind, auch über mich. Schiller und sie baten mich, es nur einmal noch zu versuchen. Auch der Major suchte mich und sich zu trösten, und schrieb, ich möchte eben ausharren, so lang ich könnte. Wir reisten nach Weimar ab, und da dort das Übel mit jedem Tage bei dem Kinde trotz der Bemühungen der Ärzte und meiner fortdauernden Anstrengung zu-, meine Gesundheit, mein Mut, meine Heiterkeit mit jedem Tage abnahm, wie es notwendig war, erklärte mir die Majorin, daß sie mich nun nicht länger*

könne leiden sehn, sie wollte nicht, daß ich ohne Nutzen zu
Grunde ginge …, versprach mir, ihren ganzen Einfluß zu mei-
nem künftigen Glücke aufzubieten, und versah mich mit Geld
für ein Vierteljahr.

Das ist Hölderlins Version der Ereignisse, die zur Trennung
von der Familie von Kalb führten. Pierre Bertaux hat eine
alternative oder ergänzende Lesart vorgeschlagen, die auch
Hölderlins Überspanntheit, seine heftige Erregung in diesen
Spätherbst- und Wintermonaten 94/95 verständlicher machen würde (später sprach er von den *Höllengeistern,* die er
aus Franken mitgenommen habe). Sie geht von der Prämisse
aus, daß Hölderlin im Dezember von der Schwangerschaft
von Wilhelmine Kirms erfuhr, um die gleiche Zeit wie Charlotte von Kalb, die das Paar danach nicht mehr bei sich behalten konnte: *Angesichts der Situation … hat sich Frau von*
Kalb den beiden gegenüber menschlich sehr korrekt, ja ele-
gant verhalten und eine schonungsvolle Lösung gefunden. Zu-
rück zur genauen Zeitfolge: … ›Gegen Ende Dezember 1794‹,
also in den letzten Dezembertagen, verläßt [Wilhelmine] das
Haus, bevor sich ihr Zustand nicht mehr verbergen läßt, und
zieht nach Meiningen. Charlotte von Kalb läßt dann vierzehn
Tage vergehen, damit der Zusammenhang nicht zu offensicht-
lich sei, und löst erst dann das Dienstverhältnis Hölderlins zu
ihrem Hause …

Ihr Versprechen, sich für ihn einzusetzen, hat Charlotte gehalten, die groß darin war, andere Menschen für sich einzuspannen, aber auch darin, etwas für andere zu tun. Einmal
mit einem Brief an Hölderlins Mutter, deren Enttäuschung
über die verlorene Stelle als Hofmeister er voraussah und
fürchtete:

Ihr Herr Sohn hat seine Geschäfte als Erzieher bei meinem Sohn aufgegeben. Diese Nachricht wird Sie gewiß nur auf einen Augenblick, vielleicht beunruhigen, was ich Ihnen ferner sagen werde hingegen, Sie erheitern und die Teilnahme des mütterlichen Herzens Sie beglücken ... Mein Fritz hat nicht die seltenen Geistes- und Gemütsanlagen, daß er es verdient hätte, wenn ein junger Mann, so ausgezeichnet durch Kenntnisse und Geisteskräfte, ihm die schönste Zeit seines Lebens und die besten Stunden jedes Tags, wodurch seine Freiheit beschränkt und die Kultur seines Geistes verzögert worden wäre, gewidmet hätte. Hölderlin muß sich so bilden, daß er einst zum Vorteil des allgemeinen Guten und Schönen mitwirken kann! Es wäre der ärgste Raub gewesen, wenn ich ihn in dieser Lage, das Kind an ihn und ihn an das Kind, hätte länger fesseln wollen. Ich möchte auch nicht, daß H[ölderlin] je durch Umstände in den Fall versetzt würde, wieder eine Erziehung zu übernehmen. Sein Geist kann sich zu dieser kleinlichen Mühe nicht herablassen. – Oder vielmehr sein Gemüt wird zu sehr davon affiziert. – Es gibt sonderbare Erscheinungen an der menschlichen Natur, warum nicht auch an der Natur der Kinder! – ich möchte selbst kein fremdes Kind erziehen. Meine nehme ich, wie sie sind und hoffe von der Liebe, der Zeit und Mühe das beste!!
Nun zum eigentlichen Zweck dieses Briefes. Ihr Sohn hat in dieser Gegend, Jena und Weimar, unter den wichtigsten Männern Gönner und Freunde gefunden. – Er ist jetzo in Jena, auf der Universität in Deutschland, die sowohl durch Aufklärung, als durch die Energie der Ideen, die dort vorzüglich im Schwunge sind, sich auszeichnet. Es ist vielleicht kein Ort in der Welt, wo er jetzo so alle Resultate der Wissenschaften vereiniget findet und auf die eigene Kultur seines Geistes fruchtbar kann wirken lassen. Freuen Sie sich, einen Sohn zu haben,

der diese Vorzüge zu würdigen und zu benutzen im Stande ist ... Aber entfernen Sie alle kleinlichen Sorgen von ihm – daß keine unnütze Bekümmernis seine Zeit trübe und seine Bildung verzögere. – Das Pfund, welches Sie ihm jetzo von seinem Eigentum geben, wird tausendfältig wuchern. – Und ich weiß gewiß, das mütterliche Herz wird es, ohne zu zagen, tun.

Da hat Charlotte Hölderlins Mutter freilich schlecht gekannt. Wenn man diesen warmen, einfühlsamen und energischen Brief liest, möchte man denken, jede der beiden Frauen wäre mit dem Sohn der andern besser dran gewesen.

Ein zweiter Brief Charlottes ging an Schiller. *Wahrscheinlich war Hölderlin schon bei Ihnen – wo nicht – so melde ich Ihnen hiermit daß er sein Geschäft als Lehrer und Erzieher bei meinem Sohn aufgegeben hat,* schreibt sie. Sie habe in dem Jahr, in dem er bei ihr war, viel über Privaterziehung gelernt und über ihren Sohn, *aber dennoch will ich den Mut nicht sinken lassen.* Und dann legt sie ihm Hölderlin ans Herz: *Ihre Güte für ihn kann sehr viel tun. – Suchen Sie ihm auch leichtere Arbeiten zu verschaffen, die auf eine schleunige Art seinen Unterhalt erleichtern, und ihn von Sorgen befreien, – die wohl seine praktische Philosophie vermehren würden, aber nicht die Ruhe seines Lebens.* Den abschließenden Wunsch hat sie auch für sich selbst gesprochen: *Und Ruhe Selbstgenügsamkeit – und Stetigkeit werde doch endlich dem Rastlosen! Es ist ein Rad welches schnell läuft!!*

Goethe und das Leben ist mir immer noch eins; ich arbeite mich in beide hinein.
Er ist Goethe. Und was ihm scheint und er sagt, ist wahr.
Rahel Varnhagen, von der diese und viele ähnliche Sätze stammen, hat einen Kult um Goethe getrieben, hat ihn angebetet – nur angebetet, nicht geliebt, wie sie hervorhebt. Bettina Brentano (von Arnim) hat sich ihm zu Füßen geworfen und auf den Schoß gesetzt, hat ihn vergöttert und ihren Gott anmutig, scherzhaft, innig, überschwenglich mit ihrer Liebe beschenkt und belästigt. Beide haben Goethe mythisiert und ihre Anbetung, ihre Liebe deshalb öffentlich kundtun können. Charlotte von Kalb, die niemanden anbeten konnte, hat Goethe ihre verehrende Liebe in Briefen angetragen, die nur ihm allein gehören sollten. *Die Liebe – ich rede von der Liebe die man in sich bildet – und sozusagen selbst zur Liebe wird – nicht von der die man haben will. Freilich verweilt sie oft mit festerer dauernder Betrachtung bei höheren Wesen. – Und leise entsteht der Wunsch: Durch sie zu sein für sie zu sein – Freundschaft ist das reinste Verlangen die köstlichste Habe der Sterblichen! ... Die erste Liebe ist Gottes Art – und geht über alle Vernunft – sag, wenn ich nicht irre ein Apostel. Die zweite Liebe – geht wohl mit der Vernunft und ich kann ja wohl sagen schreiben denken – i c h l i e b e D i c h ! – Ich streiche diese Worte aus und daran ist auch Mißtrauen und Unglauben schuld.*
Ausgestrichen oder nicht, das *ich liebe dich* steht in allem, was Charlotte vom Herbst 1793 bis 1796 an Goethe schrieb. Er war es, der sie nach der Geburt ihres Sohnes August – der Name von Goethes Sohn – so lange in Jena hielt und sie ihr Hofmeisterprojekt und Hölderlin ganz vergessen ließ. *So*

*bald es meine Mutterpflicht erlaubt komme ich nach Weimar –
wo es mir eine hohe Freude sein wird – Stunden zu verleben
einer belehrenden, nährenden reifen Unterhaltung – durch
die nur einigen Menschen möglich zu begreifende Entschlei-
rung Ihres großen, schönen Geistes: zu sein indem einem das
Sein eines andern klarer wird – ist auch eine Existenz.* Ihre
Beziehung zu Goethe, bis dahin eine gute Bekanntschaft
ohne Nähe, muß sich verändert haben in dieser Zeit, wahrscheinlich zuerst bei einem Zusammentreffen bei Herders,
so daß Charlotte ihm schreiben konnte: *Mein Gemüt sucht
sie und möchte behalten, was es erworben hat.* Mindestens behalten, denn natürlich hat sie das Erworbene vermehren wollen. Darum schrieb sie ihm ja, schon gleich nach der Ankunft in Waltershausen und immer wieder, Briefe aus der
Tiefe ihres Wesens, voll kühner scheuer Selbstpreisgabe. *Sie
erlaubten mir Ihnen zu schreiben. Tadeln Sie mich nicht daß
es so bald geschieht. Hätte jetzo gleich – Unbestimmtheit mich
zurück gehalten – vielleicht hätte ich nie wieder voll Zuversicht an Sie die Feder gefaßt. Hätte ich so oft schreiben können
als ich an Sie dachte – oder dachte was man nur ein(em) Wesen wie Sie sind, sagen und fragen kann – so wäre mein Wesen
Ihnen viel deutlicher geworden. Ach darum ist die Unterredung so schön, weil man dann ist, in Briefen erzählt man nur
von sich. Die gebogene Stellung wie widrig.*

Die Autobiographie, die der greise Bernhard Rudolf Abeken
um 1865 verfaßte, ist, wie einst die Lebensbeschreibungen
der Frommen, um Gottes willen, um Goethes willen geschrieben: »Goethe in meinem Leben« nannte er sie, und
erklärt und entschuldigt sein Verfallensein an den großen
Mann mit Worten Ottiliens aus den »Wahlverwandtschaften«, also mit Goethe selbst: *Gegen große Vorzüge eines an-*

dern gibt es kein Rettungsmittel als die Liebe. Als der junge Abeken 1808 (als Hauslehrer der Schillerschen Kinder) nach Weimar kam, hatte der Kult um den Meister im Kreise verehrender Meyer, Riemer, Eckermänner dort längst jene seltsamen Formen angenommen, die Thomas Mann in »Lotte in Weimar« persifliert hat, aber schon viel früher mokierten sich Besucher über seine Selbstinszenierung. *Der Kerl wird feierlich*, meinte sein Fürst Karl August befremdet. Karoline Schlegel sprach spöttisch *vom Allerheiligsten, das wir selbst besitzen: Er lebt alleweil mitten unter uns, gestern hab' ich mit ihm soupiert, heute werd ich mit ihm soupieren und nächstens gebe ich ihm selbst eine Fête.* Schon beim Betreten von Goethes Haus – *Pallast* – *in italienischem Geschmack* fühlte sich Jean Paul beklommen. *Eine Kühle der Angst presset die Brust – endlich tritt der Gott her, kalt, einsilbig, ohne Akzent. Sagt Knebel z. B., die Franzosen ziehen in Rom ein. ›Hm!‹ sagt der Gott. . . . Auch frisset er entsetzlich.*

Aber trotz solchen entmythologisierenden Spottes haben sich auch die bedeutendsten Zeitgenossen Goethes seiner Faszination nicht entziehen können. Fast jeder von ihnen hat ein Kapitel Goethe in seiner Biographie, und so mancher ein ganzes Buch. Herder, dessen Liebe immer mehr in eifersüchtigen Haß umschlug. Schiller, der anfangs schrieb: *Eine ganz sonderbare Mischung von Haß und Liebe ist es, die er in mir erweckt hat, eine Empfindung, die derjenigen nicht ganz unähnlich ist, die Brutus und Cassius gegen Cäsar gehabt haben müssen; ich könnte seinen Geist umbringen und ihn wieder von Herzen lieben;* und der mit Goethe dann doch (im Sommer 1794) zu einem auch kulturpolitisch motivierten Arbeits- und Freundschaftsbündnis zusammenfand. *Noch muß ich sagen, daß seit der neuen Epoche auch Schiller freundlicher und zutraulicher gegen uns Weimaraner wird, worüber ich mich freue und in seinem Umgang manches Gute hoffe*, schrieb Goethe an Charlotte von Kalb, die gemessen antwortete: *Es freut mich sehr daß Schiller sich Ihnen hat nähern können, – dies war längst einer meiner liebsten Wünsche – geben Sie ihm oft die Freude Sie zu hören – und in Ihrer Nähe den Wert seines Geistes zu empfinden.* Jean Paul verfaßte einen ganzen Roman, den »Titan«, seinen ehrgeizigsten, größten, um sich mit Goethes Kunstreligion auseinanderzusetzen; Kleist warb um ihn *auf den Knien seines Herzens*, vergeblich, sein ganzes Wesen und Schaffen war die Negation jener schönen Ordnung der Natur, die Goethe suchte, behauptete, demonstrierte. *Einen Tag verlebten wir bei Frau von Stein zu einer Collation*, erzählt Charlotte in den »Erinnerungen«. *Goethe stand am Fenster, hatte eine Glasscheibe in der Hand und einen Bogen, zeigte, wie bei jeder Bewegung des Bogens der Sand auf dem Glase verschiedene Figuren bildete. Das Geringste war ihm bedeutend, was zum Gesetz der Ordnung gehörte, und so interessierte ihn dies wunderbare Spiel lebhaft; und wie unzerstörbar die geheimnisvolle Ordnung der Natur, konnte wohl auch dieses Experiment beweisen; die Winde zerstreuen den feinen Sand, doch der leise Strich des Bogens zwingt die Körnchen zu bestimmten schönen Formen.*

Nur Hölderlin hat es fertiggebracht, Goethe zu übersehen, weil er so sehr auf seinen Gott Schiller fixiert war. Bald, nachdem er mit Fritz von Kalb nach Jena gekommen war, hatte er im November 1794 bei einem Besuch bei Schiller seine Unglücksstunde, vielleicht eine Schicksalsstunde, wie spekuliert worden ist.

Ich trat hinein, wurde freundlich begrüßt, und bemerkte kaum im Hintergrunde einen Fremden, bei dem keine Miene, auch nachher lange kein Laut etwas besonderes ahnen ließ. Schiller

nannte mich ihm, nannt' ihn auch mir, aber ich verstand sei-
nen Namen nicht. Kalt fast ohne einen Blick auf ihn begrüßt
ich ihn, und war einzig im Innern und Äußern mit Schillern
beschäftigt; der Fremde sprach lange kein Wort. Schiller
brachte die Thalia, wo ein Fragment von meinem Hyperion
und mein Gedicht an das Schicksal gedruckt ist, und gab es
mir. Da Schiller sich einen Augenblick darauf entfernte, nahm
der Fremde das Journal vom Tische, wo ich stand, blätterte ne-
ben mir in dem Fragmente, und sprach kein Wort. Ich fühlt'
es, daß ich über und über rot wurde. Hätt' ich gewußt, was ich
jetzt weiß, ich wäre leichenblaß geworden. Er wandte sich drauf
zu mir, erkundigte sich nach der Frau von Kalb, nach der Ge-
gend und den Nachbarn unseres Dorfs, und ich beantwortete
das alles so einsilbig, als ich vielleicht selten gewohnt bin. Aber
ich hatte einmal meine Unglücksstunde. Schiller kam wieder,
wir sprachen über das Theater in Weimar, der Fremde ließ ein
paar Worte fallen, die gewichtig genug waren, um mich etwas
ahnden zu lassen. Aber ich ahndete nichts. Der Maler Meyer
aus Weimar kam auch noch. Der Fremde unterhielt sich über
manches mit ihm. Aber ich ahndete nichts. Ich ging, und er-
fuhr an demselben Tage im Klub der Professoren, was meinst
Du? daß Goethe diesen Mittag bei Schiller gewesen sei.
Für alle, die um Goethe warben, ihm dienten, ihn liebten
und haßten, an ihm litten, ihn von ferne verehrten, war er,
mit einer Formulierung Charlottes, *der Geist, der am hellsten*
die Welt erblickt und ausspricht. Von der Teilhabe an solchem
Licht erhoffen wir Glück.

Charlotte hat sich Goethe in ihrer ganzen Bedürftigkeit gezeigt. Flehentlich bittet sie ihn Anfang 1795, in einem Prozeß
zwischen dem Präsidenten von Kalb und dem Weimarer
Herzog zu schlichten, zu dem es im Zusammenhang mit

den Auseinandersetzungen um das Marschalksche Erbe gekommen war. Nur dadurch könne sie aus der Walterhausener Verbannung befreit werden ...

Es war bei Ihnen – lieber verehrter Goethe – wo endlich der Wunsch wieder in Weimar zu leben, von der Hoffnung belebt zum Vorsatz in mir wurde; und den lebendigen Odem erhielt ich, nahm mir vor nur dafür zu empfinden, und zu handeln – und alles dafür zu leiden bis ich dieses Ziel meiner Sehnsucht erreicht hätte! ... Ist nur etwas noch in mir was Rettung und Erhaltung verdiente – so muß ich hier und in dieser Gegend bleiben. – Es wäre unverzeihlich, wenn ich mir eine Lage wollte rauben lassen, die mich in den Stand setzte mich endlich mit reger Vernunft meiner Kinder anzunehmen; und Anstalten für sie zu benutzen welche Aufklärung und Kultur hier schon gebildet haben. Vorteile – die ich nur hier in dem Grad und in der Mannigfaltigkeit vereiniget finde! – Und dies alles wofür ich nur allein lebe – was mein ist – und noch mehr werden kann – Alles – das höchste Gut das ich kenne – was mir als Mensch – als Mutter, als Freundin heilig ist – alles! das Leben – soll ich verlassen! Das will, das gebietet, darum quält mich meine ganze Verwandtschaft! – und glauben Sie nicht daß sie einen andern Ort vorschlagen – wo nach ihrer Meinung ähnliche Vorteile für die Bildung der Kinder zu erreichen wären. (Für mich zwar wäre jeder andere Ort eine Wüste.) Aber nein – ich soll nach Franken ins Grabfeld zurück – meine Kinder. sollen so unbrauchbar und unleidlich – daher so schädlich – wie der übrige baronisierte Pöbel [werden] – Jahrhunderte schon klagt und schimpft man über die Verderbtheit des Adels. – Und das stets überhand nehmende Übel droht seiner Vertilgung – aber sie haben keine Ohren zu hören! – ich soll nach Waltershausen zurück –. Ach ich will ihnen das große Tableau meiner dortigen Existenz nicht schildern. Das Tier

*kann dort verdauen und schlafen – dasjenige aber welches nur
etwas von einer bessern Natur in sich kennt, und fühlt kann
dort nicht schlafen und verdauen – wenn es lebt, – so fühlt es
nur die Zerstörung die Atonie die Agonie seines menschlichen
Daseins, seiner geistigen Natur!!! Ahnden Sie die Tiefe und
das Endlose meines Leidens? ... Lebendig begraben zu sein ist
ein erschreckliches Los.*

Hatte Charlotte ihren Freunden wirklich einmal die Vorzüge
des Lebens auf dem Lande gepriesen? Goethe schreibt ihr
einen höflichen Absagebrief, er kann und will sich in solche
Streitereien nicht einmischen. *Sie sollen von den Angelegenheiten des Prozeß Kalb kein Wort mehr von mir hören ... Ein
dünner Faden führt durchs Labyrinth, und nur allein windet
man sich durch seine Irrgänge.*
Er soll ihr helfen, ihr gespanntes Verhältnis zu Körners zu
verbessern, an dem sie, wie sie einräumt, selbst schuld ist.
*Ich möchte gerne diese Dissonanz in meinem Sein wieder auf-
heben. Wollen Sie das edle Wesen sein, welches mir diese Wohltat erzeigen möchte?* Als Goethe höflich sein Bedauern ausdrückt (*ich muß gestehen daß es mir leid tat Ihr Verhältnis
gegen diese Sozietät so wunderlich verrückt zu sehen*), sind
Körners schon abgereist. Und was hätte auch Hilfe in diesem
oder einem anderen besonderen Fall genützt, da sie doch
nach einer ganz anderen Erlösung lechzt.

*Ach Sie wissen ja was wir alle für Masken bekommen haben –
wie der Mensch vermummt ist – und der Geist nicht erweckt. –
Und wo er auch ist wie bei mir, regt er sich nur mit kleinem
Fittich wo die Federn verdorben – oder ausgezogen sind – das
Bild ist nicht schön aber leider wahr.*

Lieber vernichtet – stumm – einsam einsam! als verworren mit diesen heterogenen – unlauteren Vermischungen. – Unter allen Widerwärtigkeiten [des] Leibes und der Seele, sind die kalten leeren essigsauern Qualen der Geselligkeit wie man sie findet mir die schwersten gewesen! – weil ich wenn ich heraus kam – mich nicht wieder hatte – laut rief ich meinen Namen – aber ich erschien nicht – O was hätt ich bleiben sollen was hätt ich werden können!

Ist's nicht verständlich – daß man nach denenjenigen sich sehnt die leben – denken, und denselben Ort bewohnen – – Wie wenige denken können das war mir längst begreiflich. Daß aber sowenige leben können, und dürfen, wird – mir immer klarer. Ich wundere mich nicht daß man sowenig Wert auf das Leben legt! Das schale Ding – durch die Form, die ihm unsere Sozietät gegeben. –
Wenn ich ans Fenster gehe so wird es mir so klar und hoch zumute. – Gehe ich aber zu andern zu Kranken, Trocknen, Kargen, so werde ich schnell elender als sie; und ahnde wirklich die Spur jeder Krankheit, jedes Übels. – Diese rauben mir meine Welt. – Ich kann die Ihrige doch vielleicht noch etwas aufputzen? –

Wohl verteilt die Welt und die Zeit mancherlei Rollen – glücklich wer sein eigenstes Sein dabei erhält oder daraus rettet. Die meisten suchen in diesem Zufall ihr Glück ihre Pflicht und ihren Ruhm – einigen erhält es das Leben, die meisten aber werden vernichtet, so, daß an ihnen nichts mehr ist, als Schale, wandelnde Leichname. Ich weiß aber dennoch ein Dasein, welches nicht zu diesem Spiel gehört: – das leben Sie! – Und bei Ihnen hören auch die Rollen auf, so die Welt erteilt, und eine andre Zeit beginnt!

Es sind religiöse, existentielle Metaphern und Dualismen –
vom Buchstaben, der tötet, vom Geist, der lebendig macht,
von Schein und Sein, von Zeitlichkeit und Ewigkeit – in die
Charlotte ihre Sehnsucht nach einem Menschen faßt, der sie
zu dem erlöst, was sie sein könnte. *Das eigenste Sein!* Was
soll man sich darunter vorstellen? Das »höhere Selbst«, das
in jedem Menschen steckt, wie Schiller postuliert hat? *Jeder
individuelle Mensch, kann man sagen, trägt, der Anlage und
Bestimmung nach, einen reinen idealischen Menschen in sich,
mit dessen unveränderlicher Einheit in allen seinen Abwechse-
lungen übereinzustimmen, die große Aufgabe seines Daseins
ist.* Oder das uns nur allein eigene, individuelle, unverwech-
selbare Wesen?

*Wie himmlisch ist das Zusammenfinden von Wesen, die sich
geben wie sie sind – nur der Wahrheit, Schönheit und dem
Verstand huldigen, das Höchste lieben mit allem Leben und
Sein.* So Charlotte, beide Vorstellungen miteinander verbin-
dend, an Goethe. Bei ihr, so bietet sie ihm an, kann er sein
eigenstes Sein finden, wird er aus der Scheinhaftigkeit des gesellschaftlichen Rollenspiels zum Wesentlichen befreit.

*Ich weiß nicht woher es kömmt daß ich Ihnen so leicht schrei-
ben kann – wenn ich Sie sehe, oft, – nicht immer, wenn ich
ein Billett von Sie bekommen habe – dann sag ich mir oft,
das ist der Mensch nicht an den ich geschrieben habe – dann
verschwindet mir alles das – besonders wenn ich allein bin
und ich – ahnde – ich glaube ein Wesen und an das schreibe
ich – erklären Sie mir das!*

*Ich war im Geist oft wieder in Jena – dachte an Ideen die Sie
in mir erweckten – an die Strahlen die mir so manches be-
leuchteten – und wie mir so manches anders sein – anders vor-*

kommen würde wenn ich mehr um Sie wandelte. Da war der Sommertag – in dem Schatten des Buchenwaldes – bei dem Gesang der Nachtigal –, umweht von süßen Düften – mir nicht mehr so schön – als der Wintertag an der beeisten Saale – unter den entblätterten Bäumen – und der rauheren Luft!. – Ist mir das Schicksal günstig so bin ich künftigen Winter wieder an diesen Orten, und wie sollte es mich freun wenn ich dann oft Sie sähe – nicht den Welt- und Hofmann oder dergleichen sondern Goethe, wie ich ihn einigemal bei Herders fand! und auch allein hörte – Wenn Sie laut sein wollen, was Sie sind – wenn Sie ahnden daß man Sie verstehen könnte.

Ich verstehe Sie wie mich dünkt meist, mehr, als – Sie werden verkannt.

Das ist das gewöhnliche Angebot der Liebenden, die immer glauben, sie und nur sie allein könnten den Geliebten zu sich erlösen, aber es ist doch noch mehr, denn tatsächlich gab es diesen Goethe ja, der sein inneres Leben unter Masken verbarg. Jean Paul nannte ihn einen *Vulkan, außen überschneit, innen voll geschmolzner Materie.* Wer sein Haus in Weimar besucht, kommt erst in die kühlen Prunkräume, in denen sich der Welt- und Hofmann Goethe repräsentierend eine antikisierende Kulisse schuf, und dann zu dem wesentlichen Goethe, in sein einfaches Arbeitszimmer, zur kargen schmalen Schlafstätte. Als alte Frau hat Charlotte einmal von Goethe gesagt, er habe *wohl selten abandon gehabt.*

Goethe hat ihre Liebe im Bewußtsein ihres geistigen Ranges als eine Art Huldigung angenommen, geantwortet hat er auf ihre Briefe kaum. Als Leserin hat er sie sehr geschätzt. Welcher Autor hätte sich nicht gern im Spiegel ihrer leidenschaftlich einfühlenden, klugen, bewundernden Urteile betrachtet? *Welche Demant Schrift – welche Mäßigung und welcher Reichtum – wie viele Schönheiten habe ich schon erblickt ...* Goethes Briefe und Billette an Charlotte sind meist knapp und vielfach von Buch- und Manuskriptsendungen eigener und fremder Werke begleitet. Es war eine Zeit reicher literarischer Produktivität, die beflügelt wurde durch die junge Freundschaft mit Schiller und dessen neue Zeitschrift »Die Horen«.

Goethe an Charlotte:
Hier liebe Freundin, kommt Reineke Fuchs der Schelm und verspricht sich eine gute Aufnahme. Da dieses Geschlecht auch zu unsern Zeiten bei Höfen, besonders aber in Republiken sehr angesehn und unentbehrlich ist; so möchte nichts billiger sein, als seine Ahnherrn recht kennen zu lernen.

Charlotte an Goethe:
Tausend Dank für Ihren Reineke – ich wollte ihn lesen, aber siehe ich bin zu hypochonder, als daß ich mich möchte und könnte mit den Taten und Ruhm dieses Erzschelms abgeben; besonders jetzo wo diese Art so grausam herrscht. – Diese Stimmung wird bald vorübergehn und dann will ich mit doppelter Lust die Wahrheit, Kunst und Schönheit dieses Werks bewundern.

Charlotte an Goethe:
Ich sehne mich nach dem 3ten Teil Ihres Wilhelm, wie nach der Wärme des Sonnenlichts, wie nach dem Besuch eines vertrauten Gemüts.

Den 3. Band von Wilhelm Meister hab ich noch nicht gelesen –
er ist noch beim Buchbinder. Aber das Märchen. Ich will es
wiederlesen, und dann will ich Ihnen meinen Wahn und
Traum von diesem Märchen sagen. – Es haben schon viele
über meine Deutung gelächelt und andere gestutzt – für mich
ist viel Wahrheit und Sinn darin und das Licht welches mir
das Ganze beleuchtet, wird hoffe ich, noch kommen, einiges
dünkt mir bekannt, vieles ist mir verständlich! –

Goethe an Charlotte:
Ich verlange zu hören was Sie über meine neuste Produktionen
sagen. Besonders freue ich mich auf Ihre Auslegung des Mär-
chens.

Goethe also hat Charlotte nicht so geantwortet, wie sie es
gewünscht hätte. Aber er nahm mit ihrer Liebe auch ihre
Briefe an, die er aufbewahrte. Anders als viele seiner Biographen hat der Verfasser des »Werther« in ihnen mehr und
anderes gesehen, als die Ergüsse eines an *Leib und Seele kran-*
ken, bald wildaufschäumenden, bald melancholisch versinken-
den Gefühlswesens. Ja, er ermutigte sie sogar dazu, ihm zu
schreiben: *Leben Sie recht wohl und lieben Sie mich, sagen*
Sie mir manchmal ein Wort, ich schreibe auch und schicke
was, damit, wenn wir uns wiedersehen, auch kein Augenblick
durch Erneuerung der Bekanntschaft verloren gehe. Mehr
als freundliche Ermunterung enthält ein Brieflein, das ihrem Glauben an ihn Wahrheit zugesteht: *Lassen Sie mich*
Ihnen sagen, daß ich [ihren Brief] zu kurz fand und daß ich
immer so fort gelesen hätte und nun immer wieder von vorn
anfange. Sie irren sich nicht so ganz, wenn Sie mir schreiben.
Aber damit hat er wohl schon mehr gesagt, als er ihr sagen
darf. *Sie fanden den Brief zu kurz, Sie lesen ihn oft wieder? –*

O wenn Sie solche Briefe gerne lesen, so kann ich Ihnen viel
schreiben – dann eile nur Feder! ich habe ein ganz unbekann-
tes Leben –

Goethe hat Charlotte nicht getäuscht und betrogen, hat
nicht mit ihr gespielt, ihr keine falschen Hoffnungen gemacht. Seine Grausamkeit bestand darin, daß er sie nicht
liebte. *Wer sind Sie denn – Sie! Sie sind vieles aber Sie sind*
auch noch der Egmont und Alba in einer Person – und gegen
mir meist nur der Alba! – Der tötet aber – oft, gewiß mehr
als das Schwert. – Verzeihen Sie daß ich so klage! –

Der folgende Brief steht nicht am Ende von Charlottes Briefen an Goethe. Aber es ist ein Endzeitbrief. Dunkel und mit
dem Witz der Verzweiflung kündet er von einer aus den Fu-
gen geratenen Welt.

Sonderbar! Aber ich glaube würklich es ist der lebendige Tod –
der mich hinderte Sie und Schillern zu besuchen. Denn wie
ich höre so ist nach Stand und Würden, ein jeder etwas mit
dieser Epidemie behaftet! – Die – wenn noch einige Paroxis-
men mich anwandlen sollten – an und in mir nur ein vollkom-
menes Zeugnis ihrer Würkung geben würde; – und ein jeder
Kenner und Liebhaber dieses modischen Seins könnte an mir
diese Gabe der Zeit beobachten und demonstrieren. – Denn
weniges ausgenommen so ist fast alles mäusetot: – Als da sind
Liebe und Hass – Freude und Schmerz – Furcht und Hoff-
nung! – Und wir harren in den Leichenhäusern auf den Gottes
Blitz, der uns erwecken werde – (daß man immer gibt wo
schon die Fülle ist – in unsern Zeiten ein Leichenhaus mehr –
heißt das nicht auch wieder den Eimer ins Meer getragen?)
Aber viele sind berufen und wenige auserwählt. Denn die da

erleuchtet werden – wandlen über die Schwelle der kalten –
zur reinen – und endlich in den 3ten Himmel – ins Reich der
kritischen Vernunft! Und wenn man einmal die Schwelle der
kalten Vernunft überstiegen hat, dann solls immer weiter in
Millionen Himmel gehen? Aber ich kenne bis jetzo nur diese 2
dem Namen nach! –

Wenn ich nicht willkommen bin – so lassen Sie mir nur sa-
gen, ich möchte zu Hause bleiben und so will ich im Glauben
leben – und nicht im Schaun; denn nach meiner Erfahrung
ist der Glaube das beste was uns werden kann, und express
für uns Frauens in die Welt gekommen –

Der Doktor war hier und sagte ich habe etwas Katharrfieber –
werfen Sie also dies Ungemach zu den übrigen Unarten die
Ihnen bekannt sind – und entschuldigen gefälligst die Tollheit
Ihrer Verehrerin

C. Kalb.

25 · JUNIUS-STUNDEN

Im Sommer 1796, dem fünften Jahr des sogenannten ersten
Koalitionskrieges zwischen Frankreich und Österreich, waren französische Truppen auf ihrem Marsch nach Wien bis
tief in die deutschen Lande vorgedrungen. *Die Lawine des*
Krieges, in der fortgerissene Menschen und Dörfer liegen, wälzt
sich näher, schreibt am 3. August Jean Paul seiner neuen
Freundin Charlotte von Kalb nach Weimar. Zwei Tage später
hat die Lawine Waltershausen erreicht. Einige Einwohner
treiben ihr Vieh in die umliegenden Wälder, Pfarrer Nenninger ergreift mit all seinem Hab und Gut und unter fal-
schem Namen die Flucht, doch bleibt der Ort *zum Glück …*
auf dem Hin- und Hermarsch der Franzosen völlig verschont.

204

Denn der Spuk ist schnell vorbei. Überraschend gelingt es den Österreichern, die französischen Truppen bei Amberg und Würzburg zu besiegen und zurückzuschlagen. *Wären die Franzosen menschenfreundlicher mit den Franken umgegangen, so würde sie der größte Teil des Landes auf alle mögliche Weise unterstützt haben,* bemerkt Nenninger, *weil die französische Revolution sehr viele Freunde unter den Franken hatte.* In Weimar waren in dieser Zeit fast täglich Kuriere mit Nachrichten über den Vormarsch des Feindes eingetroffen. Auch Charlotte, die mittlerweile wieder in Weimar wohnt, wird sie in angstvoller Spannung erwartet haben, wie auch die allzu seltenen Briefe Jean Pauls.

Anfang März 1796 hatte der Dichter, der durch den zwei Jahre zuvor erschienenen Roman »Hesperus« zu plötzlichem Ruhm gekommen war, in seinem ungeliebten, provinziellen Hof einen Brief von Frau von Kalb, geborene Marschalk von Ostheim, erhalten, der ihn kaum verhüllt in die *heilige Stadt* Weimar rief:

In den letzten Monaten wurden hier Ihre Schriften bekannt; sie erregten Aufmerksamkeit, und vielen waren sie eine sehr willkommene Erscheinung. Mir gaben sie die angenehmste Unterhaltung, und die schönsten Stunden in dieser Vergangenheit verdanke ich dieser Lektüre, bei der ich gern verweilte, und in diesem Gedankentraume schwanden die Bildungen Ihrer Phantasie gleich lieblichen Phantomen aus dem Geisterreiche meiner Seele vorüber.

Oft ward ich durch den Reiz und Reichtum Ihrer Ideen so innigst beglückt, dankbar ergriff ich die Feder. Aber wie unbedeutend wäre dies einzelne Zeichen von einer Unbekannten gewesen! Also untersagte ich mir, an Sie zu schreiben, bis in einer glücklichen Stunde ich Ihr Lob von Männern hörte, die

Sie längst kennen und verehren. Dann ward der Vorsatz von neuem in mir rege. Jetzo ist es nicht mehr die einsame Blume der Bewunderung, die ich Ihnen übersende, sondern der unverwelkliche Kranz, den Beifall und Achtung von Wieland und Herder Ihnen wand! ...

Sie finden hier noch mehrere Freunde, deren Namen ich Ihnen auch nennen muß: Herr von Knebel, der Übersetzer der Elegien von Properz in den Horen, Herr von Einsiedel und von Kalb.

Wer ein Buch liebt, liebt damit auch einen Menschen, den Verfasser. *Sie sind – schreiben; ich bin – lese!* So Charlotte an Jean Paul. Auch ohne es zu wollen, wäre der Schriftsteller ein Verführer, doch weil es ihm natürlich darum gehen muß, gelesen zu werden, gehört die Werbung um den Leser zum Beruf. Jean Paul hatte diese Berufskrankheit stärker als andere. *Der Flegel ist keiner, weiß nicht, ob er ein Mensch, ein Engel, ein Flegel oder Satanas werden möchte. Wegen seiner unruhigen Begierde, sich in alles zu denken und zu fühlen, glaube ich, hat er am meisten Neigung zu dem letzten, nämlich zur Versuchung.* So hat Charlotte später einmal eine seiner Romanfiguren – Vult aus den »Flegeljahren« – charakterisiert und Jean Paul gemeint, dessen poetischen Verführungskünsten auch sie erlegen war.

Komm liebe müde Seele, die du etwas zu vergessen hast, entweder einen trüben Tag oder ein überwölktes Jahr, oder einen Menschen, der dich kränkt, oder einen, der dich liebt, oder eine entlaubte Jugend, oder ein ganzes schweres Leben; und du, gedrückter Geist, für den die Gegenwart eine Wunde und die Vergangenheit eine Narbe ist, komm in meinen Abendstern und erquicke dich mit seinem kleinen Schimmer, aber schließe, wenn dir die poetische Täuschung flüchtige süße

*Schmerzen gibt, daraus: ›Vielleicht ist das auch eine, was mir
die längern tiefern macht‹.*

Das ist, in der »Vorrede« zum »Hesperus«, der Lockruf an
die Frauen; nicht wenige von ihnen nahmen die Einladung
in die Dichtung für eine durch den Dichter und schrieben
ihm schwärmerische Briefe, in denen sie ihm sagten, was sie
kränkte: *J' épancherai mes peines dans votre sein, je prendrai
des conseils de votre raison, et du moins je ne mourai pas, sans
avoir connu un mortel digne de mes adorations – ich werde
meinen Kummer an Ihrer Brust ausschütten, mir von Ihnen
Rat holen und doch wenigstens nicht sterben, ohne einen
Sterblichen gekannt zu haben, der meiner Anbetung würdig
war,* verspricht etwa die unglücklich in Hinterpommern verheiratete Südfranzösin Josephine von Sydow, deren Verehrung sich Jean Paul besonders gern gefallen läßt *(Der Lorbeer hat größeren Wert, wenn man ihn aus einer w e i b l i c h e n
und einer a u s l ä n d i s c h e n Hand zugleich empfängt).* Doch
wichtiger als die Quantität des weiblichen Lesepublikums
ist ihm der Beifall von zwei Leser-Typen, die er sich männlich denkt und unter seinen berühmten Kollegen zu finden
hofft: den *höheren Menschen,* der dem Unglück mit philosophischer Gefaßtheit ins Auge blickt, und den darüber erha-
benen *edlen Geist.*

Charlottes Werbung mit den Großen in Weimar, vor allem
mit dem von Jean Paul verehrten Herder, trifft also ins
Schwarze. Jean Paul ist entzückt, er schickt ihr seinen neuen
Roman, den »Siebenkäs«, und kündigt seinen Besuch in Weimar an. *Ich freue mich, Sie persönlich kennen zu lernen;
schreiben Sie mir, wenn Sie kommen wollen, aber kommen
Sie keinen Tag später. Der Mensch, dem das Erwarten eine
so schmerzliche, tötende Sache ist, hat nach meiner Erfahrung*

viel gelitten, schreibt sie ihm. Anderthalb Monate später wird sie drängender:

Weimar, den 13. Mai
Zwei Drittel des Frühlings sind vorüber (wie ich eben im Kalender sehe), die Bäume stehen noch unbelaubt im schönen Park, die Nachtigall hat noch nicht gesungen, und Sie waren noch nicht hier. Alle Zeichen des Frühlings bleiben aus. Welches erwartet die andern? Knapp einen Monat später ist Jean Paul in Weimar. Noch in Reisekleidern und *mit zitternder Freude* bittet er Charlotte um eine *einsame Stunde.*

Sie sind – sind Sie denn der Jean Paul Richter? sagt sie in der ersten Verwirrung. Wahrscheinlich hat sie Mühe, den idealischen Verfasser des »Hesperus« in dem dünnen, unruhigen Mann wiederzufinden, der nun vor ihr steht. *Gestern ging ich um elf Uhr ... zur Ostheim,* schreibt er am 12. Juni an Otto. *Ich hatte mir im Billett eine e i n s a m e M i n u t e zur ersten ausbedungen, ein cœur-à-cœur (tête-à-tête). Sie hat zwei große Dinge, große Augen wie ich noch keine sah, und eine große Seele. Sie spricht g e r a d e so, wie Herder in den Briefen der Humanität schreibt. Sie ist stark, voll, auch das Gesicht – ich will sie Dir schon schildern. ¾ der Zeit brachte sie mit Lachen hin – dessen Hälfte aber nur Nervenschwäche ist – und ¼ mit Ernst, wobei sie die großen fast ganz zugesunknen Augenlider himmlisch in die Höhe hebt, wie wenn Wolken den Mond wechselweise verhüllen und entblößen ... »Sie sind ein sonderbarer Mensch«, das sagte sie mir dreißigmal. Ach hier sind Weiber! Auch habe ich sie alle zum Freunde, der ganze Hof bis zum Herzog lieset mich.*

Doch der Höhepunkt dieses Tages ist für ihn nicht die Begegnung mit der Ostheim, wie er sie immer nennt, weil es klangvoller ist und sie von ihrem Mann für ihn frei macht, sondern die mit Herder, den er ganz zufällig während eines

Spaziergangs mit Charlotte und Knebel trifft: »*Wie sich das alles himmlisch fügt*«, sagt Knebel, »*dort kömmt Herder und seine Frau mit den 2 Kindern.*« – *Und wir gingen ihm entgegen und unter dem freien Himmel lag ich endlich an seinem Mund und an seiner Brust und ich konnte vor erstickender Freude kaum sprechen, und nur weinen und Herder konnte mich nicht satt umarmen. Und als ich mich umsah, waren die Augen Knebels auch naß.*

Die Briefe, die Jean Paul in den folgenden Tagen und Wochen an Christian Otto schickt, erinnern in vielem an Schillers erste Weimar-Briefe an Körner. *Ich werde Dir von Meerwundern, von ganz unbegreiflichen, unerhörten Dingen ... zu erzählen haben.* Er kann gar nicht so viel schreiben, wie er erlebt, schwebt in einer von Alkohol beflügelten Euphorie durch Weimar. *Ich lebe fast bloß von Wein und englischem Bier.* Der freundschaftliche Enthusiasmus, den ihm die meisten Weimarer entgegenbringen, tröstet ihn, wenn auch nicht völlig, über Goethes und Schillers Distanziertheit hinweg. Seine Menschenkenntnis schießt in wenigen Wochen *wie ein Pilz mannshoch in die Höhe,* sein Glaube an den Menschen sinkt tief, als er sieht, daß die von ferne angebeteten Großen so fehlerhaft, eitel, nachtragend, geltungssüchtig sind wie Menschen überall *(ach meine Ideale von größeren Menschen)*; auch seine Vorstellungen von weiblicher Tugend und Unschuld erleiden eine schwere Erschütterung: *Ach wie meine Seele sonst so heilig war und so dumm! Der Teufel hole das erste zerrüttende Wort, das mir die Kalb sagte und was fortbrannte.*
Charlotte, die seine Führerin ist in diesen turbulenten Tagen, erscheint im bunten Wechsel seiner *Gastwirts-Protokolle* als Konstante: *Sonnabends mittags aß ich im Gasthof, abends bei*

der Ostheim, zwischen Herder, Einsiedel, Knebel, Mde Her-
der, – Sonntags mittags solo bei der Ostheim, abends bei Her-
der – Montags solo bei Ostheim, abends auch – Dienstags bat
mich Knebel, ich war aber schon bei Oertel, abends bei der
ewigteueren Ostheim – Mittwochs aß ich bei der Geheimde
Rätin von Koppenfels in Rohrbach, abends bei Oertel – Don-
nerstags Tiefurt, bei der Herzogin, Ostheim, Ostheim, Ost-
heim – Freitag bei Goethe . . .

Für Charlottes Geschmack speist er immer noch viel zu viel
auswärts: *Morgen gehen Sie mit Böttiger in die Komödie, zu*
Herder, Einsiedel; alle Welt will ihn haben, bei Gott, alle
Welt. . . . Aber um Gottes willen, zeige Dich keinem andern
als mir; alle die Dich fassen, werden für Dich sterben wollen.
Nein, um Gottes willen nicht; wie in einem Spiegelzimmer
stehst Du da und wirfst über alle Deine Gestalt; blickt aus ihr
mit Deinem Geist und Gemüt; aber wir, wir sind keine Spie-
gel, so glatt und klar, nein, nein, nein! Eine idealische Schilde-
rung liebt die Seele, einen idealischen Menschen liebt das
Herz – und will es, und will es und will ihn.

Daß Charlotte Jean Pauls Narzißmus so schnell erkennt,
macht sie nicht etwa vorsichtig. Zu groß ist die Seligkeit,
ihn gefunden zu haben. Sie kann endlich wieder lieben, er
liebt – spielt Liebe – mit. Sie grüßt ihn als *Unsterblichen*, er
grüßt im hohen Stil zurück. Charlotte hat seine Briefe später
wie die Schillers vernichtet, aber Entwürfe und Kopien Jean
Pauls haben sich erhalten:

Wenn es schön ist im drückenden Zimmer [gleichsam] jede
Empfindung aus dem fremden Auge zu trinken und dann ge-
füllt an das Angesicht zu sinken, das in der Liebe glänzt: so
ist es viel schöner, mitten im donnernden Zauberkreise der
[allgewaltigen] Natur zwischen Bergen, Strömen und Sternen
ans geliebte Herz zu fallen und leise zu sagen: [du bist die Na-

tur,] du bist das Universum um mich und ich gebe deinem nahen Herzen alles, was der [große] Geist um uns in meinem verschafft. Und er schreibt ihr, was wie ein Versprechen klingt: *Ich reiche dir die Hand über Zeit und Raum, es war eine Zeit, eh' ich dich kannte und liebte; die Ewigkeit beginnt für die Liebenden.*

Charlotte öffnet sich ihm ganz in diesen Tagen *(nicht wahr, niemand, niemand sieht meine Briefe?)*, erzählt ihr Leben, ihre Leiden, beichtet alte Sünden und zeigt sich bereit für neue. Er hört zu, studiert sie fasziniert – und verrät sie dem Freund, dem er ihre Briefe in chronologischer Reihenfolge zuschickt. *Ostheim steht mit allen großen Deutschen im Briefwechsel und mit allen Weimarern in Verbindung und ich könnte alles bei ihr sehen, wenn ich wollte, daß sie es invitierte. Aber wir beide bleiben jeden Abend ganz allein beisammen. Sie ist ein Weib wie keines, mit einem allmächtigen Herzen, mit einem Felsen-Ich, eine Woldemarin, – ihre Fehler kommen nur auf meine Zunge, nicht auf mein Papier. Ich lege dir ihren heutigen (inostensibeln) Brief an mich bei, da sie nach Jena ging, um die Krebsamputation einer Freundin durch ihre Nähe zu lindern.*

Die Freundin ist Frau von Stein aus Nordheim, die Tante Charlottes, die, so zeigt ein weiterer inostensibler Brief, ihren Aufenthalt in Jena nutzt, um bei ihrem ehemaligen Liebsten für Jean Paul zu werben.

Ich war ernst, ging zu Schiller. In einem Monat erwartet sie ihre Entbindung, sie leidet durch Krämpfe, er auch wohl; wohl sind sie beide nicht. Man fragte mich nach Weimar, ich sagte Richter sei da. E r h a t S i e i n I h r e n S c h r i f t e n n i c h t e r - k a n n t und sie kann es nicht. Das wußte ich schon, im Ton merkte ich's wieder. Ich sagte mit einem herausforderndem

Blick und einem gepreßten Tone: er ist sehr, sehr interessant.
Ja, sagte Schiller, ich verlange auch, ihn kennen zu lernen.
Über dies mündlich. So bald müssen Sie ihn nicht besuchen.
Er muß Sie erwarten und der Eindruck, den Sie auf die
Menge machen, muß ihn von dem Geist und beglückenden
Sein Ihres Wesens überzeugen; nein, ich streiche es wieder
aus, so ist er nicht, aber sehr von seiner Individualität – mehr
mündlich. ...

Guter – – zu gut! – – ich kann heute keinen Gedanken voll-
enden, ich habe nicht viel geschlafen. Heute wird man die
Operation vornehmen, die Kinder sind schmerzlich bewegt.
Der Sohn hat mir gestern einen Schmerz ausgedrückt, der
mein Herz gewaltig zusammenzog, aber weinen kann ich
nicht. Der Arzt soll, nachdem er das Übel besehen, bedenklich
worden sein. Sie war voll Ruhe und himmlischer Resignation,
über allen Ausdruck liebenswürdig; ich muß mich ankleiden,
ich muß hin.

Um 10 Uhr. Hier bin ich wieder mit ihren Kindern, ich sprach
sie ... Das Übel, was sie verhindert, nicht das Gute, was sie ge-
tan, ist ihr Trost. Sie war ganz still und freut sich der ewigen
Liebe, die das reife Alter so wenig verlassen wird, als den Säug-
ling. ...

Was soll ich über Ihren Brief sagen? die Sehnsucht fühlt' ich
auch, als ich ihn las. O, hätte ich sie noch gewaltiger empfun-
den! Ich weiß gewiß, daß Sie gestern einmal sehr lebhaft an
mich dachten, vielleicht war es in der Komödie; es war mir
oft so, und ich war nicht hier. Wie unendlich schön – nur
durch ein ganzes Leben, nur hin durch eine ganze Ewigkeit
kann man solche Gesinnungen verstehen lernen und für sie
dankend sein. Ich bin so gar nichts, daß auch nur in diesem
ganz mich umwehenden Bewußtsein ich mein Dasein bemer-
ken kann, und in diesem stören mich die Worte: Beste, Gewal-

tige, und können mich kalt und hochmütig machen. Goethe hab' ich immer wahr gefunden in seinen Äußerungen. Die Zukunft wird's Ihnen zeigen. Sie sind ein Wesen, das ihn interessieren muß. Es ist ½ 12 Uhr. Die Schüler singen eben auf dem Markt die Arie: ›Wie sie so sanft ruhn, alle die Seligen‹. Die Operation muß vorüber sein; ist's eine Ahndung, ist sie nicht mehr? Es ist vorbei – sie lebt und hat geredet.

Anfang Juli reist Jean Paul ab, die Ankunft Heinrich von Kalbs knapp verfehlend. *Que le temps me dure passé loin de toi!* ruft Charlotte ihm nach. So beginnt ein von Jean Paul sehr geliebtes Lied von Rousseau, ein Schlager der Zeit, das Lied ihrer Junius-Stunden-Liebe. Die Melodie ist eingängig und schlicht, eine *Air à trois notes.*

Guter Rousseau! wie oft haben in diesem nicht harmonischen, sondern melodischen Dreiklang deine Träume ... zu mir herüber geklungen! O vor deinen drei Tönen wachen drei sehnsüchtige Seufzer auf in der dürftigen Brust, und wir sehen uns um, und die Vergangenheit und die Gegenwart und die Zukunft gingen vorüber. – Weicher Rousseau! Du hattest ein Herz! –

Das steht in einer kleineren Dichtung Jean Pauls, dem »Heimlichen Klaglied der jetzigen Männer« von 1801, in dem sich zwei junge Menschen im Zeichen dieses Liedes finden, ohne zu wissen, daß sie Halbgeschwister sind und ihre Liebe deshalb von Anbeginn zum Scheitern verurteilt ist.

Cara setzte sich mit der Arie: Comme le jour me dure, Passé loin de toi in das Fenster und sagte, sie wollt' sie singen ... Da zog der Gott der Liebe vorbei und drückte in ein weiches junges Herz leicht im Fluge den Pfeil und sah sich nicht um nach der Wunde.

Ohne Zeremonie ergriff er ihre Hand, zog sie vom Sitze auf

und ging mit ihr in der Stube auf und ab und sagte nichts. Er
fühlte seine feste Natur auf einmal in Bewegung, dieses auf
dem festen Lande aufgebaute Schiff war in ein spielendes,
wankendes Meer gerollt; aber das Wiegen war sanft. ›Nur noch
einmal das Lied, liebe Cara, aber deutsch!‹ sagt' er, Sie setzte
sich willig vor die Sonne, die, selber eine Sonnenblume, sich
gelb-rot ausdehnte und die Krone gegen die Erde senkte. Jetzt
umflogen die Töne berauschend wie Düfte beide, und jede
Zeile war eine schlagende Nachtigall, welche das ausspricht,
was ein seliges Herz ausspricht.
Aber als sie keine Sonne mehr zu sehen hatte und jetzt die
Worte sang:

> *– Hab' ich dich verloren,*
> *Bleib ich weinend stehn,*
> *Glaub', in Schmerz versunken,*
> *Langsam zu vergehn –*

sprang sie auf und sagte, die Mutter rufe sie.

So energisch Jean Paul diese Szene auf Verlust und Abschied
hin stilisiert hat, so läßt er darin doch etwas von der erotischen Spannung seiner verflossenen Junius-Stunden-Liebe
ahnen. Wie ging es weiter, wenn ihm Charlotte die letzte
Strophe der *Air à trois notes* (vielleicht in der deutschen Fassung ihres Gothaer Freundes Friedrich Wilhelm Gotter) vor-
gesungen hatte?

> *Wie ich ahnend zittre,*
> *Wann dein Tritt mir schallt!*
> *Wenn ich dich erblicke,*
> *Wie das Blut mir wallt!*
> *Öffnest du die Lippen,*

Klopft mein ganzes Herz,
Deiner Hand Berühren
Reißt mich himmelwärts.

Es scheint, als habe Jean Paul jedes Motiv der Begegnung mit Charlotte poetisch ausgewertet. Die großen Momente und Themen allerdings bewahrte er sich für seinen neuen Roman auf. *Der Titan hat seine Raupenhülse zerrissen,* schreibt er ihr am 11. Juli 1796.

26 · TESTAMENT FÜR TÖCHTER

Bedenke aber, daß der Brief an eine Frau ist, mahnte Jean Paul den Freund Christian Otto, als er ihm seine Antwort auf Charlottes ersten Brief zur Begutachtung zuschickt. Was das bedeutet, kann man in seiner Briefkopie nachlesen.
Es sollte ein besserer Autor sich hinsetzen und so zu sich sagen: nun da ich die Weiber so gut kenne – da ihre Masken nur Schleier sind, die ihre innere Schönheit eben so gut erhöhen als bewachen – da ich besser als 100 andre sehe, daß dem weiblichen Herzen, das eben so gut dichterisch und idealisch ist als der Kopf, die Erde wenig mehr zu geben hat als Seufzer und Wünsche – da ihr Mai des Lebens, anstatt daß unsrer so schön ist wie ein gallischer, so naßkalt und bereift ist wie ein deutscher, besonders der heurige – da sie wie Nachtigallen von lauter Dornen die Wolle holen müssen, woraus sie sich in einer stachlichten Taxushecke ihr Lager bereiten: was könnte ich schöners tun als die Feder nehmen und ihnen – nicht jämmerliche deutsche Schmeicheleien, die ihnen in Büchern und an alle gerichtet nie gefallen, sondern – Morgenträume und sanftere Seufzer geben als ihnen das Leben abzwingt.

Vorstellungen dieser Art hat er gerade eleganter in der »Vorrede« zu seinem Roman »Siebenkäs« verwertet, den Charlotte am 26. März 96 in Händen hält und am 28. März früh um 11 Uhr ausgelesen hat. *Bloß einigemal urteilt sie als Frauenzimmer*, bemerkt Jean Paul nachsichtig, als er ihre Antwort mit Lektüreeindrücken dem Freund hinüberschickt. Neben viel Lob für Vorrede und Beilagen äußert sie darin auch Kritik am Roman selbst, der ihr zu sehr im »niederländischen« Geschmack gehalten ist. *Es dünkt mich doch, es fehlt ihm an Reife.* Manches findet sie *krank und krankhaft* und Jean Pauls Derbheiten und Zynismen anstößig: *Einige Worte hätte ich gern weggewischt, denn ich bin auch manchmal überfein und lese mit allen fünf Sinnen.*

Damit kann Jean Paul leben, schließlich bestätigt Charlotte mit solchen Einwänden nur seine Vorstellungen und Vorurteile. Schon bald aber urteilt sie mehr und anders als *Frauenzimmer* als ihm lieb ist. *Die Stellen in ihren Schriften über Weiber haben meist einen kleinen Irrtum*, sagt sie ihm – und auch, worin dieser kleine Irrtum besteht: *Alles, was über diese Wesen sich [des Mannes] Geist vorstellt, gehört zum Idealischen, zum Unnützen, zur Ausartung. Ich kenne nichts Trivialeres, als die Vorstellung unserer meisten Aufklärer, auch Dichter, über die Frauen.*

Da hat sie schon erfahren, daß seine Junius-Liebesschwüre im hohen Stil, seine blumigen Brief-Schmeicheleien nichts sind als schöne Worte, Almosen für eine, der *die Erde wenig mehr zu geben hat, als Seufzer oder Wünsche.* Wenn er ihr (selten) schreibt, dann in einer Weise, die sie zugleich halten und fernhalten soll – *die Ferne heiligt die Seele und wärmet das Herz.* Sie versteht das »bleib mir vom Leibe« und wie nicht nur bei ihm poetische Schwärmerei und prosaischer Materialismus, Verehrung und Geringschätzung zusammen-

216

1. *Charlotte von Kalb*
Pastell von unbekanntem Künstler

2. Charlotte von Kalb (1785).
Ölbild von Johann Heinrich Schmidt

3. Charlotte von Kalb.
Ölbild von Johann Friedrich August Tischbein (?)

links: 4. Wilhelmine Rosina Marschalk von Ostheim geb. von Stein (?),
Charlottes Mutter. Ölbild von unbekanntem Künstler

rechts: 5. Johann Friedrich Philipp Marschalk von Ostheim,
Charlottes Vater. Ölbild von unbekanntem Künstler

6. *Friedrich Christian Marschalk von Ostheim (Fritz),*
Charlottes Bruder. Ölbild von unbekanntem Künstler

*oben: 7. Ehemaliges von Marschalksches Schloß
zu Dankenfeld (photographische Aufnahme von 1887)*

unten: 8. Schloß Trabelsdorf

oben: 9. Ehemaliges von Kalbsches Schloß zu Kalbsrieth
(photographische Aufnahme von 1891)

unten: 10. Schloß Waltershausen
(nach einer älteren Photographie)

11. Friedrich Schiller, um 1781/82.
Ölgemälde von Philipp Friedrich Hetsch

12. *Johann Wolfgang Goethe, 1791.*
Kreidezeichnung von Johann Heinrich Lips

linke Seite: 13. Jean Paul, Gemälde von Heinrich Pfenninger, 1798
14. Friedrich Hölderlin, 1792. Gouache von F. K. Hiemer
15. Johann Gottfried Herder, Ölgemälde von Anton Graff, 1785
16. Johann Erichson, Ölbild von Wilhelm Titel, 1836

oben: 17. Johann Gottlieb Fichte, Lithographie
von Friedrich Zimmermann, um 1834
18. Immanuel Hermann Fichte, Stahlstich
von Erich Correns, 1847

19. Rahel Varnhagen,
Zeichnung von Wilhelm Hensel, 1832

20. Bettine von Arnim, 1838

21. Sophie von La Roche.
Pastell von unbekanntem Künstler

22. Edda von Kalb, 1863

23. Charlotte von Kalb auf dem Totenbett.
Nach einer Zeichnung von H. Paul, 1843

gehören. *Männer wollen nur die Überzeugung, sie könnten uns Freunde sein; und wir betrügen uns über Euch bis ans Ende ... nur aus Bedürfnissen suchen sie uns; übrigens sind wir ignoriert. Weh uns, wenn wir gar Göttinnen werden! dann müssen wir wie diese unsichtbar sein.*

Zum erstenmal erschreckt Charlotte Jean Paul mit solchen unbequemen Ansichten in einem Brief zu seiner kleinen Dichtung »Die Mondfinsternis«, die er in die »Geschichte meiner Vorrede zur zweiten Auflage des Quintus Fixlein« eingefügt hat, als Geschenk für die Leserinnen-Projektion Johanne Pauline. Ihr steht die Heirat mit einem ungeliebten Mann bevor, weshalb sie des poetischen Trostes besonders bedürftig ist. Sonderlich tröstlich freilich ist gerade die »Mondfinsternis« nicht. Als böser Genius des 18. Jahrhunderts tritt die Verführerschlange auf, die den Mädchenseelen, die noch ungeboren bei Eva, der Mutter der Menschen, auf dem Mond ruhen, gräßlich ausmalt, wie sie ihnen im Leben einst die Unschuld rauben werde.

Die Schlange bog sich mit spielenden seelenmörderischen Augen mit blutrotem Kamm, mit beleckten durchbissenen Lippen und mit gezückter Zunge ins sanfte Eden herein, der Schweif zuckte hungrig und schadenfroh von einem Grabe der Erde, und eine Erderschütterung auf unserer Kugel wirbelte die laufenden Ringe und die bunten giftigen Säfte wie ein flüssiges schillerndes Gewitter herauf. O, es war der schwarze Genius, der längst die jammernde Mutter verführet hatte. Sie konnte ihn nicht anschauen; aber die Schlange fing an: »Kennst du die Schlange nicht? – Ich will deine Töchter verführen, deine weißen Schmetterlinge will ich auf dem Morast versammeln. Sehet Schwestern, damit köder' ich euch alle.«. (Und hier spiegelten die Vipernaugen männliche Gestalten nach, die bunten

Ringe Eheringe und die gelben Schuppen Goldstücke.) Und da-
für nehm' ich euch den Mond und die Tugend ab. In der
Schlinge von seidnen Bändern und im Spiegelgarn von Stof-
fen fang' ich euch; mit meiner roten Krone lock' ich euch,
und ihr wollt sie tragen; in euerer Brust fang' ich an zu reden
und euch zu loben, und dann kriech' ich in eine männliche
Kehle und fahre fort und bestätige es, und in euere Zunge
schieb' ich meine und mache sie scharf und giftig. … Die un-
gebornen Seelen verbargen sich zitternd ineinander vor dem
so nahen kalten dampfenden Giftbaum, und die Seelen, die
rein wieder aus der Erde aufgestiegen waren, umfasseten sich
weinend in furchtsamer Freude … Dann aber tritt zum
Glück der Genius der Religion auf, der wortreich versichert,
er werde die meisten der unschuldigen Mädchenseelen vor
der Verführung schon bewahren können.

Dieses sentimental-pornographische Schauermärchen kam
bei Charlotte schlecht an. Ihr empörter Kommentar bringt
die Implikationen eines Textes ans Licht, der auf den ersten
Blick nur als Geschmacklosigkeit verärgert.

Ich muß es Ihnen sagen: einige zarte poetische Züge sind darin,
das Ganze aber hat einen so christkatholischen Geschmack.
Die Geschichte der Verführung, die ich bis in den Tod hasse,
kommt darin gräßlich vor. Ach, ich bitte, verschonen Sie die ar-
men Dinger, und ängstigen Sie ihr Herz und Gewissen nicht
noch mehr. Die Natur ist schon genug gesteinigt! Ich ändere
mich nie in meiner Denkart über diesen Gegenstand …
Die Religion hier auf Erden ist nichts Anderes, als die Ent-
wicklung und Erhaltung der Kräfte und Anlagen, die unser
Wesen erhalten hat. Keinen Zwang soll das Geschöpf dulden,
aber auch keine ungerechte Resignation; immer lasse der küh-
nen, kräftigen, reifen, ihrer Kraft sich bewußten und ihre Kraft
brauchenden Menschheit ihren Willen. Aber die Menschheit

und unser Geschlecht ist elend und jämmerlich, und Gesetz, Kirche und Gesellschaft machen sie immer jämmerlicher. All unsere Gesetze sind Folgen der unseligsten Armseligkeiten und Bedürfnisse und selten der Klugheit. Liebe bedürfte keines Gesetzes.

Die Natur will, daß wir Mütter werden sollen, vielleicht nur, damit wir, wie Einige meinen, Euer Geschlecht fortpflanzen. Dazu dürfen wir nicht warten, bis ein Seraph kommt; sonst ginge die Welt unter. Und was sind unsere stillen, armen, gottesfürchtigen Ehen? Ich sage mit Goethe und mehr als Goethe: »Unter Millionen ist nicht einer, der nicht in der Umarmung die Braut bestiehlt.«

Ich sage dies alles in Beziehung auf Ihre Vorrede. Ich verstehe diese Tugend nicht und kann um ihretwillen keinen selig sprechen.

Ihrer dringenden, flehentlichen Bitte, diese Vorrede nicht drucken zu lassen, folgt Jean Paul nicht. Eindruck macht ihm ihr Brief schon. Er wird an Otto weitergegeben mit der Bemerkung: *Hier in diesem Briefe ist ihre ganze exzentrische Kraft.* Aber über ihr Einmengen in sein ästhetisches Leben will er ihr einmal für immer die entschiedenste Meinung sagen. Das tut er denn auch, mit einem am Thema vorbeigehenden frommen Bekenntnis *(Ich kann viel opfern, aber nicht meine Begeisterung für die Unsterblichkeit und deren Hoffnung)*; seine Position in der Sache freilich ist angreifbar, wie ihm zu seinem Ärger klar ist: *Vortrefflich gesunde Naturen wie Sie haben wohl ähnliche Meinungen über Verhältnisse, aber für Schwächlinge ist es Arsenik.* Seine vorläufige Rache besteht darin, daß er ihr von zwei langen Abschiedsabenden mit seiner neuen Flamme Juliane von Krüdener vorschwärmt, deren große Ähnlichkeit und Unähnlichkeit mit Charlotte eine *mündliche Schilderung* brauchen würde, und dann noch einmal nachtritt: *In Ihrem Urteil ist eignes Gefühl zuweilen vorlaut.* Deshalb mißfalle Charlotte in der »Mondfinsternis« das mit ihr *Dissonierende* zu sehr.

In der französischen Revolution waren zum erstenmal in der Geschichte Frauen aufgetreten, die auch ihren Anspruch auf Freiheit und Gleichheit öffentlich anmeldeten. Die 36jährige Marie Aubry, die sich als Schriftstellerin Olympe Marie de Gouges nannte und auch gegen die Sklaverei in den französischen Kolonien kämpfte, verfaßte 1791 eine »Deklaration der Rechte der Frau und Bürgerin«, die sie der Königin Marie Antoinette widmete. In ihrer Vorrede berief sie sich zur Unterstützung ihrer Forderungen auf die Natur, die auch die Männer so oft bemüht haben, um bestehende Ungleichheit in ihrem Namen zu verteidigen: *Suche, untersuche und unterscheide, wenn du es kannst, die Geschlechter in der Ordnung der Natur. Überall findest du sie ohne Unterschied zusammen, überall arbeiten sie in einer harmonischen Gemeinschaft an diesem unsterblichen Meisterwerk. Nur der Mann hat sich aus der Ausnahme ein Prinzip zurechtgeschneidert. Extravagant, blind, von den Wissenschaften aufgeblasen und degeneriert, will er – in diesem Jahrhundert der Aufklärung und Scharfsichtigkeit, doch in krassester Unwissenheit, despotisch über ein Geschlecht befehlen, das alle intellektuellen Fähigkeiten besitzt.*
Der Artikel I ihrer Erklärung *(Von der Nationalversammlung am Ende dieser oder bei der nächsten Legislaturperiode zu verabschieden)* lautet: *Die Frau ist frei geboren und bleibt dem Manne gleich in allen Rechten. Die sozialen Unterschiede können nur im allgemeinen Nutzen begründet sein.* Verabschiedet wurde diese Deklaration nie. Als Marie Aubry die Schrek-

kensherrschaft Robespierres öffentlich kritisierte, wurde sie mit der Guillotine hingerichtet. Ihre Gedanken und Forderungen aber ließen sich nicht auslöschen und wurden auch anderswo erhoben. In Deutschland etwa machte sich der Schriftsteller und Jurist Theodor Gottlieb von Hippel Gedanken »Über die bürgerliche Verbesserung der Weiber«, in England erschien Mary Wollstonecrafts flammende »Vindication on the Rights of Women«.

Von aufrührerischen Gedanken infiziert ist auch die Schrift der Germaine de Staël, die unter dem Titel »Sur l'influence des passions sur le bonheur des individus et des nations« (»Über den Einfluß der Leidenschaften auf das Glück ganzer Nationen und einzelner Menschen«) 1796 erschien. Ein Jahr später lag sie in deutscher Übersetzung vor und wurde viel diskutiert.

Lesen Sie vor allen Dingen ein Werk von Madame Staël, sur L'influence des passions ... Lesen Sie's, lesen Sie's – ach, ich wünsche nichts so lebhaft. Ich hab' es verschrieben, sobald ich's habe, schicke ich's Ihnen. Vieles, was ich Ihnen nicht gesagt habe, steht in diesem Buch. Es ist alles wahr. So habe ich mich noch durch keine Seele verstanden gefunden!

Als Jean Paul es dann liest, hat er schon vergessen, daß Charlotte es ihm so sehr empfohlen hatte, muß aber bei der Lektüre dauernd an sie denken: *Nie, Freundin, hab' ich Sie soviel sprechen hören als seit 8 Tagen. – Mad. de Staël ist Ihre Schwester Rednerin, und in dem, was ich las, glaubte ich den Wiederhall unserer Juniusstunden zu hören. Noch kein Weib schrieb so über die Liebe, und noch keins so über alles andere. Aber es ist leichter der Bewunderer als der Jünger zu sein, und ich bedauere und bewundere dieses energische Herz.* Seine Vergeßlichkeit straft Charlotte durch den kühlen Ton ihrer Antwort ab: *Schon lange hatte ich Ihnen das Buch der Frau von Staël, als ein sehr merkwürdiges Produkt des weiblichen Genies empfohlen. Es freut mich, daß Sie es so wichtig und energisch fanden. In dem Fluge ihres Räsonnements erreicht sie oft einen hohen Punkt, der nur noch von Wenigen geahndet wird. Sie wäre weit größer, wenn Sie mehr Haltung hätte, in der Idee und im Stil.*

Germaine de Staël spricht in ihrem Buch über die gesellschaftliche Stellung der Frau samt ihren betrüblichen Konsequenzen. Darum geht es ihr im Kern, obgleich sie außerdem noch viele andere Themen abhandelt. Wenn sie bei ihrer Herzensangelegenheit ist, gewinnt ihre sonst oft haltlos dahinfliegende Rhetorik mitreißenden Schwung. So in den Kapiteln über die Eitelkeit und über die Liebe: *Bei den Weibern ist alles entweder Eitelkeit oder Liebe.* Eitelkeit, weil ihnen die Männerwelt den Weg zu Ruhm und Ehre verschließt: *Das Weib besteht nicht durch sich selbst; selbst in dem Ruhme findet es keine hinreichende Stütze. Seine natürliche Schwäche, aus der es sich nie erheben kann, und seine gesellschaftlichen Verhältnisse erinnern es mit jedem Tage an seine Abhängigkeit, und aus dieser reißt es sich selbst mit einem unsterblichen Genius nicht los.* So bleibt ihr nur die Liebe: *Hört mich ihr Weiber, Ihr, Schlachtopfer des Tempels, wo man Euch zu vergöttern scheint, hört mich! Enterbt ist die Hälfte des Menschengeschlechtes sowohl von der Gesellschaft als von der Natur ... Bei den Weibern ist die ganze Historie ihres Lebens nur Liebe; nur Episode ist die Liebe in der Geschichte der Männer.*

Daß sie damit recht hat, räumt Jean Paul ein. An Charlotte schreibt er: *Ein männliches Herz ist der Tummel- und Zimmerplatz der ganzen Welt, das Kampffeld der politischen Ver-*

hältnisse und die Grotte der Freundschaft. – Der in so viele Arme zerteilte Strom der Liebe geht dann freilich nicht so tief und breit dahin als der, der unzerlegt aus einem weiblichen Herzen fließet, das selten mehr umfängt, als das, was es geheiratet und was es geboren hat. Im »Titan« schärfte er diesen Gedanken dann zum Bonmot: *Die Männer haben immer zu tun und schicken die Seele auswärts, die Weiber müssen den ganzen Tag daheim bei ihrem Herzen bleiben.*

In der politischen Forderung nach Gleichberechtigung hätte Charlotte mit den Frauen der Revolution den Ausweg aus einer Lage sehen können, die sie in einem Brief an Goethe so beschrieben hat: *Mich dünkt das ganze Leben eines Weibes – die doch gerne möchte, daß aus diesen Steinen Brot werde – ist mit nichts erfüllt – als stets den Schutt wegzuräumen, der von den Decken unserer großen moralischen, kirchlichen und Polizei-Gebäude über sie fällt, und sie zu ersticken sucht.* Doch solche revolutionären Konsequenzen hat sie nicht gezogen, ebenso wenig wie Madame de Staël. Stattdessen hat sie sich als Aristokratin stolz in der Sackgasse verschanzt, indem sie sich mit der weiblichen Liebesnatur identifizierte und sie ins Große zu steigern suchte. Sie erklärte die Liebe zu ihrer Religion – und die Religion zur höchsten Form der Liebe. Die autobiographischen Bekenntnisse, in denen die französische Quietistin Jeanne de Guyon ihre große, hohe Liebe zu Gott bezeugte, hat Charlotte Jean Paul so dringend empfohlen wie das Buch der Madame de Staël, als etwas ganz Besonderes, als Seelenwerk: *Auch hat es eine Frau geschrieben. Ich bemerke, daß die Welt und der Mann und der Dichter und der Schriftsteller ebensowenig dies geistige, herzliche, weibliche Wesen kennt, als wie Fichte den Theologen schuld gibt, daß sie Gott nicht kennen.*

Jean Paul hat den Geschlechterkampf mit Charlotte spannend gefunden und inspirierend für sein Werk, gelernt, angenommen hat er von ihr nichts. Er blieb bei seiner gönnerhaften Herablassung gegen das weibliche Geschlecht, nachzulesen etwa in dem »Privilegierten Testament für meine sämtlichen Töchter«, einem klassischen Beispiel jener doppelten Moral, wo *der Mann für sich das Evangelium in dem selbstsüchtigen Eigennutz will, aber für die Frauen das strenge Gesetz.* Seine Botschaft hat Charlotte so zusammengefaßt: *Das Testament der Männer an die Töchter lautet ungefähr so: Ihr habt kein Recht ans Leben, keine Liebe gibt's für euch, ihr werdet verachtet oder genossen. Ihr müßt lieben und einen einzigen beglücken, aber ihr dürft weder Verstand noch Willen haben; keinen Wunsch, keine Freude und Teilnahme dürft ihr bezeigen, nicht euer Verlangen allein, auch das unsere wird euch in der Erinnerung als Schuld angerechnet ... Ich kenne nichts Schwächeres und Lächerlicheres an einem Mann, als wenn er solche Offenbarungen des weiblichen Herzens bekennt, und gewiß nicht vertilgen, sondern uns kund tun möchte. Genug schriftlich!*

Und dann doch nicht genug, denn es gab noch mehr, was sie als *Schwester Rednerin* der Germaine de Staël an den Mann bringen mußte.

Die Satire über die Schriftstellerei der Frauens finde ich nicht ganz wahr; ich mag mit einem und dem andern nichts zu tun haben, und selbst meine Tochter soll sich nicht bemühen, aus Stolz sei es ihr verboten. Aber Ihr tut's nur aus Eigennutz, damit Euch nichts von unserer Seele entgehe, und Ihr macht's wie der Teufel, der die in die Ewigkeit behalten will. Das glücklich liebende Weib wird kein Autor, und bei einer Unglücklichen sucht niemand eine Freude. Warum wollt Ihr nicht, daß sie ähnliche Mühen mit Euch habe und ähnliche Täu-

schungen erlebe? Die Ehrsucht, die Eitelkeit und der Ehrgeiz
hat nie diese Gewalt über eine weibliche Seele, wie bei einem
Manne. Sie kann es nie vergessen, daß sie ein Herz hat und
daß sie sie lieben können. Kein Rausch, kein Rauch bringt sie
um dies Bewußtsein des Höchsten, und die Liebe, von der die
Männer singen, ist dem Weib die ewigste Wahrheit. Jean Paul
muß sich in acht nehmen, daß er nicht mit einer Heckenschere
das Gesträuch noch kürzer beschneide. Den wahren Genius
wird er nicht aufhalten, aber manchen Druck vermehren und
manche Dummheit befördern, und soll das Weib nicht sein,
was es sein kann und wird?

27 · RAUBVÖGEL

Geduld, diese *ernste, strenge, stumme und tötende Gewalt!*
Fast zweieinhalb Jahre, noch länger, als ehemals auf Schiller,
mußte Charlotte warten, bis sie Jean Paul in Weimar wieder-
sah. Dort macht sie ihm einen Heiratsantrag.
Jean Paul an Christian Otto, am 28. und 29. Dezember 1798:
Aber zu einer wichtigen Nachricht.
Durch meinen bisherigen Nachsommer wehen jetzt die Leiden-
schaften. Jene Frau – künftig heiße sie die T i t a n i d e *, weil ich*
dem Zufall nicht traue – die von Weimar zuerst nach Hof an
mich schrieb, die ich Dir bei meinem ersten Hiersein als eine
Titanide malte, mit der ich wie Du weißt, einmal eine Szene
hatte, wo ich … im Pulvermagazin Tabak rauchte, diese ist
seit einigen Wochen vom Lande zurück, und will mich heira-
ten und sich scheiden … Kurz nach einem Souper bei Herder
und einem bei ihr, wo er bei ihr war (er achtet sie tief … und
küßte sie sogar im Feuer, neben seiner Frau) und als der Wi-
derschein dieser Ätnasflamme auf mich fiel, sagte sie mir es

*geradezu. Sonderbar, ich möchte lieber 3 Tage mit dir reden als
1 Minute darüber schreiben (auch hörst du das Bestimmtere
erst im Lenz von mir). Meine moralischen Einwände gegen
die Scheidung wurden durch die 10jährige Entfernung des
Mannes widerlegt, und durch den frühern Vorsatz für Schiller – von den 3 Kindern bliebe nur eines, das schönste klügste
Mädgen – alle Güter sind die ihrigen ... Verdammt! ich ärgerte mich diese ganze Seite durch über dich, weil dir nie
meine kurze schlechte Erzählweise recht ist, und mir doch vor
langen Historien ekelt. Im Lenz, im Lenz!*

*Mit drei Worten! O ich sagte der hohen heißen Seele einige
Tage darauf Nein! Und da ich eine Größe, Glut, Beredtsam-
keit hörte, wie nie; so bestand ich eisern darauf, daß sie keinen Schritt für wie ich keinen gegen die Sache tun wolle.
Denn sie glaubt, ihre Schwester und deren Mann, der Präsident, und ihre Verwandten würden alles tun, ach im März
wäre alles vorbei, nämlich die Hochzeit.*

*Ich habe endlich Festigkeit des Herzens gelernt – ich bin ganz
schuldlos – ich sehe die hohe genialische Liebe, die ich Dir hier
nicht mit diesem schwarzen Wasser malen kann – aber es pas-
set nicht zu meinen Träumen.*

Die törichte Jungfrau, die ihr Öl verschüttet ... Charlotte ist
37 Jahre alt, als sie ganz verblendet und in einer Art von Tor-
schlußpanik ihren leidenschaftlichen Anschlag auf Jean
Pauls Hand und Herz unternimmt (dem Weimar in diesen
Tagen mehr denn je wie ein Sündenbabel vorkommt). Die
letzte Chance auf das große Glück! Vielleicht hatte sie Schiller nur verloren, weil sie so lange unentschieden und passiv
geblieben war? Aufgeregt bastelte sie an einem Remake alter
Träume.

Was sie Jean Paul über ihre Güter sagte, war schlicht gelogen.

Da sie im Juni 1795 eine Tochter, Eleonore, auf die Welt gebracht hatte, die drei Wochen später starb, kann auch von einer zehnjährigen *Entfernung* von ihrem Mann keine Rede sein. Daß sich Schwager und Schwester für ihre Scheidung und Heirat mit einem bürgerlichen Poeten ohne Amt und Vermögen einsetzen würden, war reines Wunschdenken. Noch seltsamer hört sich ihr durch Jean Paul überlieferter Plan an, ihren abgelegten Mann nach der Scheidung mit einer neuen Frau zu versorgen. Ausgesucht hatte sie ihm die Engländerin Emily Gore, die mit dem Vater, einem Kaufmann, und der Schwester Elise seit Jahren zur Weimarer Gesellschaft gehörte – Elises Verhältnis mit dem Herzog Karl August war in der Stadt ein offenes Geheimnis. Ob Emily von dem ihr zugedachten Glück an der Seite des Herrn von Kalb gewußt hat, scheint zweifelhaft. Das von Charlotte imaginierte Happyend kann man sich im Komödienstil ausmalen: Zwei glückliche Paare, Heinrich und Emilie, Charlotte und Jean Paul, Hand in Hand vor Schloß Waltershausen oder noch besser, vor dem Landgut bei Jena, das sie gekauft hatte und in dem sie nun gemeinsam leben würden.

Aber auch die hochdramatischen Szenen zwischen Jean Paul und Charlotte sind, von außen betrachtet, nicht ohne Komik. Wir sehen die alte Geschichte von der Verführung der Unschuld mit vertauschten Rollen. Und die *Größe* und *Glut* von Charlottes Beredsamkeit kontrastiert so kläglich mit der Bedingtheit der Verhältnisse, in die sie sich zu fügen hatte, sich fügte.

Charlotte an Jean Paul, am 24. Dezember:

Wenn Sie für diesen Abend kein Projekt haben, so kommen Sie nach der Suppe, etwa um 8 Uhr, zu mir. Wir wollen zu den Kindern gehen, Punsch trinken und Klavier spielen und singen. Heinrich von Kalb wird Ihr Besuch auch recht sein. Tun

Sie aber nur, als wenn Ihr eigener Genius Sie hierher führte und nicht meine Bitte, damit der Weihnachtsabend ein heiliger Abend für mich werde!! –
Charlotte an Jean Paul, im Februar 1799:
Die Kinder fragen, ob Herr Richter nicht heute mit uns essen würde, weil wir Sauerkraut hätten.

Charlottes Heiratsantrag war nicht die erste und einzige Versuchung dieser Art, die Jean Paul abweisen mußte. Mehrere Damen hatten es um diese Zeit auf seine Freiheit und Unschuld, am liebsten auf beides abgesehen. Sie sind eheerfahren – unglücklich verheiratet, verwitwet oder geschieden, wie Emilie von Berlepsch, deren Heiratsantrag Jean Paul zunächst angenommen hatte, um dann doch einen Rückzieher zu machen, was zu angreifenden Szenen mit hysterischen Anfällen und Blutspucken führte. Sie sind seine Leserinnen, allem Großen, Edlen, Schönen schwärmerisch zugetan, oder schriftstellerten gar selbst, wie Juliane von Krüdener, die Sydow und die Berlepsch. Sie haben Vermögen oder gaben, wie Charlotte, vor, welches zu haben, in der Hoffnung, ihn mit der Aussicht auf eine sorgenfreie Existenz locken und an sich binden zu können. Sie sind, was nicht ihre Schuld ist, unausgefüllt, und sie sind Adlige, was ihnen die Lizenz zu geben scheint, gegen die Konvention als Werbende aufzutreten. Doch eben das »von« in ihrem Namen machte Jean Paul für sie unerreichbar.
Noch ohne Kenntnis der »großen Welt« hatte er seinem Roman-Helden Siebenkäs sein aus Faszination, Scheu, Abwehr gemischtes Gefühl Frauen von Stand gegenüber geliehen, das ihm auch blieb, als solche Frauen ihn tatsächlich anschwärmten und um ihn warben. Der Vergleich, den er für sie findet, spricht für sich: *Überhaupt steig' ich ja in die Ne-*

ster der höheren Stände nur der Weiber wegen hinauf, die da wie bei den Raubvögeln größer sind als die Männchen. Das größte seiner Raubvogelweibchen war Charlotte, die er zur Göttin seines »Titan« bestimmt hatte. Umsonst bat sie ihn: *Nenne mich nicht Titanide! Man fühlt wenig Mitleid, Liebe und Schmerz für das Kühne, Sonderbare.* Sein Lebenstraum, in den sie nicht paßte, war idyllisch.

Hermine (oder auch Rosinette) heißt das sanfte, einfache Mädchen, die er sich in der »Konjektural-Biographie«, der Beschreibung seines »bevorstehenden Lebenslaufes«, als Ehefrau auswählt. Auf einem Landgut namens Mittelspitz, das in einem schönen Tal gelegen ist, will er mit ihr wohnen, will Familien- und Hausvater werden, und wenn der Pate Christian Otto zur Taufe des jüngsten Kindes zu Besuch kommt, bleibt Hermine selbstverständlich in der Küche, *nur in der Dämmerung und abends hat sie eine gute Stunde für uns. Die gute Seele will lieber den Freund entbehren, den sie mit mir liebt, um mehr für ihn zu sorgen; so sind die guten Weiber; die weiblichen Kraftgenies hingegen sind wie wir.*

Wohl hat Charlotte versucht, Jean Paul auch in die Idylle zu folgen, sich wenigstens an ihrem Rande als mütterliche Freundin, als Vertraute anzusiedeln:

Wenn ein Leiden im Hause ist oder ein krankes Kind, so wird Hermina zu mir schicken, um den beruhigenden Rat meiner stets gegenwärtigen Liebe zu hören. Und wenn ich schwächer werde und nun mein einsames Zimmer nicht mehr verlassen kann, wird immer eines oder einige die Abende bei mir zubringen, und wir werden in traulichem Gespräch unsere Gedanken, Erfahrungen und Lektüre wechseln. Und wenn einst unter dem Schatten einer Linde sich ein frischer Rasen hebt, und die Kinder am liebsten in dieser Dämmerung verweilen und mit kleinen Erinnerungen von mir ihr kurzweiliges Spiel unterbre-

chen, dann wird der Vater nicht fragen, wenn sie nach Hause kommen, was habt Ihr getan? sondern, wo habt Ihr gespielt? und es wird lange eine Sage im Dorfe sein, daß auf dem Grabe Deiner Freundin die Kinder am frohsten und traulichsten spielen.

Doch der falsche Ton dieses sich bescheidenden Anpassungsversuchs ist zu spüren. Bei sich selbst ist Charlotte, wenn sie so spricht: *Ich lese in meinen Briefen, ich mag schreiben, was ich will, nur die Worte: Halte meine Seele fest, dann will ich den Flug ins Unendliche wagen!*

Die Jahre, die sie auf Jean Pauls Rückkehr nach Weimar wartete, waren dunkel für sie gewesen, dunkel auch, weil sie zeitweise fast erblindete und nicht mehr schreiben und lesen konnte. *Mein Mann hat mir Ihren letzten Brief vorgelesen, der sich Ihnen sehr empfiehlt, und meinem Sohn diktiere ich.* Jean Paul, der nach Leipzig übergesiedelt ist, schrieb selten, seine Affäre mit Emilie von Berlepsch nahm ihn für eine Weile ganz in Anspruch. Wieder eine Tabakspfeife im Pulvermagazin ... Charlotte schickte ihm verletzte und verletzende, schroffe Briefe, antwortete auf sein echtes Desinteresse mit gespielter Kühle und will damit doch nur ein Zeichen seiner alten Liebe, ein sanftes und besänftigendes Wort erzwingen. Aber er blieb kühl, rügte sie wegen *ihrer etwas winterlichen Gesinnung* und strafte sie, wie er es gern tat, mit dem Lob seiner neuen Favoritin ab, die Charlotte bei deren Besuch in Weimar wohl kennen, aber verständlicherweise nicht lieben lernte. *Als die Berlepsch bei mir war und mich verhörte, wann ich einen Brief von Ihnen erhalten? habe ich ein wenig gelogen und gesagt, Sie hätten mir von Leipzig geschrieben. Denn wenn es auch wahr ist, daß Sie Charlotten über diese Minerva, Venus, Ninon und Sappho vergessen und ganz entbehren können, so soll sie doch dieses Glaubens noch nicht leben,* schreibt sie ihm im Oktober 1797 und wenig später mit großer Geste: *Frau von Berlepsch sah ich oft. Hat Sie Ihnen gefallen, so haben Sie sehr wohl getan, sich dieser angenehmen Empfindung zu überlassen; ich habe keine Empfindung für sie, und auch keine gegen sie, und so wird es der Frau von Berlepsch mit mir auch gehen. Sie bedarf meiner in ihrer Welt gewiß nicht, und in meinem Alter stiftet man schwer neue Verbindungen.* Giftig gibt Jean Paul zurück: *Die meisten Menschen stecken zu tief in ihrem sumpfigen Ich, um den reinen Abriß eines fremden zu sehen.*

Charlotte an Jean Paul, am 10. Dezember 1797:

Die Berlepsch wird bald bei Ihnen sein, sie hat mich nämlich besucht. Einige Ihrer Briefe hat sie in einer Gesellschaft vorgelesen, und diese werden nun häufig bei Teegesellschaften rezitiert. Sie ist mehr eitel als klug! Und äußerst geschwätzig über das neue himmlische Leben, das sich ihr mit Ihnen eröffnet. – Nennen Sie mich nicht, und schreiben Sie von mir noch weniger; – der Ruhm wird meinen Namen nicht tragen, und das Gerücht soll ihn nicht mißbrauchen.

Reden Sie mir recht wahr über Ihre Stimmung und Verhältnisse ohne Bekleidung – das trockne Wort. –

Werden Sie heiraten?

Als die Berlepsch bei uns war, hat mein Mann eine kleine Posse gemacht, und der Berlepsch gesagt: er hätte gehört, Sie würden nächstens heiraten – dies brachte sie aus der Fassung, und sie sagte ganz betroffen: ›so weit würde es noch nicht sein.‹

Ich wünsche Ihnen, wenn Sie eine Frau nötig haben, daß Sie ein ordentliches sanftes tätiges Mädchen wählen, und Freunde die nicht mit Ihnen prunken.

Aus den Qualen von Eifersucht und verletztem Stolz sucht sich Charlotte in die Empfindungslosigkeit zu retten; weil sie alles das schon einmal erlitten und erlebt hat, fühlt sie sich gegen künftiges Unglück gestählt. *Ja ich merke fast, daß ich älter bin, als die Ältesten im Volk. Es kann mich gar nichts mehr verwundern, und ich glaube, auch nicht leicht betrüben.* Aber nur zu gern läßt sie sich dann, im Oktober 1798, von Jean Paul aus Kalbsrieth nach Weimar holen – die Berlepsch ist inzwischen passée: *Ich fand [hier] die alte Liebe wieder und bringe die alte mit, aber eine neue oder bedachtsamere Zunge,* lockt er, und: *Kommen Sie bald und bringen Sie die alte Gesinnung mit, die ich Ihrem Herzen entgegenbringe.* Damit facht er, wie schon so oft, ihre Leidenschaft neu an und verführt sie zu dem unglückseligen Heiratsantrag, der ihre Leiden verlängert.

Etwas von der fieberhaften Erregung dieser Tage spiegelt sich in den Billetten, die Charlotte Jean Paul zwischen ihren Begegnungen immer wieder herüberschickt. Wir sehen sie hin und hergeworfen zwischen Hoffnung und Verzweiflung, bis sie sich an der Hand Jean Pauls – ein vortrefflicher Arzt für Seelenwunden, die er selbst geschlagen hat – in eine heilige Resignation rettet.

Ich gehe mit leichtem Schritt den Berg hinan, denn die Wahrheit, die Liebe und die Begeisterung begleiten mich.

Ich fange an zu zittern und Todeskälte umfaßt mich. Ich kann nichts tun, bis ich weiß, ob Sie den Abend kommen.

Ich habe kein Auge geschlossen. Diese Stelle in dem Billett: ›Warum erlaubst – die Bedingungen – zeigen kann‹ hat mir alle Rast genommen. Hab' ich denn diese Bedingungen je gefordert – nenne sie mir, damit ich es beantworten kann.

›Daß ich meine Lippen auf die Wunden Deines Herzens legen werde. Sei still, liebe Seele!‹ Ich habe seit gestern um 10 Uhr nichts anderes gedacht.

›Werde ruhig und hoffend!‹ Bei der ewigen Wahrheit, bei meiner Seligkeit, ich will es werden.

Er habe jetzt mit der Titanide *ein Elysium ohne Schwaden,* alles sei *leicht und recht und gelöset,* meldet Jean Paul am 6. Januar 1799 seinem Freund erleichtert. Mit Charlotte ist es viel einfacher als mit der Berlepsch. *Nein, es gibt nichts heiligeres und erhabeneres als ihre Liebe. Sie ist weniger sinnlich als irgend ein Mädchen; man halte nur ihre ästhetische Philosophie über die Unschuld der Sinnlichkeit nicht für die Neigung zur letztern.*

Rückschläge bleiben dann freilich nicht aus. Charlotte bringt es nicht fertig, von Jean Paul zu lassen. Wenn sie ihn schon nicht heiraten darf, ihre Liebe will sie sich nicht nehmen lassen, die sie ihm in wunderbaren Briefen zu Füßen legt. Vermutlich ist er eben deswegen nach Weimar gekommen, er braucht noch Material für seinen neuen Roman. Und im Leben? *Ich würde sehr einsam sein und arm und mangelnd, wenn Dich meine Seele wieder verlöre*, bekennt sie demütig und versucht, sich wenigstens einen bescheidenen Platz in seiner Nähe zu retten. Für ein paar Monate nimmt sie Amöne Herold, eine frühere Freundin Jean Pauls, nun die Braut seines Freundes Christian Otto, bei sich auf, erst in Weimar, dann in Kalbsrieth, wo ihre Familie zu dieser Zeit lebt. *Ich liebe Amöne, weil sie liebenswürdig ist, weil Du es wünschest, und fast einzig wegen meiner zarten, lieblichen, erwärmenden und belebenden Idee über sie,* schreibt sie ihm. Und er an Otto: *Ich denke, mit einer Frau von mehr Geistesfreiheit, Tiefe und Kraft und Toleranz, als ich je eine gekannt, wird sich Amöne wohl befreunden.* Doch der gute Wille reicht nicht hin.

Der gestrige Abend war mir nicht ganz recht; es war eine Heterogenität und das Fräulein war hofmeisterlich.

Ich gehe vielleicht diesen Abend zu Herders, wenn Sie nicht vielleicht lieber mit Amöne allein dort sind.

Schließlich: *Ich bin ihr sehr gut, aber Weimar ist kein gedeihlicher Boden für uns drei.*

Mitte Juni kehrt Charlotte zu ihrer Familie nach Kalbsrieth zurück. *Nur fünf Stunden fuhr ich, so kam ich schweigend an. Die Kinder waren um meinen Wagen versammelt, und Heinrich und Bärbel und die andern. Das kleine Hündchen meines Sohnes Fritz sprang in den Wagen und leckte mir die Wange ... August brachte mir sein neuestes Kleinod, ein junges Kätzchen. Edda, meine süße, schon wie die Mutter verkannte Edda, eine niedliche Zeichnung von ihrer Hand. Sie war sehr liebenswürdig, sehr sanft, und so blieb sie die ganze Zeit. Da ich mich jetzo dem Ausbruch des freudigen Wohlgefallens nicht mehr überlassen darf, so bin ich ernst mit ihr, aber weil doch die Liebe einen Ausdruck haben muß, so treten mir oft von inniger Freude über sie zitternd fast Tränen der Wehmut in die Augen. Lieber, Guter, vergib, ehe Du es liest, mein Bekenntnis.*

Du hast mir oft Schmerzen gegeben! Dichterbiographen wie Du, das heißt, wie Du allein bist, sehen, fassen, bilden, zeichnen und schaffen tief die Menschheit. Aber die Wirklichkeit eines festen, unzerstörlichen, liebenden Gemüts fassen sie nicht. Ich glaube fast, sie sind besorgt, daß in den Zügen, in der Seele der Menschen etwas ist, was ihren Idealen gleicht. Sie sind

eifersüchtig auf die Kinder ihres Gemüts und ihrer Phanta-
sie...

Ja mein Teurer, ich sage Dir jetzo nicht, wie oft ich gelitten
habe, wie zerstörend, so, daß ich mein Herz Deiner Gewalt
entziehen müßte (wenn Du es nicht haben willst)
als länger den Tod der Liebe so oft zu schmecken. Denn sie er-
wacht immer wieder in Deiner Gegenwart, ach leider auch
durch Deine Bücher, und ich muß mit St. Preux [dem Helden
von Rousseaus Roman »Julie ou la Nouvelle Héloïse«] sagen:
On veut te fuir, le fantôme est dans ton cœur. Du bist nicht
schuld daran, ich weiß es wohl, verzeih also meiner Klage –
Du bist, das weiß mein Herz und darum will es zu
Dir! –

Etwas später gibt sie ihre Wohnung in Weimar auf. Sie ist
wieder in Waltershausen, als sie von Jean Pauls Ernennung
zum Hildburghausener Legationsrat hört: *Was Sie manch-*
mal für Einfälle haben! Jeder ausgezeichnete Mensch raubt
sich jeden Rang und bekennt einen Unglauben, der sich einen
Titel geben läßt. Ein Titel ohne Amt ist mir so widerwärtig
wie ein hölzernes Schaugericht. In ihrer Rüge (sie muß Jean
Paul, der solche Schaugerichte oft satirisch gegeißelt hat,
empfindlich getroffen haben) steckt noch einmal Eifersucht:
die Ahnung oder schon das Wissen, daß Jean Paul mit diesem Titel den Abstand zur Hildburghausener Hofdame Karoline von Feuchtersleben verringern möchte, um deren Hand
er sich bewirbt. Wenig später gratuliert sie ihm zur Verlobung.
Fräulein von Feuchtersleben wird als eine verständige, ange-
nehme Person geachtet; ich und Herr von Kalb freuen uns Ih-
rer Verlobung. Doch Karoline von Feuchtersleben kann sich
ihres Bräutigams nicht lange freuen. Keineswegs ein weib-

liches Kraftgenie und Jean Paul zutiefst ergeben, verliert sie ihn vielleicht, weil er in letzter Minute doch davor zurückschreckt, fürs Leben in ein Raubvogelnest heraufzuklettern, und wenn es nur ein kleines »von« ist. Nach kurzer Zeit löst er die Verlobung, die er gegen den Widerstand von Karolines adelsstolzer Verwandtschaft erst hart erkämpft hatte, und reist nach Berlin, wo er in Karoline Mayer endlich seine Hermine fand.

In Charlottes ehemalige Weimarer Wohnung ziehen Schillers ein. Lotte Schiller, die dort eigentlich nicht wohnen wollte, ist froh, daß die Kalb ihre Spuren vertilgt habe, *und man wird nicht mehr an sie erinnert.*

28 · DIE LETZTE PFEIFE

Dem Anbruch eines neuen Jahrhunderts ist man feierlichere Betrachtungen schuldig als einem gewöhnlichen Jahreswechsel. Friedrich V., der als Landgraf von Hessen-Homburg (noch) eines der kleinsten deutschen Fürstentümer regierte, gab sich, fromm und gutwillig, wie er wohl war, alle Mühe, dem Anlaß gerecht zu werden. In der Silvesternacht auf das Jahr 1800 (sie fiel auf einen Dienstag) tunkte er die Feder zu folgenden Betrachtungen ein:

Wie in einem Zauberspiegel gehen alle Träume der Kindheit, alle erfüllten und vereitelten Hoffnungen und Wünsche der Jugend, alle Auftritte meines Lebens, alle Aussichten, alle Schicksale meines herannahenden Alters vor meiner Seele vorüber; ein undurchdringlicher Nebel verschleiert die Zukunft.

Ungefähr viermal sah ich den Geist der Zeit eine verschiedene Färbung annehmen. Die erste Periode war etwas schwerfällig, zum Aberglauben geneigt, aber ein Grundzug war die Ehrlich-

keit; die zweite war die empfindsame, gezierte; die dritte war
gelehrt, genial, überfeinert, die vierte zügellos, frech, ungläubig.
Schon fängt der Geist der neuesten Zeit an, eine andere Fär-
bung anzunehmen; möchte er sich zum Guten wenden!
Neun Revolutionen, von welchen die ungeheuerste noch fort-
dauert, ebensoviele große Kriege, schreckliche physische und
vulkanische Naturumwälzungen; das Aussterben einiger sou-
veräner Häuser; der Untergang einiger Reiche; die Entstehung
neuer Staaten; eine Menge philosophischer Systeme, eines auf
des andern Trümmern erbaut; wichtige Erweiterungen man-
cher Wissenschaften, besonders auf dem Gebiete der Naturkun-
de; Gelehrte, Könige, Kriegshelden, Staatsmänner ohne Zahl,
kühne Weltumsegler; unermeßliche Entdeckungen; ein fünfter
Weltteil mitten aus dem großen Gewässer aufsteigend – schim-
mern vor meinem Auge!
In diesem Wendepunkt zweier Jahrhunderte ist es wohl gebo-
ten, einen Einblick in sich selbst zu tun. Mögen andere den
Moment vertändeln, verspielen, vertrinken, vertanzen, verschla-
fen; ich will eine ernste Selbstprüfung halten, mich fragen, ob
ich besser geworden bin, und dann einen festen Vorsatz fassen,
auf dem Boden der Religion, die der einzige Schild ist und Ha-
fen, der mir übrigbleibt.
Was wird die Zukunft bringen? Wie wird es mit dem Kriege,
mit dem Vaterlande, mit Homburg, mit den Meinigen, mit
mir selbst gehen? Welcher Geist der Zeit wird zur Herrschaft
gelangen? Werden wir im Wirbel der politischen Ereignisse ver-
schlungen werden? Wird uns niemals die Sonne wieder leuch-
ten? Werden Redlichkeit, Treue, Glauben, Sittlichkeit und Re-
ligion sich wieder erheben? Denn völlig unterliegen können
sie nicht, so gewiß ein göttliches Wesen das Szepter der Welt
führt.
Ungern scheide ich von meinen Phantasien. Ich muß abbre-

chen; die letzten Rauchwolken meiner letzten Pfeife in diesem
Jahrhundert gehen mit ihm zu Ende.

Als der Landgraf die letzte Pfeife des Jahrhunderts raucht,
ist er in Frankfurt, wo Susette Gontard wohnt, Hölderlins
Geliebte, seine Diotima. Hölderlin selbst hält sich in Homburg auf, dem Residenzstädtchen des Landgrafen, wo er, nach
dem Ende der Hauslehrerzeit bei den Gontards (Charlottes
ahnungsvolle Beschwörung: Hölderlin dürfe nie wieder Hauslehrer werden!) Zuflucht gefunden hat, in der Nähe seines
Freundes Isaak von Sinclair, der trotz seiner Jugend als Regierungsrat des Landgrafen einer der höchsten Beamten des
Fürstentums ist. Wenige Wegstunden voneinander entfernt,
träumen die Liebenden ohne Hoffnung von besseren Zeiten.
Von der seligen, quälenden Nähe unter einem Dach sind ihnen nur Briefe und Blicke geblieben und schon dies wenige,
wie selten haben sie es, und mit welchen Mühen, Ängsten,
Gefahren ist es erkauft:

Du kömmst also den 1sten Donnerstag im Monat, wenn es
schön Wetter ist; gehet es nicht, kömmst Du den nächsten
und so immer nur an einem Donnerstag, damit das Wetter
uns nicht irrt. Du kannst dann auch morgens von Homburg
weggehen, und wenn es in der Stadt 10 Uhr schlägt, erscheinst
Du an der niedrigen Hecke, nahe bei den Pappeln, ich werde
dann oben an meinem Fenster mich einfinden, und wir kön-
nen uns sehen, zum Zeichen halte Deinen Stock auf die Schul-
ter, ich werde ein weißes Tuch nehmen; schließe ich dann in
einigen Minuten das Fenster, ist es ein Zeichen, daß ich herun-
ter komme, tue ich es aber nicht, darf ich es nicht wagen; Du
gehest, wenn ich komme, an den Anfang der Einfahrt nicht
weit von der kleinen Laube, denn hinter dem Garten kann
man wegen dem Graben sich nicht erreichen, und eher be-

merkt werden, so deckt mich die Laube, und Du kannst wohl
sehen ob von beiden Seiten niemand kömmt, um daß wir so
viel Zeit gewinnen unsere Briefe durch die Hecke zu tau-
schen.

Vielleicht geht Susette (im Herbst 1799) der zweite Band des
»Hyperion« so durch die Hecke zu, an dem Hölderlin zuerst
in Waltershausen dichtete: *Hier unsern Hyperion, Liebe! Ein*
wenig Freude wird diese Frucht unserer seelenvollen Tage Dir
doch geben. Verzeih mirs, daß Diotima stirbt. Du erinnerst
Dich, wir haben uns ehmals nicht ganz darüber vereinigen
können. Ich glaubte, es wäre, der ganzen Anlage nach notwen-
dig.

Nach der Trennung von den Gontards wieder ohne Stellung,
suchte Hölderlin verzweifelt nach Verdienstmöglichkeiten und
mußte dann schließlich wieder als Hauslehrer in die Fremde
reisen. Große Hoffnungen setzte er für eine Weile in den
Plan, eine literarische Zeitschrift zu gründen, doch die berühmten Kollegen, die er um Mitarbeit und Hilfe anschrieb,
reagierten abweisend. Auch Schiller schrieb einen höflichen
Absagebrief und riet ihm aus eigener Erfahrung als Zeit-
schriftenherausgeber von dem Projekt ab. Doch wenn Hölderlin ihn mit seiner jetzigen Lage vertraut machen wolle,
werde er ihm gern mit Ratschlägen helfen. Daraufhin scheint
sich Hölderlin mit der Absicht getragen zu haben, ihm einen
Besuch machen. Dazu kam es dann nicht, zur Freude von
Susette Gontard, die im Sommer 1799 in Weimar gewesen
war. Der Brief, in dem sie dem Geliebten erklärt, woher ihre
Abneigung gegen seinen Aufenthalt in Jena komme, wurde
wohl Anfang Januar 1800 geschrieben:
Alles kömmt eben daher, weil W e i m a r nur eine halbe Tage-
reise von J e n a ist. Ich kam diesen Sommer zufällig in das

Haus einer Dame, welches zwar unbewohnt der Frau La Roche und ihrer Enkelin zum Quartier eingeräumt war, ich glaube, diese Wohnung kann Dir nicht unbekannt sein. Nun hörte ich vor einiger Zeit vor ganz gewiß, daß Schiller, diesen Winter, nach Weimar in dieses Haus ziehen würde; Du könntest doch nicht umhin ihn zu besuchen, es könnte Dir wohl nicht angenehm sein, und was ich dabei empfinden würde, fühlte ich genung an meinem hochklopfenden Herzen als ich zufällig einige Stunden dort zubrachte.

Gespenster der Vergangenheit und der Zukunft versammelt Jean Paul anläßlich der Jahrhundertwende zu einer »Wunderbaren Gesellschaft« in der Neujahrsnacht. Mit dem widrigen (kurzgeschorenen) *Schwedenkopf* Pfeifenberger, einer Karikatur Friedrich Schlegels, rechnet er mit dem auch von Landgraf Friedrich beklagten zügellosen, frechen, ungläubigen Geist der jüngsten Periode ab, den er teuflisch hoffen läßt, *daß die kultivierte Zukunft keinen Gott und Altar mehr haben werde*, und außerdem, *die Völker, die Weiber, die Neger und die Liebe werden frei werden.* Die Weiber und die Liebe, das war Jean Paul zuviel.

Charlotte, die mehr denn je mit solchen Ideen sympathisiert, sieht um 1800 auf die Trümmer ihrer Liebe, ihrer Ehe, ihres Vermögens und ihrer Freundschaften. Vor zwei Jahren sei sie *unter sonderbaren Schmerzen und Tränen untergegangen*, schreibt sie Anfang 1802, *und als ich erwachte, fand ich mich nicht mehr.* In ihrer Trostlosigkeit war ihr Heinrich von Kalb, sonst immer der Allerfernste, auf einmal der Allernächste gewesen. *Er weinte mit mir, und es war der einzige, dem mein Schmerz etwas verständlich war.* Aber auch von ihm, der durch sie lernen mußte, was es bedeutet, einen geliebten Menschen zu verlieren, und das immer wieder, ist sie unwiderruflich getrennt. *16 Jahre war ich getraut und seine Neigungen waren mir so unbekannt, wie jetzo das Leben des Papstes in Rom,* behauptet sie in einem Brief an Bertuch, aber so ganz kann das nicht stimmen. Schon in der Frühzeit ihrer Ehe hatte Heinrich von Kalb sich mit anderen Frauen eingelassen (*noble Passionen* nannte man das damals); nun verbindet ihn schon seit längerem ein eheähnliches Verhältnis mit Barbara Tod, der Tochter des Trabelsdorfer Lehrers, die im Jahre 1800 einem Sohn das Leben schenkt, ein zweiter Sohn und eine Tochter, Luise, folgten. *Ich bin nicht heiter, matt, ganz einsam, und durch die Mühe, die ich mir immer bei den Versöhnungen des liebenden Paars gab, ganz verworren,* klagt Charlotte Jean Paul.

Sie ist schroffer, kühner, eigener geworden, woran Unglück und Alter Anteil haben, aber auch ein gewachsenes Selbstbewußtsein, das sie Jean Paul verdankt. Wohl hat er sie als Frau verschmäht, zugleich aber ihren Selbstentwurf ins Große bestätigt und auf eine bisher nie erfahrene Weise gesteigert. *Nenne mich nicht Titanide?* Und doch, was für eine Rolle! Wie schwer muß nach diesem großen Liebestheater die Rückkehr in die Alltagsmisere gewesen sein.
Daß die Majorin Kalb übergeschnappt sei, das haben wir hier im Vertrauen gehört. Ist es an dem? fragt Anfang 1801 Karoline Herder (*die alte Klatsche* hat sie ein Zeitgenosse genannt) bei Knebel an. Dessen Antwort fehlt uns, dafür haben wir ein Dementi von Heinrich Beck, der Charlotte in Mannheim wiedergetroffen hatte. *Ihr Geist ist nicht zerrüttet – nur zersprengt,* schreibt er an Schiller, und in einem weiteren Brief: *Charlotte wird von ihrer ganzen Familie verkannt; und wie viel ist sie mehr! ihr Wesen hat freilich etwas*

wild Idealisches-Abgerissenes von so vielen ordinären Begriffen und Konventionen – kannst Du glauben, daß die Ihrigen sie sogar für halb verrückt angaben? Als ich sie gesprochen hatte – bewies ich so kräftig das Gegenteil, daß man nun nie mehr ihren Namen nennt. Schiller, der Adressat dieser Zeilen, neigte allerdings längst dazu, *wild Idealisches* für verrückt zu halten, und seine Frau war nach Kräften an der Verbreitung der skandalösen Neuigkeit beteiligt. *Die Kalb jammert mich; bei deiner Erzählung ihres geistigen Zustandes lief mir's ganz kalt über die Haut.* So Minna Körner an Lotte Schiller. *Es muß ängstlich und peinigend für Dich und Schiller sein, wenn Ihr sie oft seht.* Charlotte erfährt in Weimar von dem Gerücht. In die Welt gesetzt hatte es der Schwager, weil sie ihm bei einem wichtigen Verkaufsprojekt im Wege war. *Viele haben mir hier gesagt, man habe von Mannheim aus geschrieben, ich sei verrückt, wahnsinnig; es tät mir leid, wenn man über den Präsidenten von Kalb und die Seckendorff gelogen hätte. Mich läßt es ganz ruhig, es hat mich weder verwundert, noch geärgert. Ich kann auch niemand verwehren, mich vor verrückt zu halten, wenn er glaubt, meint, oder seiner Vorstellungsart nach muß!*

Es sei ein Rad, welches schnell läuft, hatte sie von Hölderlin gesagt. Ihre eigene Unrast wird in den ersten Jahren des neuen Jahrhunderts sichtbarer als je zuvor. Meiningen – Offenau – Wimpfen – Heilbronn – Offenbach (wo sie Sophie von La Roche ein letztes Mal sieht) – Mainz – Wiesbaden – Mannheim – Erlangen – Weimar sind die Hauptstationen ihrer Flucht-, Geschäfts- und Badereise, bei der sie immer wieder auf Hölderlins Spuren trifft.

Mainz den 15. Mai [1801]

Ein Jahr schon bin ich in dieser Gegend – am Neckar und Rhein bewohnte Wimpfen bei Heilbronn, Heidelberg – Offenbach. An jeden Ort waren Sie gewesen – – Anfang Juni gehe ich ins Wiesbad – In Juli bin ich wahrscheinlich in Mannheim – später in Herbst wohl wieder in Franken. – Wenn Ihnen eine Reise in diese Gegend führt will ich wenigstens Ihnen meine Gegenwart bekannt machen. – Ihnen einen Brief voll tiefen Inhalts zu schreiben, ware nach solcher langen Entfernung und Schweigen unmöglich. – Wir kannten uns – was die Zeit und die Gelegenheit und unsre Entwicklung uns erlaubte zu sein – Rastlose – denkende Wesen sind in 6 Jahren ganz noch was anderes geworden so schnell die Veränderung in äußern in jüngern Jahren – so schnell die Veränderung in Urteil Denken und Gesinnung in reiferen. – Auch meine Seele hat sich mehr entwickelt, und ich bin bis jetzt nur durch den Druck des Zufalls mehr befreit worden – Kein Wort mehr – Es ist wohl sonderbar daß mit dem reinsten Egoismus sich endlich die Seele sagt – Du kannst nichts mehr verlieren – aber leider du wirst doch noch leiden! Ich habe vorigen Herbst Ihren Roman gelesen – und mit vielem Vergnügen. – Ich wiederhole ihn bald.

Im Herbst und Winter 1802/3 ist sie dann in Homburg, wo sie bei Sinclairs wohnt, sich mit ihm und seiner Mutter anfreundet und Beziehungen zum Landgrafen Friedrich und seinem Hof anzuknüpfen sucht. *Kalb wünscht ... für mich und Edda einen Aufenthalt an irgend einen angenehmen Hof.* Der in Homburg allerdings war nicht nach ihrem Geschmack. *Hier ist es wie in einem Dorf. ... Alle drei Wochen gehe ich an Hof; einmal ins Konzert, ein andermal an Tafel. Der Landgraf ist ein Mann, mit dem wohl jeder Gutdenkende gerne ist. ... Die Prinzessin Auguste ist bedeutend, aber meine*

Indolenz, vielleicht auch kränkliche Stimmung hindert mich
sie mehr aufzusuchen. – Es wundert mich, daß der Landgraf
nicht suchte etwas besser sein Haus durch Wesen zu ornieren.
Ich finde keine Worte pour ces gens de la cour.

Sinclair wird Charlotte viel von Hölderlin erzählt haben; davon, daß er im Sommer zuvor in einem ganz verstörten Zustand aus Bordeaux heimgekehrt war; vom Tod seiner geliebten Diotima, die kurz zuvor an den Röteln gestorben war.
Als er Hölderlin im Februar 1803 zu einem längeren Besuch
einlud, warb er auch mit der Anwesenheit der Frau von
Kalb: *Um ihretwillen auch wird es mir sehr lieb sein, wenn*
Du kommst: ihr lebhafter Geist erfordert mehr als einen Geg-
ner, und bei ihrer Bildung wird nichts verschwendet, wie in ih-
rem Umgang nichts versäumt wird. Doch als Hölderlin dann
wirklich nach Homburg kam, war Charlotte schon wieder
abgereist. Sein großes Gedicht »Patmos« aber wird sie wohl
in der Widmungshandschrift »Dem Landgrafen von Homburg« gelesen haben, bevor Sinclair sie dem Fürsten zu seinem 55. Geburtstag am 30. Januar überreichte:

> *Voll Güt ist. Keiner aber fasset*
> *Allein Gott.*
> *Wo aber Gefahr ist, wächst*
> *Das Rettende auch.*
> *Im Finstern wohnen*
> *Die Adler und furchtlos gehn*
> *Die Söhne der Alpen über den Abgrund weg*
> *Auf leichtgebaueten Brücken.*
> *Drum, da gehäuft sind rings, um Klarheit*
> *Die Gipfel der Zeit,*
> *Und die Liebsten nahe wohnen, ermattend auf*
> *Getrenntesten Bergen,*

So gib unschuldig Wasser,
O Fittige gib uns, treuesten Sinns
Hinüberzugehn und wiederzukehren.

29 · DIE SPENDEN DER PHANTASIE

In diesem Jahr 1791 reiste auch der Präsident von Kalb nach Paris, von dem Grafen B. aufgefordert, einen Ankauf im Berg- und Salinen-Wesen zu unternehmen, weil damals viele Domänen verkauft wurden. Vor und nach der Rückkehr, welche nach einem Jahr erfolgte, hatte ich bedeutende Summen zu unterschreiben, welche zu der Acquisition von Saar-Alp verwendet wurden, und es wurde verschrieben und gehofft für die verschiedensten Unternehmungen und für den verwickelten Kampf um unser Allodial-Vermögen; bis alle Erden-Hoffnung ein Ende hatte, und allzu schwerer Kummer den Sterbenden gebeugt. Zu zwei Sätzen (den letzten von Charlottes »Erinnerungen«) ist hier die Saga vom Ruin der Familie und dem Verlust all ihrer Güter und Besitztümer geschrumpft, die sich über Jahrzehnte hinzog und seinen Niederschlag in einem Berg von Akten und Korrespondenzen gefunden hat.

Zwischen 1783 und 1785, also schon in den ersten Jahren des Kalbschen Regimentes, stieg die Verschuldung von 18 000 auf 35 000 Gulden an, doch entsprachen ihr zu dieser Zeit noch Außenstände in etwa gleicher Höhe. 1790 aber waren die Güter schon real mit 25 000 Gulden belastet. Fünfzehn Jahre später, 1805, waren mindestens 170 000 Gulden Schulden dazu gekommen.

Was war mit diesen riesigen Summen geschehen? Wohl noch den geringsten Teil davon verschlang die den Kalbs nachgesagte aufwendige Lebensführung. Viel mehr – als Folge der

Besitzergreifung – ging durch die hohen Prozeßkosten verloren. Den größten Teil der geliehenen Gelder aber hat der Präsident in seine vielen ehrgeizigen Projekte und Spekulationen gesteckt. Johann Jakob Klarmann, der den *Irrgarten* der Kalbschen Prozeß- und Vermögensangelegenheiten anhand ungemein fleißiger Akten- und Quellenstudien bis zum Ende im Jahre 1824 durchwandert hat, nennt Johann August Kalb einmal mit einem sehr passenden epischen Attribut den *Vielgeschäftigen*. Wie hat er es nur fertiggebracht, immer wieder Menschen zu finden, die ihm Vertrauen und Kredit schenkten? Er wird den Charme des Hochstaplers gehabt haben und die Begierde nach den Reichtümern, die er immer dicht vor sich sah, muß seine Beredsamkeit zwingend, seine Argumente unwiderstehlich gemacht haben. Selbst seine Familie ist immer wieder auf ihn hereingefallen.

Seine größten Hoffnungen hat er in Bergbau- und Salinen-Spekulationen gesetzt, *denen sich der überaus tätige Mann ... 24 Jahre lang, vom Jahre 1790 bis an sein Ende, mit außerordentlichem Eifer, aber mangelndem Glücke hingab.* Sein Geschäftspartner dabei war fast immer der Weimarer Industrielle Friedrich Justin Bertuch, der aus taktischen Gründen vielfach als Alleinunterzeichner der Genossenschaft Kalb-Bertuch auftrat.

1796 trug der Waltershausener Pfarrer Nenninger in sein Gemeindebuch ein: *Fund von Steinkohlen in dem Wasserrisse des Junkershäuser Löhleins ohnweit des weißen Turms. Präsident von Kalb und Legationsrat Bertuch beordern sogleich den Berginspektor ... dahin, um durch einen großen Bohrer die Stärke des Steinkohlenlagers zu untersuchen ... Spes fefellit.*

Spes fefellit – die Hoffnung hat getrogen: Das wäre ein passender Grabsteinspruch für den 1814 gestorbenen Präsidenten gewesen, dem Charlotte den Nachruf schrieb: *Doch sei der Präsident von Kalb nie dem Hohne hingegeben. Er war mit Anstrengung tätig, und hat viel gelitten in dem schweren Kampf der Verhältnisse. Ihm selbst brachten seine vielfachen Pläne nie Gelingen, wenngleich sie in späterer Zeit sich meist als wohl begründet erwiesen und andern reichen Gewinn brachten.*

Ein schnödes Krämerleben ist so ein Geschäftstreiben, da wird gewogen und erwogen, gerechnet und berechnet, und oft geirrt; nur von Prozeßgewinnen und Kaufgelingen ist die Rede, bis das Geschick, des ewigen Haders müde, die Waage bricht, und so die letzte Hoffnung zusammenstürzt und wir zerschmettert liegen. An Einsicht fehlte es dem Präsidenten gar nicht, aber er überschätzte immer Mittel und Kräfte, und die rücksichtslose Spekulation, die ihm das böse Urteil zuzog, schien ihm Verstand und Klugheit. Der Geist der spekulativen Intrigue waltete im vorigen Jahrhundert in der verschiedensten, ja selbst in romantischer Gestalt.

Über den Mann, der sie immerhin ruiniert hat, kann Charlotte so verstehend nur reden, weil auch sie vom Zeitgeist der *spekulativen Intrigue* angesteckt war. Wie der Präsident überschätzte sie bei allen ihren Unternehmungen Mittel und Kräfte und hatte deshalb kaum Erfolg mit Plänen, die im Ansatz wohlgegründet waren, und wie er ließ sie sich durch Fehl- und Rückschläge nicht entmutigen. Es war, wie Herder von ihr gesagt hatte: Die Spenden der Phantasie blieben unerschöpflich.

Mit den neunziger Jahren, als sich der Verlust von Prozessen und Vermögen abzeichnet, aber noch längst nicht alles verloren war, beginnt ihr aus Verarmungsangst geborenes, von der Lust an Spekulationen beflügeltes Geschäftstreiben. Zunächst hat sie sich vor allem mit Weinhandel befaßt und versucht, ihre Weimarer Bekannten dafür einzuspannen. Schon bald hieß es, die Kalb sei materiell geworden. Sogar an Goethe *(man denke doch, den Dichter der Iphigenie*, empört sich ein Biograph) hat sie sich herangetraut. Im Sommer 1794 bat sie ihn um Hilfe beim Verkauf *auf gut Glück und Spekulation* erstandener Rheinweine.

Goethe hat ihr darauf freundlich-neckend geantwortet: *Sogleich habe ich mich, liebe Freundin, wegen des Weinverkaufs umgetan, meine Negotiation will mir aber nicht gelingen, man lobt den Wein, sucht aber gegenwärtig keinen so teuer, indem man eher eines Tischweins bedarf. Hätte ich doch nicht geglaubt, daß meine Freundin sich vom Geiste der Spekulation würde anhauchen lassen.*

Sie haben wohl recht mein verehrtester Freund, gab Charlotte im gleichen Ton zurück, *der Geist der Spekulation hat mich in Versuchung geführt und verführt! Ich war ohne guten Rat – darum hatte er Gewalt über mich – so ist's ja von jeher dem Weibe gegangen!!*

Nach der Jahrhundertwende wurde dann mehr und mehr zur Notwendigkeit, was zuvor noch halbes Spiel gewesen war. 1802 bat Charlotte des Präsidenten *ältesten Freund* Bertuch um ein klärendes Wort über den Stand der Dinge: *Da ich mir Ihren Besuch wünschte, wollte ich, wenn es möglich wäre, von Ihnen wissen oder erfahren, ob Sie glauben, daß etwas oder wie viel von dem Kalbischen Vermögen gerettet werden kann. Nicht zum Mißbrauch, aber im Fall der Not für meine Selbsterhaltung zu sorgen. Ich kann des Präsidenten von Kalb Äußerungen an mich darüber nicht erklären: Nichts, etwas, viel – so wechselt es stets. –*

Ich habe mir immer den Verfall des Vermögens als sehr möglich gedacht. Können Elemente, Wasser und Feuer, Besitz und

Habe zerstören: wie viel mehr nicht Leidenschaft, Irrtum, Kühnheit, Mißbrauch! Viel Unglück auch – aber oft wurde der Tiger mutwillig geweckt. Ich bin ruhig darüber, es werde oder vergehe. Nur die Hoffnung mag ich nicht, und die Geduld, die Wahrheit möchte ich gerne wissen!

Wenn zu dieser Zeit auch formal noch nicht alles verloren war, mit den dahinschwindenden, verpfändeten und verkauften Gütern wurden auch die Einkünfte immer knapper, wie Klarmann berichtet. Im Herbst 1809 war dann den Marschalkschen Schwestern *der letzte finanzielle Stützpunkt entglitten, daß ihnen von der einstigen Jahresrente der Güter zu 20 000 Gulden nun nichts mehr übrig geblieben war, als – die Hoffnung auf Wiedererlangung eines Bruchteils dieser Rente!*

Ich vermute nicht allein – ich weiß es, ich habe gar nichts mehr, weil ich nicht das allermindeste Leiden durch meine Armut habe, schreibt sie im April 1802 trotzig an Schiller. *So wünsche ich auch nicht daß andere auf eine mitleidige Weise an mich denken mögen! Sondern daß meine einsichtsvollen Freunde meine Existenz in irgend ein Verhältnis anwenden mögen – wo mein Geist nicht von der Dummheit und Arglist – erdrückt und geschmäht werde!*

Charlotte versucht durch Vermittlung der Frau von Stein ihren Schmuck an die Fürstin von Schwarzburg-Rudolstadt zu verkaufen. Die zunehmende Geldnot spiegelt sich in einer wachsenden Flut von Bitt- und Geschäftsbriefen, von denen ihre alten Freunde und Bekannten meist peinlich berührt sind. Die Titanide an Jean Paul:

Aber eilend erlauben Sie mir eine Anfrage. Ich habe Schokolade, die ich gerne bald los wäre ... Ich handle jetzo mit allem, was mir vorkommt.

Dieser Brief ist eigentlich mehr für Otto, als für Sie. Einige kleine merkantilische Betriebsamkeiten gelingen mir, und man fordert mich zu noch mehreren auf. Daß ich solchen Geschäften einige Spielstunden in der Woche weihe, das weiß mein Gemüt sehr wohl, warum ich es tue. Weder durch Vorsatz noch durch die Ausführung glaube ich eigentlich Gutes zu tun, aber die Absicht, der Zweck ist gut und nötig.

Ich möchte also von Ottos Schwiegervater den Preis-Courant haben, wie er den Kattun an andere Kaufleute überläßt, im Stück, sechs Stücken und dgl., immer die schönsten und modernsten Muster. Auch da Herr Otto gewiß in Plauen bekannt, oder doch leicht Adressen haben kann, wünsche ich auch von den besten Fabriken Muster zu bekommen, besonders von buntem Musselin.

Sie werden doch nicht über mich lachen, daß ich mich mit dergleichen abgebe? Das Leben ist rund und man muß es von allen Seiten fassen.

Sie würde keine fremden Kinder erziehen wollen, hatte Charlotte an Hölderlins Mutter geschrieben. Nun kann sie sich nichts Erstrebenswerteres denken. Der Plan, ein Erziehungsinstitut für Mädchen zu gründen, begleitete sie viele Jahre als *idée fixe*. Für eine Frau von Stand, die Geld verdienen wollte und mußte, waren die gesellschaftlich akzeptierten Möglichkeiten äußerst begrenzt. Charlottes merkantilische Spekulationen gehörten nicht dazu, sie wußte sehr wohl, daß sie deswegen bemitleidet und verachtet wurde. Die Leiterin einer pädagogischen Anstalt, das hätte man sich eher gefallen lassen. Aber Charlotte hing auch deswegen an diesem Projekt so sehr, weil sie damit eigene Verletzungen und Kränkungen heilen und das weibliche Geschlecht narzißtisch nach dem eigenen Bilde formen wollte:

Soll allgemeine Kultur, Entwicklung physischer und morali-
scher Kräfte erreicht werden – so kann es die Gesellschaft weit
leichter bei den weiblichen Geschlecht erreichen, als bei den
männlichen. ... Es ist wohl wahr das Weib kann und soll nicht
abstrahieren. Sie bedarf der Wissenschaft zum Leben, nicht
das Leben für die Wissenschaft –
Aber sie bedarf sehr einer umfassenden Erkenntnis, (und weil
doch einmal sehr viel Schlechtes gelesen wird) es müssen Frau-
ens lesen lernen wenig, und gut. –
Ich mag die Schriften für Frauenzimmer nicht – auch sind die
meisten schlecht. Noch weniger Romane, gar vieles in unsern
Romanen wird vielleicht in 50. oder 100. Jahren nicht können
verstanden werden, die sonderbaren Martern die man sich
zugemutet hat werden vielleicht nicht mehr sein ... Solche auf-
lösende Romane – kann unser Volk [zur] Zeit ... noch nicht
entbehren. Hätte der rohe Mann *... nicht noch Romane wo*
von uns die die Rede ist – er wüßte gar nichts von uns – als
daß wir Tiere sind – nein, nein – bis jetzo noch müssen die
Frauens auch die aller sonderlichsten Romane in Schutz neh-
men ...
Das Weib wird ganz verkehrt behandelt nach meiner Erfah-
rung wird es, wo es erzogen werden soll – so behandelt: In der
Kindheit muß es denken, als Jungfrau muß sie spielend gefal-
len pp. Nur als Weib soll sie arbeiten.

Schiller, dem sie dieses Plädoyer für die geistige Emanzipa-
tion der Frauen zuschickte, riet in einem scharfsinnigen Brief
von ihrem Erziehungsplan ab (wie sie selbst einst Hölderlin von einer Tätigkeit als Hofmeister abgeraten hatte, und
mit ähnlichen Argumenten). Er zweifle gar nicht, daß sie
auf die moralische Bildung junger Menschen glücklich wirken könne, *aber ich zweifle ob die kleinen Details, die von*

einer solchen Beschäftigung unzertrennlich sind, die anhaltende Aufmerksamkeit welche sie erfordert und der Zwang den sie auferlegt Ihrer Art zu sein und zu wirken jemals angemessen sein werden. Ihr Geist muß durch ein lebhafteres Interesse gereizt werden, als diese an sich gemeine Beschäftigung je gewähren kann. Dazu können, nach meinem Urteil, nur mittelmäßige Fähigkeiten passen. Ihr Geist aber will eine höhere Richtung und einen kühnern Gang nehmen. Sie sind, wenn ich es kurz sagen muß, viel zu individuell gebildet, und diese Beschäftigung verlangt gerade das Gegenteil, eine ganz allgemeine generische Form.

Jean Paul meint, mit dem Abraten müsse man sich nicht erst Mühe geben, die Zöglinge werden *fehlen*. Er hatte natürlich recht, selbst zu einer Institutsgründung kam es nie. Am 18. März 1802 schreibt er an Karoline Herder: *Frau von Kalb war hier; ganz dieselbe in Kraft, Geist und – Traum; die Arme schwimmt in ihrer Flut und hält sich an jeden Zweig, der neben ihr – mitschwimmt.*

Hier, das ist Meiningen, Charlottes Kindheitsort, wo Jean Paul seit dem Sommer 1801 mit seiner jungen Frau lebte und sein Eheglück genoß. *Ich für meine Person – wozu noch meine Frau gehört und irgend einmal wie in der Gottheit eine dritte Person – bin weiter nichts als selig; und Gott sei Dank, daß er die Ehe erfunden. Himmel! Welche Romane hätt' ich machen wollen mit den Kräften, die ich sonst ansetzte, sie zu spielen!* Die dritte Person, die dann am 20. September geboren wurde, war zu seiner großen Freude ein Töchterlein, weil *die Eltern-Erziehung an einem Knaben (das Universum, und die Vergangenheit sind seine Hofmeister) wenig vermöchte, aber an einem Mädchen alles.*

Seine Karoline war ihm dafür ein Beweis. *Nun ists gut und die Welt wieder offen und der Himmel und ich haben meine*

*Frau wieder. Mitten in den Wehen heute brachte sie mir doch
mein Frühstück von Pflaumenkuchen. Doch mußte diese Ge-
duldige schreien vor Schmerz. Ach wie lernt' ich da die armen
Weiber wieder achten und bedauern!*

30 · KINDERSTUBE

Albano, der junge strahlende Held von Jean Pauls Roman
»Titan«, hat seine Geliebte Linda de Romeiro in den Palast
auf Isola Bella geführt und ist mit ihr in den fünften Stock
hochgestiegen zu seiner Kinderstube. Ein rostiger Schlüssel
hat das rostige Schloß zu einem *bestäubten helldunklen leeren hohen* Zimmer geöffnet, in denen mancherlei vergessen,
verloren herumliegt, eine leere Wiege, ein vertrocknetes chi-
nesisches Rosenstöckchen, eine Kinder-Zinn-Uhr, ein deutscher Kalender von 1772. ... *Der Mensch sieht bewegt in die
tiefe Zeit hinunter, wo seine Lebensspindel fast noch nackt
ohne Faden umlief.*
Als sie wieder ins Freie eines *grünenden, blühenden glänzenden Tages* gelangt sind, der die kalten Schatten der Vergangenheit verschlungen hat, sagt Albano zu Linda: *Aber jetzt,...
da Sie eben aus meiner Kinderstube gekommen sind, führen
Sie mich einmal in die Ihrige.* Sie wolle ihn nur erst bekrän-
zen, sagt sie, und windet in dem Lorbeerwald, durch dessen *Gewimmel von lichten und dunklen Wellen* sie nun gehen, Zweige zu einem Kranz. *Körperliche Geschäftigkeit gab
dieser Jungfrau, welche leichter Töne und Farben und Ideen
verknüpfte, ein besonders rührendes Ansehen von Kindlichkeit
und naiver Herablassung. Sie flocht die Krone, aber mühsam,
verwechselte einmal den ähnlichen Erdbeerbaum mit dem Lor-
beerbaum, tat noch einen blühenden Myrtenzweig hinein und*

schmückte damit sein lockiges Haar, aber sehr ernst: »Der Kranz geziemt dir; die hohen Lorbeern oben am Gipfel wirst du dir schon einmal selber holen«, sagte sie. Er glaubte, sie spiele unter dem Ernst; allein sie sah den Bekränzten freudig und prüfend an und lächelnd, aber wie eine Mutter, und sagte: ›So ists recht! Was willst du noch? Ich bring' es. Albano, ich habe in dieser Stunde eine ganz besondere und neue Liebe zu dir, ich möchte für dich viel tun, viel leiden. Mein Herz ist bewegt von überschwänglicher Liebe. Küsse mich nicht. Ich will dir erzählen.‹ Die schöne Weiblichkeit, die den Geliebten heißer und näher liebt, wenn sie zum ersten Male sein Eigentum, seine Kindheitsörter, seine Wohnungen betreten, erfüllte unerkannt ihr starkes Herz.

Und nun skizziert sie in knappen Zügen ihre Kindheit. Ein unruhiges Reiseleben, eine Mutter, die sie zugleich haßte und liebte, ein unsichtbarer Vater, den sie schwärmerisch liebte... *Ich hing an allem Lebendigen bis zum Schmerz; ein sterbender Kanarienvogel machte mich einmal krank, und die Totenmesse, glaubt' ich, werde für ihn gelesen. Auch an Gott und Geistern hing ich trunken. Im Feuer, das ich im Dunkeln einmal aus dem Zucker schlug, blitzten sie mir vorüber. Ich habe nie gespielt, sondern früh gelesen. Da ich sehr ernst war und meine Gestalt sich zeitig entwickelte, so wurd' ich früh als Erwachsene behandelt, und ich begehrt' es auch. Niemand war mir ernst genug, außer der Vormund, der mit heimlicher Hand meine Entwicklung regierte. Vor Büchern und im Reisewagen da verging mein erstes Leben. Ich beneidete die Männer um ihr Wissen und ihre Freiheit, aber sie gefielen mir nicht, die Weiber noch weniger. Ich galt für stolz – und früher war ich's auch – und für phantastisch; ich nahm es nicht übel und sagte: ›Ihr habt euere Weise und ich meine.‹*

Die Szene ist so etwas wie die poetische Verklärung von Jean Pauls und Charlottes Junius-Stunden – man sieht, wie sehr auch er sich dabei genossen hat! –, und in Lindas Kinderstube erkennen wir die Charlottes wieder: Geisterglauben, Leseleben, Ernst, Stolz, starkes Gefühlsleben, die Trauer um das hier zum Kanarienvogel verwandelte Reh. Der Zufall wollte es, daß Jean Paul an ihrem Hauptschauplatz Meiningen lebte, als 1803 der vierte und letzte Band seines *Kardinalromans* erschien, der die Liebesgeschichte von Albano und Linda erzählt. Die ersten Teile waren 1800, 1801 und 1802 herausgekommen.

Charlotte hatte sich schon längst Jean Pauls Besuch in Meiningen gewünscht. Ob sie gleich diesen Ort nicht gern habe, so fühle sie sich doch dort immer gedankenvoller, stiller als anderswo. *Mich zieht eine Gewalt in die Vergangenheit hin; Du mußt den Ort sehen, damit Du das Theater meiner Jugend kennen lernst.*

Nun ist er also da – mit seiner jungen Frau, in einer Wohnung, die ihm die Gräfin Schlabrendorff besorgt hatte, eines seiner Raubvogelweibchen. Früher hatte sie ihn durch ihre erotische Freizügigkeit erregt *(Unser Weg ging bergunter, d. h. schnell, wir legten in Sekunden Wochen zurück. Sie hatte noch die Hof-Brillanten an Fingern und am Halse; und als ich wahrlich an dem letzteren nicht weiter rückte als ein Rasiermesser an unserem ... so schnallte sie das Collier ab und machte ungebeten die tiefern schönen Spitzen auf ... ihr Globulus hatte die Farbe und – Weichheit der Wolkenflocken),* jetzt rühmt er ihre wohlerzogene Tochter. Sie ist eine Nichte des Herrn von Wechmar auf Roßdorf, des gewissenhaften Vormunds der Marschalkschen Geschwister. Und sie heiratet (in Jean Pauls Meininger Zeit) den Meiningischen Kabinettsekretär Friedrich Schwendler, einen Sohn des betrügerischen Amtmanns Schwendler und Bruder des Kaufmanns, der Hölderlin in Frankfurt begegnet war.

Meiningen ist so provinziell wie eh und je. Es hat Straßenbeleuchtung bekommen, inzwischen, und einen Blitzableiter. Es gibt ein neues, von dem mittlerweile verstorbenen Pfarrer Pfranger begonnenes, von Reinwald fertiggestelltes Gesangbuch. Der Herzog hat einen Park anlegen und die nahegelegenen Bade- und Ausflugsorte Liebenstein und Altenburg modernisieren lassen. Sein größter Stolz aber ist die Gründung einer Forstakademie in Dreißigacker, an der Cramer, ein durch seine Schauerromane damals sehr bekannter Schriftsteller, als Lehrer angestellt ist. Allerdings, ein politischer Reformer von oben – wie Albano am Ende des »Titan« – ist Herzog Georg nicht. Aber er gibt sich Mühe, populär zu sein und bemüht sich um Jean Pauls Freundschaft, was diesem wohl schmeichelt, aber doch eher unbequem ist. *Ich glaubte nie, daß ein Fürst mein F r e u n d werden würde, und das ist beinahe der Herzog, ob ich gleich so oft ich will seine zu häufigen Abend-Einladungen verneine – fast 6 in jeder Woche – Er kommt oft zu uns; neulich aß er sogar bei uns; freilich ließ er, weils schnell ging, sein Essen auch gar herholen.* Er habe *viel Sinn und Kenntnis und Güte, aber, wie hier niemand, keine Poesie und Philosophie.* Damit war Jean Paul noch wohlwollend. Nachdem Schiller den Herzog kennengelernt hatte, schrieb er, es sei ihm nicht möglich gewesen, die Bekanntschaft fortzusetzen, *denn der Mensch ist gar auf der Welt nichts.*
Ziemlich uninteressant findet Jean Paul auch Ernst Wagner, der sich sehr um ihn bemüht. Er ist auf dem Gut des Herrn von Wechmar als Aktuar und Gerichtshalter angestellt, versteht sich aber als Dichter. »Willibalds Ansichten des Lebens«

heißt sein bekanntester, in der Nachfolge des »Wilhelm Meister« geschriebener Roman. *Unter bessern und sichereren Verhältnissen hätte es wohl ein guter Kopf werden können*, urteilt Charlotte, die später, als sie seine Fürsprache brauchte, freundlicher von ihm sprach. So hat Jean Paul als einzigen, der für ihn in Meiningen geistig und menschlich zählt, nur den Präsidenten Heim, den abgewiesenen Liebhaber von Charlottes Schwester Wilhelmine, der sich inzwischen in der Fachwelt als Geologe einen Namen gemacht hatte. Fast täglich besucht er Jean Paul nach dem Diner *mit Mineralien, um zu reden und zu verdauen.* Ihren poetischen Niederschlag haben diese Gespräche in den Kapitelüberschriften in Jean Pauls in Meiningen begonnenem Roman »Flegeljahre« gefunden, die nach Stücken von Heims Mineraliensammlung benannt sind: *Katzensilber aus Thüringen – Vogtländischer Marmor mit mäusefahlen Adern – Marienglas – Trödelschnecke – Polierter Bernsteinengel* und vieles mehr.

So ist ein Besuch Charlottes in Meiningen schon fast so etwas wie ein kulturelles Ereignis: *Eben kommt Frau von Kalb. Ihre Erscheinung kommt wie ein Frühling in den Meiningischen Winter an Kunst, dessen kalte und reine Luft aber stärkt. Ihre Einsamkeit hat ihrer Kraft eine bescheidene Stille gegeben,* schreibt er am 22. April 1802 an Karoline Herder. *Auch meine Frau, die jedes Gewächs nur nach seiner Blüte, nicht nach seiner Rinde schätzt, ehrt sie hoch.* Anders als Lotte Schiller nahm Karoline Richter die ehemaligen Freundinnen ihres Mannes sehr gutmütig an und ihm die Korrespondenz mit ihnen ab.
Es gibt nichts Schmerzlicheres, als die gleichgültige Gegenwart eines Wesens, das uns nahe war, das einst zu unserm Herzen sagte, Du bist mein. Für Charlotte war das Zusammensein

mit dem glücklichen Paar ziemlich angreifend, ein erster Besuch im Februar war eine Qual gewesen. *Ich wurde in Meiningen krank, durch Versteinerung usw., das viele Reden in den Stunden, wo ich um Sie war, was ich nicht gerne mag und in meiner Natur nicht liegt, das Wort: Sie kennten mich und mir würde die Linda gefallen, die ich so innig haßte, wenn ich mir die Mühe geben würden möchte, selbst eine Idee zu hassen. – Ich habe eine Tiefe in der Gesinnung, die vielleicht nur ein Pascal ... verstehen würde. Den Abend und den letzten Morgen kam so vieles über mich wie Hagelschlag. Ich fuhr einsam, wie immer den Winter, weg und trat ins Zimmer. Kalb war freundlich, aber er sagte: ›Hast Du Deinen Verehrer (auch jetzo mit mehr Umschreibung, aber wie oft und viel habe ich es schon hören müssen) gesehen?‹ Also dieser Gedanke ist auch in ihm, wie er in so vielen ist, die mich sahen. Wir müssen uns sprechen und bald und in Gegenwart von Kalb.*

Verlangte sie von Jean Paul das Ableugnen einer Beziehung, die sie zugleich so verzweifelt am Leben zu erhalten suchte? Und weshalb haßte sie die Figur der Linda so sehr, die in den ersten Bänden des »Titan« zwar als künftige Heldin eingeführt wird, aber nur einen kurzen Auftritt hat?

Weil Jean Paul sie eben doch gegen ihren Wunsch zur Titanide gemacht hatte? Weil sie sich von ihm benutzt und verraten fühlte? *Wir sind ihm alle nur Ideen und als Personen gehören wir zu den gleichgültigsten Dingen. Ideendarstellungen des Lebens in der Masse der ihm bekannten Welt aufzusuchen – das ist's, was ihn reizt, beschäftigt. Er hat einen sehr freien Sinn und einen unbefangenen Blick; er durchschauet leicht eine Kette von Umständen, die einen Charakter bilden,* hatte sie schon früher an Karoline Herder geschrieben. Er wird ihr wohl kaum erzählt haben, welches Schicksal er seiner Figur zugedacht hatte, aber wohl, daß sie für sie Modell gestanden hatte.

Linda hat Charlottes gesellschaftliche Artigkeit ebenso wie ihre Heftigkeit und ihre großen, seelenvollen Augen. Sie hat Charlottes Kinderstube, sie liest ihre Lieblingsbücher, lauter Franzosen, Montaigne, Mirabeau, Madame de Staëls »Sur l'influence des passion«, die Guyon: *Ich lese jetzt das Leben der herrlichen Guyon, diese weiß, wie man liebt – dieser göttliche Affekt gegen das Göttliche, dieses Selbst-Verlieren in Gott, dieses ewige Leben und Bestehen in e i n e r großen Idee – diese wachsende Heiligung durch die Liebe und die wachsende Liebe durch die Heiligung.*

Linda spricht wie Charlotte, sie schreibt ihre Briefe:

Charlotte an Jean Paul: *Mich kann jede Sehnsucht von Dir verwunden, und wäre sie nach dem Paradies.*
Linda an Albano: *Albano, hast Du eine andere Sehnsucht als ich, begehrst du mehr auf der Erde als mich, mehr im Paradies als mich: so sag es, damit ich aufhöre und sterbe. ... Nur die Weiber lieben, es sei Gott oder euch leider.*
Charlotte an Jean Paul: *Ich bin treu wie eine Deutsche und meine Treue ist nicht eine Tugend, eine Pflicht, eine Empfindung, sondern sie ist das Feuer selbst, was den Kern meiner Existenz erwärmt.*
Linda an Albano: *Welcher Mann hat denn Treue, die rechte, die keine Tugend und keine Empfindung ist, sondern das Feuer selber, das den Kern der Existenz ewig belebt und erhält? –*
Charlotte an Jean Paul: *Ich will nichts, aber Dir will ich das Ölblatt und den Myrtenzweig bringen und Violen und Rosen um Dein Haupt winden.*

Linda an Albano: *Komm, ich will dir das Ölblatt und den Myrtenzweig bringen und um das Haupt Rosen und Violen winden.*

Zwar haben auch andere hochgestellte Freundinnen Jean Pauls Züge zur Linda beigesteuert – Emilie von Berlepsch, Juliane von Krüdener –, aber die meisten hat sie doch von Charlotte, auch wenn sich die Berlepsch freudig in Linda wiederzuerkennen glaubte: *Daß mir diese Linda das liebste, nächste, lebendigste Wesen im ganzen Buch ist, werden Sie leicht glauben und erklären.*

Charlotte hat Jean Paul Modell gesessen zu seiner bedeutendsten, seiner glänzendsten Frauenfigur, von der er selbst sagte: *Ihr Denken, Lieben und Fallen halt' ich für mein bestes Werk.* Sonnenhaft überstrahlt sie all die andern blassen, tugendhaften, sentimentalen Frauenfiguren seiner Dichtungen.

Wenn Albano so über den weiten reichen Geist Lindas hinsah – sie, zugleich ihrer Liebe lebend und jede fremde beschirmend und doch gleichsam vom Wissens-Durste trunken – zugleich ein Kind, ein Mann und eine Jungfrau – oft hart und kühn mit der Zunge, für und gegen Religion und Weiblichkeit und doch voll der zärtesten kindlichsten Liebe gegen beide – glühend zerschmelzend vor dem Geliebten und schnell erstarrend bei kaltem Anrühren – ohne alle Eitelkeit, weil sie immer vor dem Throne einer göttlichen Idee stand und der Mensch nie eitel ist vor Gott, aber sich alles zutrauend und vor niemand demütig, ohne doch sich oder andere zu vergleichen – voll männlicher kecker Aufrichtigkeit und voll Achtung für Gewandtheit und listigen Welt-Verstand – so ohne Eigennutz und kindlich über Frohe froh, ohne besondere Sorge und Achtung für Menschen – so unbeständig und unbiegsam, jenes im Wün-

schen, dieses im Wollen – aber ewig ihr Auge und Leben gegen
die Sonne und den Mond des geistigen Reichs, gegen Würde
und Liebe gerichtet, gegen das eigne und gegen ein geliebtes
Herz: – wenn Albano das alles vor sich spielen und weben
sah, so lebt' er gleichsam auf dem einfachen und doch unab-
sehlichen, dem beweglichen und doch allgewaltigen Meere, des-
sen Grenze bloß der klare Himmel ist, der keine hat.

Allerdings, Jean Pauls Freund, der Philosoph und Dichter
Friedrich Heinrich Jacobi, nannte Linda einen *ekelhaften*
Drachen und fand, Jean Paul habe sie viel zu gut behandelt.
Der wehrte sich gegen diesen Vorwurf mit einem Katalog
von Lindas schlechten Eigenschaften – und dem Hinweis
auf ihr böses Ende:
Wahrlich die Leser sind alle Albanos gegen sie gewesen. Wie
übersahen sie denn: ihre Achtung für listigen Weltverstand
und ihren Mangel an Sorge und Achtung für Menschen (das
echte Zeichen unweiblicher Liebe) ..., ihre Faulheit – ihre
Liebe gegen Medea und Mirabeau – ihren Haß auch der schö-
nen Wirklichkeit – ihre Freigeisterei über Unsterblichkeit, über
Selbstmord, Moralität – ihren Haß der Reue und des Bes-
serns – und aller Gesetzmäßigkeit außer als äußern Schein –
und ihr Lob des Wollens ... und ihren Haß der Ehe, worin
ja ihr Fall schon steckt.

Gerade die Vermeidung des Ungeheuren, das edle Maß, wodurch allen Bildungen ihre Grenzen vorgeschrieben wurden, ist ein Hauptzug in der schönen Kunst der Alten; und nicht umsonst drehet sich ihre Phantasie in den ältesten Dichtungen immer um die Vorstellung, daß das Unförmliche, Ungebildete, Unbegrenzte erst vertilgt und besiegt werden muß, ehe der Lauf der Dinge in sein Gleis kömmt. So deutet Karl Philipp Moritz in seiner Götterlehre die Geschichte vom Krieg der von Jupiter angeführten neuen Götter gegen die erste Göttergeneration, die Titanen, von denen er sagt: *Die Titanen sind das Empörende, welches sich gegen jede Oberherrschaft auflehnt; es sind die unmittelbaren Kinder des Himmels und der Erde, deren weit um sich greifende Macht keine Grenzen kennet und keine Einschränkung duldet.* Zehn Jahre tobte, der Sage nach, der Götterkrieg unentschieden, bis sich Jupiter den Beistand von drei hundertarmigen Riesen erbat. *Als diese nun an dem Treffen teilnahmen, so faßten sie ungeheure Felsen in ihre hundert Hände, um sie auf die Titanen zu schleudern, welche in geschlossenen Phalangen in Schlachtordnung standen. Als nun die Götter aufeinander den ersten Angriff taten, so wallte das Meer hoch auf, die Erde seufzte, der Himmel ächzte und der hohe Olymp wurde vom Gipfel bis zur Wurzel erschüttert.*

Die Blitze flogen scharenweise aus Jupiters starker Hand, der Donner rollte, der Wald entzündete sich, das Meer siedete, und heißer Dampf und Nebel hüllte die Titanen ein.

Kottus, Gyges und Briareus standen voran im Göttertreffen, und mit jedem Wurfe schleuderten sie dreihundert Felsenstücke auf die Häupter der Titanen herab. Da lenkte sich der Sieg auf die Seite des Donnerers. Die Titanen stürzten nieder und

*wurden so weit in den Tartarus hinabgeschleudert, als hoch
der Himmel über der Erde ist.*

Den *Streit der Kraft mit der Harmonie* nennt Jean Paul als
zentrales Thema seines »Titan«, der, wie er sagt, eigentlich
»Anti-Titan« heißen sollte: *Jeder Himmelsstürmer findet seine
Hölle.* Die will er den Titanen seiner Zeit bereiten, die für
ihn *die allgemeine Zuchtlosigkeit des Säculums, dieses irrende
Umherbilden ohne ein punctum saliens und jede genialische
Parzialität* repräsentieren. Er findet sie auch in der eigenen
Brust, projiziert sie aber nach außen. Bei näherem Hinsehen
schrumpft das *Säculum* zum klassischen Weimar und zum
romantischen Jena und der Götterkrieg zur Schriftsteller-
fehde. Nicht ohne eine gewisse Unverfrorenheit leiht sich
Jean Paul, ein Autor, dessen Romane als »formlos« galten,
nun den klassischen Harmoniebegriff aus, um in seinem Namen die *Parzialität* oder *Einkräftigkeit* seiner Gegner zu be-
kämpfen. Allerdings denkt er dabei eher an Religion und
Moral.

Die wichtigsten Ideen-Figuren des Romans zeigen verschiedene Formen der *Einkräftigkeit:* Albano, ein spanisch-deut-
scher Graf, der jugendliche Held und Liebhaber, durch feu-
rigen Enthusiasmus; seine Freunde, der Narziß Roquairol,
der zu echter Empfindung unfähig ist, weil er sich dabei immer zuschauen muß, und Schoppe, der Humorist, den Bin-
dungslosigkeit und bodenlose Selbstreflexion in den Wahnsinn treiben; Don Gaspard, ein kalter, besonnener Politiker
und Weltmann, ein Goethe- und Schiller-Amalgam, den Albano irrtümlich für seinen Vater hält; Linda de Romeiro,
die tatsächlich seine Tochter ist.

Ihre Einkräftigkeit ist die Liebe, und als Liebesgöttin tritt sie im hohen Stil einer barocken Oper in den Roman ein:

Indem [Albano] über das Meer hinblickte, dessen Küsten in die Nacht versunken waren und das unermeßlich und finster als eine zweite Nacht dahin lag: so sah er zuweilen einen zerfließenden Glanz darüber schweifen, der immer breiter und heller floß. Auch zeigte sich eine ferne Fackel in der Luft, deren Lodern lange Feuer-Furchen durch die flimmernden Wellen zog. Es kam eine Barke näher mit eingezognem Segel, weil der Wind vom Lande ging. Weibliche Gestalten erschienen auf ihr, worunter eine nach dem Vesuv gewandte von königlichem Wuchs, an deren rotem Seidenkleide der Fackelschein lang herunterfloß, das Auge festhielt. Wie sie näher schifften und das helle Meer unter den schlagenden Rudern auf beiden Seiten aufbrannte: so schien eine Göttin zu kommen, um welche das Meer mit entzückten Flammen schwimmt und die es nicht weiß.

In einem kurzen nächtlichen Gespräch über Tod und Unsterblichkeit erkennen Albano und Linda einander als ebenbürtige große Seelen. *Albanos Geist stand hier von der Fürstenbank auf, um die hohe Verwandte zu grüßen, und sagte: ›Unsterbliche! und wär' es sonst niemand!‹*

Das ist eine Verlobung und gleich zu ihrem Beginn der Gipfelpunkt einer Beziehung, deren Zerstörung Jean Paul in widersprüchlicher Verflechtung psychologisch motiviert und moralistisch begründet. Sein Held hat sich mit Linda zuviel zugemutet. Sie ist zu unbequem mit ihren unweiblich freien, radikalen Ansichten, als erklärte Feindin der Ehe, in die sie sich dann doch Albano zuliebe fügen möchte, als Verteidigerin der Madame de Staël, deren *unmoralische Selbstmordsucht* von Albano kritisiert wird: *›Lieber Gott‹ (rief Linda)*

264

›ist nicht das Leben selber ein langer Selbstmord? – Albano, alle Männer sind doch irgendwo Pedanten, die guten in der sogenannten Moralität, und Sie besonders.‹ Das trifft ins Schwarze und verwundet wie so vieles, was Linda sagt, nicht nur durch den Inhalt, sondern auch die sentenziöse Schärfe, den Mangel an weiblicher Konzilianz. So wird Albanos Liebe allmählich von beleidigter Eitelkeit zersetzt. Als Linda ihm zumutet, die Liebe, von der er redet, zu seiner eigensten Wahrheit zu machen, bricht der Geschlechterkampf offen aus.

So wie Schiller Charlotte in Mannheim aus Ruhmsucht verlassen hatte – so jedenfalls hat sie es gesehen –, so will im »Titan« Albano Linda verlassen, um mit den französischen Armeen in den Krieg zu ziehen und sich Ruhm zu erwerben. Seine Schwester Julienne will ihn davon abbringen, er sie in Gegenwart Lindas mit Gründen von der Notwendigkeit seines Entschlusses zu überzeugen suchen ...

Auf dem Hügel – vor dem Grün des blitzenden Tales ... fing Albano bewegt und begeistert an: ›Ich habe nur e i n e n Grund, liebe Schwester – ich bin noch nichts – ich bin kein Dichter, kein Künstler, kein Philosoph, sondern nichts, nämlich ein Graf. Ich habe aber Kräfte zu Manchem, warum soll ich's nicht sagen? ... Linda, was hab' ich denn noch getan auf der Erde?‹ –
›Diese Frage; – und diese ist genug vor Gott‹, sagte Julienne, bewegt von der wund-stolzen Bescheidenheit des Jünglings und von seiner schönen Stimme, welche zornig so klang wie gerührt. ›Worte! was sind Worte?‹ (sagt' er) ›O man schämt sich wohl freilich, daß man etwas früher nur denken und sagen muß, eh' mans tut, obgleich der dürftige Mensch nicht anders kann, sondern jede Tat wie eine Statue vorher im elenden

Wachs der Worte modellieren muß. Ach Linda, liegen hier nicht überall um uns Taten, statt der Worte und Wünsche? – Hab' ich nicht auch einen Arm, ein Herz, eine Geliebte und Kräfte wie andere und soll mit einem morschen mürben spanisch- oder deutschen Grafenleben aus der Welt gehen? – O meine Linda, streite du für mich!‹

›Ich bin‹ (sagte sie, scharf nach der großen Kaskatella blickend, die hoch aus Bäumen herniederstürmte) ›nicht von vielen oder beredten Worten und verstehe Sie auch nicht ganz. Ich muß mir immer die Worte in Ideen und Wahrheiten übersetzen und vermag es nicht allzeit. Bei Ihren Worten, Graf, denk' ich mir gar nichts. Wem die Liebe nicht allein genügt, der ist von ihr nicht erfüllet worden. Freilich, so mit dem Herzen alles vergessend wie wir, so konzentriert in e i n e Idee des Lebens sind die Männer nie. Ach, und so wenig ist der Mensch, ein Menschen-Bild ist ihm mehr und jede kleine Zukunft!‹

›Auch du, Brutus?‹ sagte Albano betroffen. ›Würden Sie‹ (fuhr er sich fassend fort) ›dem Elysiums-Leben auf Ischia eine Ewigkeit für einen Mann geben? Würden Sie ihn als Jüngling ins Kloster der seligsten Ruhe schicken? Gewiß nur als Greis. Jenes hieße den Baum mit dem Gipfel in die finstere Erde pflanzen.‹

›Das ist wieder der Deutsche‹ (sagte sie) ›nur immer recht Betriebsamkeit. Die ruhigen Neapolitaner, die Völker am Apenin, an den Pyrenäen, am Ganges, in Otaheiti, voll Genuß und Beschauung, sind diesem Spanier ein Greuel. Ich dächte, wenn ein Mensch nur für sich etwas würde, nicht für andere, das reichte zu. Was g r o ß e T a t e n sind, das kenn' ich gar nicht; ich kenne nur ein g r o ß e s L e b e n; denn jenen Ähnliches vermag jeder Sünder.‹ –

›Wahrlich, das ist wahr,‹ (sagt' er) ›es gibt nichts Erbärmlicheres als einen Menschen, der sich durch dies oder das zeigen

will, was ihm selber groß, selten und ohne Verhältnis zu sei-
nem Wesen vorkommt und ihm daher gar nicht angehört. Jede
Natur treibt ihre eigne Frucht und kann es nicht anders; aber
ihr Kind kann ihr niemals groß erscheinen, sondern immer
nur klein und gerecht. – Ist's anders, so ist ihr eine ganz frem-
de Frucht an den Zweig gehangen.‹
›Albano! wie wahr! Aber ihr hattet sonst nie einen halben Wil-
len, wie ist's?‹ sagte Linda. ›Jetzt auch nicht!‹ sagt' er ohne
Härte. Man ist am sanftesten, wo man am stärksten ist mit
dem Entschluß. Er suchte nun seine eignen Worte – das Öl
und den Wind für sein Feuer – recht zu sparen und zu mei-
den; um so mehr, weil Worte doch gegen nichts helfen, sondern
vielmehr das fremde Gefühl anstatt aus- nur anblasen; dabei
wurd' er noch der häufigen Fälle eingedenk, wo er Linda mit
einem einzigen Worte bei aller Unschuld zur Flamme aufge-
trieben. Sie standen, und er schauete hin über das göttliche
Land, als Linda, nach einem stummen Blicken in sein Antlitz,
ungeachtet ihres scheinbar-ruhigen Philosophierens, auf ein-
mal heftig seine Hand anfaßte und rief: ›Nein, du darfst nicht,
bei meiner Seligkeit, bei allen Heiligen – bei der heiligen Jung-
frau – bei dem Allmächtigen! – du darfst, du sollst nicht!‹
Einen Raub gibt es, wogegen ewig der Mann unaufhaltsam
entbrannt aufsteht, und begingʻ ihn eine Göttin aus Liebe und
böte sie dafür eine Welt von Paradiesen: es ist der Raub seiner
Freiheit und freien Entwickelung. Ja, daß es Liebe ist, aber zu-
gleich despotische, zugleich Freiheit übende und raubende, das
erbittert ihn nur noch mehr, und aus dem Nebel des Irrtums
wird später das Gewitter der Leidenschaft. – Linda wieder-
holte: ›Du darfst nicht.‹ Er sah ihr bewegtes glänzendes Antlitz
an, dessen südliche Heftigkeit doch mehr einem Enthusiasmus
glich als einem Zorn, und sagte fest: ›O Linda, ich werde wohl
dürfen und wollen!‹ ›Nein, ich sage Nein!‹ rief sie. –

Was Linda fordert, mißfällt Albano, weil sie damit in seinen Augen die Schranken ihres Geschlechts überschreitet. Unerträglich aber ist ihm, daß und wie sie fordert, herrisch, ohne Konzilianz. Jean Paul zeigt sehr einleuchtend, wie sein Held sich wundstößt an ihrer Unverbindlichkeit, ihrer Empfindlichkeiten nicht achtenden Entschiedenheit, am aristokratischen Despotismus ihrer Natur. Man kann annehmen, daß er damit zugleich von Verletzungen spricht, die ihm Charlotte (und Emilie von Berlepsch) zufügten.

Nach dieser großen Auseinandersetzung sind die Liebenden eigentlich schon geschiedene Leute. Jean Paul schickt eine neue Figur auf die Bühne, die Prinzessin Idoine, die Albanos Frau werden wird und die rechte, uneigennützige weibliche Liebe für ihn im Herzen trägt. *Ich habe nichts wider sie und nichts für sie*, bemerkt Linda kühl über die Rivalin, wie Charlotte über Emilie von Berlepsch. Sie ahnt, daß ihr Albano im Herzen schon untreu geworden ist, doch weil er als idealischer Held eines Romans im hohen Stil (anders als sein Autor) eine Verlobung nicht lösen darf – um seiner Ehre willen würde er *stets nach der Pflicht der Treue handeln* –, muß ihm Linda auf andere Weise aus dem Weg geräumt werden.

Das Werkzeug ist Roquairol, der in Liebe zur Braut seines Freunds entbrannt ist. Mit einem Brief in der Handschrift Albanos lockt er zu einem Rendezvous in den Schloßpark:

Du Meine! Sei es wieder! Ich will noch sterben, aber für dich, nicht für ein Volk auf dem Schlachtfeld. Vergib das Gestern und beglücke das Heute. Ich habe meinen Vorsatz einer Reise wieder aufgegeben, um dir heute noch an das Herz zu stürzen und deinen Himmel auszuschöpfen und meinen zu füllen ... Komme diesen Abend – ich flehe dich bei unserer Liebe an – um 8 Uhr entweder, wenn es hell ist, in die Tartarus-Höhle, deren Totengräber-Putz und Orkus-Ameublement dir gewiß

nur lächerlich sein wird, oder, wenn es wolkig ist, in das Ende
des Flötentals ... Ich erwarte und begehre keine Antwort von
dir, sondern Schlags acht Uhr schleich' ich durch das Elysium,
um zu sehen, wo die Göttin steht, der Himmel, die Sonne, die
Seligkeit, du.
Dein Albano.

Linda merkt den Betrug nicht. Auch beim Treffen im nächtlichen Park hält sie Roquairol, der mit verstellter Stimme zu
ihr spricht, für Albano. Sehen kann sie ihn nicht, weil sie
nachtblind ist. So gelingt *der Riesenschlange* Roquairol, dessen stürmischem Drängen Linda nicht zu widerstehen vermag, der Mord an ihrer Unschuld, die Verführung:
Jetzt sah er am Himmel die Sturmwolken wie Sturmvögel zwi-
schen den Sternen und neben dem zornigen Blutauge des Mars
schon heller fliegen; der Mond, der ihn verjagte und verriet,
warf bald das Richter-Auge eines Gottes auf ihn. Im Hohne
gegen das Schicksal riß er auf für seine küssende Wut den
Nonnenschleier und Heiligenglanz ihrer jungfräulichen Brust.
Fern stand der Leuchtturm des Gewissens, von dicken Wol-
ken umzogen. Linda weinte zitternd und glühend an seiner
Brust. ...
Plötzlich fingen im Tal die Flöten an, die der fromme Vater zu
seinen Abendgebeten spielen ließ. Wie Töne auf dem Schlacht-
feld riefen sie den Mord heran – da schmolz Lindas goldner
Thron des Glücks und Lebens glühend nieder, und sie sank her-
ab, und das weiße Brautkleid ihrer Unschuld wurde zerris-
sen und zu Asche.
Wenig später bekennt sich Roquairol öffentlich zur Verführung Lindas, in einem von ihm verfaßten Trauerspiel, in dem
er die Hauptrolle spielt und sich am Ende, Leben und Spiel
zur Deckung bringend, erschießt. Linda, bis dahin ahnungs-

los über den Betrug, erklärt sich feierlich zu seiner Witwe. Albanos Weg zu Idoine ist frei.

Jeder Himmelsstürmer im »Titan« hat seine eigene Hölle. Weil Linda die Liebe über das Gesetz stellt, und damit gegen die männliche Weltordnung und Herrschaft rebelliert, muß sie die Qualen von Schande und Beschämung erleiden. Das ist Jean Pauls ziemlich widerwärtige Rache an Charlotte, wegen ihres Brief zu seiner »Mondfinsternis« – *(die Geschichte der Verführung, die ich bis in den Tod hasse – ich kann um solcher Tugend willen niemand selig sprechen – Liebe bedürfte keines Gesetzes)*, und wegen ihrer unsittlichen Freigeisterei überhaupt. Die Verführung der nachtblinden Linda ist eine Verführung Charlottes *in effigie* und überdies wohl auch eine Indiskretion Jean Pauls, wir erinnern uns an sein Tabakrauchen im Pulvermagazin. Mit Lindas Fall hat er sich weit mehr beschmutzt als sie, weil er zur Herstellung einer möglichst großen Fallhöhe zuvor dafür gesorgt hatte, daß die Leser Albanos gegen sie werden mußten. Wie bedeutend, wie unverwechselbar in ihrer Individualität zeigt sie sich bei jedem ihrer Auftritte, in jeder ihrer Äußerungen! Wenn wir uns eine Vorstellung von Charlottes Wesen und Wirkung machen wollen, dann müssen wir den »Titan« lesen und abziehen, was eine poetische Figur von einem wirklichen Menschen trennt. Als Jean Paul seinen Roman mit Charlotte lebte, war sie nicht jung, nicht schön, verheiratet, vielfach enttäuscht, fränkisch statt spanisch. Und doch ist sie zweifellos in Linda präsent. Ihr poetischer Glanz konnte Charlotte wohl milder stimmen, die für den »Titan« bald freundliche Worte fand.

Im Juni 1802 schrieb sie Jean Paul noch etwas schnippisch, aber schon versöhnlich: *Ich wünschte mir in jedem Jahr vier Bände, puisque cela m'amuse, und bei einigen Stellen habe*

ich Sie auch lieb, und das ist mein Verhältnis zu dem Autor.
Und am 6. September 1803 – nach der Lektüre des 4. Bandes – bekannte sie sich zur Linda, in einem Reisebrief aus
Bamberg, den Jean Paul sehr lobte, weil er so heiter, gewandt
und witzig sei und – was er nicht sagte – weil er ihm die Ab-
solution erteilte.

*In Bamberg im Einhorn, auf dem Steinweg, verließ ich den
Präsidenten mit meinem letzten Willen. Das Haus hat ein großes Zimmer mit zwei Betten, wenn ihm nicht die Leipziger
reinliche Eleganz fehlte, für die aber auch etwas teurer ist als
der Bamberger Hof. Ich sah die weite Straße hinauf, aber mir
fiel nichts bei als: Hier gibt's das beste Rindfleisch, Brot und
Bier ec. Ich ging auf den Gang dem Hof zu, und aus Mangel
von Aussicht und Einsicht mußte ich etwas Tolles finden und
erfinden. Im Tempel der Proserpina war ich. Den Eingang be-
setzten Amore mit wallender, schaukelnder Fackel. Sappho
singt dort ihr ewiges Lied und Eurydice lauscht nach Orpheus-
Tönen. Da waren auch Linda und Roquairol. Da ward ein anderes Gespräch im Flötental. Aber heute finde ich die Worte
nicht mehr. Stehet mir der Genius bei und Dein Buch, einziger
Jean Paul, und dergleichen Geistigkeiten mehr, so versuche ich
den Versuch und mache das Arge ärger.*

Was für eine Haltung, sarkastisch und souverän! *Sie haben
schon einige Mal dem deutschen Volk zu erklären gesucht, wie
man blind wird, und noch mehr, daß man blind ist,* schrieb
sie ihm gut einen Monat später. Wenn Charlotte gefürchtet
haben sollte, ihre Bekannten könnten sie mit der gefallenen
Linda identifizieren, dann hat sich diese Furcht wohl als un-
begründet erwiesen, fast müßte man sagen: leider. Denn
schon die ersten Teile des Werkes wurden vom Publikum nur
lau und ohne Enthusiasmus aufgenommen, der letzte, groß-

artigste Band mit der Linda-Geschichte fand offenbar nur noch wenig Leser. Was Jean Paul der Welt hatte zeigen wollen, nämlich sich als »klassischen« Autor, sahen und würdigten nur wenige, zu denen auch Charlotte gehörte: *Sie schreiben immer lichter, schöner.*

II · DAS PHANTOM
DER SEHNSUCHT

To speak is human because human to listen,
beyond hope, for an Eighth Day,
when the creatures Image shall become the Likeness:
Giver-of-Life, translate for me
till I accomplish my corpse at last.
Wystan Hugh Auden, Prologue at Sixty

Im Juli 1804 bringt ein Reisewagen Charlotte von Kalb und ihre 14jährige Tochter Edda durch die märkischen Sandwüsten in Preußens Hauptstadt Berlin. Der Zerfall der Familie ist damit besiegelt. Der ältere Sohn Fritz ist in die preußische Armee eingetreten und liegt mit seinem Ansbachischen Husaren-Bataillon bei Neustadt an der Aisch in Franken. Auch August soll einmal die Offizierslaufbahn einschlagen, vorläufig lebt er noch bei seinem Vater, dessen Gefährtin und den Stiefgeschwistern auf dem Gut Trabelsdorf bei Bamberg. *Unleugbar ist diese große, volkreiche Hauptstadt besonders in den neuen Abteilungen Friedrichstadt und Neustadt mit einer Pracht, ja mit einem Geschmack gebaut, wogegen im Verhältnis Stockholm mit nur wenigen Ausnahmen und abgesehen von dem königlichen Eindruck seiner Lage einer kleinen Provinzialstadt ähnelt, die ihre Mauserung begonnen hat,* urteilte der schwedische Reisende Per Daniel Atterbom, der etwas später, 1817, nach Berlin kam. Zwar stieß er sich an der *prahlenden und trockenen Monotonie,* die er *in der Bauart, in Anlage der Straßen, in der ganzen äußeren Erscheinung* bemerkte. Ohne Zweifel bilde sie den Berliner Charakter *allegorisch ab. Der Beschauer wird bald all der Richtschnurbauten, Linien und geometrischen Figuren überdrüssig, wie zierlich sie auch ausstaffiert sind, und glaubt beständig, unter Reihen von lauter Kasernen zu wandeln. Dieser Eindruck kann um so weniger Illusion genannt werden, da es fast unmöglich ist, Füße und Augen nach irgendeiner Richtung zu wenden, ohne auf Soldaten, Paraden, Märsche und Manöver zu stoßen.*

Doch wenn Berlin auch architektonisch aufgeklärten Rationalismus und preußischen Militarismus abzubilden schien,

in den Jahren um 1800 hatte es sich nicht nur zur geistig le-
bendigsten, kulturell aufregendsten Stadt in deutschen Landen entwickelt, es war auch zu einem Zentrum der romantischen Bewegung geworden, die von den Berlinern Tieck
und Wackenroder mit ausgegangen war. Um und nach 1800
lebten sie irgendwann alle einmal in Berlin: Friedrich Schlegel, als Stubenkamerad des bedeutenden Theologen Schleiermacher, und sein Bruder August Wilhelm, der in den
Wintern 1802-1804 vielbesuchte Vorlesungen über Literaturgeschichte hielt, Clemens Brentano, Fouqué, Achim und
Bettina von Arnim, Kleist, E. T. A. Hoffmann und viele andere. In den Salons geistreicher Jüdinnen, am berühmtesten die
von Rahel Levin und Henriette Herz, konnte sich eine freiere
Geselligkeit entfalten, in der intellektueller Rang mehr zählte
als gesellschaftlicher. Auch das von Iffland geleitete Theater
zog viele Besucher an. Selbst Schiller, der im Frühjahr 1804
in Berlin eine begeistert gefeierte Aufführung seiner »Jungfrau von Orleans« erlebte, dachte ernstlich an einen Umzug
nach Berlin: *Berlin gefällt uns besser, als wir erwarteten. Es
ist dort eine große persönliche Freiheit und eine Ungezwungen-
heit im bürgerlichen Leben. Musik und Theater bieten mancherlei Genüsse, obgleich beide das bei weitem nicht leisten
was sie kosten.*

Daß das reiche kulturelle Leben der *Wunderstadt* (wie sie
schrieb) für Charlotte bei der Wahl ihres neuen Wohnortes
eine Rolle spielte, ist anzunehmen, auch wenn ihr die finanziellen Mittel fehlten, es zu nutzen. *Ich lebe ganz isoliert,*
schreibt sie im März 1805 an Karoline Richter. *Eine Frau, die
in einer großen Stadt keine Equipage hat, kann nur in ihrem
Zimmer existieren. Übrigens glaube ich auch nicht, daß etwas
mir Angenehmes oder geistig Zuträgliches sich hier für mich*

finden könnte, als die Musik. Wenn ich große Konzerte zuwei-
len hören könnte! Noch hätte es ohne Sorge nicht sein können,
denn die Ruhe geht mir über alles. Außer diesem Zustand will
ich nicht leben, und jeder Genuß läßt mir nur Mangel emp-
finden. Nur in der innigsten Ruhe und Freiheit können freie
Künste genossen und erkannt werden. Es ist in Berlin nicht
teuer leben, aber meine Revenuen erhalte ich so unordentlich,
wodurch ich oft geniert bin. Und in einem anderen Brief aus
dieser Zeit heißt es: *Das Gute, Schöne und Feinste zu wissen*
und zu genießen, ist auch nur durch Geld bedingt.

Das ließ sich für die Geschäftsfrau, zu der sie die Not gemacht hatte, in Berlin besser verdienen als anderswo. Bei
Hof und bei Regierungsbeamten konnte sie auf Unterstützung für ihre Projekte – immer wieder die Erziehungsan-
stalt –, in Vermögensangelegenheiten und Hilfe für Eddas
Versorgung hoffen, zumal Prinzessin Marianne von Hessen-
Homburg seit Anfang 1804 mit Prinz Wilhelm von Preußen
verheiratet war und nun in Berlin residierte. Auch alte Freunde und Bekannte fand sie dort wieder: den Philosophen Johann Gottlieb Fichte und seine Frau, mit denen sie sich
schon in ihrer Weimarer Zeit angefreundet und damit die Eifersucht des Ehepaars Herder erregt hatte, ihren Arzt Wilhelm Christoph Hufeland, der 1799 als Leibarzt des Königs
Friedrich Wilhelm III. und Leiter des Charité-Krankenhau-
ses nach Berlin gegangen war, im gleichen Jahr, wie der Jena-
er Historiker Karl Ludwig von Woltmann.

Charlotte, die nördliches Leben so wenig liebte, hatte sich ihren Aufenthalt in Berlin befristet gedacht; als sie 1843 dort
starb, waren bald 40 Jahre daraus geworden, fast die Hälfte
ihres Lebens. Zweimal ist sie in dieser Zeit noch gereist,
sonst waren ihre größten Bewegungen Umzüge in Berlin, wo
sie unter anderem in der Kommandantenstraße und in der

Lindenstraße gewohnt hat. Als Edda 1809 tatsächlich von der Prinzessin Marianne (Wilhelm) zur Hofdame gewählt wurde, finden wir Charlotte immer wieder in deren Dienstwohnung im königlichen Schloß. Seit 1820 hat sie dann ganz bei der Tochter gelebt. Aus ihrem zwei Treppen hoch gelegenen Zimmer im Schloß ist sie kaum noch herausgekommen.

Mit Berlin kamen Alter und Blindheit. *Sie würden sich wundern, wie man in sechs Jahren so altern konnte, wie ich es bin*, schrieb Charlotte 1809 an Karoline Richter. Sie, die früher ganze Nächte durch gelesen hatte, mußte dazu nun lichthungrig auf sonnige Stunden warten. Umso hellhöriger wurde sie für das, was man ihr nicht sagte, für den *Ton einer Rede*. Das Schwinden ihres Augenlichts spiegeln ihre Briefe, die immer unleserlicher wurden und den Empfängern wohl meist eher Pein als Freude machten, nicht nur, weil das Entziffern mühselig war, auch, weil man geneigt ist, im Schriftbild den geistigen Zustand eines Menschen gespiegelt zu sehen. Charlotte wußte, daß ihre Briefe abstießen – *ich hasse meine Handschrift* –, mochte aber nur ungern einem Schreiber diktieren, der als Fremder eine unbefangene, vertraute Mitteilung unmöglich machte. 1822 hat sie die letzten eigenhändigen Zeilen geschrieben, das letzte Buch selbst gelesen; 1826 konnte sie niemanden mehr erkennen. Wir hören von einer schweren Operation, von Krankheiten, die sie monatelang ans Bett fesselten, von Einsamkeit und davon, wie unwohl sie sich in Gesellschaft fühlte, also von einem ziemlich trübseligen Dasein, aber unsere Briefe lassen uns gewöhnlich unglücklicher erscheinen, als wir wirklich sind.

Die *unbedeutendste Existenz, die ein Sterblicher nur führen kann*, hat Charlotte ihr Berliner Leben einmal genannt, doch wenn wir ihm folgen, sehen wir es immer in Berührung mit klugen, interessanten, bedeutenden Menschen, Humboldts, dem Ehepaar Varnhagen, Bettina von Arnim, den Philosophen Karl Christian Friedrich Krause, Johann Erichson und Hermann Fichte, mit der Dichterin Amalie von Helvig und vielen anderen. Der Historiker Leopold von Ranke war von der alten Dame so beeindruckt, daß er sie öfter besucht hat, zuletzt wenige Wochen vor ihrem Tod.

Bis ans Ende hatte sie den Kopf voller Pläne und Spekulationen, bewahrte sie ihre Neugierde, Geistesschärfe und Urteilskraft. *Ein Gedanke, der sie ergriff, wirkte wie ein Blitz, der das ganze Wesen erregt und es war erschütternd noch in ihren letzten Lebenstagen das geistige Element ihres Lebens noch in seiner Kraft zu fühlen,* hören wir von ihrer Tochter. Wie besonders die Briefwechsel mit Varnhagen von Ense und Hermann Fichte, die wichtigsten Korrespondenten ihrer späten Jahre, eindrucksvoll bezeugen, nahm sie lebhaften Anteil an Politik und Literatur, auch wenn sie sich nun am liebsten mit religiösen Schriften beschäftigte. *Ich lese mit Anteil Schriften, wie es die Werke der Guyon, Fénelon sind ... Alles andere ist mir fern wie die Jugend.*

Sie überlebte fast alle Menschen, die sie geliebt und gekannt hatte, sie überlebte Herder, Schiller, Jean Paul, sie überlebte auch Goethe. Berlin war der Abschied von Gestern, und wenn Charlotte auch manchmal die Vergangenheit von sich abstoßen wollte, wie eine Schlange ihre Haut, so erinnerte sie sich daran doch wehmütig als ein goldenes Zeitalter der Freundschaft und Liebe: *Was mir jetzo erscheint, dünkt mir so fremd in der Welt des Gemütes, des Geistes, und der Zeit, so roh und einiges so schroff, daß ich gerne die Augen schließe und von den Seligen träume, die da waren.*

Die Ehe der Charlotte von Kalb nahm zwei Jahre nach dem Umzug nach Berlin ein ihr gemäßes trübes Ende. Am 8. April, dem Osterdienstag des Jahres 1806, erschoß sich Heinrich von Kalb im Münchner Gasthof »Zum goldenen Hahn«. Der Wirt fand ihn erst Stunden später. Niemand im Haus hatte den Schuß gehört.

In einem Abschiedsbrief an Leopold von Geiger, den Schwiegersohn seines Bruders, begründete er seinen Schritt mit den desolaten Vermögensverhältnissen. Zwar war er 1802 zum »Obersten à la suite« der kurpfälzisch-bayrischen Armee ernannt worden, ein Einkommen war mit diesem Titel jedoch nicht verbunden, und auch die hartnäckigsten Bemühungen hatten ihm keine bezahlte Anstellung verschafft. Der Präsident befand sich zu dieser Zeit in Bamberger Schuldarrest. Das Gericht hatte soeben über den Verlust von Trabelsdorf und Dankenfeld entschieden.

Alles, alles ist verloren, und ich unterliege unter denen Streichen des Schicksals, das mich und die Meinigen erdrückt, und das wir nicht verdienten. – Ich vermag den Jammer meiner armen Familie nicht zu ertragen und nicht zu überleben, und wenn Ihnen dieser Brief zu Händen kommt, werde ich nicht mehr sein. Sorgen Sie, daß meinem so vertrauten und verfolgten Bruder die Nachricht meines Ablebens mit Behutsamkeit und Schonung hinterbracht wird; er dauert mich grenzenlos; sagen Sie ihm, daß ich bis zum letzten Lebenshauch die innigst, zärtlichste Liebe und Verehrung für ihn in meinem Herzen trug, daß er aller meinigen Vater sein soll. Den beigeschlossenen Brief an unsern guten König beschwöre ich Ihnen in seine Hände zu befördern, er enthält Bitten für meine Familie.

Mein Freund, denken Sie nicht, daß ich, was man im gemeinen Leben sagt, den Kopf verloren habe: nein, ich schätze das Leben, aber um den Preis, um den ich es künftig tragen muß, ist es zu teuer. .... Den Tod scheue ich nicht, als Soldat trat ich ihm mehrmals unter die Augen; für mich ist er Erlösung von einem qualvollen Zustand, und nach denen Grundsätzen der Griechen und Römer, die meine Kirchen-Väter sind, ist es erlaubt, aus diesem Leben herauszutreten, ehe Alter und Krankheit von der Bühne abruft.

Kein Abschiedsbrief an seine Frau, die ziemlich erschüttert an Jean Paul schrieb: *Ob zwar schon oft der Besitz unseres Vermögens gesichert schien, so sind doch alle Bemühungen wieder zusammengestürzt und vernichtet worden. Und in solchem Sturm eines widerwärtigen Daseins, wo äußeres Unglück sich häufte, verließ der Obrist von Kalb diese Welt! Er, der ein so bittres Los finden mußte, d u r c h   m i c h! Wie es mir nun unmöglich ist, etwas zu wünschen, mir eine äußere Mühe zu geben! Ich lebe von einer Stunde zur andern, und obgleich die dunkle Zukunft, kann ich doch keine kleinliche Sorge haben.*

Im Grunde war Heinrich von Kalb seines Lebens schon längst müde gewesen. Seine Zeit im amerikanischen Unabhängigkeitskrieg hatte ihn für den Frieden verdorben. Seit der Rückkehr zehrte er von den Erinnerungen an vergangene Abenteuer und seine Heldentaten bei der Belagerung und Eroberung von Yorktown. Charlotte hat diesen glorreichsten Momenten im Leben ihres Mannes mit einem szenischen Dialog ein Denkmal gesetzt.

»Das Mahl« spielt zur Mannheimer Zeit Charlottes, die darin als Erzählerin und Gastgeberin auftritt. Sie hat Friedrich (Schiller), Heinrich von Kalb und dessen Offiziersfreund

William zu einem festlichen Essen geladen – *Boullion restaurant, und siehe, Beafsteak!* Stimmung und Stil sind gehoben, das Kaminfeuer lodert und wirft den Widerschein seiner Flammen auf die rot bespannten Wände, der Neckarwein fließt und man erzählt einander Geschichten. Schließlich trinkt man einander zu, und William verteilt *symbolisch bezeichnete Kästchen.*

Die Zahlen von 1-9, mit einem Lorbeerkranz umgeben an Friedrich, der da sagte: Welche Verheißung?

William: ›Leicht wird die Erfüllung sein.‹

Für Heinrich war ein Schuh gezeichnet.

Heinrich: ›Was soll mir das?‹

William: ›Es ist der Schuh, den du bei der Eroberung von Charlestown verloren, wie du der Erste in der Festung warst, der Brite dem Einschuhigen den Degen übergab, und im Moment von unserm Corps: Charles down! gerufen wurde.‹

Heinrich: ›Dank – Dank! – du gedachtest, du erinnerst an einen schönen Tag meines Lebens!‹

Für Charlotte ein Buch, Feder und Brief.

Charlotte, die für Yorktown vielleicht irrtümlich, vielleicht auch um des Wortspiels willen »Charlestown« setzte, hatte Mitte der 1830er Jahre noch einmal Anlaß, sich an Heinrichs schönsten Tag zu erinnern, als sie durch Zeitungsberichte von einer Erbschaft hörte, auf die, wie es hieß, Nachkommen des Generals Johann von Kalb Anspruch erheben konnten. Dieser General hatte sich im Unabhängigkeitskrieg vielfach ausgezeichnet und war 1780 gefallen. Der Adel des gebürtigen Franken allerdings war »self-made«, und es bestanden keine verwandtschaftlichen Beziehungen zum alten thüringischen Adelsgeschlecht, dem ihr Mann entstammte. Charlotte muß das gewußt und erfolgreich verdrängt haben. Ihren

Freunden erzählte sie von einem *Großonkel ihrer Kinder,* der *sehr bedeutsam im Befreiungskrieg* gewirkt habe. Die Erbschaft lockte so sehr, daß sie auch den Nachlaßverwaltern die Wahrscheinlichkeit einer Verwandtschaft suggeriert hat. 1836 bat sie den preußischen Staatsrat Johann von Eichhorn um Weiterleitung eines in französischer Sprache abgefaßten Memoires, das die Eroberungsgeschichte (ohne Schuh) in diesem Sinne ausspinnt: *Der Offizier Heinrich von Kalb, der unter denen war, welche die Festung zuerst erstiegen hatten, erhielt als Auszeichnung seines Eifers l'ordre pour le mérite. Als die Offiziere des Regiments Royal Deux-Ponts dem General Washington namentlich vorgestellt wurden, fragte Washington den Offizier von Kalb: ›Sind Sie verwandt mit dem Generalmajor Baron von Kalb, dessen Verdienst wir anerkennen und der seine Ergebenheit und Treue mit dem Tode besiegelte?‹ ›Mein General, es lebt nur ein Geschlecht dieses Namens in Thüringen, nähere Erläuterungen vermag ich nicht zu geben, da ich bald das väterliche Haus verlassen habe.‹*

Sogleich ward aus den Papieren und dem letzten Willen des Generals dargetan, daß er aus Thüringen sei und dasselbe Wappen führe ...

Die deutsche Fassung dieses Märchens findet sich in Charlottes »Aufzeichnungen zur Geschichte des amerikanischen Freiheitskrieges«, aus denen eine eigene Buchveröffentlichung werden sollte. *Spes fefellit.* Auch aus der amerikanischen Erbschaft wurde nichts.

Der damals berühmte Arzt Wilhelm Christoph Hufeland lehrt in seinem populärsten Buch »Die Kunst, das menschliche Leben zu verlängern«. Von seinen Bekannten wird er als streng rechtlicher, nach außen hin schroffer, bei näherem Kennenlernen aber weicher, gütiger Mann geschildert. Er hatte eine schöne Frau, eine hoch geachtete Stellung und trotz seiner beruflichen Überlastung noch Zeit und Interesse für andere Menschen. Die Gesellschaften im gastfreien Hufelandschen Haus gehören zu den wenigen, die Charlotte in ihrer ersten Berliner Zeit noch besucht. *Dieses Haus bildete einen Mittelpunkt für Gelehrte, Künstler, Kunstfreunde, und verschmähte es nicht, auch jüngere Männer, die auf keine Bedeutung Anspruch machen konnten, aber eine lebendige Empfänglichkeit für geistige Anregung mit sich brachten, zu diesen Kreisen heranzuziehen*, erzählt der spätere Gymnasialdirektor Friedrich Kohlrausch, der als junger Mann bei Hufelands verkehrt und auch Charlottes Bekanntschaft gemacht hatte. *Um gleich eine Reihe Namen von Männern und Frauen zu nennen, die sich im Hufelandschen Hause kennengelernt haben, so zähle ich – außer den eigentlichen Hausfreunden, Fichte, Zelter, Johannes Müller, August Wilhelm Schlegel –, den Historiker Woltmann, den Bildhauer Schadow, den Anatomen Loder, Friedrich Heinrich Jacobi, die aus Schillers Leben bekannte Frau von Kalb, Madame Herz, die Schauspielerin Unzelmann, die nachherige Händel-Schütz, auf, die mir sogleich gegenwärtig sind.*

Die Reihenfolge der Namen spricht für sich. Um Hufeland versammelten sich angesehene, gebildete Männer, die sich nach anstrengender Berufsarbeit am Feierabend noch zu kultivierter Unterhaltung treffen und strebsame Jünglinge gern an ihrem Wissen, ihrer Lebenserfahrung teilnehmen ließen: *Wie förderlich die Gespräche solcher Männer unter sich über wissenschaftliche und sonst interessante Gegenstände für uns jüngere, die wir in der Mitte der zwanziger Jahre standen, sein mußten, brauche ich nicht auseinanderzusetzen,* so Kohlrausch. *Die Philosophie, die Geschichte, die schöne Literatur und Kunst, die Musik, wurden durch Männer der ersten Größe in den einzelnen Fächern vertreten, und Hufeland verstand so meisterhaft, die Einzelnen anzuregen, daß sie lebhaft aus sich herausgingen und das Beste, was sie in sich trugen, auf ihre Zunge stieg. Wenn er es dahin bringen konnte, daß zwei von verschiedenen Fächern, ein jeder die Vorzüge und Bedeutung des seinigen, gegen einander verteidigten, so hatte er seine Freude daran, denn es wurde nicht immer eine ernste Unterhaltung gepflogen, vielmehr suchten die Männer, die den Tag über streng gearbeitet hatten, am Abend gern eine Erholung im heiteren Austausch der Gedanken.* Am Rande dieses Männerzirkels standen Schauspielerinnen und Frauen, deren Bedeutung gleichsam geliehen, parasitär schien.

Interessant war sie mir besonders wegen ihrer Verbindung mit Schiller, ihres Umgangs mit Goethe, schreibt Bernhard Rudolf Abeken, auch einer der jungen Männer, die in Hufelands Haus verkehrten, über Charlotte. Seine schon erwähnte Autobiographie »Goethe in meinem Leben« erschien zwar erst 1866; in der Chronologie des Erlebens aber stehen seine Äußerungen über Charlotte am Anfang ihrer Rezeptionsgeschichte, die ärgerlich, komisch und betrüblich ist. Abeken, der, weil er Charlotte persönlich kennengelernt hatte, ihr gegenüber billiger war als spätere Kritiker, sah in ihr doch schon ein Beispiel dafür, *wie namentlich Frauen durch die sogenannten höheren Ansichten von dem Rechten abgelenkt werden kön-*

nen ... Sie konnte für ein vorzügliches Exemplar der Frauen
gelten, die früher in beschränkter Sphäre allein auf die Ver-
waltung des Hauses hingewiesen, nun sich zu emanzipieren,
in das Gebiet des Geistigen einzudringen sich bemühten und
rücksichtslos die Fesseln abstreiften, die so unbequem gewor-
den waren. Immerhin bewunderte er *(welcher Verirrungen*
sie sich auch mochte schuldig gemacht haben) ihren Geist,
der die Stürme des traurigsten Geschickes überdauert hatte ...
die Fassung, womit sie diesem begegnete ... Ich besuchte sie
öfters und war Zeuge von diesem nicht gebeugten Sinn. Sie
hatte das Leben und dessen Wechselfälle wie wenige kennen-
gelernt.

Vielleicht war es ein solcher Emanzipations-Verdacht, vielleicht nur das freilich auch bezeichnende Desinteresse Friedrich Heinrich Jacobis an einer alternden, unattraktiven Frau,
geistvoll oder nicht, was eine Begegnung zwischen Charlotte
und ihm – im Hufelandschen Haus – zum Mißerfolg werden ließ. Jean Paul verdankte Jacobi wichtige Anregungen
zu seinem »Titan«, dessen zentrale Idee von Jacobis Roman
»Eduard Allwill« angeregt worden war. Charlotte, die *Titani-*
de, hieß ihm, nach dem Titelhelden eines anderen Jacobi-
schen Romans, dem »Woldemar«, auch eine »Woldemarin«.
Deshalb hatte es ihn sehr befremdet, daß Jacobi vieles am
»Titan« anstößig und die »Woldemarin« Linda abscheulich
fand.
Charlotte, die den »Woldemar« mit leidenschaftlicher Anteilnahme gelesen hatte, wußte nichts von Jacobis Abneigung
gegen Linda. Doch aus den Sätzen, in denen sie (im April
1805) Jean Paul um die Vermittlung eines Treffens zwischen
ihr und Jacobi bat, klingt Mißtrauen: *Man sagt, Ihr Jacobi*
reise über Berlin und dann nach München, wo er als Präsi-

dent der Akademie mit 3000 Gulden Gehalt angestellt wer-
den soll ... Wissen Sie, wie es nicht anders sein kann, von der
Reise des Friedrich Jacobi, so sorgen Sie, teurer Freund, daß
ich ihn in Berlin sprechen kann ... Mein Verlangen, Fried-
rich Jacobi zu sehen, ist nicht lebhaft, aber wenn ich diesen
Wunsch vernichten wollte, würde mein Gemüt noch mehr ent-
schlafen.

Sie hatte die Hoffnung, den zukünftigen Akademiepräsiden-
ten für ihr Erziehungsprojekt interessieren zu können. Wenn
er dann seinen Einfluß geltend machen würde ... *Man gebe*
ein Kloster oder Abtei, die in München ist, zu dieser Absicht.
Die Oberaufsicht habe eine Äbtissin. Diese Äbtissin kann nur
von der Königin ernannt werden. Man kann sie in Grafen-
stand erheben, wenn sie Kalb ... heißt und Gräfin von Ost-
heim nennen. Vielleicht konnte er auch ihrer Edda zu einer
Hofdamenstelle in München verhelfen?

Jean Paul an Jacobi:
Eine alte Freundin von mir – Frau v. Kalb aus Weimar, jetzt in
Berlin – bittet mich um deine Sichtbarkeit, wenn Berlin den
Merkurs Durchgang durch dich nimmt. Sie war eine innige
Freundin Herders, Goethes, Schillers etc.; ihr Äußeres
verschließt mit rauher Eichenrinde einen zarten Blütengeist.
Sie hat mehr auf meine Bildung eingegriffen als alle übrigen
Weiber zusammen. Ihren Charakter schildert man zum Teil
mit dem Worte, daß sie mit unendlicher Tiefe jeden Charakter
eben schildern kann.

Friedrich Kohlrausch in seinen »Erinnerungen«:
Im Jahre 1804 [1805] kam Friedrich Heinrich Jacobi auf sei-
ner Versetzungsreise nach München durch Berlin und erschien
auch in einer Abendgesellschaft, die vorzüglich seinetwegen zu-

sammengeladen war, bei Hufeland. Wir Jüngeren freuten uns
sehr darauf, diesen ausgezeichneten Mann kennen zu lernen,
ihn reden zu hören, sein als sehr fein gerühmtes Benehmen zu
bewundern. Aber unsere Erwartung wurde insofern getäuscht,
als Jacobi sich nur mit Madame Herz, der berühmten Freun-
din Schleiermachers, unterhielt und um die übrige Gesell-
schaft, als wäre sie nicht vorhanden, sich gar nicht beküm-
merte. Nicht einmal der Frau von Kalb, die auch zugegen war
und gern mit Jacobi sich unterhalten hätte, gönnte er irgend
seine Aufmerksamkeit. Auch bei Tisch saßen die beiden bei-
sammen und sprachen privatim miteinander, ohne an der
sonstigen Unterhaltung teilzunehmen, die begreiflicherweise
eben deshalb sehr lau war. Das wurde uns Jüngeren am Ende
zuviel, und in einem gewissen Übermute, zu welchem uns die
Güte des Wirtes und der Hausfrau verzogen hatte, stifteten wir
den Sänger Ehlers an, daß er seine Guitarre nahm und mit
seiner schönen kräftigen Stimme das Goethe'sche Lied: »Mich
ergreift, ich weiß nicht wie, himmlisches Behagen usw.« an-
stimmte. Alles fuhr erfreut auf, nur die beiden sich Isolieren-
den blickten einen Augenblick auf, warfen dem dreisten Sän-
ger, der sie zu stören wagte, einen fast unwilligen Blick zu und
fuhren dann ungehindert in ihrer Unterhaltung fort. Diese
Szene ... dämpfte unsere Verehrung für Jacobi sehr, wenigstens
als Menschen; wir sahen in ihm den vornehmen, selbstzufrie-
denen Mann, der nur den, welchen er für geistig ebenbürtig
hielt, seiner Aufmerksamkeit würdigte. Übrigens war seine äu-
ßere Erscheinung einnehmend und würdig, und die Züge sei-
nes Gesichts zeugten von seiner geistigen Bedeutung. Auch
mußten wir uns gestehen, daß die Madame Herz sowohl durch
ihren Geist, als durch den Ausdruck desselben in ihrem fast
antiken Gesichte wohl imstande sei, die Aufmerksamkeit eines
Mannes, wie Jacobi, zu fesseln. Doch dies entschuldigte doch

weder ihn noch sie bei uns, um so weniger, als sie ebenfalls uns junge Leute nur wenig beachtete.

Charlotte an Jean Paul:
Der Abend bei Hufeland verging so: Ich war nichts weniger als wohl und wäre lieber in meinem Zimmer geblieben. Jacobi kam nach 8 Uhr – Hufeland präsentierte mich ihm. Er grüßte, als wenn er mich niemals habe nennen hören oder mich vielen sehr gesalzen und geräuchert zu erkennen gegeben habe. Mir ist es gleich, was ein Papst von mir denkt, und im Gefallen wetteifern möchte ich nicht mit einer Juno; ich bin eine heitere alte Frau und gefalle niemandem mehr – aber so viel Genie wie J. P. Richter muß man haben, um mich zu verstehen ... Genug, den Abend bei Hufeland war alles stupefait und insipide, und nichts war geistreich als der Bischof [und] Johannisberger.

Jean Paul an Jacobi:
Du alter Weltmann und Weltweiser, du warst im Stande, in der rohen krustigen erdschlligen Außenseite (nämlich der moralischen, nicht der bloßen körperlichen) doch die schöne, auch von Herder und Goethe so geachtete Oreade zu verkennen, die im Berge wohnt, genannt Fr. von Kalb? Und die sehr schön hingezogene Mittel-Marks-Ebene, Mde. Herz, diese kalte Musaik zufälliger Urteile, über jene zu setzen? – Ich wurde zwar von ihr in Berlin sehr gesucht; aber ich (Unverheirateter) wäre nicht einmal fähig gewesen, sie sinnlich zu lieben, geschweige anders. Gutmütig ist sie aber sehr; und für Künstler-Augen – z. B. meiner Frau – ist ihr Kopf fast nach der Antike ausgearbeitet. Kurz, ich könnte bei ihr höchstens wachen, nie – träumen.

Charlotte an Jean Paul:

Ich kenne die Herz nicht, es war mir noch nie so, als wenn wir miteinander reden könnten. Überhaupt, ich kann hier mit niemand reden, mit Fichte und Woltmann ist es nur ein Präludieren.

Es gibt hier mitunter Tees, Göcking gibt so einen Zustand alle Donnerstag. Er ist mein Nachbar, bin allezeit gebeten, gehe nur das vierte, fünfte Mal hin, Mad. Herz ist auch oft da – möchte sie einmal die Langeweile und Weile lang beschreiben! – Sie ist sehr spröde im Gespräch mit Damen, wie eine, die sich nicht traut, ohne die Waffen des Geschlechts mit dem Geist zu erscheinen.

Fremd wie der dichtende Oberfinanzrat Goeckingh bleiben Charlotte auch andere Angehörige der Berliner Gesellschaft. Der schwedische Diplomat Brinkmann, einer der engsten Freunde Rahels, ist für sie kein »Bringmann«, wie sie, ein Witzwort der Zeit aufgreifend, schreibt: *Unsere Geister haben füreinander keine Frage. Übrigens glaube ich von ihm das Vortrefflichste.* Keine Frage hat ihr Geist auch für den satirischen Schriftsteller und Philologen August Ferdinand Bernhardi. *Mitunter kraus und scheinbar verwirrt, aber sprühend von Genialität, Kraft und originaler Laune,* nennt ihn ein Bekannter (Eigenschaften, die einer von ihm verfaßten »Allgemeinen Grammatik« nicht zum Vorteil waren). *Bernhardi hat Kopf und* Laune, bemerkt Charlotte, *könnte gebildeter sein, als er ist. Man kann ja zuweilen ein geistreiches Wort von ihm hören aber keine Rede vollenden.* Näher befreundet war Charlotte mit dem 1806 geadelten Karl Ludwig Woltmann, dessen in Berlin begründete »Zeitschrift für Geschichte und Politik« bald an der Zensur scheiterte, die immer wieder Artikel wegen ihrer pronapoleonischen Gesinnung strich. Zeitgenossen fiel an ihm zuerst auf, wie dick er war und wie ausgesucht gekleidet (mohnfarbener, zierlicher Rock, Weste von blauem Atlas, blühend weiße Wäsche, schwarzseidene Unterkleider ...) *Woltmann ist freundschaftlich gegen uns, er hat die Stosch-Müchler geheiratet, Verfasserin der Euphrosyne und einiger Kleinigkeiten im Damenkalender. Zuweilen bringen sie den Abend bei uns bis Mitternacht zu, und ich und meine Tochter auch bei ihnen, das könnte wohl jeden Monat einmal stattfinden. Sie kennen Woltmann, er ist ein dicker Historiker, mir ein werter Mann, mehr von ihm zu sagen, dient zum Gespräch ... Sie ist hübsch, ihre Figur mädchenhaft weiblich, etwas angenehm mehr dem Manne; sie wohnen im Tiergarten.* Zeitweise haben Woltmanns – damals frisch verheiratet – Charlotte und Edda in ihrem Haus wohnen lasssen, und vermutlich hat sich Woltmann in seiner Eigenschaft als Resident des Landgrafen von Hessen-Homburg für Eddas Hofdamenstelle bei der Prinzessin Marianne eingesetzt.

4 · GOTTÄHNLICHKEIT

Für den Mann, der verheiratet ist ... bin ich wie ein Chamäleon, den jedes in einer andern Gestalt sieht, hat Charlotte einmal an Goethe geschrieben. In ihrem Bemühen um die Freundschaft und Nähe kluger Männer sah sie sich immer wieder auf Beziehungen zu deren Ehefrauen beschränkt. So ist es ihr wohl auch mit Fichte gegangen, den sie in ihrer ersten Berliner Zeit fast täglich sah, weil sie mit ihm und seiner Familie im gleichen Haus wohnte: *Fichte ist sehr edel und gut gegen mich.* Schon bald aber spricht sie von Spannungen. *Anfänglich konnt' ich viel von ihm hören und reden,*

und er auch gerne, aber unbewußt änderte es sich. Traute Ru-
he, Vertrauen und Glaube, in dir nur lebt die Seele! Wo Span-
nung ist, ist eine feine Folter und ihre Worte sind erzwungene,
aber nicht erlöste Geister.

Mit Fichte war ich gerne mit ganzem Gemüt und Seele, und
einige Stunden waren das Erleben des schönsten Seins. Aber
er, Fichte, der wie natürlich immer Arbeit will für seinen
Geist, warf einen Stein des Unmuts in die Tiefen des Glaubens
und Vertrauens, das trübte mein Gemüt, und es hat das reine
Wort nicht mehr finden können. Zu dieser Geisteshöhe gehöre
ich nicht. Aber wer würde ihn nicht ehren! Auch ist er mir
wohl gut.

Fichte hat sie wohl in ihre Schranken, die Schranken ihres
Geschlechts zurückgewiesen. Charlotte mag davon geträumt
haben, Fichte würde sie, wie einst Herder, als Schülerin annehmen. Doch sie war damals, als sie sich Herder gewählt
hatte, noch jung gewesen; sie hatte in der Gesellschaft eine
Rolle gespielt; vor allem aber war Herder nicht nur Philosoph, sondern auch ein Poet.
Wie Leonore in Goethes »Tasso« bemerkt, brauchen die Frau-
en den Dichter, *der uns die letzten, lieblichsten Gefühle/Mit*
holden Tönen in die Seele flößt. Und der Dichter braucht die
Frauen, wenn nicht fürs Leben, so doch für seine Werke:

> *Uns liebt er nicht, – verzeih, daß ich es sage! –*
> *Aus allen Sphären trägt er, was er liebt,*
> *Auf einen Namen nieder, den wir führen.*

Der Philosoph kann sie entbehren. Wenn schon die normalen Männer meist der Überzeugung waren, den Geist für
sich gepachtet zu haben und der Frau dafür Qualitäten wie
Herz und Gemüt zusprachen, so verankerte die Geistesaris-
tokratie der Philosophen diese angeblich natürliche Ungleichheit in ihren Theorien und Systemen. Fichte ist dabei
besonders weit gegangen. Eine kleine Blütenlese:

*Hinsichtlich der Einzelnatur ist das Weib etwas Mangelhaftes
und eine Zufallserscheinung; denn die im männlichen Samen
sich vorfindende Kraft zielt darauf ab, ein dem männlichen
Geschlechte vollkommen Ähnliches hervorzubringen.*

*Das Weib ist ... schon durch ihre Weiblichkeit vorzüglich prak-
tisch; keineswegs aber spekulativ. In das Innere über die Grenze ihres Gefühls hinaus eindringen kann sie nicht, und soll sie
nicht.*

*Im unverdorbenen Weibe äußert sich kein Geschlechtstrieb,
und wohnt kein Geschlechtstrieb, sondern nur Liebe; und diese
Liebe ist der Naturtrieb des Weibes, einen Mann zu befriedigen.*

*Ihre eigene Würde beruht darauf, daß sie ganz, so wie sie lebt,
und ist, ihres Mannes sei, und sich ohne Vorbehalt an ihn
und in ihm verloren habe ... Nur mit ihm vereinigt, nur unter
seinen Augen, und in seinen Geschäften hat sie noch Leben,
und Tätigkeit. Sie hat aufgehört, das Leben eines Individuums
zu führen; ihr Leben ist ein Teil seines Lebens geworden, (dies
wird trefflich dadurch bezeichnet, daß sie den Namen des
Mannes annimmt).*

*Dem Mann kommt noch eine besondere Gottähnlichkeit zu,
insofern er Prinzip und Zweck des Weibes ist, ähnlich wie Gott
Prinzip und Zweck der Welt ist.*

Zeitgenossen argwöhnten, Fichte habe sich bewußt eine Frau
gewählt, die gutmütig, einfach, fromm und reizlos – *von allen Grazien verlassen* – war (daß ihr Mann ein praktischer
Philosoph sei, dies könne man daraus ersehen, daß er sie,
bei allem Unangenehmen ihrer Figur, zur Frau genommen
habe, soll sie in einem Anflug von Galgenhumor geäußert
haben), um sich die Wahrheit dessen, was er theoretisch po-
stulierte, auch in der Lebenspraxis täglich bestätigen zu lassen, nämlich, *daß sie so ganz wie sie lebt und ist, ihres Mannes sei, und sich ohne Vorbehalt an ihm und in ihm verloren
habe.*

Als Fichte 1794 als Professor für Philosophie an die Universität Jena berufen wurde, ging ihm der Ruf staatsgefährdender
Gesinnung voraus. Er galt als Parteigänger der Revolution,
doch der Wunsch der Obrigkeit, der Universität zum Ruhm
das neue Gestirn am Horizont der Philosophie zu gewinnen,
war stärker. Man hoffte, er werde *klug genug sein, seine de-
mokratische Phantasie (oder Phantasterei) zu mäßigen.* Auch
wußte der Regierungsrat Voigt, der die Berufungsverhand-
lungen führte, sehr wohl von dem Auseinanderfallen von
Theorie und Praxis, hatte aus seiner Kenntnis der Weimarer
Dichter und Gelehrten den *Erfahrungssatz* gewonnen, *daß
die mehrsten insgeheim dem Revolutionswesen zugetan sind,
während sie, zuweilen auf die kleinlichste Weise, mit ihrer Eitelkeit an den Großen hangen.*
Im Auftreten war der mutmaßliche Revolutionär imperato-
risch. Von seinem Lehrstuhl und den Studenten ergriff er

wie im Sturm Besitz, seine blasseren Kollegen sofort in den Schatten stellend. *Fichte war wirklich ein gewaltiger Mensch*, schreibt ein Schüler. *Ich habe ihn oft scherzend den Bonaparte der Philosophie genannt, und viele Ähnlichkeit ließ sich an beiden auffinden. Nicht ruhig wie ein Weltweiser, sondern gleichsam zornig und kampflustig stand der kleine, breitschultrige Mann auf seinem Katheder, und ordentlich sträubten sich seine schlichten braunen Haare um das gefurchte Gesicht, das Züge von einer alten Frau und von einem Adler trug. Wenn er stand auf seinen stämmigen Beinen, oder hinschritt, so war er festgewurzelt in der Erde, wo er ruhte, und im Gefühl seiner Kraft sicher und unbeweglich. Kein sanftes Wort ging über seine Lippen und kein Lächeln; er schien der Welt, die seinem Ich gegenüberstand, den Krieg erklärt zu haben, und durch Herbigkeit den Mangel an Anmut und Würde zu verbergen.*

So gewaltsam-zwingend wie seine Persönlichkeit wirkte auch seine Philosophie. Kaum jemand verstand sie, aber zentrale Begriffe wie *absolutes Ich*, *empirisches Ich*, und *Nicht-Ich* wurden doch bald allenthalben zitiert und persifliert. Als Goethe ein Exemplar der Fichteschen Schrift »Über den Begriff der Wissenschaftslehre« an Jacobi schickte, legte er ein launiges Billett bei: *Nur einen herzlichen Gruß mit beikommender Schrift. Möchtest Du liebes Nicht-Ich gelegentlich meinem Ich etwas von deinen Gedanken darüber mitteilen. Lebe wohl und grüße alle die guten und artigen Nicht-Ichs um dich her.* Jean Paul widmete der Auseinandersetzung mit Fichtes Ich-Philosophie eine eigene kleine Schrift, die »Clavis Fichtiana«, die er dem »Titan« anhängte.

Charlotte hatte sich damals sofort für den neuen Stern am Philosophenhimmel interessiert. Sie sei begierig, *von ihm, seiner Lehre und deren Folgen zu hören*, schrieb sie an Goethe, der es jedoch nicht für ratsam hielt, ihr Fichtes Schriften in die Hand zu geben: *Von Fichtes philosophischen Blättern sende ich nichts, wenn Sie von dem Inhalte irgend Notiz nehmen wollen, so wird ein mündlicher Vortrag höchst nötig sein.* An den Privatvorlesungen, die Fichte in Berlin vor einem großen Publikum hielt, hat sie nicht teilgenommen, sich dafür Jean Paul herbeigewünscht: *Hätte ich Sie als Zuhörer von Fichte doch gehört! Nur was Sie fassen und davon mitteilen können, will ich zu begreifen und fassen suchen.*

Es scheint also, als ob Charlotte die Arkana der Fichteschen Philosophie verschlossen geblieben wären. Beeindruckt hat er sie als Persönlichkeit, durch seine *seltene Energie und Geistesstärke.* Sie verehrte in ihm einen der großen Gesetzgeber der Menschheit – einen Plato, einen Moses –, und sie war bereit, seine Autorität auch ohne detaillierte Kenntnis des Gesetzes anzuerkennen.

Als Familienfreundin hat Fichte Charlotte mit Hilfsbereitschaft und Wärme angenommen. Zu Hause, so wird berichtet, sei der schroff und hart wirkende Fichte *mitunter anspruchslos und heiter, ja ausgelassen lustig beim Punsch* gewesen. Der patriarchalische Dualismus von Strenge und Güte scheint bei ihm noch weit stärker ausgeprägt gewesen zu sein als bei Hufeland: *Er hat ein überaus warmes Herz, liebt seine simple Frau mit unsäglicher Sorgfalt, geht mit bornierten Menschen teilnehmend um, wenn sie nur brav und bieder sind, überarbeitet sich, ist als Mensch ganz dem entgegengesetzt, was er als Verfasser der ›Beiträge zur Herzlosigkeit [sic] der Urteile des Publikums über die französische Revolution‹ scheint.*

Den berühmt-berüchtigten »Atheismus-Streit«, der Fichte seine Jenaer Professur kostete und ihn nach Berlin trieb, hat Goethe in einem Brief an Wilhelm von Humboldt vom 16. September 1799 auf seine Weise zusammengefaßt: selber schuld! *Daß Fichte von Jena abgegangen ist werden Sie schon wissen. Erst machten sie im Philosophischen Journal einen albernen Streich, indem sie einen Aufsatz, der nach dem hergebrachten Sprachgebrauch atheistisch genug war, einrückten. Da Fichte nun unrecht hatte wurde er zuletzt auch noch grob gegen das Gouvernement und so erhielt er seinen Abschied. Er hält sich jetzo in Berlin auf.*

Der Publizist Friedrich Gentz (später ein Vertrauter Metternichs) nannte die Stadt einen *Sammelplatz aller unruhigen Köpfe, aller gefährlichen Neuerer von Deutschland. Was alle anderen Staaten von sich stoßen (die Fichte, die Erhard, die Merkel, die Woltmann, die Schlegel, und hunderte ihresgleichen) finden hier nicht bloß Zuflucht, sondern Protektion. Die ausgelassensten Revolutionsprediger ziehen frei und frech in den Kaffeehäusern, auf den Promenaden, den Freimaurer-Logen, in den Humanitäts-Gesellschaften, in hundert Clubs und sogenannten Ressourcen herum.* Soweit war es mit der Berliner Liberalität allerdings auch nicht her: Fichte etwa wurde in der ersten Zeit seines Berliner Lebens von der Polizei bewacht und bespitzelt.

Nach monatelanger Haft in Wüttemberg kommt im Herbst 1805 Hölderlins Freund Isaak von Sinclair nach Berlin, zusammen mit der wohl einzigen Frau seines Lebens, seiner Mutter. Der Landgraf von Hessen-Homburg hatte seine Tochter Marianne gebeten, ihn möglichst lange dort halten, bis sich die Aufregung zu Hause gesetzt habe. Bis ins späte Frühjahr 1806 blieben die Sinclairs in Berlin, als Gäste von Charlotte von Kalb. Für die Kosten des Aufenthalts wird wohl die Prinzessin aufgekommen sein.

In die hochpolitische Geschichte, die Sinclair Charlotte zu erzählen hatte, mischen sich Elemente eines Schelmenromans. Die Hauptrolle darin spielt ein Betrüger und Hochstapler namens Wetzlar, der nach seinem Übertritt zum Christentum den Namen Alexander Blankenstein angenommen hatte. Der ansehnliche junge Mann war in Homburg aufgetaucht mit der Behauptung, er kenne ein unfehlbares Mittel, das einer zur Bezahlung von Staatsschulden geplanten Lotterie nicht nur Verluste ersparen, sondern sogar in absehbarer Zeit hohe Gewinne sichern würde. Wer hätte einem solchen Angebot zur Sanierung der Staatsfinanzen widerstehen können? An seiner Vergangenheit – immerhin war er wegen eines Betrugsdelikts vorbestraft – störte sich niemand; unbegreiflich lange (so schien ihm nachträglich) hatte Sinclair sein vollstes Vertrauen in Blankenstein gesetzt, oder von Blankenstein, wie er sich bald nannte. Seiner Phantasie entsprungen war auch die rote Uniform, die er sich hatte schneidern lassen. Auswärts gab er sie als Hessen-Homburgische Hofuniform aus, und der Landgraf sah sich gezwungen, sie durch nachträgliche Einführung in seinem Duodezstaat zu legitimieren. Erst als Betrug und Unterschlagung Blankensteins auch in Homburg offensichtlich wurden, drohte ihm Sinclair gerichtliche Verfolgung an. Blankenstein rächte sich mit einer verleumderischen Denunziation beim Kurfüsten von Württemberg.

Sinclair, so behauptete er, habe in Stuttgart mit Vertretern der revolutionär gesinnten württembergischen Landstände einen *teuflischen Anschlag* auf das Leben des Kurfürsten und seines Ministers, des Grafen von Wintzigerode, geplant, mit dem Endziel einer revolutionären Umwälzung des Landes. Er, Blankenstein, sei in Stuttgart Zeuge des konspirativen Treffens gewesen.

Es kam zum Prozeß gegen Sinclair und zwei Mitangeklagte. Einer von ihnen war Leo von Seckendorff, ein Verwandter Charlottes, und auch der Präsident von Kalb war als Zeuge befragt worden. Blankenstein hatte behauptet, Sinclair habe ihn für die Verschwörung gewinnen wollen, was sich dann nicht bestätigte.

Obgleich Blankenstein in diesem wie in anderen Punkten der Falschaussage überführt und Sinclair keine Schuld nachgewiesen werden konnte, ließ der Württembergische Herzog seinen Gefangenen nur höchst ungern frei. Denn daß dieser mit den Ideen der französischen Revolution sympathisierte, schien ihm Verbrechen genug. *Unrat und Kot gibt es genug, womit die Inhaftierten sich besudelt haben.*

Von Hölderlin, der zur Zeit von Sinclairs Verhaftung noch in dessen Homburger Wohnung lebte, gab es Erschütterndes zu berichten. Fast hätte man ihn als Mitwisser des angeblichen Komplottes verhaftet. Er hatte in aller Öffentlichkeit beständig auf ihn, Sinclair, geschimpft und ausgerufen: *Ich will kein Jacobiner bleiben,* was Sinclair natürlich höchst unangenehm gewesen war.

Ich las vor einigen Tagen die Briefe von Hölderlin wieder, die drei so ich mir bewahrte, schreibt Charlotte im Januar 1806 an Jean Paul. *Einst gab ich sie Ihnen zu lesen, Sie haben sie nicht geachtet, wie ich meine. Dieser Mann ist jetzo wütend wahnsinnig, dennoch hat sein Geist eine Höhe erstiegen, die nur ein Seher, ein von Gott belebter haben kann – ich könnte viel von ihm sagen. Der Mann kann es noch weniger ertragen,*

als das Weib, wenn er seinesgleichen um sein Tun nicht findet,
aber ein jeder wird arm und ist beklagenswert in der Öde und
Leere. Ein Chaos wartet auf die Liebe des Geistes. Da ist sie,
über Hölderlin sprechend, gleich wieder bei sich.

Aus Berlin zurückgekehrt, hat Sinclair Hölderlins Mutter
dann gebeten, sie möge ihren Sohn abholen lassen. Er begründete seinen Wunsch mit der veränderten politischen
Lage. Der mit der Gründung des Rheinbundes endende
Reichstag zu Regensburg hatte Hessen-Homburgs staatlicher
Existenz ein (vorläufiges) Ende gesetzt: *Die Veränderungen,*
die sich leider! mit den Verhältnissen des Herrn Landgra-
fen zugetragen haben, nötigen den Herrn Landgrafen zu Ein-
schränkungen, und werden auch meine hiesige Anwesenheit
wenigstens zum Teil aufheben. Es ist daher nicht mehr mög-
lich, daß mein unglücklicher Freund, dessen Wahnsinn eine
sehr hohe Stufe erreicht hat, eine Besoldung beziehe.

Da hatte Sinclair schon die Seiten gewechselt. Im Bunde mit
dem Zeitgeist und von ihm getragen, wie viele seiner Gesin-
nungsgenossen, etwa auch Fichte, war er zum preußisch gesinnten Patrioten geworden, der für den Krieg gegen Napoleon agitierte.

Fontane hat die damalige, patriotisch aufgeheizte Stimmung
in Preußens Hauptstadt in seinem Roman »Schach von Wu-
thenow« sehr anschaulich geschildert. Er führt uns ein in
die Kreise des glänzenden und ungefestigten Prinzen Louis
Ferdinand, der ein regelmäßiger Besucher in Rahel Levins
Dachstübchen war, zeigt die wilden Streiche der jungen Offiziere des Eliteregiments »Gendarmes«, und, in Gesprächen,
was die Menschen bewegte und erregte: Theaterereignisse
wie Zacharias Werners »Luther«, vor allem aber Politik. Mit
den Franzosen – oder gegen sie?

Die Befürworter eines Bündnisses mit Napoleon sind in der Minderzahl und haben allenfalls die Vernunft Fontanes auf ihrer Seite, aber nicht sein Herz. Seine poetischen Sympathien sind eher bei seinem Helden und dessen Traum von einem mächtigen, unabhängigen Preußen: *Wir stehen jetzt nach ... allerhöchstem Willen am Tische Frankreichs und lesen die Brosamen auf, die von des Kaisers Tische fallen. Aber auf wielange? Der Staat Friedrichs des Großen muß sich wieder auf sich selbst besinnen.*

So denkt, so dichtet auch Isaak von Sinclair. Er schreibt Kriegslieder für das preußische Heer, er beginnt mit der Arbeit an einer dramatischen Trilogie, die mit dem »Aufstand der Cevennen« den Freiheitskampf eines Volkes feiert. Und er gibt einen poetischen Almanach heraus, zusammen mit einem jungen Mann, der Johann(es) Erichson heißt, in Jena ein Studium der Philosophie (bei Fichte) und der Theologie absolviert hat und der nun, fürs erste Hauslehrer in Berlin, noch nicht weiß, was aus ihm werden kann und soll.

Als Charlotte den Almanach mit dem programmatischen Titel »Glaube und Hoffnung« an Jean Paul schickt, läßt sie in ihrem Begleitbrief deutlich erkennen, wie wenig sie von Lucian – Erichsons Dichtername – hielt und wie viel von ihm selbst:

Das beiliegende Büchlein schickt Ihnen Erichson aus Stralsund, der Herausgeber dieser Gedichte ist ... Sinclair, der in Stuttgart verhaftet war. Alles was ich Ihnen von Lucian sagen könnte, wäre unbedeutend gegen das Urteil Ihres scharfen Geistes. Aber Erichson hat mehr Eigenheit und Seelenkraft, als er hier ahnden läßt. Gedenken Sie seiner nicht eilend (sondern) reichhaltig und ernst; er wünscht Ihre persönliche Bekanntschaft; Sie sehen ihn vielleicht, wenn ich ihn vermissen werde. Jean Paul antwortete nicht.

*Er ist Autor. Mit diesen Geschäft glaubt er alles für die Mensch-
heit getan zu haben und ferner interessiert und bedrückt ihn
auch nichts,* schrieb Charlotte Mitte Oktober 1806 an Erichson, der inzwischen nach Wien gezogen war. Da hatte die
Welle der patriotischen Begeisterung (niemand scheint hinterher mehr recht gewußt zu haben, wie es so schnell geschehen konnte) Preußen schon in den Krieg mit Frankreich getragen: *Der Krieg beunruhiget uns sehr über alles. Es ist das
einzige, wichtigste im Augenblick für uns alle ... Man sagt schon
von bedeutenden Siegen der Preußen, aber es hat viel Blut ge-
kostet. – Wer weiß, ob mein lieber Sohn Fritz noch lebt.*

Am Anfang dieses Briefes spricht Charlotte von einem Ereignis, das ihr auf andere Weise sehr nahe gegangen sein muß,
von dem Freitod des Frankfurter Stiftfräuleins Karoline von
Günderrode, die unter dem Namen Tian todessüchtige Gedichte veröffentlicht hatte. Als ihr Geliebter, der in Heidelberg lehrende Professor Friedrich Creuzer, sie verließ, stieß
sie sich einen silbernen Dolch ins Herz. *Daß Tian nicht mehr
auf Erden – werden Sie wohl schon wissen. – Die Ursache
einer solchen Tat weiß nur eine Seele, eben die so auf Erden
nicht mehr begeistert sein kann und befriediget.*

6 · SCHWIERIGE ZEITEN

Die Siegesmeldungen waren verfrüht. Am 17. Oktober 1806
trifft die Nachricht von der katastrophalen Niederlage des
preußischen Heeres bei Jena und Auerstädt in Berlin ein.
Während der Bevölkerung Ruhe als erste Bürgerpflicht ver-
ordnet wird, flieht der König mit Familie und Hof nach
Königsberg. Die Franzosen besetzen Berlin. Am 27. Oktober
zieht Napoleon in die preußische Hauptstadt ein.

Dem Flucht-Beispiel des Königs folgen Schriftsteller und Journalisten, die wegen antifranzösischer Publikationen um ihr Leben fürchten – mit der Erschießung des Nürnberger Buchhändlers Palm hatten die Franzosen ein abschreckendes Exempel statuiert. Es gehen aber auch viele andere, meist wohlhabende Bürger. Fichte verläßt Berlin, um *Stille und Sicherheit* zu finden, wie er dem Minister Hardenberg schreibt: für die Vollendung eines philosophischen Hauptwerks, der »Wissenschaftslehre«, und zur Abfassung patriotischer Reden an die Nation. Für den Fall seiner längeren Abwesenheit mahnt er von Stargard aus seine Frau: *Du Teure! sorge ... nur für Deine Ruhe und Gesundheit, und für die Sitten, und den Geist unseres Hermann.* Als Johanna nach seiner Abreise schwer krank wird, nimmt er ihr das fast übel; in ihm streiten Mitleid und die Überzeugung, daß Krankheit Schwäche und Schwäche so etwas wie ein moralischer Defekt ist: *Ich hoffte, daß Du unsere kurze Trennung, gerade um der bedeutenden Geschäfte willen, die Dir auf das Herz gelegt waren, ertragen würdest; ich habe diesen Gedanken bei meiner Abreise Dir empfohlen, und habe ihn in Briefen wieder eingeschärft. Starke Seelen, und Du bist keine schwache, macht so etwas stärker, und doch! Doch, denke nicht, Du Teure! daß ich mit Dir noch über Deine Leiden schmälen will.*

Nach dem Frieden von Tilsit, im Herbst 1807, war er dann wieder in Berlin, und im Winter hielt er unter den Augen der französischen Besatzer Vorlesungen, die als »Reden an die deutsche Nation« berühmt geworden sind. Eine neue Nationalerziehung der Deutschen schwebte ihm vor, als Modell für die Erziehung der ganzen Menschheit: *Ja, es gibt noch unter allen Völkern Gemüter, die noch immer nicht glauben können, daß die großen Verheißungen eines Reichs des Rechts, der Vernunft und der Wahrheit an das Menschengeschlecht eitel*

und ein leeres Trugbild seien ... Weltbürgertum und Patrio-
tismus gehen in diesen Fichteschen Winterpredigten eine
eigentümliche Verbindung ein.

Schweren Herzens hatte Hufeland im Herbst 1806 seine Familie verlassen, für ihn als Leibarzt war es Pflicht, die Königsfamilie zu begleiten. Als seine Frau ihm mit fünf Kindern nachreiste, schickte er sie zu Haus und Habe zurück.
Damit verlor er sie ganz. Die schöne, temperamentvolle Frau,
deren Wünsche und Bedürfnisse stets zurückstehen mußten
hinter den Berufspflichten ihres Mannes, wandte sich seinem
seit Jahren im Hause lebenden Assistenten Ernst Bischoff zu.
Ihr Verhältnis wurde zum öffentlichen Skandal und für Hufeland die Scheidung deshalb eine Pflicht. *Das größte Unglück
seines Lebens* nannte er *die nicht bloß durch irdische Verhältnisse, sondern durch heilige, durch Gottes Gesetz selbst (ohne
welches ich mich nie dazu würde haben entschließen können)
gebotene und zu unumstößlicher Pflicht gemachte Trennung
von meiner Gattin nach 18jähriger Ehe mit 7 Kindern!*
Bischoff heiratete die geschiedene Frau Hufeland und zog
mit ihr und den jüngsten drei Kindern fort. *Bischoff wird
wohl Arzt in einer Fabrikstadt bei Düsseldorf [Barmen]. Im
Kleinen und Großen gibts jetzo beispiellose Begebenheiten –
und darauf sind wir nun gefaßt. – Aber welche Zeit, wer kann,
wer möchte, wer dürfte sie aussprechen*, schreibt Charlotte im
Herbst 1808 an Abeken nach Weimar. *Ich lese meiner Edda
viel vor in Schillers, in Goethens Schriften. – Als ich vor 23
[18?] Jahren zuerst den Faust las – war er mir ein unglaub-
liches Ungeheuer – jetzo ist er mir ein geistvolles Wort über
die Welt.*

Es war eine Zeit allgemeiner Not und nationaler Kränkung, mit Geldentwertung, hohen Kontributionen, Einquartierungen. Für Charlotte ist sie besonders schwer gewesen. In *verschämter Dürftigkeit* lebend, handelt sie mit Luxusartikeln wie Tee, Schokolade, verschiedenen Papieren, italienischen Perlen, *die sehr gut unter den echten getragen werden können*, Spitzen aus dem Erzgebirge, Schals aus Merinowolle und läßt Damentoiletten und feine Handarbeiten anfertigen, auch im eigenen Heim. Henriette Knebel behauptet sogar, daß Edda die Mutter und sich während der Franzosenzeit fast allein durchgebracht habe. Das Mädchen, das etwas *kalbisch* aussehe, *aber doch ein hübsches Mädchen sei*, habe deswegen etwas Gedrücktes an sich.

Charlotte schickt Warenlisten an ihre Bekannten, die für deren Verbreitung sorgen und ihr Käufer verschaffen sollen. Immer wieder läßt sie nicht unbedingt geschäftsfördernd durchblicken, wie peinlich es ihr sei, sich mit derlei vergänglichem Tand abgeben zu müssen: *Ich habe ernsten Zwecken mich widmen wollen – aber nichts ist mir gelungen!! – Daher opfere ich dem Spiel der Mode.* Wie schwierig das für die halbblinde Frau gewesen sein muß, der so ziemlich alles zu einer erfolgreichen Geschäftsführung fehlte, praktische Vernunft, Erfahrung, Fachkenntnisse, Verbindungen und Kapital, das sie sich verzweifelt zu verschaffen sucht.

Man sagt die meisten zählten in ihrem Leben alle Momente menschlicher Verhältnisse. – Herrschen und gehorchen, geben, und bitten. Jetzo bin ich eine arme Frau – und um aus diesem Übel mich zu retten will ich eine Handelsfrau sein – es gelingt mir – aber leider habe ich jetzo nichts mehr zum Einkauf. Hätten Sie die Neigung, die Ruhe meiner Tage zu befördern so geben Sie mir eine kleine Summe – etwa 100 Reichstaler.

Goethe schickt nichts, aber Fürstin Karoline von Schwarz-burg-Rudolstadt, eine Schwester der Prinzessin Marianne. *Die Kleinigkeit, die meinen Brief begleitet, soll Ihnen Beweis meiner Willfährigkeit sein, alles das, was in meinem Vermö-gen steht, für Sie zu tun. In dem jetzigen Augenblick, wo der Krieg unsere Gegend traf, wo Menschenblut unser sonst so freundliches Tal befleckte, wo Plünderung, Kontribution, Re-quisition und Administration unser Land drückt, können Sie leicht denken, daß ich nur tun konnte, was in meinem Vermö-gen stand.*
Im Oktober war das Kriegstheater hier, so daß ich im Novem-ber noch Blut in den Hohlwegen sah, wenn ich spazierenfuhr, und mancher Tote ist zwischen den Felsen gefunden worden. Wir stehen noch immer unter französischer Administration. Wir leben in einem sehr bedeutenden Augenblick.

Jean Paul, den Charlotte um den Einsatz seiner rhetorischen Fähigkeiten zu ihren Gunsten bittet, weist in ehrlichem bür-gerlichen Zorn ihr Ansinnen zurück: *Die tolle Bittschrift an die Berliner werde ich nicht schreiben, welche ohnehin, da ich nicht da wohne, zu viel Anmaßung voraussetzte. Aber vollends an Deutschland? ... Was geht sie Deutschland an? Müßt ich mich nicht schämen, es zu bekennen, daß ich für eine Person, welche als Adlige immer noch Hilfsquellen haben muß, welche selber oft ökonomisch so oft mit Phantasterei und Leichtsinn handelte, und deren Leiden doch z. B. gegen die Leiden eines Hausvaters mit Familie ein kleines ist, ganz Deutschland an-zurufen?*
Selbst bei Körners, die inzwischen auch in Berlin wohnen, wurde Charlotte vorstellig.
Minna Körner an Charlotte Schiller:
Du weißt, daß vor elf Jahren, wie wir zuletzt in Jena waren,

die Kalb einen förmlichen Absagebrief an uns schrieb, weil wir nicht nach Weimar kamen. Seit der Zeit haben wir von ihr selbst nichts gehört. Wie Berlin vierzehn Tage eingenommen war . . ., bekam mein Mann einen Brief in i h r e r Art von ihr, woraus wir sahen, daß sie da lebte, wo sie dringend um ein Darlehen von 100 Reichstalern ihn ansprach, woraus man sah, daß sie in der drückendsten Lage war. Ich habe wenig Mitleid mit ihr, aber das Schicksal der Tochter geht mir nahe, von der mir Jacobis vor dem Jahr so viel Interessantes erzählt haben. Wenn man doch etwas Reelles für das arme Kind tun könnte; wie schlecht ist sie bei so einer verrückten Mutter aufgehoben. Ich habe mir hier Mühe bei einer Verwandtin gegeben, aber man findet in jetzigen Zeiten nur selbstsüchtige eiserne Herzen. Und es ist doch jetzt eine Zeit, wo dieses Gefühl in steten Anspruch genommen wird; wer nur viel hätte!

Eleonore von Kalb, die in Bamberg lebte, ging es möglicherweise noch schlechter als ihrer Schwester. 1808 kursierte ein Gerücht, sie gehe in Lumpen gekleidet. Eine Unterstützung der Erbprinzessin von Weimar mußte ihr *mit Vorsicht* geschickt werden, damit sie nicht in die Hände ihres Mannes falle. Bis zu ihrem Tode im Jahre 1831 blieb sie auf die sparsame Mildtätigkeit der Bamberger Verwandten angewiesen. Handelsgeschäfte trieb sie nicht.

Charlottes größte Not hat ein Ende, als alle wieder auf bessere Zeiten zu hoffen beginnen und Edda als Hofdame angestellt wird. Endlich einmal ein Erfolg, ein Stein wird ihr vom Herzen gefallen sein! Zu ihrer Erleichterung übernahm Prinzessin Marianne auch noch die Kosten für Eddas Ausstattung, die weiße Kleidung, die den Hofdamen als Berufskleidung vorgeschrieben war.

*Diesen Winter und nun hoffentlich alle künftigen werde ich
in Betracht der Einnahme ganz ruhig hinbringen können; die
Prinzeß will Edda equipieren. Wir können von vielen Wohltaten
sagen; aber sonderbar ist meines Lebens Freude erloschen – alles wirkt auf mich wie ein Schrecken und vermehrt die Ermat-
tung meines Körpers; ich habe aber auch in den drei Jahren
wie eine Gefangene gelebt. Die freie Luft will ich jetzo wieder
atmen und ein Kind sein; denn die Zukunft erscheint mir wie
das Geschenk eines andern Seins.*

Ende 1809 kommt Friedrich Wilhelm III. in seine Hauptstadt zurück. Zur Feier des großen Ereignisses inszeniert Iffland im Schauspielhaus eine Pantomime, »Rückkehr des Vaters«: *Die schweren Wolken verziehen sich; immer heller wird
die Szene. Morgenrot glänzt im Hintergrunde auf.*
Berlin hatte sich während der Abwesenheit des Königs verändert, Preußen hatte sich verändert. In den Zeiten von Ernied-
rigung und Not hatte Freiherr von Stein wichtige Reformen
angestoßen und durchgesetzt, wie die Abschaffung der Leib-
eigenschaft. Und erstmals in der Geschichte der Stadt durf-
ten die Bürger (freilich erst ab einem Jahreseinkommen von
200 Talern) ihre Stadtverwaltung selbst wählen.

7 · AUGUST

Eine kluge kunstverständige Fürstin in reiferem Alter, die in
ihrer Jugend an einen ungeliebten Mann verheiratet worden
und so um die Liebe betrogen worden war, ist in Leidenschaft entbrannt für einen jüngeren, verheirateten deutschen
Grafen, dessen Schloß in Sizilien steht. Der Graf, der seine
Frau liebt, merkt nichts von den Gefühlen der Fürstin, die

sie ihm gleichwohl deutlich zeigt. Eines Tages machen die beiden einen Ausflug zum Ätna, begleitet von einem fischköpfi-
gen kleinen Schreiber, der die Fürstin heimlich liebt.

*Es schauderte ihr, als sie den fröhlich bebauten Bergrücken
verließen, um durch ein Aschenmeer zu dringen, über welchem
die Raubvögel wild seufzten; sie glaubte sich selbst in der Lei-
denschaftlichkeit bei ihrem Alter, das schon manches Haar
ihr grau gefärbt hatte, darin zu erkennen und hinter sich in
dem fröhlichen Grafen das reichbebaute Land; sie blieb lange
stille. Einige Wolken lagerten sich um sie her; es wurde kalt,
aber ihre Neigung glühte mit dem Fieber, das in ihr begann;
sie ließ sich fast von dem Grafen tragen, so lehnte sie sich an
ihn. Zufällig und sehr natürlich erzählte hier der Graf Petrarchs
wunderbares Ereignis, als er mit großer Beschwerde einen hohen Berg bestiegen und in den »Bekenntnissen« des heiligen
Augustinus mit überraschender Rührung die Worte aufgeschla-
gen habe: ›Die Menschen gehen hin, die Höhen der Berge, die
Wellen des Meeres, die gewaltigen Ströme, den weiten Umfang
des Ozeans und die Kraft der Sterne zu bewundern, und verlassen sich selbst.‹ – Diese Geschichte machte einen tiefen Eindruck auf die Fürstin; sie wollte sich nicht verlassen, so schwor
sie in sich und doch konnte sie nicht vom Grafen lassen, der
Kopf ging ihr herum. Sie war so erschöpft, als sie durch die
Schneegegend in die Nähe des Kraters kamen, daß sie einige
Stärkungsmittel nehmen mußte; nachher, als der Schreiber
umherging allerlei Laven abzuschlagen, drängte sie sich mit
vieler Kühnheit immer weiter vor, durch die schwarzen Stein-
massen und den lockeren beschneiten Boden, bei den rau-
chenden Schornsteinen vorbei, nach dem Krater. Der Graf rief
ihr zu, sie möchte sich doch in acht nehmen, und sprang ihr
nach, sie aber fragte ihn heftig vorschreitend: ›Sind Sie mein
Freund, mein bester Freund?‹ – Der Graf begriff sie nicht; er*

glaubte, das starke Getränk habe sie in der dünnen Luft be-
rauscht, sprang ganz zu ihr hin, hielt sie heftig und sagte be-
stürzt: ›Und sie glauben nicht an mich?‹ – Die Fürstin suchte
sich loszureißen und flehete: ›Lassen Sie mich, mit der Über-
zeugung, einziger Freund, will ich unten bei den erschlagenen
Himmelsstürmern Ruhe suchen.‹ – In dem Augenblicke mach-
te sie einen Versuch, sich herabzustürzen, aber der Graf hielt
sie kräftig und gefaßt, trug sie fort und sagte: ›Gut, daß ich da-
bei war, das ist ganz die Art des Schwindels, wie ich gehört ha-
be, aus Furcht vor dem Fallen stürzen sich die Schwindelnden
meist hinab.‹ – Die Fürstin ließ sich jetzt ruhig hinunterfüh-
ren; es war nur eine Anwandlung in ihr gewesen, diese Sterbe-
lust, die sich wieder ganz in Zärtlichkeiten gegen den Grafen
auflöste, der sie davon errettet, ausströmend in stillen Blicken
zu ihm.

Sie kommen zurück in das Wirtshaus, wo sie Quartier genommen haben. In der Nacht fühlt die Fürstin, sie müsse
dem Graf ihr Verhalten erklären, und schleicht in sein Zimmer, wie sie meint. Aber nicht der Geliebte, sondern der
kleine Schreiber wohnt dort, der sich Situation und Dunkel-
heit zunutze macht: *Der, den sie traf, beschwichtigte so bald*
ihren Mund, sie fühlte sich so ganz beglückt. Sie geht in dem
Irrtum, vom Grafen geliebt worden zu sein.

Die »Titan«-Reminiszenzen sind deutlich. Die Fürstin ist
eine ältere und irdischere Schwester Lindas, eine Frau aus
Fleisch und Blut, gequält von ihrem Verlangen und der Angst,
daß bald alles zu spät und das Glück endgültig versäumt sei.
Was hat Charlotte empfunden, als sie ihr gespiegeltes Spie-
gelbild in Achim von Arnims Roman »Armut, Reichtum,
Schuld und Buße der Gräfin Dolores« entdeckte?
Lesen Sie die Gräfin Dolores von Arnim, schreibt sie im Au-

gust 1811 an Karoline Richter. Und dann, nach dieser knappen Empfehlung: *Den Herrn von Kleist, Verfasser der Familie Schroffenstein, sprach ich bei Sander, weiß ich mehr von ihm, so schreibe ich es an Richter. Die Gesellschaft lebender Geister vermehrt sich jetzo in Berlin.*

Sie hatte keine Gelegenheit mehr, Kleist näher kennenzulernen, der zwei Monate später mit seiner Freundin Henriette Vogel gemeinsam in den Tod ging.

Die Gesellschaft lebender Geister, sie vermehrt sich vor allem durch die neue Berliner Universität, an deren Gründung Wilhelm von Humboldt, Preußens erster Minister für Unterricht und Kultus, wesentlichen Anteil hatte. Bedeutende Gelehrte werden berufen, Fichte, der den Lehrstuhl für Philosophie erhält, wird zum ersten Rektor gewählt. Die Studentenzahlen steigen schnell an.

1812 geht August von Kalb zum Jurastudium nach Berlin. Der Mutter, die seiner Ankunft mit gemischten Gefühlen entgegen sieht, ist er ein Fremder.

Mein jüngster Sohn August kommt auf die hiesige Universität. Er ist für mich eine neue Bekanntschaft, denn in zwölf Jahren sah ich ihn nicht. Man läßt mich von ihm viel Gutes hoffen, und seine Briefe lassen es mich auch erwarten. Seine Gegenwart wird wohl meine Lebensweise vielleicht mit mehreren Genüssen bereichern. Es ist mir aber eine eigene Aufgabe, wie ich für die Existenz dieses Jünglings sorgen soll, denn ich bin noch immer ganz ohne Einnahme, als nur durch meinen kleinen Handel.

Über Augusts Kindheit und Jugend ist wenig bekannt. Nach dem Tod des Vaters lebte er bei seinem Vormund in Bamberg, wo er auch das Gymnasium besuchte. Er war ein guter

Schüler. Aus dieser Zeit ist von ihm nur ein Trauergedicht auf einen Mitschüler erhalten. Als Charlotte im Sommer 1810 eine Reise nach Franken unternahm, um seine Halbschwester Luise aus Trabelsdorf zu sich nach Berlin zu holen, hat sie ihn aus unerfindlichen Gründen nicht gesehen, obwohl sie sicher in Bamberg war.

Seit Anfang 1813 sehen die Deutschen die Reste von Napoleons in und an Rußland zerbrochener großer Armee durch ihre Länder ziehen – *elende, von den gräßlichsten Wunden entstellte Krüppel, denen Hände, Arme, Füße fehlten oder durch den Frost gänzlich zerstört waren! Daß Gottes Hand so furchtbar treffe – das zitterte man, selbst den eigenen Augen zu glauben,* schreibt ein Zeuge, der, wie viele seiner Zeitgenossen, nicht im mindesten daran zweifelte, daß diese Niederlage ein Gottesgericht sei: *Mit Mann und Roß und Wagen / hat sie der Herr geschlagen.* Am 4. März wird Berlin von den Franzosen geräumt. Die Begeisterung für einen »Freiheitskrieg«, zu dem sich der König nur sehr ungern und bis zuletzt zögernd entschlossen hat, ist ungeheuer. Einem Aufruf zur Meldung von Freiwilligen (den Friedrich Wilhelm nicht unterschreiben mochte) folgen ganze Schulklassen. Von den 600 Studenten der Universität melden sich 258 zu den Waffen, unter ihnen auch August von Kalb. Körners Sohn Theodor, der als Dichter am Wiener Burgtheater angestellt ist, begründet seinen Entschluß zum Eintritt in das Lützowsche Freikorps in einem flammenden Brief: *Deutschland steht auf; der preußische Adler erweckt in allen treuen Herzen durch seine kühnen Flügelschläge die große Hoffnung einer deutschen, wenigstens norddeutschen Freiheit. Meine Kunst seufzt nach ihrem Vaterlande, laß mich ihr würdiger Jünger sein! Ja, liebster Vater, ich will Soldat werden, will das hier gewonnene*

*glückliche und sorgenfreie Leben mit Freuden hinwerfen, um,
sei's auch mit meinem Blute, mir ein Vaterland zu erkämp-
fen ... Eine große Zeit will große Herzen, und fühl' ich die
Kraft in mir, eine Klippe sein zu können in dieser Völkerbran-
dung; ich muß hinaus, um dem Wogensturm die mutige Brust
entgegenzudrücken.* Ein paar Monate später wurde er tödlich
verwundet und durch seinen Heldentod und die vom Vater
herausgegebene Sammlung fromm-patriotischer Kriegslieder
(»Leier und Schwert«) zum nationalen Idol.

Die Älteren gehen der Jugend voran. Fichte bietet sich nach
sorgfältigem Abwägen des Für und Wider (den Nutzen für
die Menschheit betreffend) dem preußischen Staat als eine
Art Feldprediger an. Der einst des Atheismus Verdächtigte
verspricht echt christliche Reden, bittet sich für sein neues
Amt allerdings einen Sonderstatus aus: Gehorchen nämlich
will er nur dem König selber. Mit vielen seiner Professoren-
kollegen, mit Beamten, Lehrern, Wissenschaftlern tritt er in
einen Landsturm ein, an dessen Exerzierübungen die Karika-
turisten ihre Freude haben.

Die Frauen erfüllen ihre patriotische Pflicht, wie es ihnen
zukommt, pflegen Verwundete, kümmern sich um Witwen
und Waisen, statten mittellose Kriegsfreiwillige mit Unifor-
men und Waffen aus. Prinzessin Marianne, die nach dem
Tod der bald zur Heiligen verklärten Königin Luise die erste
Frau im Staat ist, gründet einen »Vaterländischen Frauen-
Verein«. *Du willst wissen, lieber Wilhelm, wie das mit dem
Spital ist,* schreibt sie ihrem Mann. *Es sind lauter Damen,
wohl 30, die Vorsteherinnen sind davon, welche Untergeordnete
wählen zur Verpflegung. ... Ich bin Obervorsteherin, und die
andern Prinzessinnen heißen Beschützerinnen. Ein Haus kriegen wir dazu. Kurz, es sollen 40 Kranke oder Verwundete gepflegt werden, um sie schneller und geheilter wieder zur Ar-*

*mee zu befördern, da Mangel an Verpflegung in den großen
Lazaretten die Heilung so sehr aufhalten soll.*

*Vom andern Frauenverein, wo sie mich auch hineingezogen ha-
ben, wirst Du in der Zeitung gelesen haben.*

Charlotte gibt sich Mühe, in die allgemeine Begeisterung mit
einzustimmen, was ihr schwer fällt, weil sie durch den Krieg
nur zu verlieren und schon viel verloren hat. *Die Pforten der
Ewigkeit sind eröffnet,* schreibt sie (am 22. Juni 1813) an Karoline Richter, in einem Brief, der erkennen läßt, wie aufge-
wühlt sie ist

*Jedes weiß nur von dem andern durch die allgemeinen Bege-
benheiten; man hat keine Worte für das Leben dieser Zeit, viel
weniger kann man schreiben ... Alles, was ich sonst noch von
Besorgungen und ausstehenden Zahlungen haben soll, muß
ich verlieren, und wer wird nur danach fragen ... auch habe
ich dafür keine Furcht. Die allgemeine Armut ist auch ein allgemeines Haben, und wo solche Herrlichkeit, ist die Klage
nicht möglich.*

*Wie würde es mir sein, wenn ich mit Jean Paul sprechen könn-
te! Herder erlebte es nicht, Schiller hat in Posa diese Zeit vor-
empfunden.*

*Ich habe in dieser Zeit durch Krankheit und Schwäche Freun-
de verloren. Im Waffenstillstand sind nun einige gute Bekannte bei uns, viele sind auch schon tot.*

*Meine Söhne leben bis jetzo noch. August ist wieder mit sei-
nem Freund, beide als Lieutenants, bei einer Compagnie. Es
ist ein Zauber der Freundlichkeit und Liebe in allen ... hier
werden 700 Blessierte und Kranke nur in Einem Lazarett ...
verpflegt ... Wenn sie nun kommen, und Speise verteilen, so
sagen die Russen, die oft kein anderes Wort sagen können:
Menschenliebe. Es sind noch mehrere Lazarette, auch von Da-*

mes versorgt, das eine, wo auch unsere Prinzessin sorgt, ist zu 60, aber ganz vortrefflich. Dieses ist aber nur weniges bei diesen unsäglichen Leiden und Beschwerden.

Wenn Nachrichten in die Zeitungen kommen, die empfindende Wesen erschüttern müssen, denke ich stets auch an Sie beide, und dazu ist jeder Tag geweiht.

Anfang 1814 stirbt Fichte an einer fiebrigen Infektion, die ihm seine Frau von der Krankenpflege nach Hause mitgebracht hatte. *Wegen des Lazarettfiebers durfte ich Sie nicht besuchen,* erzählt Charlotte viele Jahre später seinem Sohn Hermann. *Nach einer schlaflosen Nacht wurde ich im Morgenschlummer von der Explosion in dem Pulvermagazin aufgeschreckt und dies vermehrte meine Unruhe für die Mutter; ich ersuchte meine Tochter, mich dahin zu bringen, als ich die Treppe hinaufging, begegnete mir G. ›Wie geht es der Mutter?‹ – ›Sie liegt noch schwer danieder.‹ ›Nun, so will ich doch zu dem Herrn Professor.‹ – ›Wissen Sie noch nicht, daß er diesen Morgen gestorben ist.‹*

Danach ist bei Charlotte von großer Herrlichkeit auch bei Siegen nicht mehr die Rede.

Den 10. März [1814]
Heute kam die Nachricht des Siegs bei Bar sur Aube, der genauere offizielle Bericht wird jeden Augenblick erwartet. Er war hartnäckig und blutig, aber absolut unvermeidlich, wem nun das Todeslos bei diesem Sieg gefallen ist.

Heute früh war schon für mich das erste Wort, welches ich vernahm, der Tod eines lieben Freundes, Herrn von Ziemiêcky. Er ist bald seinem Meister gefolgt, er liebte Fichte über alles …
Ich harrte seiner Ankunft, da ich wußte, daß er bald nach Ber-

lin kommen sollte. Wenn nur meine Söhne noch leben, so will ich mich dennoch in Wehmut noch einmal auf Erden freuen, denn alle Freunde, die ich hier fand, sind nun heimgegangen in das unnennbare Reich.

Drei Wochen später wird August vor Paris durch einen Schuß in den Schenkel verwundet, liegt monatelang im Lazarett, wird aber geheilt. Auch Friedrich von Kalb kommt lebend zurück. Wie sein Vater findet August sich im Frieden nicht mehr zurecht, kann sich vom Beruf des Soldaten nicht lösen. Zwar belegt er noch bis 1818 Vorlesungen an der Universität, schließt das Studium aber nicht ab. Schon ein Brief, den er 1815 gewiß auf Wunsch seiner Mutter an Jean Paul schrieb, läßt in seiner gedrückten Gehemmtheit wenig für seine Zukunft hoffen.

Ich bin noch nichts wert, weil ich noch nichts bin, sondern nur etwas sein möchte. Vielleicht wäre ich früher dazu gekommen etwas zu erscheinen, wenn ich nicht so glücklich gewesen wäre ein Vaterland zu erhalten, und nun weiß ich nicht wofür ich meine innere Stimmung, die es mir gar nicht erleichtert als irgend etwas mich vorzüglich vorstellen zu können halten soll. Sie sehen daraus, daß ich gar nicht die geniale Leichtigkeit und bald zu vollkommenen Dingen leitende Kraft in mir habe, denn sonst würde meine Fähigkeit eher sich haben etwas gestalten können. Doch lebe ich deswegen beinahe sorglos. Etwas aber in meinem Innern weckt zuweilen meine Überlegung und macht mir Mühe, das ist das Streben nach einer glücklichen Verbindung des Verstandes mit dem Gemüte, ohne welche es nicht möglich ist zu handeln und in Mitte der äußerlichen Welt das sein zu können was man sein soll, wenn man es will.

Augusts Brief fehle nichts *als zuweilen Kommata,* bemerkt Jean Paul zutreffend in seiner Antwort, die – was soll er auch schreiben – in der tröstenden Versicherung besteht, daß das

Streben nach dem Guten selbst ein Gut sei – *und Sie haben,*
weil Sie suchen. Nur wollen Sie nie das Gute ... um des Glan-
zes willen, der es begleitet.

Das Streben nach dem Guten materialisiert sich in Augusts
Leben zum Streben nach dem Gut. Nach dem Tode des Präsidenten war er es, der den juristischen Kampf um das Fami-
lienvermögen, um Entschädigungen, um Revision ergange-
ner Urteile zäh weiterverfolgte.

Aus der preußischen Provinzstadt Soldin, wohin es ihn mit
seinem Regiment verschlagen hatte, begründete August dem
ihm befreundeten Familienanwalt Peter von Hornthal, warum er sich so mühte: *Bei unserer jetzigen Mittellosigkeit lei-*
den so manche in unsere Verhältnisse verknüpfte. Einer stirbt
nach dem andern aus unserer Mitte dahin, der sich immer
mit der Hoffnung eines günstigen Resultates geschmeichelt
hat, und so nahen unter vereitelter Erwartung vielleicht auch
die Tage meiner alten guten Mutter ihrem Ziel, deren ganzes
Leben fast von dem Lärm und unnützen Geräusch unserer
Prozesse erfüllt war. Und ich selbst, mehr als jemals ganz auf
mich zurückgewiesen, in einem Provinzialstädtchen, der Hori-
zont der Aussichten in die Welt eng begrenzt, halte es für mei-
ne Pflicht, die allgemeine Ruhe und den Frieden und den Ge-
nuß des wenigen Übriggebliebenen meiner Familie erstreben
zu helfen; und auch von manchen Chimären und entfernter
liegenden Objekten des Wunsches und der Begierden entweder
zurückzukommen, oder abgewendet, hänge ich lebhafter an
diesem vorliegenden, den ich pflichtgemäß hegen muß; und so
lange er nicht befriedigt ist werde ich ja selbst für mich auch
an der Begründung des anspruchslosesten und einfachsten Le-
bensverhältnisses gehindert.

Es half nichts. Kalbsrieth wurde 1821 versteigert, mitsamt dem Inventar: der Bibliothek, 64 Flaschen Wein, Geräten, Möbeln, Kupferstichen – und Betten und Matratzen, die von Mäusen angefressen waren; auch Waltershausen war nicht zu retten. Das Pfarrbuch nennt August einen gebildeten und braven jungen Mann, der sich *alle Mühe gab, das Rittergut zu erhalten, allein es glückte nicht damit.* Spes fefellit.

Unglücklich war er auch in der Liebe. Als seine Bewerbung um eine Soldiner Pfarrerstochter abgewiesen wurde, schoß er sich am 26. April 1825 um vier Uhr morgens eine Kugel durch den Kopf. Wie das Kirchenbuch vermerkt, war er genau 31 Jahre, 6 Monate und 19 Tage alt geworden. Ein neuer niederschmetternder Schlag für seine Mutter, die sich noch Jahre später in einem Brief an Hermann Fichte um Haltung bemühte. *Mein lieber guter August, schmerzlichst hat er so frühe des Lebens Bitterkeit geschmeckt; allein ich denke es, er hatte den Mut der Gewalt, den bittern Kelch zurückzustoßen, den er das Leben hindurch hätte leeren müssen ...*

8 · MIT GLUT AUF ASBEST SCHREIBEN

Er hat eigentlich unsere Bekanntschaft nicht gestiftet – aber ohne ihn hätte es doch nicht stattgefunden! schreibt Charlotte in einem Brief an Johann Erichson, der die Nachricht vom Tode Sinclairs enthält.

Auf dem Wiener Kongreß, wo nach der Niederlage Napoleons Europas Landkarte neu gezeichnet wurde, hatte Isaak von Sinclair die Interessen Hessen-Homburgs vertreten und es war wohl nicht zuletzt seinem Verhandlungsgeschick zu verdanken, daß dem Ländchen zum erstenmal in seiner Geschichte volle Souveränität zuerkannt wurde. Sinclair erlebte den glücklichen Ausgang der Verhandlungen nicht mehr. Nur wenige Wochen nach dem Tode seiner geliebten Mutter traf ihn am 29. April 1815 der Schlag, möglicherweise im Bordell, wie Varnhagen später verbreitet hat, jedenfalls unter merkwürdigen Umständen.

Die österreichische Polizei, der Sinclair seiner revolutionären Vergangenheit wegen immer noch verdächtig war, durchsuchte auf Befehl Metternichs seine Wohnung, beschlagnahmte seine Papiere. Niemand scheint sich darum gekümmert zu haben. Erichson sieht darin *recht das Bild eines isoliert stehenden Menschen, wie er es wirklich war*; Charlotte schreibt Sinclair ein Epitaph: *Er war ein blitzender belebender Geist – und auch ein Blitz war sein Tod.*

Die poetischen und philosophischen Schriften, die Sinclair hinterlassen hat, verraten wenig davon. In die Literaturgeschichte ist er als Freund Hölderlins eingegangen, der ihn im »Hyperion« in der Figur des Alabanda poetisch gespiegelt und in einer Ode bedichtet hat:

> *Euch alten Freunden droben, unsterbliches*
> *Gestirn! euch frag' ich, Helden! woher es ist,*
> *Daß ich so untertan ihm bin, und*
> *So der Gewaltige sein mich nennet?*

Der Name des Johann Erichson ist in Gelehrtenlexika vergraben, die ihn ausweisen als *Professor der Ästhetik, auch Doktor der Philosophie in Greifswald, geb. zu Stralsund im September 1777, gest. 1856*. Sohn eines Pfarrers, studiert er Theologie und Philosophie in Jena und Greifswald, wo er 1804 die theologische Kandidatenprüfung besteht und zum Dr. phil. promoviert wird. Danach finden wir ihn als Hauslehrer in Berlin und Dresden, seit 1805 ist er in Wien, als Privatgelehrter und eine Art Sekretär beim schöngeistigen Fürsten Lobkowitz. Er verfaßt Theaterkritiken, schreibt Gedichte, übersetzt aus dem Griechischen (»Griechischer Blumenkranz«), ist mit Seckendorff und August Wilhelm Schlegel am »Prometheus« beteiligt und Herausgeber eines »Musenalmanaches für das Jahr 1814«. 1814 kehrt er in seine Geburtsstadt zurück und wird wenig später an der Universität Greifswald Adjunkt (Assistent) für deutsche Stilistik, Latinität, Ästhetik. Auf die Einstellung zum ordentlichen Professor muß er noch bis 1830 warten.

Von Greifswald kam er nie mehr weg. *Greifswald scheint ein seltsam versteinernder Aufenthalt*, bemerkte Hermann Fichte, der mit Erichson eine philosophische Korrespondenz geführt hat. *Wer dort hinkommt, verstummt und taucht unter in den Wogen der Vergessenheit.* Geschrieben hat Erichson, ganz ungewöhnlich für einen Gelehrten seiner Zeit, wirklich sehr wenig. Einige Beiträge in der von ihm ab 1817 herausgegebenen Zeitschrift »Akademisches Archiv«; die akademischen Reden, die er von Amts wegen jedes Jahr zum Geburtstag des Königs halten mußte. Sie heißen zum Beispiel »Über die Entwicklung der moralischen Wahrheit in den neueren Systemen«, »Über den Parallellismus des sittlich Guten und des Schönen«, »Über die Theodizee«, »Über das moralisch Erhabene«, sind unendlich trocken und verstricken den Leser in wahre Satzbaulabyrinthe. Nun war die Gattung der panegyrisch-akademischen Geburtstagsrede für einen Philosophen sicherlich nicht sonderlich inspirierend, aber auch die Gedichte, die Erichson in jüngeren Jahren aus Liebe und Neigung zur Poesie schrieb, sind schwerfällig, uninspiriert und oft dunkel. Dem Schriftsteller fehlten *Eigenheit und Seelenkraft,* die Charlotte am Menschen Erichson schätzte und liebte.

Er ist deswegen wohl ziemlich unglücklich und frustriert gewesen. Jedenfalls hat er versucht, sich das Mißlingen seiner Bemühungen durch Geringschätzung fremder Produktionen erträglicher zu machen.

Aus der Literatur weiß ich Ihnen nichts zu empfehlen, schreibt er am 29. Januar 1815 auf eine Frage/Bitte Charlottes. *Lesen Sie wie ich die Werke des nächstvergangenen Zeitalters. Das Bedeutende des neuen ist zu vag, und unreif und dem ältern an Tiefe bei weitem nicht gleich. Es ist jetzt überhaupt eine schmähliche Sache um die Literatur, und wohl dem, der zu stolz war, sich damit zu vermischen.*

Charlotte: *Darf ich Ihnen sagen, mir scheint Ihr Gemüt nicht frei in den Urteil über die Literatur.*

Erichson: *Ich sehe wohl, wohin Sie deuten. Ich fühle selbst, daß mir die Zeit auf gewisse Weise vorgeschritten ist, aber mich dünkt, nur, wie die Tochter der Mutter durch die dem reiferen Dasein immer von der Jugend abgewonnene Lebensgewalt. Ist das aber wahres Zuvorkommen wenn sich mit meinem Urteil zugleich ein gewisser Verdruß paart, wenn ich darum befangen bin, ist darum mein Urteil, worauf es doch eigentlich ankömmt unrichtig? Übrigens muß ich Sie bitten, was Sie unter dieser meiner Befangenheit verstehen, mir doch ins hellste Licht zu setzen. Die Sache ist zu wichtig.*

Charlotte: *Das Wort ›Befangenheit‹ habe ich in meinem letzten Brief uneigentlich gebraucht. Denn niemals dachte ich Sie mir beschränkt – sondern lauter, hell – und progressiv. – Aber die Stelle in Ihrem Brief hat mich zu diesem Wort gereizt ›Wohl dem, der zu stolz war, sich damit zu vermischen‹ ... Mir scheint es, Sie sind zu früh aufgetreten. – Doch alles ist gut, was ist – ein Erichson darf nicht zurückblicken, weder zum Orkus noch Elysium.*

Wir wissen wenig über diese Beziehung, zumal der Briefwechsel lückenhaft überliefert ist, Charlottes Briefe oft schwer zu entziffern und meist undatiert (ohne Jahreszahlen) sind. Aus den ersten Jahren ihrer Bekanntschaft (1804 bis 1806) hat sich wenig erhalten, danach brach die Verbindung ab, allerdings wohl kaum, weil ein Brief von ihr ihn nicht erreicht hatte, wie sie sich getröstet hat. *Aus Dresden erhielt ich einen traulichen Brief wodurch mir im Wesentlichen Ihr Gemüt viel anschaulicher wurde – als im Gespräch. Sie wünschten auch, ich möchte ihn sogleich beantworten. Ich tat es – 2 kleine Blätter, die aus der Seele in sanfter Stille willig gegeben. Ich fürchtete aber sogleich, das werden Sie n i e erhalten: es war in der Woche – geschrieben im Jahre 6 im Oktober wo so viel verloren ging – Nie fand ich in den wenigen Briefen, die ich nach dem noch von Ihnen erhielt k e i n e S p u r daß Sie diese erhalten hätten. Diese beiden Briefe waren der höchste Punkt der Mitteilung. –*

1814/15 wurden die Fäden dann wieder angeknüpft. Charlotte hat in dem ernsten, milden Mann (wie sie ihn einmal nennt) noch einmal einen Seelenfreund gewinnen wollen, einen Menschen, zu dem sie sagen konnte: Du bist es. *Ich habe wirklich eine tiefe Gemüts-Neugierde nach Ihnen – und kann mir gar nicht erklären – warum Sie im Schreiben so karg sind. Bei mir hingegen ist es, wie das Auflodern des letzten Funkens der Mitteilung.*
Was suchte er bei ihr? Sicher, auch er wollte erkannt werden. *Sie haben recht gehabt, wenn Sie einmal äußerten, daß ich zu Ihnen vieles aus dem inneren Leben aussprechen könnte, weil*

gerade Sie es so aufnehmen, wie ich wünschte. Es ist mir die Unterbrechung dieser Aussprache meines Selbst während meiner äußeren Entfernung eine Entbehrung geworden. Daß sie ihm, dem 14 Jahre Jüngeren, die Rolle eines Mentors zuteilte, daß sie sich überhaupt für ihn interessierte, wird ihm geschmeichelt haben. Denn es war doch wohl vor allem ihre Beziehung zu den großen Dichtern des *nächstvergangenen Zeitalter*, die sie ihm interessant und als Freundin begehrenswert erscheinen ließ. Sie schienen ihm in ihr gegenwärtig. Er mag ähnlich empfunden haben, wie der Protagonist von Henry James' grandioser Erzählung »The Aspern Papers« beim ersten Anblick der greisen, einstigen Geliebten eines berühmten Dichters, hinter dessen Briefen er her ist: *Her presence seemed somehow to contain his and I felt nearer to him at that first moment of seeing her than I ever had been before or ever have been since.*

Erichson an Charlotte von Kalb:
Geben Sie mir noch zuweilen Erinnerungen von Goethe, Schiller, wie ehemals; was in Ihnen als die höchsten Luft-Punkte, worin sich das tiefste Wesen jener Geister offenbart.
Ich hatte einmal gehofft, Jean Paul Richter durch Sie, und durch mein kleines Buch näher zu kommen, Es hat nicht sein sollen, und ich habe nachher auch nichts davon erfahren. Eine Verbindung mit ihm würde immer etwas Bedeutendes für mich gehabt haben.

Werd' ich nicht noch vielleicht einmal etwas für Sie tun können, welches gewissermaßen der Schlußstein und die Verklärung ihrer Existenz sein wird? Wenn ich einmal, wenn Sie nicht mehr sind, Ihre Briefe von Schiller etc., was sich davon fürs Allgemeine eignet, herausgäbe. Da würden Sie auch vor der Welt so dastehn, als Sie dastehn wollten. Schreiben Sie mir darüber.

Charlotte an Erichson:
Lieber! wissen Sie denn nicht, daß ich die Briefe von Schiller verbrannte und daß eben dadurch meine Papier-Scheu und Schreibe-Furcht entstanden ist?

Für sie waren seine Begehrlichkeiten eine zwiespältige Sache, denn natürlich speiste sich ihr Selbstbewußtsein aus der Tatsache, daß bedeutende, berühmte Menschen ihr nahe gestanden waren. *Von wenigen ward ich auf Erden gekannt – aber daß es diese waren, kann mir freilich genügen.* Andererseits scheute sie die Öffentlichkeit und Indiskretionen wie der Teufel das Weihwasser, und sie wollte um ihrer selbst willen gesucht werden.

Es scheint ihnen, ihr und Erichson, wie den Stachelschweinen in Schopenhauers berühmten Gleichnis gegangen zu sein. Wenn sie Nähe suchend aneinander rückten, führte das zu Verletzungen und trieb sie wieder auseinander.

Er war empfindlich und von ihrer unweiblichen Bestimmtheit abgestoßen: *Sie sind sehr entschieden in Ihren Urteilen; Es ist nicht schwer, über jede Sache etwas zu sagen, ja es kann, wenn man sich in dem Zeitmoment reich fühlt, sogar groß sein. Ich habe die Periode auch gehabt. Jetzt ist mir die Erforschung der Wahrheit immer das erste und ich möchte nicht zurückkehren. ... Auf eine individuelle Empfindung pochen, darf man nur, wenn man ganz für sich ist. In der Gesellschaft heißt das, alle Bande zerreißen, die zu irgend einer schönen Empfindung Menschen miteinander verknüpfen können. ... Ein Selbstleben kann andere nur erfreuen, wenn sie verwandter Individualität sind; auch damit hats Schranken:*

324

*an sich stößt Individualität immer Individualität ab. ... Ich
muß es Ihnen gestehen, daß mir die schroffe strenge Sprache
nicht so lieb ist als die zarte anmutige Ihrer früheren Briefe.
Es erscheint mir jene wie brennende Funken, die aus einer
nächtlichen Tiefe fahren, die sie auch bald wieder verschlingt.*
Mißtrauisch waren sie beide, und Charlotte hatte dafür nun
auch wirklich allen Grund. *Die harten Stunden, die ich erlebt, haben mir auch Herbigkeit, der öftere Betrug Mißtrauen
gegeben, Mißtrauen. Treue und Trauen ist die erste, nötigste
Basis des Zusammenseins in der populären Welt, so im Reich
des Geistes, so im Himmel der Gesinnung.*
Sie war nur an einem vertrauten Briefwechsel interessiert
*(schreiben Sie mir ganz frei – tief – wahrhaft so sind [Ihre
Briefe] mir nur lieb und recht),* aber zugleich auch Angst davor, denn Briefe konnten weitergegeben und mißbraucht
werden, und in jedem Fall waren sie ein schlechter Ersatz
für das Gespräch. *Ach darum ist die Unterredung so schön
weil man dann ist, in Briefen erzählt man nur von sich. Die
gebogene Stellung wie widrig,* hat sie einmal an Goethe geschrieben. Indem Briefe Nähe simulierten, machten sie den
Briefpartnern die Ferne des anderen nur um so schmerz-
licher bewußt, eine Aporie, die Charlotte in ihren Briefen
an Erichson immer wieder thematisiert hat.
*Im Gespräch könnte ich Ihnen vielerlei mitteilen, worüber mir
Ihre Meinungen sehr bedeutend sein würden.*

*Aber wie wäre es möglich – dem so fernen – jene Blätter zu
übersenden – könnte ich mit Rosensaft auf Lilienblätter
schreiben, oder mit Glut auf Asbest, o würde dann wohl das
ewig-wahre – das milde und alles bezeichnende Licht erkannt
werden?*

Als Erichson (vermutlich im Sommer 1820) Berlin besuchte, schickte sie ihm Billette, die auf einen ganz anderen Ton gestimmt sind als die Schreiben, die ins ferne Greifswald gingen. *Ich habe wenig geschlafen – und meine Träume waren Gespräche mit Ihnen oder Richter. Aber eine tiefe Wehmut erweckte mich immer wieder. Es ist das Bewußtsein daß ich Sie schon so oft betrübt habe – Ach so oft! Eine eigene Pflege für mich ist not! Denn ich erkenne, daß mein Sein durch das Einzige dieser Verbindung ... gerettet wird! – Oder in Rauch und Nebel vergehen muß. Das ist vielmehr seelisch als zeitlich gedacht. – Ich fühle den Widerwillen, den Sie oft gegen mich haben müssen – und wie durch Gerechtigkeit eines höhern Wesens – bin ich nur immer mehr zu Ihnen hingezogen ... Ich bereue aber nur, wenn ich Sie betrübt sehe – nicht daß Sie noch immer mehr Fehler an mir bemerken – denn die Seele darf den Freund nicht täuschen wollen –*
Halten konnte sie auch ihn nicht. *Ich sollte erfahren, empfinden – was es sei – eine sterbende Freundschaft.*

Das Portrait, das Erichson 1853 in einem Brief an Varnhagen von Ense von Charlotte entwarf, zielte noch einmal auf die Präsenz eines berühmten Dichters und stellte sie in dessen Schatten.
Ich erinnere mich die Frau von Kalb irgendwo als eine Titanide bezeichnet gefunden zu haben. Das ist nach meiner Meinung die umfassendste und treffendste Bezeichnung von ihr. Doch muß hervorgehoben werden, daß ihr auch nicht jener edle Titanentrotz gegen die Götter fehlte, von dem Prometheus das Musterbild gibt. Ihre Religion hatte überhaupt eine sehr eigentümliche, nach meinem Urteil sehr beachtungswerte, der jetzigen schwächlichen Gefühlsreligion gerade entgegengesetzte Form. Es war alles Geist und lichter Verstand bei ihr.

Wesen, die von der Natur so reich ausgestattet sind, und dabei doch in der Mitte einer bewegten Welt eigentlich isoliert dastehen, wie die Frau von Kalb, bedürfen indessen eines nicht unbedeutenden produktiven Talents, um glücklich zu sein. Dieses ging der Kalb entschieden ab. Goethe mit seinem feinen und sichern Takt hatte dies bald bemerkt, und daß die Richtung, die sie einschlagen wollte, nicht zu einem erwünschten Ziel führen konnte, und sich deswegen einem näheren Verhältnis zu ihr, wie sie ein solches wünschte, wie es scheint geflissentlich entzogen. Sie erzählte mir in Beziehung hierauf einmal folgende charakteristische Anekdote. Sie hatte sich einen Abend im Herzoglichen Schloß mit Goethe in einem Zimmer befunden, und mit ihm in einer Fensternische über den Garten geblickt, über den eben der Mond aufzugehen anfing. Sie hatte diesen Augenblick, in dem sich die übrige Gesellschaft in die andern Zimmer gezogen zu haben scheint, benutzt, ihm mit begeisterter Seele und großer Lebhaftigkeit den Vorwurf gemacht, daß er ihr ernstes Streben nach Bildung so ganz unberücksichtigt gelassen habe. Goethe hatte – ohne Zweifel in der Annahme, daß ihr gegenwärtiger Zustand der Seele nur Moment sei, erwidert: ›Der Mond ist nur einen Augenblick voll‹. Diese Antwort in ihrer Angemessenheit für die Umstände und einfachen Größe hat ganz Goethesches Gepräge.

Ich bin alt worden und doch noch kindlicher, fast wagend. Richter wird sehr über mich lachen, denn ich bin einmal nicht zu bessern, unverbesserlich, hatte Charlotte im Januar 1811 an Karoline Richter geschrieben und ihre baldige Reise nach Franken angekündigt. Daraus wurde dann nichts, doch der Reisewunsch wurde dringender, je länger die kriegerischen Ereignisse und finanziellen Nöte seine Erfüllung aufschoben. *Im künftigen Jahr muß ich Berlin verlassen* (schreibt sie Ende 1814) *und einen Sommer mit andern Wesen in der schönen und freien Natur hinbringen; es ist das letzte Auflodern der Flamme des Lebens, die des leichteren Äthers bedarf. Wenn Sie von Reisenden hören, die nach Franken wollen, so denken Sie meiner, vielleicht darf ich diese dann begleiten … Ich möchte auch gerne meine Schwester Lore wiedersehen, wohl zum letzten Male, wenn es mir gelingt. Gedenken Sie meiner – mit Schrift und Tat, denn es wird Abend vor mir, und mein Auge ist noch dunkler und es sind meine letzten Bitten.* Der nach Napoleons Flucht von Elba und seiner Rückkehr nach Paris wieder aufflammende Krieg durchkreuzte ihre Pläne dann abermals. *So tragisch es als Drama oder Weltbegebenheit noch werden kann, ist es doch eine hoch komische Begebenheit, daß der Gefangene, von Europa Gefangene, sich befreien konnte, von den Herrn der Meere bewacht. Wer war so sorglos oder so treulos?*

Im Frühjahr 1816 tritt Charlotte ihre langersehnte (und letzte) Reise an, von der sie erst drei Jahre später nach Berlin zurückgekehrt ist. Familie, Freunde, Bekannte haben versucht, die halbblinde Frau zurückzuhalten, ihr die Beschwerlichkeiten des Unternehmens und ihre angeschlagene Gesundheit vor Augen gestellt und die peinlichen Situationen vorausgesehen, in die sie unweigerlich geraten mußte. *Ihr beständig tätiger Geist, welcher unerschöpflich an Plänen und Entwürfen ist, untergräbt ihren schwächer werdenden Körper auf eine Weise, daß es mich jammert, auch halten Sie es in der Länge nicht aus; darum möchte ich Sie Beste inständigst bitten, ruhig zu werden, Ihre lieben Kinder haben Ihre Bestimmungen und sind im Ganzen in der Lage auch Ihnen ein sorgenloses Alter zu verschaffen; Sie wissen viel besser als ich, daß gewisse Unternehmungen sich nicht erzwingen lassen, daß so manches fehlschlägt,* ruft Johanna Fichte der Freundin nach.

Ein Rad welches schnell läuft … Wie viele, zu viele Gründe hat Charlotte genannt für die unbedingte Notwendigkeit dieses Unternehmens, das eine Flucht war, eine Suche nach der verlorenen Zeit, eine hektische Jagd nach Glücksgütern. Die Sorge für ihre Kinder will sie sich nicht nehmen lassen, vielleicht kann sie vor Ort doch noch etwas für die Rückgewinnung von Kalbsrieth und Waltershausen tun. Sie könnte endlich Mäzene für ihr Mädchenpensionat finden. Sicher würden sich Chancen zu gewinnbringenden Spekulationen ergeben. Noch einmal zurück in die Heimat, ein letztes Wiedersehen mit Verwandten und den Freunden von ehemals. Die Einförmigkeit ihres Stillebens ist nicht zum Aushalten, Berlin teuer geworden und die große Stadt ist kein gedeihlicher Ort für ein junges Mädchen, für Heinrich von Kalbs Tochter Luise nämlich. Charlotte mag wirklich gedacht haben, sie täte dem Mädchen etwas Gutes, als sie sie zu sich nahm, aber das war eine ihrer vielen Selbsttäuschungen. Mehr als ein Dienstmädchen, weniger als eine leibliche Tochter, wurde Luise von ihr gering geschätzt und hoffnungslos überfordert. Noch einmal der Versuch einer Mustererziehung!

Den Samen des Geistes und der Innigkeit hatte Charlotte ihr einpflanzen wollen, leider vergeblich. Deshalb scheint es ihr nun nötig, daß Luise die *letzten Jugendjahre in Stille, Tätigkeit und gemütvollem Dasein* verbringe, erklärt sie Erichson: *Ich bin diesem Mädchen sehr geneigt: ob Sie mir gleich schon vielen Kummer gegeben ... und jetzo wäre es grausam von mir, sie den Eindrücken so zweckloser Zerstreuung und Sinnlichkeit zu überlassen – denn die Gefahr ist, wie Sie wohl denken können nicht bei uns – aber in allen Straßen und bei den Vorübergehenden.* Die Männer auf den Straßen fixierten die 15jährige hübsche Blondine, die Charlotte als eine Art Komödienkammerkätzchen (und Tochter einer »gefallenen Frau«) beschreibt, gewandt und fleißig in häuslichen Arbeiten, aber auch *leichtsinnig, listig, versteckt, keine Leidenschaft aber voll frivoler Allerweltfreundlichkeit, was aber bis zur Frechheit übergehen kann.* Auch ernsteste Ermahnungen hätten nicht geholfen, wahrscheinlich sei sie unverbesserlich. *Warum ich so umständlich bin ihm von ihr zu sagen? Weil ich oft an Sie dachte, wenn ich die Hoffnung hegte dieses Mädchen würde meinen Wünschen gleichen – aber jetzo, jetzo habe ich meinen Glauben aufgegeben. ... Das ist mir sehr schmerzlich, denn es lag in mehr als einer Beziehung mir alles daran, aus diesem Wesen ein Gutes und Wohlgefallendes zu schaffen. Wenn ich darüber leide, so ist es mir als ob der Beistand des Himmels mich verlassen hätte. Ich glaube nicht daß ich zuviel fodere oder daß mir die Natur der Jugend gar zu fremd wird.*

Die arme Luise muß also als Reisegrund herhalten, und Edda ist einer, mit der Charlotte immer wieder aneinandergerät (*ihre gute Tochter hat sie wirklich lieb,* versichert Johanna Fichte dagegen). Unbeaufsichtigt will sie sein, unbelästigt von den vernünftigen Ratschlägen und Mahnungen wohlmeinender Freunde. Anfang Mai 1816 fährt sie mit Luise aus Berlin ab. Mit ihren knapp 55 Jahren hat sie ihren Aufbruch wohl wie das junge Mädchen in ihrem »Cornelia«-Roman erlebt: *An einem Frühlingsmorgen verließ ich mit Frau Sullivan das Kloster... Die freie Umgebung, ferne Aussicht, milde Luft, wie erquicklich ... Es war mir so neu, so wohl zu Sinn, denn während vier Jahren war ich nicht aus den Mauern gekommen.*

Nach kurzem Aufenthalt in Wittenberg, wo sie eine Bekannte besucht und Geschäfte tätigt, finden wir sie im verwahrlosten, überschuldeten Kalbsrieth. *Ich bewohne für diesen Sommer diese Auen, wo ich vor 18 Jahren am Kampanertal, dem Hesperus mich erfreute, wo ich Ihre Briefe mit Sehnsucht erwartet, mit Innigkeit beantwortet habe,* schreibt sie am 29. Mai an Jean Paul.

Charlotte Kalb, denken Sie nur, hat das große Berlin verlassen und sitzt jetzt einsam in dem zerstörten Kalbsrieth, meldet Frau von Stein ihrem alten Freund Knebel und: *Die Schillern ist bange, sie möchte uns hier auch besuchen wollen.*

Etwas später, im September, ist Charlotte wirklich in Weimar, wo sie *die Schillern* besucht und die Stein und Goethe. Bei Knebel in Jena bringt sie sich mit einem Brieflein in Erinnerung: *Charlotte Kalb ist wieder diesen Sommer in das Thüringer Land gekommen, und nur zwei Tage in Weimar, wo ich innig erfreut bin über die vielen Beweise der Gnade und Liebe, so mir begegnet. Gestern früh war ich bei Frau von Stein, die soeben ein Blatt von Ihrer Hand erhalten hatte; ich sah Ihre Handschrift noch fester und schöner wie ehemals. Die liebe Frau von Stein las mir den Inhalt: so geist- und liebreich, so fest bestehend erkannt' ich Sie in diesen Zeilen.*

Weil sie blind vor Rührung und selbst so treu, so beständig in ihren Neigungen war, hat sie wohl nicht einmal gemerkt, wie ungern man sie sah, welch bittere Erinnerungen ihr Besuch in der Schillern weckte und welch trübe Altersgedanken in der Frau von Stein, die Charlotte im Geiste *wohl und munter* fand. *Bald glaube ich, es ist besser, nicht gar zu alt zu werden, um noch eine freundlichere Vorstellung der Welt mit fortzunehmen, als sie einem zuletzt wird.*

Über ein Jahr, bis zum Herbst 1817, verbringt Charlotte dann vorwiegend in Homburg, wo sie versucht, Ansprüche aus der verjährten Salinen-Spekulation des Präsidenten durchzusetzen und in eine sehr unangenehme Lage gerät, als sie einem Kaufmann eine Schuld von 600 Talern nicht zahlen kann.

Danach ist sie in Frankfurt. *In Gedanken bin ich teure Freundin viel bei Ihnen und ärgere mich eigentlich daß Sie da in Frankfurt so einsam in Ihrem Zimmer sitzen und nicht einmal des Nachts jemand bei sich haben, dieses betrübt mich sehr*, schreibt *ihre treue Fichte*, und ahnungsvoll: *Wenn ich mir denke, daß ich Sie Liebe vielleicht ... nicht mehr sehen werde, so macht es mich traurig.* Wirklich haben sie einander nicht wieder gesehen, Johanna Fichte starb Anfang 1819, um die Zeit, als Charlotte auf dem Rückweg noch in Bamberg bei ihrer Schwester Eleonore zu Besuch war.

Zur ersehnten Begegnung mit Jean Paul ist es nicht gekommen, obwohl Bayreuth nicht weit gewesen wäre. Dafür hat sie ihn von unterwegs brieflich immer wieder um Fürsprache und Hilfe bei verschiedenen Projekten, besonders aber bei einer literarischen Spekulation ersucht. Ihre erste Anfrage ging am 22. Mai 1817 an Karoline Richter. *Vor einigen Wochen bewegte mich eine Anekdote so sehr, daß ich gezwungen war, darüber etwas im Dialog aufzusetzen. Ich habe zwei Teile davon sowohl nach Weimar als Berlin geschickt, um zu fragen, ob dieses auf der Bühne könne dargestellt werden.* Karoline solle für sie erkunden, ob Jean Paul durch *Konnexionen* eine Aufführung in München ermöglichen könne.

Keine Antwort. Ende Juli schreibt sie wieder *über denselben Gegenstand*, nun direkt an Jean Paul, der sich zu dieser Zeit in Heidelberg aufhält.

Die ökonomischen Verhältnisse haben mich gezwungen, ein kleines dialogisiertes Werkchen drucken zu lassen ... Der Titel ist: Johannes, ein Traum, erweckt durch eine dämonische Sage.

Das Büchlein hat nur zehn Bogen, es werden viele Exemplare abgedruckt werden. Sobald es fertig ist, übersende ich Ihnen ein Exemplar. Diese Kleinigkeit hätte mir ein Buchhändler wohl nicht einmal abgekauft.

Im August schickte sie Jean Paul die ersten zwei Druckbogen: Falls sie keine Gnade vor seinem *geistigen Auge* finden sollten, so werde sie nichts mehr schicken, schrieb sie in ihrem Begleitbrief, an dessen Rand sich ein Kommentar Jean Pauls findet: *Ich kann leider das wenigste in diesem trüben Briefe lesen sowie erfüllen.*

Der Druck, zu Charlottes Ärger auf ganz abscheulichem Papier, ging so langsam voran, daß sie die Geduld und, von niemandem ermutigt, den Glauben an das Projekt verlor, es nach dem dritten Bogen abbrach und das Ganze etwas später vernichten ließ. *Spes fefellit!* Einige Ruinen dieser Spekulation bewahrt das Literaturarchiv in Marbach: viele handschriftliche Blätter, wenige von Schreiberhand, die meisten in Charlottes unleserlicher Schrift, und eine korrigierte Druckseite.

In den Entwürfen heißt das Stück auch der »Der Dämon des Wucher« oder »Der Dämon des Geldes«, dessen Idee und Stoff sie Jean Paul so skizziert hat:

Johannes. 1. Epist., 2. Kap., V. 10,11

[Wer seinen Bruder liebet, der bleibet im Licht, und ist kein Ärgernis bei ihm; wer aber seinen Bruder hasset, der ist in Finsternis und weiß nicht, wo er hin gehet, denn die Finsternis hat seine Augen verblendet.]

Der Traum, erweckt durch eine dämonische Sage in den Zeiten der Apostel.

Es fand ein Bruder den andern im Elend. Geh eilend in meine Wohnung, sprach er, laß dir fünf Brote geben, sogleich muß ich von dannen. Er forderte Brote, es wurde ihm versagt. Nun sammlet er die letzte Kraft, flieht aus den Toren, faßt die Kinder, stürzt sie in Fluten tief, und über ihnen schließt sich das nasse Grab. So wird die Sag' um Mitternacht vernommen. Der Dämon, welcher dazumal das Brot versagte, verscheuchte nun den milden Schlummer, erschien im Traum mit seinen Knappen, hier ist sein Bild.

Die verworrenen Manuskript-Relikte lassen ahnen, daß Charlotte diesen Stoff zu einer Art Schicksalsdrama ausgeweitet hat, in dem die Hartherzigkeit des einen Bruders über Generationen hinweg als Familienfluch wirkt. Es schmerzt zu sehen, wie fest der »Dämon des Geldes« auch sie in seinen Klauen hielt und daß sie sich das nicht eingestehen mochte. *Ich hätte dies geschrieben auch ohne Not und Drang; da aber dieser noch vorhanden ist, so habe ich es für die fünf Brote geschrieben.*

Der dritte Band der »Auserlesenen Lebensbeschreibungen Heiliger Seelen« von Gerhard Tersteegen waren das letzte Buch, das Charlotte Ende 1822 mit eigenen Augen gelesen hat, wie sie Hermann Fichte in einem nun schon diktierten Brief vom April des folgenden Jahres mitteilte: *Kommt Ihnen je der dritte Band zu Gesicht, so lesen Sie Heinrich Seuse, Gielis, Johannes a Cruce; – die Abgeschiedenheit, die Stille, die schweigende Einkehr wird Ihnen dadurch köstlicher und lieber werden. Jawohl kosten muß man diese Wohltat und davon genährt sein, um die wahre Freiheit zu erlangen. Es ist kein System, aber es dringt ein so heller Strahl aus dieser Geisteswelt, der wie die gewaltige Sonne belebt, leuchtet und wärmt.*

Alter macht, wie man weiß, oft religiös. Wenn es vom Leben nichts mehr zu hoffen gibt, öffnet man sich bereitwilliger den Verkündigungen ewiger Wahrheiten. *Wohl der Weisen als des Alters höchster Grad ist Religiosität,* so Charlotte. Im September 1837 notierte Varnhagen von Ense nach einem Besuch bei ihr in sein Tagebuch: *Die Sibylle, die Titanide, die sie war, ist sie noch immer; tiefsinnig, vornehm, heiter, lachend, voll ruhiger Leidenschaft! Wir sprachen von den Großen, die sie gekannt, von Schiller, der sie liebte, von Goethe, Herder, Richter, von Fichte. Frau von Kalb, leider jetzt ganz blind, diktiert viel. Religion, tiefsinniges Christentum, ist die Grundlage ihres ganzen Wesens.*

Zwei Menschen und ihre Schriften sind Charlotte in ihren späten Jahren besonders wichtig geworden: der Franzose Louis Claude de Saint-Martin und Teresa von Avila, mit der sich Charlotte in sehnsüchtiger Liebe und Bewunderung identifiziert hat. *Meine Therese* nennt sie sie einmal.

Therese ist der Mutter ihr großer Liebling, und es wird Sie gewiß auch interessieren, den Auszug des Lebens der Therese zu lesen, welchen Mutter mit so vieler Liebe bearbeitet, schrieb Edda im März 1831 an Hermann Fichte. *Als geistige und geschichtliche Erscheinung ist es interessant, wie man ja seine Freude daran haben kann, ohne katholisch werden zu müssen.*

Solche konfessionellen Skrupel kannte Charlotte nicht, deren Religiosität sich nicht aus den Lehren der Amtskirchen speiste, sondern aus den Schriften der religiösen Genies, der Mystiker, der Heiligen, und die waren in der Vergangenheit eben meist auf katholischem Boden gewachsen, wenn sie auch von ihrer Kirche oft argwöhnisch betrachtet, gemaßregelt und verfolgt wurden wie Teresa von Avila. *Von diesen Verewigten können wir manches sammeln, was uns beleben würde, denn der Protestantismus hat gar gewaltig protestiert und wir sind daher armselig geworden, trotz der Bildung und Aufklärung.*

Ihr biographisches Projekt, wohl eine Kompilation von Exzerpten aus Teresas berühmter »Selbstbiographie« (»Libro de la vida«), scheint Charlotte dann in den nächsten Jahren immer wieder beschäftigt zu haben, bis es nach 1836 aufgegeben wurde. Leider ist das Manuskript verschollen oder verloren und damit auch ein autobiographisches Fragment Charlottes, das wohl entfaltet hätte, was sie an der spanischen Visionärin so mächtig anzog: die demütige Kühnheit ihrer Religiosität, die klare, freie, ganz unverquälte Art der Selbstprüfung, die *seelische Romantik,* die sich in ihren wunderbaren Beschreibungen des eigentlich Unbeschreiblichen entfaltete.

Mit ihrem Interesse für mystische Religiosität stand Charlotte im Bunde mit dem Zeitgeist. Auf vielfältige Weise war die Restaurationsepoche nach den napoleonischen Kriegen geprägt durch irrationale Geistesströmungen. Überall tauchten zweifelhafte Propheten und Heilige auf. Juliane von Krüdener, einst bei Jean Paul die Rivalin Charlottes, trug als Freundin und Vertraute des russischen Zaren Alexander wesentlich zur sogenannten »Heiligen Allianz« von Preußen, Rußland, Österreich bei. In ihren letzten Jahren zog sie als eine Art Wanderpredigerin durch die Lande. *Was denken Sie von Frau von Krüdener? Ihre Erscheinung begreif ich nicht, sollte wirklich Gott eine Sterbliche hinieden mit so viel Gnaden beschenken? Darüber darf wohl niemand absprechen, sondern sich nur belehren lassen,* hatte Johanna Fichte Charlotte geschrieben, die ihre Frage an einen Korrespondenten weitergab: *Was meinen Sie von Frau von Krüdener?* Was war von den Gesichten der stigmatisierten Nonne Katharina Emmerich zu halten, die Clemens Brentano jahrelang aufschrieb? Leichter fiel das Urteil schon im Falle eines rätselhaften Mannes namens Bernhard Müller, dem Molitor, Jugendfreund Hermann Fichtes, ganz verfallen war, weil er den Müller *für den Vorläufer des wiederkommenden Christus oder für diesen selbst hält (über diesen Punkt ist er höchst zurückhaltend).* Auch als Müller als Betrüger verhaftet worden war, hielt Molitor noch an ihm fest.

Philosophen kämpften um die Versöhnung von streng wissenschaftlicher und religiöser, objektiver und subjektiver Wahrheitssuche, Hermann Fichte etwa konstruierte ein raffiniertes Gespinst, das Gott durch die *Existenz des Genius im sinnlichen Menschen* und durch die Erfahrung höherer, übersinnlicher Phänomene und moralischen Heldentums zu erweisen suchte. Der mit Charlotte befreundete Karl Christian Friedrich Krause behauptete, so etwas wie die Quadratur des Kreises gefunden zu haben: *Mein Wissenschaftsbau stimmt mit der Grundlehre der Mystiker völlig überein, und ich bin durch eine strenge Durchforschung des menschlichen Bewußtseins zu der festen Überzeugung gelangt, daß jeder Mensch auf rein szientivischem Wege zur intellektualen Anschauung Gottes geleitet werden kann und soll, ohne, wie Kant tut, dem theoretischen Mangel durch das moralische Gefühl abhelfen zu wollen oder zu müssen.*

Wozu dann überhaupt noch Systemphilosophie und nicht gleich die unsystematische Wahrheitssuche der Mystiker? Besonders Frauen, »Selberdenker« wie Rahel Varnhagen oder Charlotte, postulierten die Subjektivität jeder Erkenntnis und fanden, daß viele Wege zum Ziel führten – und selbst schon Ziel waren. *Wer so die Quellen der Andacht und der Begeisterung eröffnete, war wohl mutvoll religieuse,* sagt Charlotte über Goethe; Rahel nennt so verschiedene Denker und Dichter wie Goethe und Fichte, Lessing, Angelus Silesius und Saint-Martin ihre *Kirchenväter.*

Solche v e r g ö t t r e ich. Und beuge mich f r e u d i g in S t o l z: sie sind ja mein G e i s t ! ... es kommt am Ende nicht drauf an, wie sehr es zu gebrauchen ist, was die geistigen Entdecker und Eroberer erbeuten. Mehr, wie sie das tun; in welcher Übereinstimmung alles Besitzes von Wahrheit, und aller ihrer Seelen-, Geistes- und Herzenskräfte; und ob sie nie ihren Zweck in den Weg der Mittel hinstellen. Das tun die großen Seelen nie ... Wir sind das ›Zentrum‹: ein uns gegebenes. Und nach welchem Strahl aus diesem hin wir Gott konzipieren, so ist es gleich; wenn es heimlich, still, und ursprünglich vollbracht ist. Die stärksten Konzeptionen sind wohl die, wo die meisten Strahlen dieser Art zusammentreffen. Von b e s s e r aber kann hier die Rede nicht sein. Hier ist wieder nur das Bestreben unsere intimste, wichtigste, befriedigendste, beglückendste Aufgabe, und unser Nötigstes. Wenn wir uns nun erst Gott nach a l l e n unse-

338

ren Kräften vorstellen, so ist es doch nur nach kleinem Muster und Konzeption. Drum sind alle redliche Vorstellungen gleich.

Wohl durch Rahel ist Charlotte zu einer intensiveren Beschäftigung mit den Schriften Saint-Martins angeregt worden, der auch für sie zu einem Kirchenvater wurde. *Was mir mein inneres Leben am meisten erweckt und gestärkt hat, ist die Bibel und Saint-Martins Schriften,* schreibt sie und ein andermal: *Ich verdanke Saint-Martins Schriften viel: Trost, Ruhe und Licht. Ich beschäftige mich täglich damit, aus seinen Werken zu übersetzen, um das Denkvermögen zu üben. L'homme de désir und seine œuvres posthumes sind mir besonders wert und lieb.* Keinen geringeren als Cotta wollte sie als Verleger ihrer Übersetzung dieser Schrift gewinnen, vergeblich, nicht nur deshalb, weil eine deutsche Übersetzung des Werkes von Adolph Wagner längst erschienen war (»Sehnen und Ahnen des Menschen«), sondern weil ihre Übersetzung, wie sie selbst eingestand, den Wortlaut des Originals nur ganz ungefähr traf, seinen Sinn dafür, wie sie meinte, um so genauer. Auf die von ihr vorgeschlagene Prüfung dieser Arbeit durch einen anerkannten Gelehrten wird Cotta wohl verzichtet haben.

Der 1743 in Amboise geborene Louis Claude de Saint-Martin stammte aus französischem Landadel und schlug die Offizierslaufbahn ein, fühlte sich aber zum Propheten berufen. Mitglied einer exklusiven esoterischen Freimaurerloge und Anhänger der Theosophie Jakob Böhmes, gewann er auf seinen Reisen durch Frankreich, Deutschland, England und die Schweiz viele (meist weibliche) Anhänger (Martinisten) und propagierte seine Lehren in verschiedenen Schriften. Seine späteren Lebensjahre verbrachte er auf einem ländlichen Familiengut, umgeben von einigen Jüngerinnen, die seine *sublimes notions* andachtsvoll aufnahmen. 1803 ist er an den Folgen eines Schlaganfalls gestorben.

Der Mythos vom Sündenfall ist als *roter Königsfaden der Religion* das Fundament seiner Lehren, nach denen der Mensch durch hochmütigen Mißbrauch seiner Freiheit von Gott abgefallen ist, durch den Erlösungstod Christi aber zur ursprünglichen Einheit mit ihm zurückfinden kann. So ist er nichts anderes als ein *Sehnen der Gottheit*, eben *l'homme de désir*. Sein ganzes Wesen sollte bloß in dem lebendigen Gefühl jenes ewigen Sehnens bestehen, das ihn als Garant seiner himmlischen Herkunft und einer besseren Welt über die Leiden des Diesseits hinwegtrösten soll. Wer sich dafür bei Saint-Martin Rat und Hilfe holen will, findet die Botschaften eines orakelnden Propheten:

Höret mich, alle Völker!

Ach, daß ihr rein würdet, die innern Schmerzen der Liebeshuld zu fühlen!

Zwei Worte lese ich an diesem Lebensbaume: Schwert und Liebe.

Mit dem Schwerte des Wortes werde ich alle Feinde meines Gottes besiegen, sie binden und ihnen wehren, meinen Gott zu bekümmern.

Mit der Liebe werde ich eifrig flehen, daß er einen Strahl seiner Liebeshuld in mich ausgieße, und schaffe, daß ich ihm beistehe, indem ich seinen Liebesleiden mich mit unterziehe.

Zürne nicht, o mein Gott, diesem hohen Gedanken! Du selbst gabst mir ihn ein.

Ist das wirklich ein hoher Gedanke oder doch eher dunkler Unsinn? Zu den großen Mystikern, deren Schriften sich durch Scharfsinn und poetische Kraft auszeichnen, gehört Saint-Martin nicht, aber vielleicht war sein Erfolg gerade darin mitbegründet. Tendenziell sind mystische Offenbarungen wie Gefäße oder Samenkörner, jeder muß sie auf seine Weise füllen, sie blühen auf oder verkümmern nach Maßgabe des Bodens, auf den sie fallen. In Rahel Varnhagens Briefen und Tagebüchern finden sich schöne Beispiele solcher meditierenden Sinngebung: *Wenn Saint-Martin sagt, die Seligkeit werde darin bestehen, daß wir jeden Augenblick etwas Neues erfahren werden: so glaube ich nicht, daß ihn viele Leute verstehen. Denn nicht viele wissen, daß wir nichts Absolutes kennen, und unsre ganze Tätigkeit nur Variationen auf ein und dasselbe Thema sind. Wenn wir also in jedem Augenblick Ursachen erfahren könnten, wäre unser Glück wirklich unendlich, weil es sich immer neu steigerte; und in Erneuerung unseres Selbst. Der brillanteste Gedanke in unserm Dunkel.*

Wahrheiten, die wir nur lesen, können wir leicht wieder vergessen. Wahrheiten, die wir selbst ans Licht fördern, sind uns wesentlich geworden, im Sinne des bekannten Spruches von Angelus Silesius:

Freund, es ist auch genug / Im Fall du mehr willst lesen,
So geh und werde selbst die Schrift / und selbst das Wesen.

Eine Variante dieses Satzes findet sich bei Saint-Martin: *Der Mensch ist das einzige Buch, welches Gott gefallen hat, selbst zu schreiben und zu veröffentlichen.*

Meinen Namen will ich gern verborgen haben. Als Verfasserin des »Wucher-Dämons« wollte Charlotte jedenfalls zunächst nicht auftreten, einmal, weil sie berechtigte Zweifel an dessen Qualität hatte *(es gehört wahrscheinlich zu diesen Dingen, die entweder gut sind oder gar nichts taugen)*, zum andern, weil sie sich ihres schriftstellerischen Versuches überhaupt schämte. Frauen, die schrieben, taten nach vorherrschender Meinung Unpassendes, nicht recht Schickliches. Wenn sie es doch taten, suchten sie deshalb meist Schutz in der Anonymität, unter einem männlichen Pseudonym (»Tian«) oder unter den Namen ihrer Brüder oder Ehemänner, wie etwa Dorothea Tieck, Dorothea Schlegel oder Therese Huber. Weibliches Schreiben schien nur halbwegs akzeptabel, solange es ökonomisch einträglich war und dilettantisch betrieben wurde, welcher Dilettantismus dann natürlich das männliche Vorurteil bestätigte, daß Frauen zu derlei Beschäftigung von Natur aus nicht taugten.

Doch die Frauenliteratur der klassischen und romantischen Epoche und lange darüber hinaus enttäuscht vor allem inhaltlich. Die Frauen zeigten sich in ihren Schriften nur so, wie sie sein wollten und sein sollten, färbten sich im Spiegel ihrer Heldinnen schön und gut und stellten sich blind für das Problematische, Abgründige in sich. Figuren wie Schillers Don Karlos oder Marquis Posa sind gewiß idealisiert, aber wieviel Zwiespältiges aus der eigenen Seele hat Schiller doch auch in sie hineingelegt! Und natürlich mußten Frauen Kritik und Witz verleugnen, was gerade bei Charlotte sehr bedauerlich ist *(den Witz kann ich in mir nicht leiden)*.

Eine Frau sollte ihr eigenes [Talent] üben; will sie einmal schrei-
ben, so sollen nicht Verhältnisse, nicht Abgeleitetes, nicht Ge-
machtes und Erlerntes ihre Feder beschäftigen; sie selbst, mit
allen Quellen ihres Daseins, allen Gründen ihres Wesens, allen
Kräften ihrer Natur, sollte ihr einziger Gegenstand sein, dann
würde die Welt wahren Gewinn haben von ihren Erzeugnis-
sen, die unvertilgbar in die Reihen des Lebens träten, fordert
deshalb Varnhagen von Ense in einer Rezension »Über die
Schriften der Baronin de la Motte-Fouqué«, die das Grund-
übel weiblicher Schriftstellerei an diesem besonderen Beispiel
treffend analysiert. *Man fühlt wohl in diesen verfehlten Wer-*
ken, diesen Delphinen, Korinnen und Frauen des Falkenstein,
daß die beste Kraft bei ihrer Hervorbringung ungenutzt lag,
und diese Frauen ganz andern Vorteil und Wirkung von ihren
Talenten und ihrem Geist sehen könnten, wenn sie, unbeküm-
mert um Anderes, nur sich klar und rein aussprechen wollten.
Aber darin irren sie alle. Ich weiß nur eine, die ganz frei davon
ist, die griechische Sappho, welche in Folge und Kraft der ihren
Liedern eingehauchten Glut und Leidenschaft gleichsam als
letztes Lied den Schwung vom leukadischen Felsen wagte. Natürlich wollte Varnhagen schreibende Frauen damit nicht
zum Selbstmord ermuntern, wohl aber zu mehr existentiel-
lem Einsatz, Ernst und Mut. Freilich bedachte er nicht, daß
das gesellschaftlich auch eine Art von Selbstmord gewesen
wäre.

Ich habe noch kein Buch oder Gegenstand von einem Weibe
verfaßt gelesen, welches den Wunsch in mir erregt hätte, ich
möchte diese geschrieben haben; dieses ist mir sogar à l'hor-
rend, wenn ich mich als Verfasserin dessen gedenken sollte,
schrieb Charlotte von Kalb im Sinne Varnhagens am 18. Juli
1810 an Jean Paul.

Sie hatte dazu doppelten Anlaß: die Lektüre von Germaine de Staëls Roman »Corinna«, auf den sich ihre Bemerkung bezieht, und den Besuch der Dichterin Amalie von Helvig, eine geborene von Imhoff, die 1803 nach Schweden geheiratet hatte. Als junges Mädchen war Amalie, eine Nichte der Frau von Stein, in Weimar als großes künstlerisches Talent gefeiert worden, weil sie hübsch zeichnete und ihr das Verseschreiben so leicht fiel wie das Atmen:

> *Wie herab in leichtem Kräuseln,*
> *Um mich der Jasmin und Flieder,*
> *So mit leisem Geistersäuseln,*
> *Schweben Reime, tönen Lieder*
> *Durch den neu erregten Sinn*
> *Drängend eins das andre hin.*

Schiller, der eine Schwäche für die hübsche Amalie hatte, nahm ihr Versepos »Das Mädchen von Lesbos« (von Karoline Schlegel als ein *Rudel von Hexametern* verspottet) in seine »Horen« auf, Charlotte hatte sie damals ein *Kunstfräulein* genannt, sich aber dann doch mit Amalie angefreundet; nun fand sie ihre Produktionen unbedeutend. *Frau von Helvig war acht Tage in Berlin ... Sie hat sehr gealtert, durch Kränklichkeit, Neigung zu Fieber, einige zufällige Schrecken, das härtere Klima. Sie war in Schweden wohl die einzige in der Art, und wo kein Vergleich ist, ist auch keine Befriedigung der Eigenliebe. Sie las einiges vor, Compositionen für gesellschaftliche Spiele; ihre Zeichnungen sind gewandter, richtiger.*

Madame de Staël hatte da schon ein anderes Format, auch wenn Charlotte ihre Romane weit weniger schätzte als ihre Essays. *[Sie] hat Genie und Tiefsinn und gehört zu denen, die einen Einfluß auf die Geisterwelt gehabt haben. Manches in ihren Schriften ist mir zuwider. Doch tut es bei mir der Bewunderung der anderen herrlichen Offenbarungen der tiefsten, dem Leben der Welt abgenommenen konzentrierten Menschenkenntnis keinen Abbruch.* Und dann fügt sie hinzu: *Es werden einige meiner Freunde fast bedauern, daß ich keine Versuche machen konnte, um durch Schriftstellerei mir etwas zu erwerben.*

Da schwindelt sie, denn jedenfalls Anläufe dazu hatte es auch schon lange vor dem »Dämon des Wuchers« gegeben. 1803 ließ sie Schiller über den Hessen-Homburgischen Hofprediger Breidenstein ein Manuskript mit dem Titel »Cornelia« zur Durchsicht und Beurteilung zukommen. Den Namen der Verfasserin nannte Breidenstein nicht, spielte jedoch auf ihre nähere Bekanntschaft mit Schiller an, der die Sendung nach mehrfachem Anmahnen ohne die gewünschte Beurteilung zurückgehen ließ. Zu einer Veröffentlichung aber kam es erst nach ihrem Tod, als Edda neben den »Erinnerungen« der Mutter als Seitenstück dazu auch die »Cornelia« erscheinen ließ, mit dem Zusatz »Für die Freunde der Verewigten«. Der falsche Bezug, der Titelheldin und Verfasserin miteinander identifiziert, weist das Werk zutreffend als autobiographische Phantasie aus. Erfahrungen, Enttäuschungen, Erinnerungssplitter, Träume, Geschichten, Einsichten, literarische Einflüsse (Hölderlin!), Fundstücke verschiedenster Art, von Prozeßberichten aus der Französischen Revolution bis hin zu unterfränkischen Dialektpassagen sind hier ineinander und übereinandergeschichtet, Dichtung und Wahrheit, Wunsch und Wirklichkeit in komplexer Wechselwirkung ineinander verwoben.

Am Anfang der erratischen Entstehungsgeschichte steht jene

1785/86 während Charlottes Besuch in Speyer entstandene Erzählung, die um das Motiv einer dunkelroten Nelke kreist. 1818 schreibt sie Karl Christian Friedrich Krause von einer fertigen Erzählung »Cornelia«, die Teil eines größeren, aber nun aufgegebenen Romanprojekts hätte werden sollen. 1842 hat sie eben dieses Projekt für fertig erklärt, aber noch zwei Tage vor ihrem Tod wieder an einer Episode gearbeitet. Zeitweise verband sie es eng mit dem geplanten »Leben der heiligen Therese« und wollte die »Cornelia« als deren Fortsetzung erscheinen lassen, ja sie dachte sogar daran, beide Werke zusammen mit ihren »Erinnerungen« unter einem Buchdeckel zu veröffentlichen.

Literarisch läßt sich diese »Cornelia« nicht retten, sie weist nicht nur die fundamentale Schwäche weiblicher Schriftstellerei in hypertropher Weise auf – niemand war unwilliger, sich in der Öffentlichkeit unverstellt auszusprechen als Charlotte –, sie ist ungeschickt erzählt und in ihrem schwer bekömmlichen pontifikal-repräsentativen Stil »für die Welt« gehalten. Sie hat eben einen Dialogpartner gebraucht, um produktiv sein zu können, im Gespräch, notfalls in Briefen, aber nicht in einem Werk.

Halbherzig und hartnäckig hat sie ihren poetischen Strickstrumpf immer wieder fallen gelassen, wieder aufgenommen, fallen gelassen ... Sie wußte ja eigentlich genau, was ihr fehlte. *Ich kann eigentlich gar nicht schreiben, alles ist zerstückt ... Ich kann nichts ausarbeiten, es geht mir ... die Übersicht das Ganze zu fassen ab.* Das wurde mit zunehmendem Alter nicht besser. Sie wundere sich, daß man *jetzo und ehemals* ihre Briefe mit Achtung gelesen habe, schreibt sie 1821 an Erichson, *besonders jetzo, wo der Sinn erstarrt ist, ich unbeholfen und unbewußt, durch den Mangel des Ausdrucks die*

Idee verborgen bleibt und gleichsam von einem Seher nur erra-
ten werden kann. Aber geträumt hat sie dann doch davon,
daß wider bessere Einsicht etwas Besonderes an ihren Dichtungen wäre: *Ich fühle, denke, was mir Wunsch, als Wirklich-*
keit; so bildet sich das Phantom meiner Sehnsucht.
Und wie soll man einen Roman schreiben, wenn man eigentlich keinen schreiben will? Mit den Jahren und der Versen-
kung in mystisch-religiöse Schriften wuchs Charlottes Abneigung gegen die gewählte Form. *Durch Alter und Ernst*
bin ich fast der schönen Einkleidung gram geworden und bin
zu ungeschickt dazu, hören wir, und: *Ich habe an Mannigfal-*
tigkeit des Lebens sehr verloren; Phantasie und Gefühl ist sehr
vermindert, nur die Idee steht als etwas Allgemeines, aber au-
ßer meinem Wesen nur allein des Lebens Würdiges vor den Au-
gen meines Geistes. Das ist als pädagogisches Programm in
die »Cornelia« eingegangen, die sich selbst als Roman gewissermaßen abschafft, um etwas anderes zu werden, nämlich
Verkündigung, orakelnde Weisheitslehre. *Ehemals las man*
in den Morgenstunden in der Bibel, dann sprach der Vater:
Alle sind wir Sünder und mangeln des Ruhms, den wir vor
Gott haben sollen. – So ward damals das Bündnis mit Geist
und Ewigkeit ausgesprochen. Doch dies Gebot ging vorüber;
Armgart las von Frührot bis spät abends Gedichte und Ro-
mane ... Armgart ist nun in Leid befangen, von Irrtum er-
wacht. Durch Romane pflegt die Jugend Neigung zu einem
sterblichen Wesen, und meist ist dies dämonisch Unheil.
Als Konsequenz dieser schmerzlichen Einsicht hat Charlotte
sich in ihren zwei Heldinnen, Aloisia und Cornelia, komple-
mentäre Wunschbiographien gedichtet, die gleichsam programmatisch korrigieren, was sie als Wurzel ihrer Leiden
diagnostiziert hat: *Das Wohl von Andern abhängig zu ma-*
chen, ist der schädlichste Irrtum, heißt es etwa, oder: *Nun er-*

kenne ich: daß wir uns selbst beleidigen, wenn wir glauben, uns einer andern Seele hingeben zu müssen, denn es ist Schmach wenn wir wähnen irgend Gunst zu gewinnen; wir finden nur Armut und Wahn in Dingen und Wesen. Freie Selbstständigkeit sollen wir leben. Im Kloster, wo jeder *sich selbst verantwortlich* ist, finden Aloisia und Cornelia ein Refugium, einen Ort, wo Frauen ein selbstbestimmtes spirituelles Leben führen können oder vielmehr konnten. Denn die Geschichtskatastrophe der Französischen Revolution hat ihn zerstört, zusammen mit der alten feudalen Ordnung, die Charlotte in ihrer Romanphantasie nostalgisch verklärt hat. Die Poesie des Adels, Landsitze, Stadtresidenzen, edle Menschen, hohe Ideale, gewählte Umgangsformen, ein festliches Leben in Schönheit und Luxus ... In ihrem Brief an Krause bezeichnete Charlotte das als *idealisiertes Denkzeichen der letzt verlorenen deutschen Ritterzeit. Sie war und ist noch in südlichen katholischen Ländern ganz anders wie im Norden, aber jetzo ist es auch untergegangen. Die Zeichen einer ... angebornen Glut, Stolzes bei so viel Herrlichkeit und Frömmigkeit der Gemüter hatten etwas Erhabenes.*

Zu Beginn der Erzählung, als die Geschwister Ernst und Lenore Karlost (= Ostheim) nach den ersten *Kriegsstürmen* nach Mainz kommen, ist das Kloster, in dem Aloisia und Cornelia gelebt hatten, schon zerstört. Sie selbst aber sind auf wunderbare Weise gerettet worden und beim Volk eine lebende Legende. Geblieben sind autobiographische Aufzeichnungen und Briefe verschiedener Verfasser, die, zum vierteiligen Roman komponiert, von ihren Schicksalen und verschiedenen Wegen ins Kloster berichten. Im Falle Aloisias handelt es sich dabei um eine Rückkehr. Als Waise in einem Kloster erzogen, wird sie wegen Widerspruchsgeistes entlassen, findet in einem vornehmen Damenstift ein neues, liberaleres Zuhause und eine Erziehung, die Selbstvertrauen und Sicherheit vermittelt. Nach verschiedenen, psychisch angreifenden Erfahrungen *(ich wollte ferner dem Wechsel der Erscheinungen nicht mehr angehören)* entscheidet sie sich schließlich für ein Leben im Kloster, in der Hoffnung, von dort aus auch als Erzieherin wirken zu können.

Cornelias Biographie hat Charlotte mit grundsätzlichen Reflexionen zu weiblichen Rollenmustern verbunden. Ihre Titelheldin ist die Tochter des Landjägermeisters von Hohenfels im Herzogtum Franken, und ein *hehres Wesen.* Nach dem frühen Tod der Mutter vertritt sie Mutterstelle bei ihrem kleinen Bruder – *ich war selig in diesem Beruf, in der Pflicht der mütterlichen Liebe –,* so wie es ihr Namensprogramm vorsieht, das in einem Gespräch erläutert wird.
Man unterhält sich in Gesellschaft über Helden der Geschichte, über Alexander, Caesar, Karl den Großen, und ihre blutigen Kriege. *Die Kunde solcher Taten zerstört die Ruhe des Gemüts und erweckt Schrecknisse und Trauer,* bemerkt Cornelia, und fragt dann: *Aber nur von ausgezeichneten Männern haben die Brüder gesprochen; sind denn Frauen in der Geschichte nicht auch erwähnt?*
›O gewiß‹, fiel F r i e d r i c h ein, *›das Altertum kennt auch von ihnen manches Ideal, und sollte das Höchste unter ihnen ich Dir nennen, so wär's nach meinem Sinn C o r n e l i a, des S c i p i o Tochter. Bei den Römerinnen war es Sitte, daß, wenn sie einander besuchten, sie ihre Geschmeide und Kleinodien einander vorzeigten. In solcher Absicht hatte denn auch O c t a v i a einige Frauen, unter denen jene C o r n e l i a, in ihren Palast geladen. Das Schönste, das Köstlichste ward ihnen dargelegt, weniger jedoch als O c t a v i a erwünscht und erwartet, wurden ihre Kleinodien von C o r n e l i a bewundert; auch frag-*

te diese nicht nach der Summe der Talente, dem Wert jener,
wie andere wohl‹. – Unmutig sprach daher Octavia: ›Kannst
Du, Cornelia, wohl zeigen, was dem geringsten dieser Klein-
odien verglichen werden könnte?‹ – Cornelia, schon im Be-
griff von ihr zu scheiden, stand bei dieser Frage noch an eine
Säule gelehnt, als sie ihre Knaben erblickt, die aus der Schule
kamen: ›Siehe da! den Cajus, den Tiberius, des Scipio Enkel,
meine Söhne! sie sind mein Schmuck, einst Ehr' und Ruhm
der großen Roma!‹

Dieses historisch geadelte Identifikationsangebot mit der
konventionellen weiblichen Rolle kommt bezeichnenderwei-
se von einem Mann, aber auch Frauen des Romans affirmie-
ren und predigen es, gestützt auf einschlägige Bibelzitate:
Ein häusliches Weib schafft ein ruhiges Leben, es ist nichts
Lieblicheres auf Erden denn ein züchtig Weib, ein schönes Weib,
das fromm ist gleich der Flamme auf dem heiligen Leuchter in
Jehovas Hallen.

In Augustin von Burg findet Cornelia die große Liebe, den
Mann, den ihr der Himmel als Bräutigam bestimmt hat,
doch nur um ihn ihr noch vor der Hochzeit wieder zu rauben. Bei der aufopfernden Pflege eines Kranken steckt er
sich an und stirbt. Cornelia, die als Jungfrau erst Mutter,
dann Witwe geworden ist, hält dem Geliebten über den Tod
hinaus die Treue und tritt ins Kloster ein. *Deine Wesenheit*
sucht ein höheres Ziel, dies zu finden, bleibe von allem ge-
trennt. Von dem irdischen Leben bis Du von nun an geschie-
den, und der Vergänglichkeit Qual gehörst Du nicht mehr an.
Wie ist nun alles verwandelt, vernichtet. Erfasse die Freiheit
der Seele! dies ist das Schauen in die Tiefe, in der Du Seele
und Wesenheit erkennst.

Cornelia ist also gewissermaßen umprogrammiert worden
auf eine neue Rolle, deren große Vorbilder sie in der Vergan-

genheit entdeckt. *Wir finden im Mittelalter Namen von Frauen, mit denen die der jetzigen Zeit sich nicht vergleichen lassen.* Charlotte denkt an Mystikerinnen wie Hildegard von Bingen, sie denkt vor allem an »ihre« Therese, in deren Schriften sich die Novizin Cornelia versenkt. Und sie beschwört die antiken Schwestern dieser religiösen Genies, die direkt mit Gott kommunizierten: *Dann zur Sybillen-Grotte ... Das Orakel hat Göttliches offenbart. Irenäus, Montans Anhänger, rechnete Wahrsagen zu den Gaben des Weibes.*

Seinen Niederschlag findet das in den orakelhaften Sentenzen und Verkündigungen à la Saint-Martin, die den Roman durchsetzen und die Erzählung stillegen. Es scheint als bräuchten sie den Wirklichkeitsstoff nur, um sich davon abzustoßen und ihn hinter und unter sich zu lassen. Wer sich darauf einlassen will, braucht viel Geduld und guten Willen.

Wie plausibel ist diese Klosterutopie? Wenn Charlotte sich in ihren Heldinnen »redigiert« und umgewünscht hat, so lebt ihr exorziertes, unglückliches Selbst doch vor allem in einer männlichen Figur des Romans weiter. Selbstbestimmtes Handeln? Autonomie? Entsagung und geistlicher Stand als Rettungsmittel? Eine Illusion, wie es scheint, und zwar für Frauen und für Männer. Der Priester Francesco jedenfalls ist trotz seines Berufs in verzehrender hoffnungsloser Liebe zu Cornelia entbrannt ... *Wir wählen nie, vom Verhängnis sind wir getrieben*, heißt es einmal resigniert. Es sind die Phantome unserer Sehnsucht, die uns zu Getriebenen machen – und die wir doch zum Überleben brauchen. ›*Francesco*‹, sagte [Georg], ›*Du hast Vorliebe für ein Gespenst, dem Du früh gehuldiget, das Du Ideal nennst; auch diesen Schein müssen wir abwerfen, und dann erst fragen: was bleibt uns?*‹ – ... ›*Georg, in Wahrheit dann unmaßliche Pein. Unser Blick ist jetzt ver-*

hüllt, wir können uns nicht erkennen.‹ G e o r g erbleichte …,
sprach mit Liebe: ›Wir müssen ein Erkennen finden!‹

12 · EDDA

Die Mutter war impulsiv und temperamentvoll, die Tochter
konnte heftig werden, was Auseinandersetzungen für beide
verletzend und erschöpfend machte. Edda und sie seien *nicht*
harmonisch, ob ich sie gleich innig liebe, schrieb Charlotte
1815 an Erichson. Als der sie deswegen rügte *(Daß Sie nicht*
mit Edda harmonisieren, ist mir nicht lieb zu erfahren. Fürch-
ten Sie den bösen Geist Ihres Hauses. Lassen Sie nicht ihn sich
vererben auf Kind und Kindeskind, sondern ersticken Sie ihn
durch jede und große Opfer der Liebe), versuchte sie ihre Bemerkung abzumildern, ohne sie zurückzunehmen: Ihr liege
das Ideal vollkommener Harmonie zu Grunde. Das Phantom der Sehnsucht … *Nie wird man eine Verbindung mit*
Menschen schließen wenn man vollkommene Übereinstim-
mung erwartet, schrieb die leidgeprüfte Edda später in ihr
Tagebuch. Daß Charlottes leidenschaftliche, unruhige Natur
ihr das Leben auch sonst oft schwer gemacht habe, wie wir
von einer Bekannten hören, kann man sich gut vorstellen:
Immer drehte sie Pläne und Unternehmungen im Kopf herum,
die aber so abenteuerlich wie unschicklich für das Verhältnis
derselben bei Hofe waren.
Vorstellen kann man sich allerdings auch, wie sehr Charlotte
an der erzwungenen Nähe zu ihrer Tochter gelitten haben
muß. Sie war in jeder Weise abhängig von Edda, die ihr Auge und Ohr zur Welt war und ihr einziger menschlicher
Besitz, kämpfte aber zugleich um ein Stück Freiraum und
versuchte Edda von ihrem innersten Bezirk fernzuhalten.

Nur ungern ließ sie sich von ihr vorlesen, diktierte ihre Briefe Dritten, und mit Besuchern war sie am liebsten allein, was freilich oft auch deren Wünschen entsprach. Auch wegen Eddas Stellung bei Hof.

Als Charlotte Varnhagen in einem Brief bat, er möge ihr doch aus seinen Erinnerungen mündlich mitteilen, was sich zur Veröffentlichung nicht eigne und auch die Gegenwart Eddas nicht scheuen, man könne ihr vertrauen, schrieb er zurück: *Wegen der Teilnahme einer dritten Person wäre das Nähere noch zu besprechen. Vertrauen läßt sich nicht auf Bürgschaft eines andern geben, das muß unmittelbar von Person zu Person gehen, und ich bekenne frei, daß in diesem Betreff das hochverehrte Fräulein noch alles zu tun hat.* Das Fräulein hat später versucht, den letzten Teil des Satzes durch Ausstreichen unleserlich zu machen; Charlotte schrieb im Zwiespalt der Gefühle zurück: *Was über Edda zu sagen wäre, ist schwankend – und das sind wir alle, bis wir uns selbst angehören, und wem hat Gott diese Gnade verliehen. Sie ist intègre, ich verlebe gute Stunden.*

Wenn es nach Mutter und Tochter gegangen wäre, wüßte die Nachwelt nichts von ihren Beziehungsproblemen. Edda hat nach Charlottes Tod nur ein paar »schöne Stellen« aus den an sie gerichteten Briefen der Mutter exzerpiert und im Anhang zur »Cornelia« abdrucken lassen, die Briefe selbst aber vernichtet. Nur einer scheint überlebt zu haben, vielleicht, weil er von einem bedeutsamen Ereignis berichtet.

Wir sind im Spätherbst 1831. Edda ist mit der Prinzessin auf Reisen, in Köln, wo ihr Bruder Fritz nach seinem Abschied aus der Armee seit einem Jahr als Frühpensionär lebt. In und um Berlin wütet zu dieser Zeit eine Cholera-Epidemie. Varnhagen empfindet die Seuche als Besudelung, als *gespen-*

sterhaft dunkle Erscheinung, als tiefhäßliche Lebensstörung, meinte aber, *die ordentlichen und vorsichtigen Leute aus der gebildeten Klasse scheinen ... wenig bedroht.* Aber manchmal trifft es sie eben doch.

Charlotte an Edda, am 19. November:
Soeben habe ich Dein Schreiben erhalten, nebst der Einlage von Fritz; ich glaube, der Aufenthalt in Köln hat für diesen Ritter etwas zu bedeuten.
Die Nachricht Deiner näheren Ankunft ist mir angenehm. Wir wollen wenigstens die Monate recht traulich beieinander sein. Ich bin wohl, damit aber meine Stube recht warm bleibt, was mir sehr nötig ist, so schläft die Mina jetzt auch darin. Sie hat es erst gar nicht tun wollen, hat aber die erste Nacht so gut geschlafen, daß sie erst um 8 Uhr aufgestanden ist. Im Alter und bei dieser Egide muß man immer in gleicher Temperatur bleiben. Der Kranken sind wohl weniger jetzo, doch auch von Personen erlitten, die bewehrt sind. In Provinzen und Königreichen wird der Tod von Hegel betrauert werden; 5 Stunden war er schmerz- und bewußtlos krank. Man nennt es die Cholera secca oder die trockene. Die Symptome bei diesem Übel sind sehr verschieden, daher muß man auch das geringste Gefühl behutsam behandeln. Du wirst in den Zeitungen manches über diesen Trauerfall gelesen haben, und folgendes habe ich erfahren. Barez und Horn – als sie ihn erblickten, wollten Blutegel gebrauchen. Die Frau bat, man möchte doch warten bis zu seinem Erwachen; der Professor ... ward gerufen und als er sich über ihn beugte, war er schon im Verscheiden. Man brachte ihn sogleich in ein Gewölbe von einer Heil-Anstalt und ein Student ging zum Polizei-Präsidenten v. Arnim, mit der Vorstellung, ob es den Studierenden erlaubt sei, die Leiche ihres Lehrers bis zum Begräbnisort zu geleiten, auch werde in-

nigst gebeten, das Begräbnis auf dem Oranienburger Friedhof
zu gestatten. Der Präsident sagte: daß die Studierenden ihren
Lehrer zu Grabe geleiteten, wäre wohl zu verstehen und ange-
messen, die andere Frage hat er nicht beantwortet, also wurde
sie stillschweigend zugegeben; sein Grab ist Fichte gegenüber,
es ist 8 Fuß tief, welches sonst nur halb so tief ist, und mit Kalk
ausgefüllt. Hermann Fichte wird auch sehr dadurch betroffen
sein. In dessen Geschichte der Philosophie war ich gegen eine
Äußerung über eine Schrift von Hegel.

Eine scharfsinnige, idealistische, phantastische, unkonventio-
nelle Mutter kann eine harte Prüfung sein. Schon der Name,
mit dem Charlotte ihre Tochter in die Welt schickte, war
eine groteske Überforderung. Rezia nämlich heißt in Wielands romantischem Heldengedicht »Oberon« eine Sultans-
tochter, die als Traumfrau von unbeschreiblichem Reiz vorgestellt wird:

> *Denk Dir ein Weib im reinsten Jugendlicht,*
> *Nach einem Urbild von dort oben*
> *Aus Rosenglut und Lilienschnee gewoben;*
> *Gib ihrem Bau das feinste Gleichgewicht;*
> *Ein stilles Lächeln schweb' auf ihrem Angesicht,*
> *Und jeder Reiz, von Majestät erhoben,*
> *Erweck' und schrecke zugleich die lüsterne Begier:*
> *Denk Alles, und Du hast den Schatten kaum von ihr!*

Der Name Edda, den das Kind für sich fand, hat die Rezia
dann bald verdrängt, nicht aber die Träume, die sich mit
ihr verbanden. Das kleine Mädchen wird als liebenswürdig,
willig, fröhlich und sehr musikalisch geschildert, aber Charlotte hatte sich eben doch mehr erhofft, gewiß auch in Hin-

blick auf ihre Zukunft. Sie sei nicht schön, aber gut und brav, lautete ihr etwas enttäuschtes Urteil über die 14jährige, ein paar Jahre später rühmte sie ihren Scharfsinn und die Selbstständigkeit ihres Denkens. Zu ihrem näheren Bekanntenkreis gehörte die geistreiche, originelle Droste-Freundin Sibylla Mertens-Schaafhausen. Schillers Sohn Ernst, der Edda während ihres Aufenthalts in Köln kennenlernte, beschrieb sie als *dickes, rundes, rotbackiges Wesen*, dabei aber hübsch und jugendlich aussehend. *Sie ist nicht anmutig, nicht poetisch, aber viel tiefer, als es scheint, ehrlich, verständig, gut, klar und innerlich fein*, charakterisiert sie eine Berliner Bekannte. *Sie ist geworden wie sie geblüht, aber noch inniger und kräftiger,* hören wir 1830 von Charlotte, in deren knappen Urteilen über die Tochter sich sonst Selbstbespiegelung und Geringschätzung manchmal eigentümlich mischen: *Ich vermute fast, sie wird ehelos bleiben. Für ein sogenanntes Etablissement hat sie keinen Sinn, denn sie liebt nicht die öftere Wiederholung gesellschaftlicher Zusammenkünfte. Sie will sich leben, durch dieses Leben das Dasein ihrer Seele ahnen; für zartere Verhältnisse hat sie nicht die Reizbarkeit oder nicht den Gegenstand.*

Kinder sind Fremde! Charlotte irrte sich, Edda hatte beides und zudem eine Arbeitgeberin, die Liebesgeschichten protegierte: Die Prinzessin Marianne hatte ein Faible für *les affaires du cœur.* So manchem kranken Herzen sei sie eine Frau Minnetrost geworden, lobte die Gräfin Bernstorff; Karoline von der Marwitz, die von 1814 bis 1818 neben Edda als Hofdame gedient hat, urteilte darüber kritischer: *Einer Liebesgeschichte, sie mochte spielen, wo und wie sie wollte, konnte sie nicht widerstehen; sie wußte sich immer das Vertrauen der Beteiligten zu verschaffen, und da sie die Liebe als etwas ganz*

Apartes, im Inneren Lebendes betrachtete, gewissermaßen als einen Funken höheren Lebens, den man nicht verlöschen lassen solle, so trug sie viel mehr dazu bei, sie hervorzurufen, indem sie dunklen Gefühlen Worte verlieh, als sie auf den richtigen Standpunkt zurückzuführen. Daneben hielt sie eine Heirat durchaus für den Beruf einer jeden Frau, und jedes Mädchen sollte eigentlich den ersten nehmen, der sich ihr anbot, da doch ein zweiter niemals sicher sei.

Auch bei Edda hat sich die Prinzessin, ob gebeten oder sich aufdrängend, als Ehestifterin versucht. Wie Klarmann berichtet, schrieb sie September 1821 dem bayerischen König Max Joseph, ihre Hofdame Edda von Kalb liebe einen edlen Mann von Adel und werde wiedergeliebt, die Verbindung aber sei, weil beide arm wären, bisher unmöglich, selbst die Mutter wisse deshalb nichts davon. *Der König, der einst Eddas Vater seines Wohlwollens [mit einem Titel] gewürdigt habe, könne jetzt (durch eine entsprechend bemessene Entschädigung) nicht nur der ganzen bedrängten Familie aufhelfen, sondern insbesondere auch das Glück der Tochter, die von vortrefflichem Charakter sei, begründen.* Max Joseph lehnte die Bitte der Prinzessin höflich ab: Er dürfe in dieser das Staatsvermögen betreffenden Angelegenheit seinen persönlichen Empfindungen allein nicht folgen, aber es gab wohl auch innere Gründe dafür, daß aus dieser und dann einer weiteren Beziehung nichts wurde und Edda unvermählt blieb. Das jedenfalls lassen Tagebuchfragmente aus dem Sommer 1834 vermuten. Ein Sonderurlaub verschaffte Edda damals Zeit und Gelegenheit, sich mit den Relikten der Vergangenheit zu beschäftigen. Wie gewöhnlich hätte sie ihre Prinzessin in deren Sommerschloß Fischbach in Schlesien begleiten sollen, war aber wegen des schlechten Gesundheitszustandes Charlottes von dieser Pflicht dispensiert worden. Wenn man ihre schwermütigen Betrachtungen liest, dann erscheint einem die Tochter der Titanide wie die stille Heldin einer Biedermeier-Novelle: »Edda oder Die Entsagung.«

d. 7. August, ich darf hierbleiben, ich freue mich darüber, es war mein aufrichtiger Wunsch, und ist mir noch das liebste was mir hätte geschehen können, und doch war es mir ein beklommenes Gefühl als ich die Bestimmung erfuhr, es ist mir so fremd etwas Eigenwilliges zu tun. Gütig ist meine Prinzeß, und Güte ist doch schon ein schöner Anteil an der Gottheit, Gott lohne ihr durch gute Stunden die guten, die sie mir geschenkt. Ich will nun all die Papiere und Prezieusen verbrennen, die an vergangene Tage an ihre Torheit erinnern, von besonderem Wert ist doch nichts dabei. Sie waren ein Wert, weil ich wert darein legte, so gequält hab ich mich als ich liebte, und ist doch mein Herz nie zur vollen Blüte gekommen. Mir waren diese Zustände ein rechtes Hemmnis, da mein Herz nicht darin aufgehen konnte, weil auch die, die ich liebte, nicht oder doch nicht wie ich sie wieder liebten, und befangen machte es mich über alles andere, ich wünschte auch immer durch ihre Augen zu sehen und lernte daher so spät meine eignen Augen brauchen. Doch sag ich nun Gottlob daß ich von ihnen nicht geliebt wurde, mein Ritter mein Dichter wie passen die jetzt wenig zu mir. Jetzt bin ich frei, ich liebe jeden guten Geist, und da findet meine Seele gesunde Speise.
Ein paar Tage später fügte sie an:
Wenn ich mir Rechenschaft von meinen Neigungen gebe, so habe ich einen Kreislauf vollbracht. In der Jugend dachte ich mir unter Heiraten nur den Zustand der Häuslichkeit, dann liebt ich meinen trocknen Ritter, und meinen Dichter, beide mit Qual, nach den verschiedenen Zustand meines Wesens in der Zeit, wo ich sie kennenlernte, das ist wahr, die Liebe macht

alles zur Freude, alles zum Schmerz, weil wir durch ihn nur
fühlen. Daß ich mich einmal verlobte war nur um einem an-
dern Freude zu machen, eine dumme Idee, Freude bringen zu
wollen, wo man keine empfindet. Der liebe Gott selbst kann ge-
wiß nicht so ohne Rückwirkung Freude geben. In späterer Zeit
hätte ich mich vielleicht wieder zur Heirat ohne Neigung ent-
schlossen, nur um meinen Geist von den drückenden Banden
des Leibes zu befreien. Nun hoffe ich ist auch das überstanden
und ich kann frei und ungestört mir selbst leben. Übrigens
Neigung könnte ich nur noch zu einem echten Philosophen ha-
ben, Ritter und Dichter genügen mir nicht.

Tapfer hat sie sich in ihrem doppelten Schattendasein als
Tochter, und wohl kaum weniger entsagungsvoll, in ihrer
Stellung als Hofdame eingerichtet, sie machte eben nicht viel
Aufhebens um sich. Schon an sich war ein Verhältnis, bei
dem sich Gunst als Freundschaft verkleidete und umgekehrt,
psychisch höchst angreifend. Eine Kollegin Eddas, Albertine
von Boguslawski, ist daran zerbrochen. Ihre Briefe zeigen
sie in einem beständigen Gefühls-Wechselbad von Rührung
und Beglückung, wenn die Prinzessin sich teilnehmend und
huldvoll zeigte, und Verzweiflung, wenn sie Zeichen von
Mißfallen und die Bevorzugung anderer Hofdamen zu erkennen meinte: *Denke Dir, warum ich in diesen Tagen in Un-*
gnade gefallen bin. Die Prinzessin hatte alle die Tage vor der
Komödie davon gesprochen, wie sie Demarchen gemacht habe,
um ihren Bruder Prinz Louis zu der Komödie bei Saint Priest
[dem französischen Gesandten in Berlin] invitieren zu lassen,
die er gern sehen wollte, weil die Gräfin Pourtalès (die schöne)
darin spielt. Nun bin ich dort und sehe ihn nicht und sage den
andern Tag vor Tisch, ich glaube, die Kalb fragt mich: – ›Wie
schade, Prinz Louis war nicht da.‹ *– Bei Tische fängt die Prin-*

zessin an, mich über die Komödie zu befragen; ihr Bruder hätte auch schon davon erzählt. ›Prinz Louis‹, fährt die Kalb auf, ›die Boguslawski sagt ja, er wäre nicht dagewesen.‹ — ›Nein‹, sage ich sogleich, ›war der Prinz doch da? Es ist unbegreiflich, daß ich ihn gar nicht gesehen.‹ — ›Nun, dann hat er Sie gewiß auch nicht gesehen‹, sagte die Prinzessin und wendete sich um, ›denn er sieht nicht auf zehn Schritt.‹ Aber seitdem sind sie mir böse, antworten mir kaum, wenn ich zu sprechen wage. Ich merke also, daß sie es nicht gesagt haben wollten, daß er nicht gebeten worden war. Das war Hofdamen-Alltag, auch für Edda, die hier als Favoritin erscheint. Die Selbstverleugnung, zu der sie ihre Stellung zwang, war vermutlich schwerer zu verkraften.

Prinzessin Marianne war wohlmeinend, wohltätig und hat viel Gutes getan, aber in ihrer engen nazarenischen, pietistischen Frömmigkeit, ihrem Missionseifer, ihrer Sentimentalität und der Neigung, Gefühle in einem *vornehmen Reliquien-Kult* zu verdinglichen, für freiere Geister doch oft schwer erträglich. *Diese Fürstin mahnte jeden zur Bekehrung. Sie fuhr aus einer pietistischen Predigt in die andere. Bei Schleiermacher sah man sie nicht. Wie schlugen die Sünder ihre lügenhaften Augen vor ihr nieder, andere Wiedergeborene wieder entzückt empor! . . . Von dem Tage an, wo die hohe Herrin pietistisch wurde, trat in ihrem und ihres Gatten Hofstaat, von den hohen Regionen bis in die untersten, Veränderung über Veränderung ein.* So der Schriftsteller Karl Gutzkow, der ihr in seinen Jugenderinnerungen einige beißende Passagen gewidmet hat. Sein Vater war Bereiter des Prinzen Wilhelm gewesen, und so war er in seiner frühen Jugend zu den arkadischen Kindergesellschaften eingeladen worden, die die Prinzessin für Adelssprößlinge und für vorher auf Sauberkeit kontrollierte Dorfkinder im Garten des Sommerschlosses

Schönhausen gab. Er sah in solchen Veranstaltungen eine Leutseligkeit, die die Armen zum Menschenspielzeug der Mächtigen degradierte.

Edda sah man bei Schleiermacher, der in der Restaurationszeit als Kirchenpolitiker und Theologe von konservativen Kreisen heftig angefeindet wurde und eine Zeitlang in Gefahr war, als angeblicher »Demagoge« seine Professur an der Universität zu verlieren. Seine Predigten in der Dreifaltigkeitskirche gehörten zu den Freuden ihres Lebens, wie auch der Besuch von Konzerten und von Zelters Singakademie. Ihren Reiseträumen hatte sie wie der Liebe entsagt. *Nach Griechenland möchte ich ziehen können und doch, ein Sehen und Gehen ist zu spät, ich bin zu alt, legt' ich all meine Wünsche in meine vier Wände, das kann Glück und Seligkeit die Fülle herbergen, alle Gabe Gottes kann ich empfangen, und endlich die letzte Gabe dieser Erde, die in sich das größte, das geheimnisvollste enthält, den Tod.*

Prinzessin Marianne starb 1846, drei Jahre nach Charlotte. Edda trauerte um ihre Herrin, wie eben alte Eheleute nach einem langen gemeinsamen, glücklosen Leben doch umeinander trauern. *Auch kann man im Zusammenleben, wenn das Verhältnis auch nicht zu den innigen gezählt werden kann, nicht ermessen, ja man erfährt kaum, mit wieviel Banden man gefesselt ist und welche Öde die Trennung zurückläßt.*

Von den beiden fesselnden Verhältnissen ihres Lebens befreit, hat sie, versöhnliches Ende einer biedermeierlichen Erzählung, noch einen langen Nachsommer erleben dürfen. Im Herbst 1854 brach sie zu einer langen Italienreise auf, die sie unter anderm nach Venedig, Florenz, Rom und Neapel führte. Unterwegs lernte sie den um elf Jahre jüngeren Maler und Kunstschriftsteller Manasse Unger kennen, mit dem sie,

wie berichtet wird, *bald eine innige Freundschaft verband,*
wie sie zwischen zwei so bejahrten Personen wohl selten be-
standen haben mag. Der Novellist könnte seine Geschichte
mit dem Bild des jungverliebten alten Pärchens in einer ve-
nezianischen Gondel schließen.

13 · PALMEN

1825 unternimmt die schwedische Obristen-Witwe Malla
Montgomery-Silfverstolpe eine Reise nach Deutschland, in
Begleitung des jungen Komponisten Adolf Lindblad, dem
sie in mehr als mütterlicher Liebe zugetan ist. In Erlangen
besuchen sie das Grab eines jung gestorbenen Landsmannes
und reisen dann nach Berlin weiter, wo Lindblad bei Zelter
Musik studieren und Malla ihre Freundin Amalie von Helvig
besuchen will, die inzwischen in Berlin lebt. Unter den interessanten, bedeutenden Menschen, die Malla durch Amalie
kennenlernt, sind die »Dichterfreundin« Charlotte von Kalb
und Bettina von Arnim und Rahel Varnhagen, die als die ge-
nialsten Frauen Berlins gelten. Wem von beiden die Sieges-
palme gebührt, darüber wird viel diskutiert und gestritten.
Malla wird zu ihrer Verwirrung von Frau von Arnim stür-
misch umworben, fühlt sich aber viel wohler mit der weniger exzentrisch auftretenden Frau von Varnhagen, die sie
auch bei ihren zwei Besuchen bei Frau von Kalb antrifft.
Es ist schon dunkel, als die Kutsche vorfährt, um sie und
Frau von Helvig durch das winterliche Berlin zu einem kleinen, exklusiven Damentee aufs Schloß zu bringen ...

Den 27. [Februar 1826]. Um 6 Uhr fuhren Amalie und ich zum
königlichen Schloß, das nicht gerade schöne Treppenaufgänge

hat, zum mindesten die, welche ich sah; Löcher von Vorsälen und abscheuliche Türen, die eher aussahen, als führten sie in unterirdische Gewölbe, anstatt in Schloßgemächer. Zwei Treppen hinauf kamen wir durch etliche häßliche, stockfinstere Gänge und geradewegs aus einem solchen in die Zimmer des Hoffräuleins Kalb, wo sie mit ihrer alten blinden Mutter wohnt, einer geistvollen, klugen Frau, die mit allen Koryphäen Weimars, Wieland, Herder, Goethe, Schiller, Jean Paul usw. bekannt und befreundet war und Amalie in ihren Jugendtagen viel chaperoniert hat. Seither ist Frau von Kalbs ganze Familie durch Unglücksfälle, vielleicht auch Unvorsichtigkeiten, ganz ruiniert worden. Ihr Mann und auch ein Sohn erschossen sich aus Verzweiflung darüber, nicht allen Verpflichtungen gerecht werden zu können. Da saß nun die stattliche, blinde, alte Dame mit offenen Augen, die gar nicht blind aussehen, sondern einen Ausdruck haben, als sähen sie, in einem großen zweifenstrigen Zimmer mit spärlichem und nichts weniger als elegantem Mobiliar. Dieses Unglück flößte mir Ehrfurcht und ein ganz besonderes Interesse ein. Die Alte spricht gut, man merkt, daß sie sich in der allerbesten Gesellschaft bewegt hat. Ihre Tochter war nur ganz kurz bei uns, sie sollte den Abend bei Kronprinzens zubringen, wo Professor Ritter zweimal in der Woche historische Arbeiten vorliest. ...

Ich durfte den Tee bereiten und mich bei der guten alten Dame häuslich einrichten, was mir großes Vergnügen gewährte. Das Gespräch war lebhaft und wurde es noch mehr, als die angenehme Frau von Varnhagen kam. Ihr Mann ist sehr krank gewesen. Mit Gefühl und Innigkeit sprach sie davon, und gefiel mir noch mehr als gewöhnlich, obwohl sie mir ja immer gefallen hat. Sie spricht so gut, so maßvoll. Kürzlich hatte sie den siebenten Teil vom Mme. Genlis' Memoiren gelesen und erwähnte, daß sie immer eine Vorliebe für diese

Schriftstellerin gehabt habe, deren Romane »Les voeux témé-
raires«, »Mademoiselle de Clermont« und »Les mères rivales«
ihr sehr gefallen. ...

Ein Vergleich zwischen Frau de Genlis und Frau von Staël war
dann der Gegenstand des Gesprächs. Frau von Varnhagen und
ich wollten die erstere verteidigen, aber Frau Staël behielt doch
die Palme. Amalie erzählte, wie diese, als sie im Jahre 1804 in
Weimar war, bei einem großen Diner beim Herzog zufällig
zwischen einem älteren Herrn – einem enragierten Feind
schöngeistiger Frauenzimmer – und einer äußerst prüden, um
ihren Ruf besorgten Witwe platziert worden war, die fürchtete,
mit der in mehr als einer Hinsicht berühmten Schriftstellerin
liiert zu erscheinen. Diese ihre Nachbarn sprachen nur mit ih-
ren anderen Tischnachbarn, und als das Mittagessen endlich
vorüber war, eilte Frau Staël auf Frau Helvig zu und stürzte
ihr fast in die Arme, indem sie ausrief: ›Ah, mon Dieu, quel
ennui! Si cela eût duré plus longtemps, j'aurais jetté de hauts
cris!‹

Fräulein von Kalb kam zu dem kleinen Souper zurück, welches
bewies, daß die alte Frau gerne traktieren würde, wenn sie die
Mittel dazu hätte. Sie war so zufrieden mit diesem Abend, daß
sie vorschlug, man möge doch bei ihr ein Picknick-Mittagessen
veranstalten, wozu ein jeder ein Gericht mitbringen sollte. Für
mich war es einer der angenehmsten Abende, die ich noch hier
gehabt habe.

Den 7. [April]. Amalie und ich holten Frau von Varnhagen ab
und fuhren mit ihr zu Frau von Kalb, wo wir den Abend sehr
angenehm verbrachten. Das Gespräch war lebhaft und interes-
sant. Frau von Kalb sprach von den Unglücksfällen ihrer Fami-
lie, als wären sie in einer anderen Welt geschehen. Frau von
Varnhagen, die kränklich und nervenschwach ist, erzählte einen

Traum, der sie in der verflossenen Nacht furchtbar erregt hatte.
Sie glaubte Friedrich II., Preußens Helden, in seiner gewöhn-
lichen Tracht, aber aus Marmor, in einem Bette liegen zu se-
hen. Diese Statue hob die Brust wie in den letzten Zügen, aber
konnte nicht sterben. Sie und ihr Mann standen neben dem
Bette, das so breit war, daß noch eine Person neben dem Ster-
benden liegen konnte. Varnhagen bedeutete ihr, sie solle sich
hinlegen. In größter Angst sagte sie, daß sie das nicht tun wol-
le. Aber er stellte ihr vor, daß es unvermeidlich sei, daß sie sich
hinlegen müsse und daß es bei dem Tode königlicher Personen
gebräuchlich sei, daß jemand gleichsam ihre Todesangst teile.
Sie wollte jedoch nicht, und ihr Mann wurde böse. Der Todes-
kampf der Statue dauerte fort. Sie und Varnhagen sagten zu
wiederholten Malen: ›Beten Sie doch, beten Sie, Gott wird Ih-
nen helfen!‹ Nachdem sie mehrmals so gerufen, erhob sich die
königliche Statue, ging starr durch die Räume und die Treppen
hinunter in den Hof. Sie sah ihn so durch das offene Fenster
gehen und rief beständig: ›Beten Sie, um Gottes willen, beten
Sie!‹ Da wandte sich die Statue um, erhob drohend den Arm
gegen sie – und sie erwachte voll Angst und Schrecken.

Rahel hat Charlotte nicht oft besucht, die letzten Jahre ihres
Lebens (sie starb 1833) gar nicht mehr. Krankheit, Nervenschwäche, extreme Wetterfühligkeit machten ihr jedes Ausgehen zur gefährlichen Expedition, für die sie dann mit
schlimmen Nächten und schweren asthmatischen Anfällen
büßen mußte. Besonders schlecht vertrug sie das Treppensteigen.
Sonderbarlichst –, daß Wesen, die in einer Stadt atmen, die
sich so manches zu sagen und zu fragen hätten, so fern und ge-
schieden sind, als wohnten sie in getrennten Weltteilen. Jetzt
ist zwar November, Schnee, Kälte und Nebel eine sichtliche

Scheidewand, und ich, die sonst das Zimmer, muß jetzt das Bett hüten, klagt Charlotte einmal.

Meine Frau grüßt mit herzlichsten Wünschen und Gesinnungen, und beklagt es tief, sich von Ihnen durch Räume, Treppen, Zuglüfte so geschieden zu sehen. Indes lebt man doch zusammen, so lange man wechselseitig voneinander weiß, und darin wollen wir treulich fortfahren! schreibt Varnhagen ein andermal, der als Mittelsmann dafür sorgte, daß die Verbindung nicht abriß, Charlotte ab und zu besuchte, mit ihr korrespondierte, Botschaften übermittelte. *Meine Frau grüßt herzlich. Sie hat mit größtem Anteil sich Ihres Briefes gefreut, den sie so schön findet, wie der beste nur sein kann.*

Charlotte, die zu Rahels Lebzeiten manchmal betrübt, gekränkt war, daß Rahel kaum zu ihr kam, sah nach ihrem Tod darin einen Gewinn. Ein öfterer, näherer Umgang von zwei so charaktervollen, sibyllinisch auftretenden Frauen hätte wahrscheinlich zu Irritationen geführt, so war ihr Verhältnis zueinander ungetrübt geblieben: *Ich trauere – und dennoch fühle ich, es war Bestimmung, daß ich die Verewigte nicht früher und öfter gesprochen – denn wie schwer ist es, Seelisches immer in Lauterkeit zu erweisen, und kann dies nicht sein, so affizieren oder verletzen wir ...*

Die Verklärte ist, was sie im Leben schon, wenn auch persönlich fern, mir war, lieblich geistige Gegenwart.

Daß das so blieb, dafür sorgte das dreibändige »Buch des Andenkens«, das Varnhagen für die Freunde Rahels aus ihren Briefen und Aufzeichnungen zusammengestellt hatte und unter ihnen vor der Veröffentlichung zirkulieren ließ. *Licht – Liebe – Leben, fließt aus dieser Quelle süßer Rede uns entgegen. Wer Champagner trinkt, genießt die Wärme und Erheiterung die er gewährt, und also das Leben, was er dadurch gewonnen; so geht es mir – werde ich mehr, wenn ich Rahel höre, und ich bin gedrungen, Ihnen von dieser Innigkeit zu sagen,* schreibt Charlotte dem Witwer. Zur euphorisierenden Wirkung werden wohl auch einige für Charlotte sehr schmeichelhafte Briefäußerungen Rahels beigetragen haben:

An Varnhagen in München, am 14. September 1827:
– Von da zu Frau von Kalb; den geistvollsten Abend voller Heiterkeit und Vorhersagen; nämlich: elle répétait mot pour mot ce que j'allais dire; ich konnte nicht aufkommen, und brauchte es auch nicht; über Frau von Humboldt hat sie mit einer Milde, Nachlässigkeit und Schärfe gesprochen, wie ein seliger Geist ec. ec. Dich läßt sie nachdrücklich grüßen: sie würde dir immer ›güter‹, läßt sie dir sagen.

An Frau Generalin von Zielinski in Frankfurt an der Oder, am 18. März 1828:
Frau von Kalb ist von allen Frauen, die ich je gekannt habe, die geistvollste; ihr Geist hat wirklich wie Flügel, mit denen sie sich in jedem beliebigen Augenblick, unter allen Umständen, in alle Höhen schwingen kann; dies ist ein absolutes Glück, und sie fühlt sich dadurch so frei, daß sie nach dem erhabensten oder tiefsten Geistesblick öfters lacht, wo es gar nicht hinzugehören scheint: gleichsam, in dem Gedanken, daß es etwas Komisches hätte, nur in der eben erblickten Sphäre verweilen, oder gar bleiben zu wollen: flugs nimmt ihr Geist eine andre, öfters entgegengesetzte Richtung, und tut da wieder Wunder. Auf diese Weise gibt sie sich auch getrost, und eben so frei, hergebrachten Meinungen, Vorurteilen, beliebten, herrschenden Formen des Seins und Denkens hin: sie kann doch lachen und vergnügt sein. Ein wenig lüftet sie die Flügel: und die leere Last sinkt zu ihren Füßen, an den Boden: und die edlen Gedanken nehmen ihren Flug.

Frau von Arnim ist von allen, die ich kannte, die geistreichste Frau. Man möchte sagen: ihr Geist hat die meisten Wendungen. Ihr Geist hat sie, nicht sie ihn. Was wir Ich nennen können, ist nur der Zusammenhang unsrer Gaben, und die Regierung derselben, die Direktion darüber. So wie Frau von Kalb jeden Gesichtskreis als solchen zu verlassen und in der Gewißheit, einen neuen zu finden, freudig sein kann; so leuchtet, oder blitzt wenigstens, bei Frau von Arnim Mißvergnügen gegen das eben Gefundene hervor, und dieses spornt sie an, um jeden Preis Neues hervorzufinden; – dies Verfahren aber kann nicht immer ohne Störung vorgehen.

Welche Palme hätte sich Frau von Varnhagen selbst zuerkannt? Die für die Frau mit dem originellsten Geist, dessen Erkenntnisse zu ihrem Ärger viel zu wenig gewürdigt wurden, wie sie einmal klagt? *Nur ermessen Sie, wie es mir bei meinen Nächsten vorkommen muß, die von jeher, bei jeder einzelnen Äußerung, machen, als hätte ich rein nichts, oder Willkürliches, oder Unsinn, oder nur Mißwilliges gesagt: die gar nicht merken, wenn ihnen etwas Neues entgegenkommt; sich in Erziehung, Sittlichkeit, Kunst, und Leben aller Art, lächelnd mir voraus glauben; und nur im leeren Ganzen nicht ableugnen, ich sei eine kluge Frau oder geistvoll.*

Ein denkwürdiges Dreigestirn, Rahel, Bettine, Charlotte. Wie verschiedener Herkunft sind sie gewesen, die Berliner Jüdin, die Frankfurter Großkaufmannstochter mit italienisch-deutschen Wurzeln, die fränkische Aristokratin, und doch wie verwandt in ihren Bemühungen, aus sich selbst etwas zu machen und eine spezifisch weibliche Art der Genialität zu entwickeln. Sie haben kein objektives Werk geformt, sondern (jede auf andere Weise) ihre Persönlichkeit konstruiert, im Dialog die adäquate Form der Kommunikation gefun-

den und in der Liebe ihre Religion. *Gutbestellte Herzen können immer verliebt sein, wollen es immer sein. Nur richtige
Gegenstände dazu finden sie selten: daher das Liebesunglück
all.* Charlotte hat zu diesen wie zu vielen Sätzen Rahels wohl
sagen können: *Elle répétait mot pour mot ce que j'allais dire.*

Bettine von Arnim, begabt mit *bewundernswürdigem Höhen-
sinn und unstillbarer Kletterlust* (sie kletterte an Goethe hinauf wie an Türmen, Mauern und Bäumen, sagte Börne), ihr
hat das Treppensteigen zu Charlotte nichts ausgemacht. Zeitweise kam sie regelmäßig, jeden Sonntagnachmittag; 1840
berichtet Charlotte, daß Bettine sie wieder besuche: ... *hat
neulich Schoten mit mir ausgepahlt und Weltkunde mitgeteilt.*
Und drei Wochen vor ihrem Tod, am 21. April 1843, schrieb
sie an Hermann Fichte: *Bettine ist mir erheiternd, und ich
vernehme durch sie von Wind und Sturm, der in den Sphären
rauscht.*
Da war ihre Bekanntschaft schon vierzig Jahre alt. 1802 hatte
Charlotte das 17jährige Mädchen bei ihrer Großmutter Sophie von La Roche kennengelernt, worüber sie Charlotte
Schiller schrieb: *In Offenbach besuchte ich die alte Mutter La-
roche. Sie ist gekleidet in den Nachtnebel des 18. Jahrhunderts;
und Bettine Brentano, die Erstgeburt des neunzehnten, stand
und lag neben ihr in der gröbsten Naivität des neunzehnten.
Sie könnte ebenso anmutig mit ihrem schönen Kopf sein, als
sie meist unerträglich ist! Man muß sie sehen,* nicht *Sie (Ihnen wäre sie wohl etwas fatal), Goethe, dem sie sagen läßt,
sie wäre in ihn entbrannt, wie Mignon. Bruder Clemens läßt
jetzt Märchen von ihr drucken. Meine Edda, welch ein Kontrast!*
Man hört sie seufzen. Charlotte ist wohl verliebt in dieses
poetische quecksilbrige Geschöpf gewesen, wie ein Brief von

Clemens Brentano an seine Schwester Gunda vermuten läßt: *Ich bitte Dich, sage [Bettine], sie soll mir aufrichtig schreiben, was in der letzten Zeit mit ihr und Frau von Kalb vorgegangen? Denn die Großmutter klagt mir, diese habe ihr Bettinens Herz entzogen.*

Von einer Wiederbegegnung Charlottes und Bettines hören wir dann erst nach langen Jahren wieder, in einem Brief an Erichson, der nach Charlottes letzter großer Reise geschrieben wurde. Sie hatte damals Bettine besucht, *die nicht wohl war,* und wohl acht Stunden lang ganz vertraut mit ihr geplaudert: *Sie will mir oft wiederhaben, so lieblich und tief war ihre Ansicht und Bewußtsein.*

Die Sibylle mit den schlohweißen Haaren, die in die Jahre gekommene Mignon ... Als Charlotte nicht mehr ausgehen kann, kommt Bettine zu ihr, vernachlässigt und vergißt sie zwischendurch (sie *dienet allen Musen und hat für Erdgeborene keine Zeit),* irritiert sie mit Erfolgsgeschichten (*Die Arnim kommt oft in meine Zelle, und da erfahre ich besonders, wie sie Myrthe und Lorbeer sammlet, von Teetisch und Promenaden).* Aber dann wirkt der alte Zauber doch wieder. *Sie ist immer amüsant.*

Nach dem Tode ihres Mannes war Bettine durch den »Briefwechsel Goethes mit einem Kinde« (erschienen 1835) berühmt und zu einer Heldin der Literaten des »Jungen Deutschland« geworden. Es handelt sich dabei um eine Komposition und Bearbeitung echter Briefe, eine eigenwillige Kreuzung aus Dichtung und Wahrheit, die ihr dann zum Muster weiterer Briefwerke wurde. Sie wird Charlotte daraus vorgelesen haben, ebenso aus ihrer Briefwechsel-Dichtung »Die Günderode« (1840) und aus dem politisch und sozialkritisch engagierten Werk, dem ihre Briefe an König Friedrich Wilhelm IV. zu Grunde liegen. Er hatte 1840 den preußischen

Thron bestiegen, und man erwartete sich von ihm nach jahr-
zehntelanger politischer Erstarrung ein liberaleres Regiment,
eine Verfassung, die Aufhebung der Zensur. In dieser Auf-
bruchsstimmung wandte sich Bettine mit Briefen an den König, um ihn mit diesen Wünschen und Hoffnungen bekannt
zu machen. Verführt durch die Märchen-Fiktion einer unmittelbaren Beziehung zwischen dem Herrscher und seinem
von Bettine verkörperten Volk, hat der König ihr zunächst
geantwortet. Als ihre Forderungen zu radikal und unbequem
wurden, verschloß er die Ohren und schrieb nicht mehr.
Couragiert und kämpferisch, wie sie war, hat sie ihre Post
an ihn öffentlich gemacht. »Dies Buch gehört dem König«
nannte sie das Buch, in dem sie ihm als Dämon bei Nacht
die Wahrheiten ins Ohr flüsterte, die er bei Tag nicht hören
wollte.

Die Schriften Bettines sind ein treuer Spiegel ihrer Person,
bald unerträglich, dann wieder von unwiderstehlichem poe-
tischem Reiz. *Die Sphinx Bettina sollte so viel als möglich Phan-
tasmagorien vermeiden,* schreibt Charlotte kritisch, aber auch:
*Das Unvergleichliche muß mit Bedacht gelesen werden; denn
an Schalkheit, Laune, angebor'nem Reichtum und Leichtsinn
tut es ihr keiner gleich. Bettina ist weder zu kritisieren, noch
zu korrigieren, daher können wir uns an ihr freuen, aber sie
nicht zergliedern. Fragen tu' ich sie um nichts, denn sonst er-
fahr' ich gewiß eine Erdichtung.*

14 · IMMORTELLE

Charlotte sagte gern *Zelle* zu ihrer Stube im Schloß, in der sie zwei Jahrzehnte gelebt hat. Den Vormittag verbrachte sie oft im Bett, weil ihr das Sitzen beschwerlich war. Gewöhnlich war niemand bei ihr, *als der mir vorliest, schreibt oder kocht.* Zum Vorlesen und Diktieren kam morgens ein junger Mann namens Eduard Pose, der gewöhnlich bis gegen fünf Uhr nachmittags blieb. *Da ich nichts mehr selbst lese, wird mir nichts mehr scharf-klar,* klagte sie, doch ihre Urteile sind meist immer noch schärfer und klarer, als die vieler Selbstleser. Das Kochen besorgte Charlottes Aufwärterin Mina, die manchmal auch das Vorlesen übernehmen mußte, bis auch ihre Augen zu schwach wurden. *Leider ist die Mina zum Lesen vor mehreren Wochen plötzlich unfähig geworden, ihre letzte Vorlesung war in Don Quichote, gestern meinte sie, als sie mir sagte, daß sie bei der Stelle, wo der Ritter der traurigen Gestalt und Sancho in die Grube gefallen, stehengeblieben, nun würde sie ein Leben lang nicht erfahren, wie diese wieder herausgekommen.* Manchmal ließen sich Besucher melden. *Augenzeugen haben mir geschildert, welch tiefen Eindruck diese greise, kräftige hohe Gestalt mit den großen toten Augen, mit dem fast unheimlichen, heftig ausgestoßenen häufigen Lachen, mit den bedeutenden, oft orakelartigen Sprüchen und Ausrufungen, mit dem treuen Gedächtnis, welches 70 Jahre des reichsten Lebens überblickte, auf die Besuchenden machte. Einer Sibylle gleich erschien sie.* So Hermann Sauppe, der Charlotte 1854 einen biographischen Essay gewidmet hat.

Sie war in einer Lesegesellschaft abonniert, ließ sich aber außerdem viele Bücher von Varnhagen kommen, der oft noch vor den Berliner Buchhändlern und Bibliotheken an Neuerscheinungen kam. Neben den mystisch-religiösen Schriften, in die sie sich nun am liebsten versenkte, hörte sie philosophische Abhandlungen, Biographien, Memoiren, Romane, Gedichte, Werke von Byron, Baader, Schlegel, Manzoni, Victor Hugo, Rückert, Heine, Börne, um nur einige Namen zu nennen. Und immer wieder Goethe, dem sie nach seinem Tod im März 1832 in einem Brief an Varnhagen einen Nachruf widmete: *Unsterblich ist Er – ja uns vor Vielen!* Für die Schriften und Briefwechsel ihrer alten Freunde, die nun schon zum Gegenstand der Literaturgeschichte geworden waren, interessierte sie sich natürlich ganz besonders, und manches wurde ihr dadurch erst jetzt verständlich.

Mit der Pariser Julirevolution von 1830 rückten Politik und Zeitgeschichte noch einmal in den Mittelpunkt ihres Interesses. *Wir haben hier sehr warme Tage, in Paris höchst stürmische – was wird daraus werden?* Der fast 73jährige Lafayette, der schon in der ersten französischen Revolution eine wichtige, ehrenvolle Rolle gespielt hatte, übernimmt das Kommando der Nationalgarde und hilft nach der Abdankung von Charles X. mit, als dessen Nachfolger Louis Philippe von Orléans auf den Thron zu bringen.

Als sich Charlotte Ludwig Börnes Briefe aus dem revolutionären Paris vorlesen läßt, die in Preußen sofort nach Erscheinen verboten werden *(Unterlassen kann ich es nicht, zu sagen, wie mir die scharfen Dragees munden)*, gefällt ihr besonders, wie er den Helden der alten und alten Helden der neuen Revolution charakterisiert: *Der einzig schöne Charakter der neuesten Zeit ist und bleibt doch Lafayette. Er ist die altgewordene Schwärmerei, wie sie nie, nicht einmal gemalt worden ist. Er ist bald 80 Jahre alt, hat alle Täuschungen, alle Verrätereien, Heuchelei, Gewalttätigkeit jeder Art erfahren – und noch glaubt er an Tugend, Wahrheit, Freiheit und Recht!*

Solche Menschen beweisen besser, daß es einen Gott gibt, als das Alte und Neue Testament und der Koran zusammen.

Die Pariser Ereignisse greifen auf das Ausland über. In vielen deutschen Ländern gibt es Unruhen und Aufstände; Polen und Belgien führen einen Freiheitskampf um nationale Unabhängigkeit, der in Polen unterdrückt wird, in Belgien zur Gründung eines von den Niederlanden unabhängigen Staates führt. *Ich darf Ihnen wohl sagen, wie sehr mich die Zeitungen ärgern und härmen, die Polen, von denen nicht zu raten ist, was sie können und wollen, die Belgier, die in ihrer Einsicht und Ansicht keinen Herrn finden können, und Patagonen und Liliputen anfragen, willst du unser König werden,* schimpft Charlotte, die auch mit dieser Revolution sympathisiert. *Überall bemerkt man nun, sie klagen nicht, sie stürmen nun, die ehemals Sklaven waren; hier fällt mir aus dem Gespräch der Katharina mit Diderot bei: Katharina die Kaiserin: Meine Gesetze werden eingegraben auf die Haut meiner Untertanen. Diderot: Wie lange kann das Pergament noch halten?*

Lebhaft interessierte sie sich auch für die Bewegung des Saint-Simonismus, ein kompliziertes Gemenge sozialistischer, emanzipatorischer, religiöser Ideen mit wissenschaftlichem Anspruch. Ihr Fundament bildeten die Schriften des Grafen Claude Henri Saint-Simon, die nach dessen Tod (1823) von Anhängern und Schülern zu einer Art Heillehre mit kirchenähnlichem Charakter ausgebildet worden war. Angeführt wurde sie von zwei *Pères suprêmes,* Bazard und Enfantin. Doch kam es zwischen den Kirchenvätern bald zum Streit über den richtigen Weg, der nach der Revolution zur Spaltung in zwei Flügel führte. Enfantin, der sich nun *Le Père* nannte und als neuen Messias verehren ließ, hatte das radikalere und skandalösere Programm, das unter anderm forderte, was Jean Paul einst dem neuen Jahrhundert düster prophezeit hatte: Die Frauen und die Liebe sollten frei werden. *Nach den heutigen Zeitungen wird man begierig, Sicheres und Lichtvolles über die Simonisten zu vernehmen .... es ist schwer, dem Menschen zu raten, noch schwerer ihm zu helfen, nur sei ihm nicht erschwert, daß er sein eigener Erlöser sei oder [ihn] finden könne. Teilen Sie mir mit, was Sie darüber Bedeutendes besitzen, um so mehr Gedanken, Gesetze über die Ehe,* schrieb Charlotte an Varnhagen, der sich, beeinflußt von Heine, zum vorsichtigen Fürsprecher der Bewegung in Deutschland gemacht hatte. Er schickte ihr Schriften und einige Nummern des »Globe«, des Saint-Simonistischen Publikationsorgans, die als Propagandamaterial in kleinen Mengen ins Ausland gelangten: *Sollte einmal eine reichlichere Austeilung hier stattfinden, so würde sie aber auch sogleich, das muß ich voraussetzen, von Obrigkeit wegen gehemmt werden. Denn das ist gewiß, dringt der Saint-Simonismus durch, so bleibt in den bisherigen Staatsgebäuden kein Stein auf dem andern. Aber wäre das nicht auch der Fall, wenn das Christentum wahr und wahrhaftiger durchdränge?* Mit den Propheten dieser Bewegung habe *jeder sanft und freimütige Denker in allen Zeiten Verwandtschaft,* meinte Charlotte, die hier Lieblingsideen wiederbegegnete.

Varnhagen mit seinem immensen Wissen über die literarische und politische Welt war für sie als Nachrichtenquelle und Gesprächspartner unentbehrlich. Sie schätzte seine Liberalität, seine Toleranz und sein Urteilsvermögen *(die Fähigkeit des unterscheidenden Erkennens),* die sie sich selbst absprach, *denn die Meinung entspringt mir nicht aus Erkennen, sondern aus innerer Anschauung.*
Der wichtigste Mensch ihrer späten Jahre aber war Fichtes

Sohn Hermann. Nach ihm und seinen Briefen hat sie sich in ihrer Einsamkeit immer am meisten gesehnt: *Man könnte ja wohl meinen, daß Dampfschiffahrt und Eisenbahnen Sie zu einem Geistesgruß nach Berlin verleiten könnten?* Eigentlich könne sie ihm gar nicht schreiben, mit ihm könne sie nur reden wie mit niemandem sonst – schreibt sie immer wieder und konnte dann doch schreibend manchmal kein Ende finden: *Zürnen Sie nicht über den langen Brief, schenken Sie mir die Zeit, wo Sie eine Predigt hören oder Komödie sehen könnten.*

Sie liebte in ihm Vater und Mutter, wie sie einmal schreibt, und legte damit auch noch ein Steinchen zur drückenden Last, die er als einziger Sohn eines so berühmten geistes- und willensstarken Vaters zu tragen hatte. Daß er ebenfalls das Denken zum Beruf machte und Philosoph wurde, war eine Entscheidung, mit der er sich selbst in dessen Schatten stellte. Wie viele seiner Kollegen glich er der von Charlotte beschriebenen philosophischen Ariadne, die es vermag, *jeden Faden zu spalten und daraus ein neues Spinngewebe zu bilden.*

Unklug und in Überschätzung seines eigenen Wertes (vermessen, nannte es Charlotte) hatte sich Fichte mit Hegel und seinen Anhängern angelegt, was seine Aussichten zerstörte, auf den Lehrstuhl seines Vaters nach Berlin berufen zu werden, das er, demokratischer Neigungen und burschenschaftlicher Sympathien verdächtig, nach 1820 auf einen Wink von Oben hatte verlassen müssen. Sein wissenschaftlicher Kampf richte sich sowohl gegen die grüblerischen Mystiker, wie auch gegen *die selbst sich überspringenden Spekulationen unserer Zeit*, erklärte er Charlotte. *Meine Philosophie ist die Religion des Wirklichen. Sie versöhnt die Gegensätze der verschiedenen Standpunkte von Philosophie, Glauben und Wis-*

senschaft, indem sie zeigt, wie sie nur in verschiedener Umfül-
lung das gleiche bedeuten, wie also ihre Spannung gegeneinan-
der wesenlos ist.

Lange Jahre war er als Gymnasiallehrer in Saarbrücken unzufrieden, erreichte schließlich die Versetzung an eine Düs-
seldorfer Schule, strebte aber weiterhin die Universitätslauf-
bahn an. Eifrig unterstützt von Charlottes gutgemeinten,
wirkungslosen Ratschlägen, rannte er sich die Hacken ab,
ließ alle seine Beziehungen spielen, suchte sich neue zu verschaffen, und behauptete dann wieder gar nicht zu wollen,
was er nicht erreichen konnte: *Ich sagte neulich meiner Frau*
nach den letzten Berliner Erörterungen: nur meiner Familie
wegen lasse ich mich so mit Füßen treten; sonst wollt' ich ih-
nen ihre Lumpenstellen vor die Füße werfen. 1836 errang er
dann endlich erst eine außerordentliche, 1840 dann eine or-
dentliche Professur in Bonn. Zwei Jahre später wechselte er
an die Universität Tübingen.

In Düsseldorf und Bonn war Fichte nicht weit entfernt von
Fritz von Kalb, bei dem er öfter Briefe abzugeben oder abzuholen hatte. Fritz hatte seit 1833 eine uneheliche Tochter,
Henriette Friederike, um deren Zukunft sich Charlotte große Sorgen machte. 1841 hat sich ihr Sohn schließlich zur
Heirat mit der Mutter des Kindes durchringen können. Die
traurigen Verhältnisse seien ihr stets gegenwärtig, schreibt
Charlotte an Hermann Fichte, dem sie auch ihr Herz aus-
schüttet, als sie ein Blitz aus heiterem Himmel trifft.

Fünfunddreißig Jahre, Zeit genug, um alle Leidensstationen
zu durchwandeln, doch eine muß gefehlt haben – die Höllen-
fahrt.

1829, vier Jahre nach dem Tode Jean Pauls, gibt sein Schwiegersohn Ernst Förster dessen Briefwechsel mit Christian Otto

heraus. Varnhagen zeigt die Bände mit lobenden Worten in einer Literaturzeitung an, Charlotte, neugierig und ahnungslos, bittet sie sich aus – und muß hören, daß und wie sie einst von Jean Paul an Otto durch Weitergabe ihrer inostensiblen Briefe und indiskrete Mitteilungen verraten wurde. Sie glaubt, daß sie damit zum *Geträtsch in allen Club*s geworden sei, leugnet ab: Nie habe Herder sie geküßt, nur einmal, 1802, in der Stunde des Abschieds, *mit ernster, inniger Gesinnung.* Nichts wisse sie von dem ihr von Jean Paul zugesprochenen *Un-, Blöd- und Wahnsinn*, nicht eine Spur davon finde sie in ihrer Erinnerung. *Doch es gibt irre, bewußtlose Zustände ... ist nicht auch zu lesen, daß eine gebratene Taube dahinschwirrt?* Im gleichen Atemzug freilich widerlegt sie ihr Dementi, wenn sie verzweifelt schreibt: *Wie ist nun alles verwandelt worden; man glaubte ein halbes Leben hindurch, nur das einzige Wesen habe es vernommen, nun aber ausgeworfen mit Hohn, und endlich zum Immortell in dem Kranz der Literatur erkoren.*

Hermann Fichte versteht ihre Fassungslosigkeit nicht oder tut jedenfalls so, um sie zu besänftigen. Zwar habe er gegen Ende des Briefwechsels die Erwähnung einer gewissen K. gefunden, aber *in so ausgezeichneter Beziehung, in so charakteristischen Momenten ... daß ich selbst beim ersten Lesen und Wiederlesen nur mit Freude und Beistimmung erfüllt werden konnte ... Ja, ich gestehe Ihnen, daß ich kaum einen Begriff davon habe, was in Ihnen diese Aufregung veranlassen konnte ... Denken Sie, wie Frauen in Deutschland vielleicht alles (und Sie wissen, was dies heißt bei einer Frau) aufopfern würden, um nur auf jenem Standpunkte sich zu sehen, den Sie zurückweisen.*

Varnhagen ehrt ihren Schmerz und schickt auf ihre Bitte hin Dementis an alte Bekannte, auch an Goethe:

Frau von Kalb, welche hier in vieljähriger stiller und enger Zu-
rückgezogenheit lebt, ist in dieser heftigst bewegt worden durch
die Mitteilungen, welche Jean Paul Richters gedruckter Brief-
wechsel über manche frühere Lebensverhältnisse nicht schonend
an den Tag legt. Sie verwirft und verleugnet ganz und gar die
Auffassungen Richters in betreff der ihr eigenen Bezüge, so
wie der von Schiller, Herder, und andern; nie, so beteuert sie,
sei dergleichen gesprochen, dergleichen gemeint worden, wie
hin und wieder aus trüben Quellen oder argen Mißverständ-
nissen dort angegeben wird.

Ihre hohen Jahre und ihr fast sibyllenhaftes Dasein haben bei
der unerwarteten Berührung jener Vergangenheit eine ganz
leidenschaftliche Aufregung nicht abzuwenden vermocht. Ich
war vergebens bemüht, ihr gegen diese Schwäche Trost und
Gleichmut einzusprechen; die bisher erschienene Entäußerung
der weltlichen Persönlichkeit ist plötzlich mit einer allzu ängst-
lichen Empfindlichkeit für deren doch höchst verletzlich be-
wahrtes Abbild davon vertauscht. Sie wünscht vor allem Ew.
Excellenz und dann Frau von Wolzogen, von der nach jenen
falschen Angaben mißkannt zu werden, ihr der unerträglichste
Schmerz bliebe, von obiger Beteuerung wenigstens benachrich-
tigt.

Goethe antwortete olympisch: *Die Verwirrung, welche der*
gute Jean Paul in die deutschen Gemüter gebracht hat, konnte
mich nie erreichen. Seine Briefe so wenig als seine Werke ge-
langten zu mir, und so kann man über das, was darin steht, in-
sofern es mich betrifft, ganz ruhig sein. Und reichte mitfüh-
lend Varnhagens Brief an Caroline von Wolzogen weiter,
mit der Bemerkung *vielleicht, daß Sie erlaubten, der guten*
vieljährigen Freundin ... etwas Freundliches zukommen zu
lassen.

Charlotte hat Jean Pauls Briefe, die Hermann Fichte hatte

erben wollen und sollen, vermutlich bald danach verbrannt, viele hatte sie allerdings wohl schon lange vorher vernichtet, so wie einst Schillers Briefe. Spät erst habe sie erkannt, *daß es nicht mir, daß es vielen geraubt war,* schreibt sie dazu in den »Erinnerungen«, aber stärker war die Überzeugung, daß auch die Briefe eines Genies einzig und allein dem Empfänger gehören, *den anderen verwandelt es sich in Hohn.* Sie hatte sehr persönliche Gründe, gegen *Vergötzung, Vergötterungen, Dunst- und Donnerlob* der Dichtergrößen der Vergangenheit zu polemisieren. *Verwestes an den Tag zu fördern, ist Sündigung,* dekretierte sie und spottete hellsichtig: *In dieser Beziehung ist zu erwähnen, wie um den Bogen zu füllen, jeder Buchstabe gesammlet wird; kein Brosamen darf auf die Erde fallen, somit können von den Semmeln, die von Jena nach Weimar geschickt wurden, Kindes-Kinder noch lutschen.*

Varnhagen hat ihr darin kaum folgen können. In einem Jahrhundert rasanter wissenschaftlicher Fortschritte und politischer Umwälzungen, das literarisch, philosophisch, künstlerisch auf weite Strecken von der Vergangenheit zehrte, war er der wichtigste, passionierteste Sammler von biographischen Materialien, von Autographen, von Anekdoten, von Klatsch, von Denkwürdigkeiten aus dem Leben der Großen. Eben deshalb hat auch er die Bekanntschaft mit Charlotte gepflegt, die für ihn ein lebendes Andenken und eine wichtige Quelle war.

Nur zögernd, und vor allem auf sein Drängen hin beginnt sie um 1830 mit der Niederschrift von Erinnerungen, doch was sie ihm dann zuschickt, findet er enttäuschend. *Mit innigstem Dank, gnädige Frau, erfolgen hierbei die mir gütigst anvertrauten Blätter zurück. Ich habe sie, angezogen und gefes-*

380

*selt von Inhalt und Darstellung, in einem Zuge durchgelesen,
mit größtem Genuß und lebhaftem Wunsche der Fortsetzung.
Sollte ich dabei, wie Sie verlangen, zu einer kritischen Anmerkung veranlaßt sein, so wäre es die, daß Sie mit zu großer Zurückhaltung schreiben ... Lassen Sie, gnädige Frau, jede Scheu
und Ängstlichkeit fahren, solche Mitteilungen müssen frei und
mutig sein; sind die Personen unbekannte, so schadet [es] ihnen nichts, und sind sie bekannt, heißen sie Goethe, Schiller,
Herzogin Amalia usw., so hilft doch kein Verschweigen.*

Charlotte an Varnhagen:

*Sie wollen es rückhaltloser, ich kann Bedenklichkeiten nicht
zugestehn pp. Darauf dient zur Antwort: Es ist nichts Seltene-
res, als ernstes Wollen, ernstes Leben. Geschwätz, Lallen, Miß-
deutung, begegnet überall.*

Hermann Fichte bemängelt, daß zuviel Dichtung bei der
Wahrheit sei, nimmt Anstoß an ihren vielen Dialogen, fordert *einfachste, schmuckloseste Vorstellung, Bericht, der sich
gleichsam wie ein knappes Gewand an die Erinnerung an-
schließt ... Sie schilderten oft in ihrem traulichen Abendstübchen Geschichten Ihrer Jugend so ... eindringlich, daß ich sie
noch jetzt aufs genaueste wiedergeben könnte. In diesem Ton
halten Sie das Ganze und ich bin von einer tiefbelebenden
Wirkung überzeugt.*

Charlotte von Kalb an Fichte:

*Bei den Anschauungen bleibt aber noch immer die Frage: Was
ist die Wahrheit? Die Phantasie behauptet das Recht, über die
Vergangenheit zu schalten.*

Ein Gespräch im *traulichen Abendstübchen*, das war für sie
nun wirklich etwas ganz anderes. In der Öffentlichkeit waren
Repräsentation und Anstand gefordert, die Schiller ihre Ty-
rannen genannt hat. Fichte und Varnhagen hörten und sahen von Charlottes Autobiographie schließlich kaum noch

etwas, ihr Tadel mag ihr die ohnehin nicht sehr große Lust genommen haben, noch länger die Schatten der Vergangenheit zu beschwören. Am 22. Januar schrieb sie ihrer Cousine Adelheid von Schorn-Stein nach Weimar: *Daß Sie mein Bild in Waltershausen gesehn, hat mich betroffen, ich glaubte es längst vernichtet, ich kann es nicht mehr und möchte es auch nicht schauen. Was ich von dieser Epoche an erfahren, hat mich über Irrtum belehrt, Trug und Wahn; aber alles dies gehörte dazu, um die spätere Zeit meines Lebens sowohl zu bilden, als zu erhellen; kein Verhältnis hätte mir wohl Zufriedenheit verleihen können und vermutlich jedes andere mir noch ein Widrigeres gewährt. Meine Existenz mit unüberwindlich schmerzlichen verknüpft, dennoch unbefangener als es in anderer Lage hätte werden können; dahin hat der Zufall uns geleitet, oder wollen wir es eitler ausdrücken; die Vorsehung, ich bin aber kindisch genug, zu meinen, daß ich einen geheimen Schutzgeist habe, denn es ist ungewöhnlich, 79 Jahre alt, blind und dennoch zufrieden zu sein.*

Brief von Edda von Kalb an Hermann Fichte

Berlin den 15. Mai 1843.

Lieber Freund, ich möchte sagen lieber Sohn meiner Mutter, vor 3 Wochen gab die Mutter ein Blatt für Sie an Weiße, der von Leipzig hier war; haben Sie [es] erhalten, so hat sie Ihnen gewiß das Vorgefühl ihres Abschieds von dieser Welt ausgesprochen. In dieser Morgenstunde habe ich der geliebten Mutter Hülle der Erde übergeben, mußte sie verlassen. –

Sie hat Sie bis ans Ende geliebt, und die Sorge um Ihr Geschick, der Wunsch, Nachrichten von Ihnen zu erhalten, hat sie beschäftigt, so lang sie noch wandelte oder vielmehr schon wankte. Die Kräfte waren dies Frühjahr sehr gesunken, und ich mußte wohl die Sorge haben, daß es ein Sinken, was sich nicht wieder höbe; aber ihre Geistes und Willens Kraft, ihre starke Constitution entriß sie immer wieder der Mattigkeit, die sie erfassen wollte, und so stand es bis heute vor 8 Tagen, wo sie Tags vorher den halben Tag außer Bett zugebracht und so geistesfrisch, daß ein Bekannter, dem ich meine Besorgnis aussprach, weil mir besonders eine ungewohnte Bewegung in den Augen bange machte, sie weit weg wies. Am Tag sprach sie noch das lebendigste Interesse und Teilnahme aus; ich las ihr einige Gedichte von W. Humboldt, die schönen Sonette, welche er in den letzten Jahren seines Lebens gedichtet und auch seine Jugendbriefe an Forster vor, und sie war voll Freude bei einigen sie ergreifenden Stellen; auch eine kurze Lebensbeschreibung von Hölderlin, die in der Kölner Zeitung gestanden, woran sie natürlich großen Anteil nahm; es war ein schöner, reicher Tag.

Montag blieb sie zu Bett, doch noch tätig, diktierend, übersetzend, was sie noch zu einer Episode ihrer Cornelia verwenden wollte, dies fast mit fieberhafter Hast: als ich sie bat, sich

lieber vorlesen zu lassen, da sie das Übersetzen zu sehr an-
strengen könne, sagte sie, ich muß arbeiten, ich muß kompo-
nieren. Den Abend sagt ich, man solle mich ja gleich wecken,
wenn sich die Mutter unwohl fühlen sollte, die Leute meinten,
da wäre ja nicht daran zu denken; kaum aber war ich einge-
schlafen, da wurde ich geweckt – es war ein heftiger Brust-
krampf eingetreten; in allem Leiden war sie so weich gegen
die Leute und mich, doch ihres Endes gewiß. Der Arzt kam
schnell, die Mittel linderten die Beschwerde, und sie schlief
einige Stunden ruhig. Der Dienstag war unruhig, doch gegen
Abend wurde die Kranke so ruhig, daß ich wieder Hoffnung
schöpfte; doch kaum nahte die 11te Stunde, so begann wieder
das Leiden, obgleich etwas gemindert. Mittwoch früh hatte
sie kurze Zeit ein so erfrischtes Ansehen, Bouillon schmeckte
ihr, daß auch da die Hoffnung wieder aufstieg, aber der Tag
wurde sehr unruhig, sehr gequält, doch ihre Geduld unerschüt-
terlich, keine Klage kam über ihre Lippen. An diesem Tag
sagte sie zu ihrem Vorleser Pose: ›In stiller heiliger Zuversicht –
nun ist es aus, nicht wahr?‹ – An diesem Tage hatte sie auch
Erscheinung von Licht und Gesang, meist waren aber ihre
Phantasien das Abbild ihres stillen Lebens. Der Donnerstag
war ein traumartiger Zustand, doch mit dem schmerzlichsten
Verlangen nach Ruhe, immer glaubte sie nicht im Bett zu sein
und verlangte danach: doch sprach sie an jenem Tag noch mit
Prinzeß anteilvoll von ferne liegenden Gegenständen. Am
Abend begann der letzte Kampf, lieber Freund, das war hart
anzusehen, und wie hart wär es gewesen, zu fühlen, wie die
arme Brust arbeitete, um sich zu zerstören. Man sagt, der Lei-
dende empfände es nicht, ich glaube es, weil Gott gnädig ist,
auch ist die vollkommene Ruhe des Angesichts dafür sprechend,
aber Augenblicke wird man doch irr an dieser beruhigenden
Vorstellung. Von 10 des Abends dauerte der Kampf bis des an-

dern Tags Freitag nachmittag 3 Uhr. Wie gern hätte man zu gleicher Zeit mit ihr den letzten Kampf gekämpft, das ganze Gemüt sehnt sich danach, doch ich soll warten, bis meine Stunde schlägt. Es war mir auch so schwer, den innigen Wunsch, diesen Sommer, wo ich hier bleibe, mit ihr verleben zu können, aufzugeben, ich hatte eine rechte Sehnsucht danach, fühlte so ganz das Glück, mit der Mutter zu sein. Aber wie ich das Antlitz der Entschlafenen einige Stunden nach ihrem Scheiden wieder sah, da strahlte mir ein Glanz entgegen, ein Ausdruck des siegreichsten Kampfes, es war ein Anblick wie eine Offenbarung, diesen Geist konnte ich nicht wieder auf diese Welt zurückrufen, sein Kind zu sein war ich unwürdig, und Ergebung hat sie mir so selbst geschenkt. Später gewann das Angesicht wieder den uns gewohnten Ausdruck, es ruht ihr Geist, ihre Kraft und ihre Milde auf ihren Zügen, und man konnte dabei nur ihrer gedenken, der Schmerz schwieg. Wie weh tut es, ein Wesen durch Torheit und Jämmerlichkeit gekränkt zu haben, aber sie hat vergeben, und ich fühlte bei ihrem Anblick auch die Vergebung Gottes, denn vergibt ein Wesen, das Mensch gewesen, wie könnte Gott nicht vergeben! Wie schwer und doch wie reich war ihr Leben, ihre Eigentümlichkeit in dem heftigsten Kontrast mit äußern und innern Lebenszuständen, schuf sie sich eine Welt des Friedens und des Glückes in ihrem innersten Gemüt; kein Geistesanklang berührte sie, ohne tiefe Erwiderung, und so bezwang sie die Welt durch den Geist; und so kindlich zugleich kleine Genüsse erkennend, in jedem wer er sei, Gerechter oder Sünder, den wahren Menschen erkennend; und wie dieses rein menschliche Gefühl manchen zur größten Wohltat geworden hab ich einen jungen Mann auf das ergreifendste in diesen Tagen aussprechen hören.

Auf dem Kirchhof der Dreifaltigkeits-Kirche ist die Mutter ein-

gesenkt. Erst war es meine Absicht nicht, einen Prediger dabei gegenwärtig zu haben, glaubte dann aber doch, daß es würdiger, und bat noch gestern nachmittag Marheinecke, ihm dabei die Worte schreibend, die ich Ihnen mitgeteilt und ihn bittend, der Mutter Taufnamen zu nennen, weil sie ihn gern gehört. Und so begann er das Gebet mit der Mutter eigenen Worten und sprach einfach und würdig. – So ist es denn vollbracht.

Ihnen diese Nachricht zu geben war mir eine Herzenspflicht, in dem Gedenken der Mutter, die Sie immer geliebt, die ich liebe. Wenn Sie mir ein Wort senden, so sagen Sie mir doch, ob Hölderlin noch lebt, und den Professor Quenstedt grüßen Sie von mir, und sagen ihm, daß die Mutter nicht mehr unter uns ist, aber ihn im guten Andenken behalten habe bis an das Lebensende. Öde ist es und traurig in meiner Behausung, aber meine Gedanken erheben sich immer wieder zu ihr.

Mit dem herzlichen Wunsch, daß diese Zeilen Sie wohl und zufrieden finden

Edda Kalb.

ANHANG

NACHWORT

Aus wohlhabendem, altadeligem Geschlecht, früh verwaist und von Fremden aufgezogen, einem ungeliebten Mann verheiratet, gescheiterte Liebesbeziehungen zu zwei großen Schriftstellern, Ruin durch Verlust des Familienvermögens, Selbstmord des Ehemanns und eines Sohnes, ein langes Alter in Blindheit; doch kein Unglück, keine Niederlage hat Charlotte von Kalb dauernd niederdrücken und beugen können, weil sie, wie Herder bemerkte, eine sich stets erneuernde Kraftquelle in sich trug: »Die Spenden der Phantasie bleiben unerschöpflich«.

Die erste Fassung der vorliegenden Biographie erschien 1985 und wurde für diese Ausgabe grundlegend überarbeitet. Die Überarbeitung eigener Texte, zumal nach langer Zeit, ist wie jeder weiß, der dergleichen schon unternommen hat, ein angreifendes und heikles Geschäft. Für die Mühen entschädigt hat die Heldin dieser Biographie, Charlotte von Kalb, die mich neu erobert hat, mit dem Reichtum und der spannungsvollen Widersprüchlichkeit ihres Wesens. Da trifft edler Anstand auf leidenschaftliche Heftigkeit, durchdringende Intelligenz auf erschütternde Unklugheit, geistige Energie auf haltlose Sentimentalität. Sie war hellsichtig und verblendet, hochmütig und demütig, witzig und melancholisch, aristokratisch und anarchisch, rebellisch und unbegreiflich passiv, beständig und wankelmütig, sorgfältig auf ihren guten Ruf bedacht und atemberaubend unvorsichtig . . . Wie schlagend konnte sie formulieren. Wenn sie etwa zur Arbeitsfreundschaft von Goethe und Schiller bemerkt, Schiller sei für Goethe *turnierfähig* gewesen, oder über Jean Pauls »Kampanertal«: *Man vergißt nichts leichter als ein Gespräch über die Unsterblichkeit, denn es begegnet uns so wenig . . .*

Sie verdient, daß man ihr gerecht zu werden sucht, sie verdient Gerechtigkeit, die ihr die Nachwelt meist versagt hat, anders als ihre Zeitgenossen. Die Menschen, die sie kennenlernten, fanden sie beeindruckend. Goethe nannte sie *eine geistreiche geliebte Freundin*, behandelte sie ausgesucht höflich und schickte ihr Delikatessen, um sich für ihre großzügige Gastlichkeit zu bedanken: *Darf ich Ihnen, werte Freundin, im Begriff nach Jena zu gehen, ein Fäßchen Caviar zuschikken. Sollten Sie mit Ihrem Herrn Gemahl diese wunderbare Speise nicht selbst lieben, so finden wohl Ihre Gäste Geschmack daran, denen Sie manche freundliche Aufnahme bereiten.* Bedeutende Männer und Frauen haben ihrem Kopf und Herzen ein glänzendes Zeugnis ausgestellt:

Mit jedem Fortschritt unseres Umgangs entdecke ich neue Erscheinungen in ihr, die mich, wie schöne Partien in einer weiten Landschaft, überraschen und entzücken.

Wie sehr wünschte ich ihrem Geist die Welt, für die er eigentlich geschaffen ist. Es liegt unendlich viel eigenes in ihrer Vorstellungskraft und ihre Blicke sind ebenso scharf als tief.
Schiller.

Eine Frau, von mehr Geistesfreiheit, Tiefe, Kraft und Toleranz, als ich je eine gekannt habe ...

Sie hat mehr auf meine Bildung eingegriffen, als alle übrigen Weiber zusammen. Ihren Charakter schildert man zum Teil mit dem Worte, daß sie mit unendlicher Tiefe jeden Charakter eben schildern kann ...

Die Brüningk und die Jüdin Gad ... waren unter meinen
Freundinnen die redlichsten und uneigennützigsten; dann
kommt die Kalb; spät die andern ...

Das Handeln abgerechnet, übertrifft sie jedes Weib.
Jean Paul.

Frau von Kalb ist von allen Frauen, die ich je gekannt habe,
die geistvollste; ihr Geist hat wirklich wie Flügel, mit denen
sie sich, in jedem beliebigen Augenblick, unter allen Umstän-
den, in alle Höhen schwingen kann ...
Rahel Varnhagen.

Und doch ist diese so hoch gerühmte Frau von nachgeborenen Literaturwissenschaftlern und Journalisten geschmäht,
verleumdet, mit Hohn und Spott übergossen und als entschieden pathologische Erscheinung abgetan worden, bestärkt von
Äußerungen Schillers, der Charlotte nach seiner Verlobung
mit Charlotte von Lengefeld bei Braut und Schwägerin in
diesem Sinne denunzierte. Diese Tradition hält bis heute an.
Zwei prominente Beispiele mögen genügen. In seiner 2005 erschienenen Schiller-Monographie schreibt Kurt Wölfel, Schiller habe nach seiner Verlobung mit Charlotte von Lengefeld
mit kalter Genauigkeit entdeckt, was und wie Charlotte von
Kalb schon immer war: schwierig, ja pathologisch, offenbar
ohne auch nur einen Gedanken darauf zu verschwenden,
daß Schiller ein elementares Interesse daran hatte, die Saat
der Zwietracht zwischen der abgelegten Geliebten und der
zukünftigen Ehefrau zu säen – und daß eine solche Entdek-
kung nach einer fünfjährigen intimen Beziehung nicht eben
für sein analytisches Vermögen sprechen würde. Immerhin
hat er offenbar trotz dieser »Erkenntnis« Sympathien für sie

bewahrt: *Schiller ... nähert sich sehr der Titanide und sagte schon 3 mal zu ihr; wir müssen miteinander nach Paris.* Das schreibt Jean Paul Anfang 1799, also zehn Jahre später. Nicholas Boyle charakterisiert Charlotte von Kalb in seiner großen Goethe-Biographie schlicht mit dem Attribut *schwärmerisch-überspannt.* Aber das kann man schließlich auch auf Goethe und Schiller, auf Hölderlin und Jean Paul anwenden, ohne daß damit etwas anderes gesagt ist, als daß sie alle auf ihre Art nicht »normal« und eben auch deswegen genial waren.

Charlotte von Kalb hat mit dem Handikap leben müssen, nur eine Frau zu sein. Als sie das Licht der Welt erblickte, war sie mit den Worten begrüßt worden, *Du solltest nicht da sein*, und ihr Leben lang hat sie mit der ihr zugefallenen Rolle gehadert, die im Mißverhältnis zu ihrer genialischen Natur stand. Man hat es ihr als eine Art Anmaßung verdacht, daß sie, die ein ganz ungewöhnliches Gespür für menschlichen und intellektuellen Rang hatte, sich den großen Dichtern ihrer Zeit geistig ebenbürtig fühlte und ihre Nähe suchte, ohne diesen Anspruch durch ein Werk beweisen zu können. Wahrscheinlich hat sie sich auch deswegen – um sich beweisbar zu machen – so hartnäckig mit literarischen Projekten gemüht, deren Mißlingen den Kritikern dann bestätigte, was sie schon wußten: *Sie hinterließ zwei wunderlich memoiristische Romane ..., die in ihrer aus Überschwänglichkeit des Ausdrucks und Dürftigkeit des Inhalts gemischten Weise ein treues Abbild dieser Frau geben, die als Repräsentantin der am Ausgange des achtzehnten Jahrhunderts in einem Teile der deutschen adligen Frauenwelt herrschenden erkünstelten Überspanntheit angesehen werden kann.* So Alfred Stahr 1876 in »Westermanns Illustrierten Deutschen Monatsheften«. Man wäre wohl sanfter mit ihr umgegangen, wenn sie wenigstens in der Liebe erfolgreich gewesen wäre. So hat man ihr doppeltes Unglück – erst Schiller, dann Jean Paul – als verdiente Abstrafung betrachtet. Wer den Schaden hat, braucht für Spott bekanntlich nicht zu sorgen. Doch ihre wunderbaren Briefe werden ihn überdauern, und die literarischen Figuren, die sie inspirierte. Sie war Schillers Königin, als er seinen »Don Karlos« schrieb, und sie war Jean Pauls Linda de Romeiro, die in seinem Roman »Titan« so unverwechselbar und eindrucksvoll präsent ist.

In dieser Biographie wird viel zitiert. In der Vorbemerkung zur ersten Auflage und Fassung berief ich mich auf Walter Benjamins Traum von Büchern nur aus Zitaten, in denen sich Geschichte gleichsam selbst erzähle, aber natürlich erzählt sich nichts von selbst und gewiß nicht das vorliegende Buch, das chronologisches und thematisches Erzählen und Analysieren zu verbinden sucht. Immer noch aber glaube ich an die Wahrheit des alten »Rede, daß ich dich sehe« – das gilt auch für die oft spröden, sperrigen Sätze der greisen Charlotte von Kalb. Und ich liebe die Vielstimmigkeit, mit der Geschichte (anders als Dichtung gewöhnlich) zu uns spricht. Jede Umschreibung, jede Nacherzählung einer authentischen Äußerung verändert sie, und bis zur Verfälschung ist es oft nur ein kleiner Schritt.

Wiederholen möchte ich einen damals ausgesprochenen Dank in die Vergangenheit. 1902 veröffentlichte Johann Ludwig Klarmann, königlich-bairischer Oberstleutnant a. D., seine »Geschichte der Familie von Kalb auf Kalbsrieth / mit besonderer Rücksicht auf Charlotte von Kalb und ihre nächsten Angehörigen«. In einer Anmerkung schrieb er allzu bescheiden, seine Arbeit dürfe *als Quellenschrift vielleicht den Anspruch erheben, für die noch zu schreibende ausführliche Biographie Charlottens die teilweise Unterlage zu bieten.* Gewiß ist, daß diese Biographie ohne seine ungemein fleißige, detailreiche, genaue, sachliche, ausgewogene Darstellung nicht hätte geschrieben werden können.

QUELLENANGABEN

Folgende Siglen werden verwendet:

Berend = Jean Pauls Sämtliche Werke. Historisch-kritische Ausgabe. Dritte Abteilung. Briefe. Berlin 1958 ff.

Charlotte = Charlotte. Gedenkblätter von Charlotte von Kalb. Herausgegeben von Emil Palleske. Stuttgart 1879 (zuerst 1851).

Cornelia = Cornelia. Für die Freunde der Verewigten. Berlin 1851.

Chronik = Chronik der Stadt Meiningen von 1676-1834. 2. Theil. Meiningen 1835.

Denkwürdigkeiten = Denkwürdigkeiten aus dem Leben von Jean Paul Friedrich Richter. Hrsg. von Ernst Förster. Bd. 2. München 1863.

GSA = Goethe- und Schiller-Archiv, Weimar.

GSW = Johann Wolfgang von Goethe, Sämtliche Werke. II. Abt. Briefe, Tagebücher und Gespräche. Frankfurt a. M. Bd. 3. 1997; Bd. 4. 1998.

GW = Goethes Werke. Hrsg. im Auftrage der Großherzogin Sophie von Sachsen. IV. Abt. Weimar 1892.

HA = Johann Wolfgang von Goethe, Briefe. Hamburger Ausgabe in 4 Bänden. Hamburg 1962-1967.

Hellen = Briefe von Charlotte v. Kalb an Goethe (1783-1830). Hrsg. von Eduard von der Hellen. In: Goethe-Jahrbuch. Bd. 13. Frankfurt am Main 1892. S. 41-79.

Klarmann = Geschichte der Familie von Kalb auf Kalbsrieth. Erlangen 1902.

Knebel = Karl Ludwig Knebels Briefwechsel mit seiner Schwester Henriette (1774-1813), Hrsg. von H. Düntzer. Jena 1858.

Krakau = Biblioteka Jagiellonska, Krakau.

Miller = Jean Paul. Werke. 6 Bde. Hrsg. von Norbert Miller. München 1965.

NA = Schillers Werke. Nationalausgabe. Bd 1 ff. Weimar 1943 ff.

Nerrlich = Briefe von Charlotte von Kalb an Jean Paul und dessen Gattin. Herausgegeben von Paul Nerrlich. Berlin 1882.

Rahel = Rahel Varnhagen, Gesammelte Werke. Hrsg. von Konrad Feilchenfeldt, Uwe Schweikert und Rahel E. Steiner. München 1983.
SLB = Sächsische Landesbibliothek Dresden.
SNM = Schiller-Nationalmuseum Marbach.
StA = Friedrich Hölderlin. Sämtliche Werke. Hrsg. von Friedrich Beißner. Stuttgart 1943-1985.
StB = Staatsarchiv Bamberg.
StW = Staatsarchiv Würzburg.
Urlichs = Charlotte von Schiller und ihre Freunde. 3 Bde. Stuttgart 1860-1865.
WSt = Württembergische Landesbibliothek Stuttgart.

Die Orthographie der historischen Zitate wurde modernisiert, die Zeichensetzung beibehalten, Abkürzungen wurden aufgelöst.
Wenn mehrere Zitate in Folge aus einer Quelle stammen, ist diese nur einmal angegeben.

I DICHTERLIEBE

1 DASEIN
Alle Zitate aus Charlotte.

2 RITTER
Gemeindebuch Waltershausen, StB; Charlotte; an Hermann Fichte (29. Dezember 1831); WSt; Cornelia; Karl Heinrich Freiherr Roth von Schreckenstein, Geschichte der ehemaligen freien Reichsritterschaft in Schwaben, Franken und am Rheinstrome, nach Quellen bearbeitet. 2. Band. Tübingen 1871; Charlotte.

3 GEISTER
Alle Zitate aus Charlotte.

4 KINDER
An Körner (8. Dezember 1787), NA 24; Charlotte; Vormundschaftsakten Marschalk von Ostheim, StB; Charlotte.

5 LESELEBEN
Charlotte; Cornelia; Charlotte; Charlotte an Jean Paul (1. Juni 1802), Nerrlich; Charlotte; Pierre Corneille, Le Cid. Nouveaux Classiques Larousse. Paris 1970; Krakau; an Luise Gotter (25. De-

zember 1796) in: Caroline. Briefe aus der Frühromantik. Nach
Georg Waitz vermehrt hrsg. von Erich Schmidt. Bd. 1. Bern 1970;
an Varnhagen, (4. Mai 1830); Le Cid.

6 APOSTELTAGE

Vormundschaftsakten Marschalk von Ostheim, StB; Gemeinde-
buch Waltershausen, StB; Vormundschaftsakten, StB; Chronik;
Vormundschaftsakten, StB; Gemeindebuch, StB; Freiheits-Büch-
lein (1805) in: Jean Paul, Sämtliche Werke. Abteilung II. Bd. 2.
Hrsg. von Norbert Miller und Wilhelm Schmidt-Biggemann.
München 1976. (Dritter Abschnitt.)

7 SEHR WEISS UND SEHR SCHWARZ

Charlotte; Johann Ludwig von Heß, Durchflüge durch Deutschland, die Niederlande und Frankreich. Bd. 1. Hamburg 1793; Chronik; Charlotte; Johann Georg Pfranger, Der Mönch von Libanon.
Dessau 1782; Wilhelm Reinwald zit. in: Schiller's Briefwechsel
mit seiner Schwester Christophine und seinem Schwager Reinwald. Hrsg. von Wendelin von Maltzahn. Leipzig 1875; Charlotte; Leopold Graf zu Stolberg, Über die Fülle des Herzens.
In: Sturm und Drang. Kritische Schriften. Heidelberg 1963.

8 KATZENPFÖTCHEN

Charlotte; Nerrlich (18. Juni 1799); Charlotte; Vormundschaftsakten Marschalk von Ostheim, StB; Brief von Friedrich Marschalk von Ostheim (13. April 1782), StB; Charlotte.

9 URANIA IN KETTEN

Karl Freiherr von Seckendorff zit. in Klarmann; Charlotte; Brief
Friedrich Marschalk von Ostheim (28. August 1782), StB; Corne-
lia; Charlotte; Götterlehre oder Mythologische Dichtungen der
Alten. In: Karl Philipp Moritz. Werke. Hrsg. von Horst Günther.
Bd. 2. Frankfurt am Main 1981; Charlotte; Brief Friedrich Mar-
schalk von Ostheim, (30. Januar 1782), StB); Charlotte; Brief
Friedrich Marschalk von Ostheim, (29. Oktober 1782), StB; Goe-
the an Karl Ludwig von Knebel (27. Juli 1782) zit. in Klarmann;
Johann August von Kalb an Knebel (20. November 1782) zit. in
Klarmann.

10 FRITZ

Charlotte; Bilder aus vergangener Zeit nach Mittheilungen aus
großentheils ungedruckten Familienpapieren. 1. Theil. Bilder aus
Peter Poels und seiner Freunde Leben. Hamburg 1884; Briefe
Friedrich Marschalk von Ostheim, StB (12. April 1782, 9. Juli
1782, 30. Januar 1782); Bilder aus vergangener Zeit; Briefe Friedrich Marschalk von Ostheim, StB (13. April 1782, 18. Mai 1782,
14. September 1782, 29. Oktober 1782); Charlotte; »Nachricht«
von Friedrich Albrecht von Wechmar, StW; Kopie des Testaments
in StW; Brief von Therese Heyne (20. November 1782), zit. in »Bilder aus vergangener Zeit« (dort von ihr auch ein weiterer, Friedrich Marschalk von Ostheim betreffender Brief); Charlotte an
Peter Poel (28. November 1782) zit. in Klarmann; Charlotte.

11 RAUBZÜGE

Zit. in Klarmann; Nachricht Wechmar, StW; NA 1; zit. in NA
2 A.

12 DER SÜSSE BUND

NA 23 (7. Dezember 1782, 21. Februar 1783, 14. Februar 1783, Mitte
April 1783); »Kabale und Liebe« in NA 5; Charlotte; Brief an Iff-
land (17. April 1796) zit. in Klarmann; Das »Lorbeergedicht« in
NA 2,1; »Hochzeitgedicht auf die Verbindung Henrietten N.
mit N. N. von einem Freunde der Braut« in NA 1; Charlotte;
Johann August von Kalb an Bertuch (6. Oktober 1783) zit. in
Klarmann.

13 DER HOFFNUNG ATMEN

Charlotte; Billet an Einsiedel (undatiert), GSA; Charlotte; Reinwald an Schiller (23. April 1784), NA 33,1; Jens Baggesen, Das Labyrinth oder Reise durch Deutschland und die Schweiz 1789.
Leipzig und Weimar 1995; »Brief eines reisenden Dänen« in
NA 20,1; NA 23 (7. Juni 1784, 24. August 1784); Charlotte; Brief
Heinrich von Kalb (8. September 1784), zit. in Klarmann; NA
34,1 (22. und 27. September 1793).

14 EDLE SEELEN

NA 23 (10. Februar 1785); NA 20,1; Nerrlich (Februar 1799); NA 1;
Charlotte von Kalb. In: Bilder aus der Schillerzeit. Hrsg. von

Ludwig Speidel und Hugo Wittmann. Berlin und Stuttgart 1884; »Freigeisterei« in NA 1; NA 23 (24. August 1784); NA 22; NA 42; »Don Karlos« in NA 6; NA 30 (20. April 1799); NA 6; NA 23 (10. Februar 1785); »Maya – Fimanté« in Charlotte; Charlotte; NA 33,1 (11. und 15. Mai 1785).

15 DER GUTE HEINRICH

NA 33,1 (11. und 13. Mai 1785); Hans Knudsen, Heinrich Beck. Ein Schauspieler aus der Blütezeit des Mannheimer Theaters im 18. Jahrhundert. Leipzig 1912; NA 6; NA 24 (16. April 1786); NA 33,1 (Ende April 1786); zit. in Knudsen; NA 39,1 (31. März 1801).

16 DIE WUNDERBARSTE FRAU

Goethe an Knebel (30. April 1785), GSW 2; Charlotte; »Dichtung und Wahrheit« in: Goethes Werke. Bd. 5. Frankfurt am Main 1965; Sophie von la Roche, Briefe über Mannheim. Zürich 1791 (8. Brief); Bettine von Arnim über Sophie von la Roche in: Die Günderode. Leipzig 1925 (An die Günderrode nach Würzburg); Charlotte; NA 33,1 (Ende April 1785).

17 GOLDENE AUE

Charlotte; Johann August von Kalb an Bertuch (17. August 1786), GSA; NA 33,1 (Anfang oder Mitte Januar 1786); NA 24 (28. September 1785); an Knebel (23. Oktober 1786) zit. in Klarmann; Charlotte; NA 24 (Ende Dezember 1786); Charlotte; Schillers »Geisterseher« in NA 16; Henriette von Arnim an Schiller in NA 33,1 (28. April 1787, 5. Mai 1787); Charlotte; Sophia von Sekkendorff an Alexander von Seckendorff (14. März 1788), SNM; Beck an Gotter (1. März 1787), Forschungsbibliothek Gotha, Schloß Friedenstein; Charlotte.

18 LEBENSPLÄNE

Briefe Schiller an Körner, NA 24 (8. und 9. August 1787, 28. August 1787, 23.-25. Juli 1787, 8. und 9. August 1787; 23.-25. Juli 1787); Charlotte an Schiller, NA 34,1 (18. Juni 1793): Briefe Schiller an Körner NA 24 (12. und 13. August 1787, 29. August 1787); Knebel (31. August 1787); Briefe Schiller an Körner NA 24 (23.-25. Juli 1787, 29. Juli 1787, 12. und 13. August 1787, 18. und 19. August 1787);

Charlotte; NA 33,1 (2. August 1787); Charlotte; NA 24 (29. August 1787); Geschichte des Abfalls der vereinigten Niederlande von der Spanischen Regierung. 1. Band. Leipzig 1788, in NA 17,1; NA 24 (19. November 1787) Körner an Schiller, NA 33,1 (23. November 1787); NA 25 (7. Januar 1788); NA 24 (8. Dezember 1787).

19 CHARLOTTE IN WEIMAR

Herder an Friederike Luise Gräfin zu Stolberg-Stolberg (Anfang 1787) in: Johann Gottfried Herder, Briefe. Bd. 5. Bearbeitet von Wilhelm Dobbek und Günter Arnold. Weimar 1986; NA 24 (12. und 13. August 1787, 14. Oktober 1787); Knebel (17. September 1787, 18. April 1788, 1. Januar 1788. 6. November 1789); Gedicht an Leonore von Kalb, zit. in Klarmann; Charlotte an Herder (18. März 1788, 27. Juni 1793) zit. in Klarmann; an Karoline Herder (18. Juni 1794) zit. in Klarmann; Charlotte; über Charlotte in: Lebensskizze der Frau Charlotte von Kalb, verfaßt von ihrer Tochter Edda, zit. in Klarmann; an Varnhagen (18. Februar 1833), Krakau; Caroline Schlegel an Luise Gotter (25. Dezember 1796) in Waitz/Schmidt (siehe Kap. 5); NA 24 (28. August 1787); Charlotte an Goethe (Ende April 1796), Hellen; Charlotte; Herder (14. Dezember 1787, 23. April 1788); Charlotte an Herders (18. März 1788) zit. in Klarmann; NA 25 (18. Februar 1788); Gedicht in NA 2 II A.

20 GESTORBENE HOFFNUNGEN

Charlotte; Aufzeichnungen Varnhagens in Krakau; Knebel (5. Dezember 1788); Briefe von Karoline Herder (11. September 1788, 20. Februar 1789) in: Johann Gottfried Herder, Italienische Reise. (1788-1789). München 1989; Charlotte; Karoline Herder in »Italienische Reise« (13. Februar 1789, 20. März 1789), Knebel (5. Dezember 1788), NA 25 (4. Dezember 1788), Moritz über »Kabale und Liebe« in: Ein Jahrhundert deutscher Literaturkritik (1750-1850). Bd. 2. Schiller und sein Kreis. Hrsg. von Oscar Fambach. Berlin 1957; Briefe Schillers in NA 25 (27. November 1788, 11. Dezember 1788; 10. und 11. September 1788, 28. September 1789); Caroline von Beulwitz an Schiller in NA 33,1 (28. Oktober 1789, 1. und 2. November 1789); NA 25 (3. November 1789); NA 33,1

400

(1. November 1789); Charlotte; NA 25 (27. November 1789, 3. Dezember 1789); Charlotte von Lengefeld an Schiller in NA 33,1 (5. und 6. Dezember 1789); NA 25 (8. Dezember 1789); die Schwestern Lengefeld/Beulwitz an Schiller, NA 33,1 (7. und 8. Dezember 1789, 7. Dezember 1789, 22. Dezember 1789); anonymer Brief in Urlichs (1, 207); NA 33,1 (4. Februar 1790); NA 25 (5. Februar 1790, 12. Februar 1790); NA 33,1 (9. und 10. Februar 1790, 11. Februar 1790); NA 25 (12. Februar 1790); Charlotte von Stein (13. Oktober 1790) in: Stunden mit Goethe. Hrsg. von Wilhelm Bode. Berlin 1905-1915 (Bd. 5); Charlotte.

21 REVOLUTION

Charlotte; Klarmann; Charlotte; Charlotte von Stein an Charlotte Schiller (Urlichs 2, 11. Juni 1791, 6. März 1790); Goethes Werke. Bd. 1. Frankfurt am Main 1965: Goethe an Charlotte von Kalb (30. April 1790), HA 2; NA 34,1 (18. Juni 1793); an Knebel (Ende Juni 1790), Goethe-Museum Düsseldorf; an Herder (27. Juni 1793), zit. in Klarmann); NA 34,1 (31. Oktober 1793); Cornelia; Charlotte von Kalb an Herder (27. Juni 1793), zit. in Klarmann; Cornelia.

22 HOFMEISTER

Friedrich Hölderlin an seine Mutter (3. Januar 1794), StA 6,1; Charlotte von Kalb an Charlotte von Stein (23. August 1792), Freies Deutsches Hochstift, Frankfurt am Main; Urlichs 3 (27. August 1792); Charlotte an Herder (27. Juni 1793), zit. in Klarmann; NA 34,1 (27. April 1793); NA 26 (17. Juli 1793); NA 34,2 (31. Mai oder 1. Juni 1793); Briefe Charlotte von Kalb an Schiller in NA 34,1 (28 Mai 1793, 31. Mai oder 1. Juni 1793, 1. August 1793); NA 26 (1. Oktober 1793); NA 34,1 (31. Oktober 1793); Behaghel von Adlerskron an Caroline von Beulwitz, zit. in NA 34,2 (4. November 1793).

23 EIN RAD WELCHES SCHNELL LÄUFT

»Hyperion oder Der Eremit in Griechenland«, StA 3; Briefe Hölderlins in StA 6,1: an Stäudlin und Neuffer (30. Dezember 1793), an den Bruder (21. August 1794), an Stäudlin und Neuffer (30. Dezember 1793), an die Mutter (5. Januar 1794), an die Großmutter (25. Februar 1794), an die Schwester (16. Januar 1794), an die Mutter (23. Januar 1794, März 1794), an Neuffer, (März 1794); Gemeindebuch Waltershausen, StB; Hölderlin an die Schwester (16. Januar 1794), an die Mutter (20. April 1794, März 1794), StA 6,1; Ernst Schwendler, zit. in Adolf Beck: Die Gesellschafterin Charlottens von Kalb. Eine Episode im Leben Hölderlins. Versuch und Erklärung archivalischer Dokumente. In: Hölderlin Jahrbuch 1957; an die Schwester (16. Januar 1794), StA 6,1; zit. Beck; Hölderlin an die Schwester (16. Januar 1794), an Neuffer (Anfang Juli 1794), an Hegel (10. Juli 1794), an Schiller (März 1794), StA; Charlotte an Schiller (August oder September 1794, 25. Oktober 1794), NA 35; Hölderlin an Schiller (März 1794), an die Mutter (16. Januar 1795), StA 6,1; Pierre Bertaux, Friedrich Hölderlin. Frankfurt 1978; Charlotte an Hölderlins Mutter (17. Januar 1795), StA 7,2.

24 DAS EIGENSTE SEIN

Rahel; Rahel Levin an Veit und Horn (8. September 1795), Rahel 1; Charlotte an Goethe in Hellen (15. März 1794, Ende 1793, Ende Februar 1794, 15. März 1794); »Die Wahlverwandtschaften« (3. Teil, 5. Kapitel) in: Goethes Werke 3 (siehe Kap. 21); Karoline Schlegel an Novalis (15. November 1798) in Caroline (siehe Kap. 5); Bernhard Rudolf Abeken, Goethe in meinem Leben. Erinnerungen und Betrachtungen. Weimar 1904; Jean Paul an Christian Otto (17. Juni 1796), Berend III,2; Schiller an Körner (2. Februar 1789), NA 25; zit. Köpke (28. Juni 1794); Hellen (9. August 1794); Charlotte; Hölderlin an Neuffer (November 1794), StA 6,1; Hellen (29. März 1799, um den 20. Januar 1795, Ende Januar 1795, 21. Mai 1796); SW 11 (22. März 1796); Hellen (Ende April 1796, Anfang Oktober 1795, 18. Juni 1794); Über die ästhetische Erziehung des Menschen in einer Reihe von Briefen, 4. Brief, NA 20,1: Hellen (Ende April 1796, 18. Juni 1794, Ende April 1796); Charlotte über Goethe an Hermann Fichte (26. September 1832), StW; HA 2 (28. Juni 1794); Hellen (9. August 1794, Mitte September 1795, nach Mitte November 1795); Goethe an Charlotte (etwa 18. November 1795), GSW 4; Hellen (Einleitung);

GW 11 (29. April 1795, 1. Mai 1796); Hellen (4. Mai 1796, 26. April 1796, 25. März 1796); GSW 4 (28. Juni 1794).

25 JUNIUS-STUNDEN

Berend III,2 (5. August 1796); Belagerungskorrespondenz Waltershausen im Bestand Bertuch, GSA; Gemeindebuch Waltershausen, StB; Nerrlich (29. Februar 1796, 27. Juli 1804); Miller 1; Briefe Josephine von Sydow und Jean Paul in Denkwürdigkeiten 2 (5. April 1799, 23. März 1799); Nerrlich (26. März 1796, 13. Mai 1796); Berend III,2 (12. Juni 1796, 17. Juni 1796, 23. Juni 1796); Nerrlich (17. Juni 1796); Berend III,2 (18. Juni 1796, 23. Juni 1796, 17. Juni 1796); Nerrlich (19. Juli 1796); Nerrlich (6. Juli 1796); Miller 4;. Air à trois notes in Jean Jacques Rousseau, Les Consolations des Misères de ma Vie, ou Recueil d'Airs. Romances et Duos. Paris 1781 (Übersetzung in: Gedichte von Friedrich Wilhelm Gotter. Gotha 1787); Berend III,2 (11. Juli 1796).

26 TESTAMENT FÜR TÖCHTER

Berend III,2 (9. März 1796, 6. April 1796); Nerrlich (26.-28. März 1796, 16. Juni 1799); Berend III,2 (11. Juli 1796); Denkwürdigkeiten (16. Oktober 1796); Miller 4; Denkwürdigkeiten (16. Oktober 1796); Berend III,2 (26. Oktober 1796, 8. November 1796); die folgenden Zitate in: »Die Frau ist frei geboren«. Texte zur Frauenemanzipation. Bd. 1. München 1979; Denkwürdigkeiten (hier mit vermutlich falscher Datierung auf den 12. Dezember 1797); Berend III,2 (21. Oktober 1797); Nerrlich (10. November 1797); Über den Einfluß der Leidenschaften auf das Glück ganzer Nationen und einzelner Menschen. Von der Baronin Stael von Holstein. Zürich und Leipzig 1797; Berend III,2 (8. November 1796); Miller 3; Charlotte an Goethe in Hellen (Ende Januar 1795); Nerrlich (November 1798, 16. Juni 1799).

27 RAUBVÖGEL

Berend III,3 (27. und 28. Dezember 1798); Nerrlich (24. Dezember 1798, Februar 1799); Berend III,3 (2. Juli 1799); Nerrlich (6. Januar 1799); Miller 4; Nerrlich (Mitte Juni 1799, 6. Januar 1799, 4. Januar 1798); Denkwürdigkeiten (Oktober 1797, 10. November 1797); Berend III,3 (22. Dezember 1797); Nerrlich (10. Dezember

1797, 15. März 1798); Berend III,3 (27. Oktober 1798); Charlottes undatierte Billette in Nerrlich (Nr. 30-34); Berend III,3 (6. Januar 1799), Nerrlich (8. Juli 1799, Februar 1799); Berend III,3 (4. März 1799); Nerrlich (Februar 1799, Anfang April 1799, April 99, 16. Juni 1799, September 1799, Oktober 1799).

28 DIE LETZTE PFEIFE

Karl Schwartz, Landgraf Friedrich V. von Hessen-Homburg. 3 Bde. Rudolstadt 1878; Susette Gontard an Hölderlin (4. April 1799) in: Hölderlins Diotima Susette Gontard. Hrsg. von Adolf Beck. Frankfurt am Main 1980; ebd. (Herbst 1799); ebd. (Anfang Januar 1800); Miller 4; Nerrlich (Ende Februar 1802); an Bertuch (zwischen April und August 1802), zit. in Klarmann; Karoline Herder an Knebel (25. April 1799) in: Heinrich Düntzer, Ungedruckte Briefe aus Knebels Nachlaß. Bd. 2. Nürnberg 1858; Heinrich Beck über Charlotte in NA 39,1 (27. Dezember 1801, 8. Februar 1802); Urlichs 3 (30. Mai 1802); an Bertuch (zwischen April und August 1802) zit. in Klarmann; Charlotte an Hölderlin (15. Mai 1801) zit. in Klarmann; an Charlotte Schiller, (28. September 1802, Winter 1802), Urlichs 2: Isaak von Sinclair an Hölderlin (Februar 1803), StA 7,1; »Patmos. Dem Landgrafen von Homburg«, StA 2,1.

29 DIE SPENDEN DER PHANTASIE

Charlotte; Klarmann; Gemeindebuch Waltershausen, StB; Charlotte; GW IV,10 (29. August 1794); Charlotte an Goethe (3. September 1794), GSA; Charlotte an Bertuch (zwischen April und August 1802) zit. Klarmann; Klarmann; Charlotte an Schiller (5. und 8. April 1802), NA 39,1; Nerrlich (8. März 1802, 12. März 1802); NA 39,1 (undatiert); NA 30 (25. Juli 1800); Berend III,4 (18. März 1802, 2. November 1801; 20. September 1802).

30 KINDERSTUBE

Miller 3; Nerrlich (8. Juli 1799); Berend III,3 (11. September 1800); Berend III,4 (1. Februar 1802); »Flegeljahre« in Miller 2; Berend III,4 (22. April 1802); Nerrlich (Februar 1802); Charlotte von Kalb an Karoline Herder, zit. in Rolf Vollmann, Das Tolle neben dem Schönen. Jean Paul. Ein biographischer Essay. Tübingen 1975; Miller 3; Nerrlich (Februar 1799); Miller 3; Nerrlich (6. Januar 1799); Miller 3; Nerrlich (6. Januar 1799); Emilie von Berlepsch in Denkwürdigkeiten (21. März 1804); Berend III,4 (8. September 1803); Miller 3; Berend III,4 (8. September 1803).

31 GÖTTERKRIEG

Moritz (siehe Kap. 9); Berend III,4 (8. September 1803); Miller 3; Nerrlich (14. Juni 1802, 6. September 1803, 16. Oktober 1803).

II DAS PHANTOM DER SEHNSUCHT

1 HÄLFTE DES LEBENS

Per Daniel Atterbom, Reisebilder aus dem romantischen Deutschland. Stuttgart 1970; an Körner (28. Mai 1804), NA 32; Nerrlich (14. März 1805, 3. April 1805, 20. November 1809); Charlotte an Erichson (März 1815), GSA; Nerrlich (Frühjahr 1810); Edda von Kalb über ihre Mutter in »Lebensskizze der Frau Charlotte von Kalb«, zit. in Klarmann; Nerrlich (3. April 1805).

2 ALLES VERLOREN

Brief Heinrich von Kalb (7. April 1806), zit. in Klarmann; Nerrlich (30. Juni 1806); »Das Mahl«, abgedruckt in Charlotte; Charlottes Aufzeichnungen zur Geschichte des amerikanischen Freiheitskrieges im SNM.

3 OREADE

Friedrich Kohlrausch, Erinnerungen aus meinem Leben. Hannover 1863; Abeken (siehe Kap. 24); Nerrlich (3. April 1805, 19. Januar 1806); Berend III,5 (15. April 1805); Kohlrausch; Nerrlich (28. Januar 1806); Berend III,5 (17. Dezember 1805); Nerrlich (19. Januar 1806, 3. April 1805, 27. Juli 1804, 19. Januar 1806).

4 GOTTÄHNLICHKEIT

Hellen (4. Mai 1796); Nerrlich (10. April 1805, 11. April 1805); Tasso I,1 in: Goethes Werke 2 (siehe Kap. 16); Johann Gottlieb Fichte, Grundlage des Naturrechts nach Prinzipien der Wissenschaftslehre. Zweiter Teil oder Angewandtes Naturrecht. Jena und Leipzig 1797; Voigt (20. Dezember 1793, 18. Juni 1794) zit. in: J. G. Fichte im Gespräch. Berichte der Zeitgenossen. Hrsg.

von Erich Fuchs in Zusammenarbeit mit Reinhard Lauth und Walter Schieche. Bd. 1. Stuttgart, Bad Cannstadt 1978, Johann Georg Rist, ebd.; Goethe in HA 2 (23. Mai 1794); Hellen (18. Juni 1794); GS IV,10 (wohl Juni 1794); Nerrlich (3. April 1805); Rist in: Fichte im Gespräch (siehe oben); Baggesen an Reinhold (8. Juni 1794) in: Fichte im Gespräch.

5 REVOLUTIONSFREUNDE

An Wilhelm von Humboldt (16. September 1799), HA 2; Gentz (Juli/August 1800), in: Fichte im Gespräch (siehe Kap. 4), Bd 2. 1980; zit. in: Werner Kirchner, Der Hochverratsprozeß gegen Sinclair. Ein Beitrag zum Leben Hölderlins. Frankfurt am Main 1969; Charlotte über Hölderlin in Nerrlich (28. Januar 1806); Sinclair an Hölderlins Mutter (3. August 1806) zit. in Kirchner; Theodor Fontane, Sämtliche Werke. Bd. 1. Hrsg. von Walter Keitel. München 1962; Nerrlich (30. Juni 1806), an Erichson (13. und 16. Oktober 1806), GSA.

6 SCHWIERIGE ZEITEN

An Johanna Fichte (26. Oktober 1806, 18. Dezember 1806) in: Johann Gottlieb Fichte, Briefwechsel, Bd. 2. Hrsg. von Hans Schulz. Hildesheim 1967; Fichte, Reden an die deutsche Nation. Hrsg. von Fritz Medicus. Hamburg 1955; Hufeland, Leibarzt und Volkserzieher. Selbstbiographie von Chr. W. Hufeland, neu hrsg. von Dr. Walter von Brunn. Leipzig, Stuttgart 1837; an Abeken (1. September 1808), Goethe-Museum Düsseldorf; an Erichson, GSA; Knebel (28. April 1810); an Goethe (20. September 1807), Hellen; Karoline von Schwarzburg-Rudolstadt an Charlotte von Kalb (Januar 1807) in: Das Verhältnis der Fürstin Caroline Louise von Schwarzburg-Rudolstadt zu Charlotte v. Schiller und deren Angehörigen. In: Die Grenzboten. Jg. 36. Leipzig 1877; Jean Paul an Emanuel Osmund (9. September 1809) zit. in Nerrlich; Urlichs 3 (24. Januar 1807); Nerrlich (Winter 1809); Berichte aus der Berliner Franzosenzeit. 1807-1809. Nach den Akten des Berliner Geheimen Staatsarchivs hrsg. von Hermann Granier. Leipzig 1913.

7 AUGUST

Achim von Arnim, Sämtliche Romane und Erzählungen, Bd. 1. Armut, Reichtum, Schuld und Buße der Gräfin Dolores. Eine wahre Geschichte zur lehrreichen Unterhaltung armer Fräulein. München 1962; Nerrlich (8. August 1811); an Charlotte Schiller (30. August 1812), in Urlichs 2; Theodor Körner an seinen Vater (10. März 1813), in: »Ich hoffe, der Himmel wird Deutschland erhalten«. Das 19. Jahrhundert in Briefen. Hrsg. von Jürgen Möller. München 1990; an Prinz Wilhelm von Preußen (3. April 1813), in: Erforschtes und Erlebtes aus dem alten Berlin. Berlin 1917; Nerrlich (22. Juni 1813); an Hermann Fichte (21. Mai 1829), WSt; Nerrlich (10. März 1814); Brief August von Kalb (24. November 1815), zit. in Klarmann; Jean Paul an August von Kalb (20. Dezember 1815), zit. in Klarmann; August von Kalb an Hornthal (26. Dezember 1824, zit. in Klarmann); an Hermann Fichte (21. Mai 1829), WSt.

8 MIT GLUT AUF ASBEST SCHREIBEN

GSA (um Mitte 1815); Erichson an Charlotte (3. Juli 1815), GSA; »An Eduard«, StA 2,1; WSt (26. Juli 1830); Erichson an Charlotte (29. Januar 1815), GSA; Charlotte an Erichson (5. Februar 1815), GSA; Erichson an Charlotte (19. Februar 1815), GSA; Charlotte an Erichson (März 1815, 5. September 1815), GSA; Erichson an Charlotte (undatiert), 29. Januar 1815, 19. Februar 1815), GSA; Charlotte (März 1815), GSA; Erichson an Charlotte (18. Februar 1804), GSA; Charlotte, GSA (aus undatierten Briefen); Erichson über Charlotte von Kalb (22. Dezember 1853) zit. in Klarmann.

9 DER DÄMON DES GELDES

Nerrlich (27. Januar 1811, Ende 1814, 19. März 1815); Johanna Fichte (28. September 1816), WSt; an Erichson (1816), GSA; Cornelia; Nerrlich (29. Mai 1816); Charlotte von Stein (Sommer 1816) in: Bode (siehe Kap. 20), Bd. 9; an Knebel (13. September 1816) in: Heinrich Düntzer, Ungedruckte Briefe aus Knebels Nachlaß. 2 Bde. Nürnberg 1858; Klarmann; Charlotte von Stein (11. September 1816) in: Bode, Bd. 9; Johanna Fichte (11. Januar

1818, 30. September 1818), WSt; Nerrlich (22. Mai 1817, Ende Juli
1817, August 1817 (22. Mai 1817).

10 L' HOMME DE DÉSIR

An Hermann Fichte (13. April 1823), zit in Klarmann; Tagebücher
von K. A. Varnhagen von Ense. Hrsg. von Ludmilla Assing.
14 Bde. Leipzig, Zürich, Hamburg 1861-1870. Bd. 1 (September
1837); Edda von Kalb an Hermann Fichte (12. März 1831), zit.
in Klarmann; Charlotte an Varnhagen (16. Februar 1832), Krakau; Johanna Fichte an Charlotte, (11. Januar 1818), WSt; Hermann Fichte an Charlotte (2. Juli 1825), WSt; Krause an seinen
Vater (14. Dezember 1815) in: Der Briefwechsel Karl Christian
Friedrich Krause zur Würdigung seines Lebens und Wirkens.
Hrsg. von Paul Hohlfeld und August Wünsche. Leipzig 1903;
Charlotte an Varnhagen (26. Januar 1833), Krakau; Rahel 1 =
Rahel. Ein Buch des Andenkens für ihre Freunde. 4. Teil. Ber-
lin 1834 (11. September 1824); an Hermann Fichte (Juni 1830,
14. Juli 1827), WSt; Louis-Claude de Saint-Martin, Des Menschen
Sehnen und Ahnen. Leipzig 1814 (Übersetzung Adolph Wagner);
Rahel 3 (August 1823); Rahel 8 = Angelus Silesius und Saint Mar-
tin. Auszüge und Bemerkungen von Rahel. Hrsg. von K. A. Varn-
hagen von Ense. Dritte vermehrte Auflage. Berlin 1849; Saint-
Martin.

11 CORNELIA

Nerrlich (22. Mai 1817, 18. Juli 1810); Varnhagen von Ense, Über
die Schriften der Baronin de la Motte-Fouqué. Ein Gespräch
beim Teetische. In: Werke in fünf Bänden. Hrsg. von Konrad
Feilchenfeldt. Bd. 4. Frankfurt am Main 1990; Nerrlich (18. Juli
1810); »Blütenfall«, zit. in Henriette von Bissing, Das Leben der
Amalie von Helvig. Berlin 1889; Nerrlich (18. Juli 1810); an Krause
(4. August 1818), Sächsische Landesbibliothek Dresden; an Erichson (14. Dezember 1821) zit. in Klarmann; Cornelia; an Karoline Richter (21. November 1814), Nerrlich; Cornelia; an Krause
(4. August 1818), Sächsische Landesbibliothek Dresden; Cornelia.

An Erichson (Januar 1815), GSA; Erichson an Charlotte (19. Februar 1815), GSA; Tagebuchfragmente von Edda von Kalb im SNM; Brief von Mathilde Muhr, SNM; Varnhagen (30. Dezember 1832), Krakau; Charlotte an Varnhagen (10. Januar 1833), Krakau; Charlotte an Edda von Kalb (19. November 1831), WSt; C. M. Wielands Sämmtliche Werke. Bd. 22. Leipzig 1796 (4. Gesang); Urteile über Edda von Kalb zit. in Klarmann; an Hermann Fichte (17. Oktober 1830); an Jean Paul (Frühjahr 1810), Nerrlich; Gräfin Elise von Bernstorff, geborene Gräfin von Dernath. Ein Bild aus der Zeit von 1789-1839. Bd. 1. Berlin 1896; Klarmann; Tagebuch Edda von Kalb, SNM; A. von Boguslawski, Aus der preußischen Hof- und diplomatischen Gesellschaft, Stuttgart und Berlin 1903 (Brief vom 7. April 1826); Karl Gutzkow, Unter dem schwarzen Bären. Erlebtes 1811-1848. Berlin 1971; Tagebuchaufzeichnungen Edda von Kalb, SNM; Klarmann.

Malla Montgomery-Silfverstolpe, Das romantische Deutschland. Reisejournal einer Schwedin (1825-1826). Mit einer Einleitung von Ellen Key. Leipzig 1912; Charlotte an Rahel Varnhagen (26. November 1827), Krakau; Varnhagen an Charlotte (5. Oktober 1831), Krakau; Charlotte an Varnhagen (24. Juli 1833), Krakau; Rahel 3 (14. September 1827, 18. März 1828); Charlotte (»Zu Würzburg und aus Briefen«); an Hermann Fichte (21. April 1843), WSt; Urlichs 2 (16. September 1802); Clemens Brentano (Anfang März 1801) in: Das unsterbliche Leben. Unbekannte Briefe von Clemens Brentano. Hrsg. von Wilhelm Schellbarg und Friedrich Fuchs. Jena 1939; zit. in Charlotte (»Zu Würzburg und aus Briefen«); an Erichson (undatiert), GSA; an Hermann Fichte (24. Mai 1838, 22. März 1835), WSt; an Varnhagen (17. August 1833); Charlotte (»Zu Würzburg und aus Briefen«).

IMMORTELLE

An Hermann Fichte (29. Dezember 1831), WSt; an Varnhagen, Krakau (19. Juli 1834); Hermann Sauppe, Charlotte von Kalb. In: Weimarisches Jahrbuch für deutsche Sprache, Literatur und

Kunst. Hrsg. von Hoffmann von Fallersleben und Oskar Schade. Bd. 1. Hannover, Weimar, Amsterdam 1854; an Varnhagen (26. März 1832); über die warmen Tage an Hermann Fichte (5. August 1830), WSt; an Varnhagen (17. Dezember 1831), Ludwig Börne, Briefe aus Paris. Hrsg. von Alfred Estermann. Frankfurt am Main 1986 (20. Brief); an Hermann Fichte (5. August 1830, 17. Dezember 1831), WSt; an Varnhagen (23. Januar 1831, 31. Januar 1832), Krakau; Varnhagen an Charlotte (16. Februar 1832), Krakau; an Varnhagen (23. Juni 1832), Krakau; an Hermann Fichte (November 1841, Februar 1835), WSt; Hermann Fichte an Charlotte (29. November 1831, 26. Juli 1830, WSt; Charlotte an Hermann Fichte (April 1830), WSt; Hermann Fichte an Charlotte (26. Juli 1830), WSt; Varnhagen an Goethe (26. März 1830) in: Caroline von Wolzogen. Gesammelte Schriften. Hrsg. von Peter Boerner. Hildesheim, Zürich, New York 1988-1999. Bd. 3. Literarischer Nachlaß; Goethe an Varnhagen, zit. Klarmann; Goethe an Caroline von Wolzogen (22. April 1830) in: Gesammelte Schriften, Bd. 3; Charlotte; an Varnhagen (24. Dezember 1832, November 1830), Krakau; Varnhagen an Charlotte (14. Dezember 1830), zit. in Klarmann; Charlotte an Varnhagen, (11. Februar 1832), Krakau; Hermann Fichte an Charlotte (8. September 1832), Charlotte an Hermann Fichte (26. September 1831), WSt; an Adelheid von Schorn-Stein (22. Januar 1840), zit. in Klarmann.

BRIEF EDDA VON KALB AN HERMANN FICHTE (15. Mai 1843) zit. in Klarmann.

PERSONENVERZEICHNIS

Abeken, Bernhard Rudolf (1780-1866), Philologe und Pädagoge, Erzieher von Schillers Söhnen

Adlerskron, Gustav Behaghel von (1766-1842), russischer Offizier aus Livland, Student in Jena

Angelus Silesius (Johannes Scheffler) (1624-1677), religiöser Epigrammatiker, Lyriker, Arzt, Jurist

Atterbom, Per Daniel (1790-1855), schwedischer Schriftsteller

Aubry, Marie (Olympe Marie de Gouges (1755-1793), französische Frauenrechtlerin

Aufseß, Friedrich Wilhelm Freiherr von und zu (1758-1821), seit 1782 Regierungsrat in Bayreuth

Alba, Fernando Alvarez de Toledo, Herzog von (1507-1582), spanischer Feldherr und Politiker

Arnim, Achim von (1781-1831), Dichter

Arnim, Bettine von, geb. Brentano (1785-1859), Schriftstellerin in Berlin, dessen Frau

Arnim, Henriette von (1768-1847), in Dresden

Avila, Teresa von (1515-1582), spanische Karmeliterin, Mystikerin

Baader, Franz von (1765-1841), seit 1826 Professor für Religionsphilosophie an der Universität München

Baggesen, Jens Immanuel (1764-1826), dänisch-deutscher Schriftsteller

Baumann, Katharina, verh. Ritter (1764-1850), Schauspielerin in Mannheim

Bayern, Maximilian I. Joseph, König von (1756-1825)

Bazard, Saint-Amand (1791-1832), Mitbegründer des Saint-Simonismus in Frankreich

Beck, Heinrich (1760-1803), Schauspieler in Mannheim

Berlepsch, Emilie von, geb. von Oppel (1757-1830), Schriftstellerin

Bernhardi, Johann Christian August Ferdinand (1769-1820), Philologe, Schriftsteller in Berlin

Bertuch, Friedrich Justin (1747-1822), Geheimsekretär des Herzogs Karl August, Unternehmer, Verleger, Schriftsteller in Weimar

Beulwitz, Caroline von, geb. von Lengefeld (1763-1847), ab 1794 verheiratet mit Wilhelm von Wolzogen

Bibra, Georg Heinrich Ernst zu Hildburghausen, Freiherr von, Vormund der Marschalk von Ostheimschen Geschwister

Bibra, Karl Ludwig von Bibra auf Irmelshausen (1749-1795), Hofbeamter und Offizier in Meiningen, dessen Sohn, Bruder der Luise von Türck

Bischoff, Ernst (1781-1861), Arzt

Blankenstein, Alexander (ehemals Wetzlar), Fürstlicher Hofkommissar, Hochstapler in Hessen-Homburg

Börne, Ludwig (1786-1837), Schriftsteller

Boguslawski, Albertine von, Hofdame in Berlin

Bonstetten, Karl Viktor von (1745-1832), schweizerischer Philosoph, Naturforscher, Schriftsteller

Breidenstein, Johann Georg (1769-1847), Hofprediger in Hessen-Homburg

Brentano, Bettine siehe Arnim

Brentano, Clemens (1778-1842), Dichter

Brentano, Kunigunde (Gunda) (1780-1863), dessen Schwester, verheiratet mit dem Juristen Friedrich Karl von Savigny

Brinkmann, Karl Gustav von (1764-1847), schwedischer Gesandtschaftssekretär in Berlin

Buchwald, Juliana Franziska von, geb. von Neuenstein (1707-1789), Oberhofmeisterin in Gotha

Byron, George Gordon, 6. Baron von (1788-1824), Dichter

Corday, Marie Anne Charlotte (1768-1793), Mörderin Marats

Corneille, Pierre (1606-1684), französischer Dramatiker

Creuzer, Friedrich (1771-1858), ab 1804 Professor für Philologie und Alte Geschichte in Heidelberg

Dalberg, Friedrich Hugo Reichsfreiherr von (1760-1813), Domherr in Trier, Worms und Speyer, Komponist

Dalberg, Wolfgang Heribert Reichsfreiherr von (1750-1806), Intendant des Mannheimer Theaters

Diderot, Denis (1713-1784), französischer Schriftsteller und Philosoph

Diotima, in Platons »Gastmahl« eine Priesterin, die Sokrates zur Erkenntnis des Wesens der wahren Liebe führt, weibliche Hauptfigur im »Hyperion« Hölderlins und dessen Name für Susette Gontard

Eckermann, Johann Peter (1792-1854), Gehilfe Goethes, Schriftsteller, Bibliothekar in Weimar

Eichhorn, Johann Albrecht Friedrich von (1779-1856), preußischer Staatsmann und Jurist

Einsiedel, Friedrich Hildebrand von (1750-1828), Kammerherr in Weimar

Enfantin, Barthélemy Prosper (1796-1864), Mitbegründer des Saint-Simonismus

Erffa, Sophia von, geb. von Marschall-Greiff (1744-1812)

Erhard, Johann Benjamin (1766-1827), Arzt und politisch-philosophischer Schriftsteller in Berlin

Erichson, Johann (1776-1856), Philosoph, seit 1814 Adjunkt bei der Philosophischen Fakultät der Universität Greifswald, seit 1822 dort außerplanmäßiger, seit 1830 ordentlicher Professor der Ästhetik und Philologie

Falk, Johannes (1768-1826), Schriftsteller und Pädagoge

Fersen, Friedrich Axel Graf (1755-1810), Oberst, später schwedischer Reichsmarschall

Feuchtersleben, Karoline von (1774-1842), Hofdame in Hildburghausen

Fénelon, François de Salignac de la Mothe (1651-1715), französischer Geistlicher und Schriftsteller

Fichte, Johann Gottlieb (1762-1814), Philosoph, 1867 geadelt

Fichte, Johanna, geb. Rahn (1758-1819), dessen Frau

Fichte, Hermann von (1797-1879), Philosoph, seit 1822 Gymnasialprofessor in Saarbrücken, dann in Düsseldorf, 1836 außerplanmäßiger, 1840 ordentlicher Professor in Bonn, seit 1842 in Tübingen, deren Sohn

Fiorillo, Johann Dominik (1748-1821), Maler und Kunstschriftsteller, ab 1781 Zeichenlehrer in Göttingen

Fleischmann, Johann Christian (1758-1832), ab 1779 Hauslehrer der Marschalkschen Schwestern in Meiningen, später Anwalt dort

Fleischmann, Johann Georg, Lehrer an der Meininger Mädchenschule, Religionslehrer von Charlotte Marschalk von Ostheim

Fontane, Theodor (1819-1898), Schriftsteller

Fouqué, Friedrich Baron de la Motte (1777-1843), Schriftsteller

Fouqué, Karoline Philippine Baronin de la Motte, geb. von Briest, Schriftstellerin, dessen Frau

Frankreich

    Ludwig (Louis) XVI., König von (1754-1793)

    Marie Antoinette, geb. Erzherzogin von Österreich, Königin von (1755-1793), dessen Frau

    Napoleon I. Bonaparte, Kaiser von (1769-1821)

Geiger, Augusta von, geb. Kalb (1779-1882), Tochter aus der ersten Ehe von Johann August von Kalb mit Augusta, verh. von Künsberg

Geiger, Leopold von (geb. 1777), kurpfalzbayrischer Offizier, deren Mann

Geispitzheim, Friedrich Alexander Freiherr von (1759-1801), kurpfalzbayerischer Dragonerhauptmann

Geispitzheim, Karolina von, geb. Marschalk von Ostheim (1766-1809), von 1780-1785 Stiftsfräulein in Altenburg, seit 1786 dessen Frau

Genlis, Stéphanie Félicité Ducrest de Saint-Aubin, Comtesse de (1746-1830), Schriftstellerin

Gentz, Friedrich von (1764-1832), Politiker und Schriftsteller in Berlin, dann Wien

Go(c)k, Johanna Christiana, geb. Hayn, verw. Hölderlin (1748-1828), Hölderlins Mutter

Goeckingk, Friedrich Leopold Günther von (1746-1828), Lyriker und Journalist

Goethe, Johann Wolfgang von (1749-1832)

Gontard, Susanne (Susette), geb. Borkenstein (1769-1802), Hölderlins Geliebte

Gore, Emily (1756-1826), in Weimar

Gotter, Friedrich Wilhelm (1746-1797), Schriftsteller und Geheimer Sekretär in Gotha

Günderrode, Karoline von (1780-1806), Dichterin, Stiftsfräulein in Frankfurt am Main

Gutzkow, Karl Ferdinand (1811-1878), Schriftsteller

Guyon, Jeanne Marie Bouvier de la Motte (1648-1717), Quietistin

Hegel, Georg Wilhelm Friedrich (1770-1831), Philosoph

Heim, Johann Ludwig (1741-1819), Prinzenerzieher in Meiningen, später Vizepräsident des Geheimen Konsistoriums und Geheimer Rat in Meiningen, Geologe

Heine, Heinrich 1797-1856), Schriftsteller

Helvig, Anna Amalia (Amalie) von, geb. von Imhoff (1776-1830), Schriftstellerin

Herder, Johann Gottfried (1744-1803), Schriftsteller, Generalsuperintendent und Geheimer Kirchenrat in Weimar

Herder, Karoline, geb. Flachsland (1750-1809), dessen Frau

Herz, Henriette, geb. De Lemos (1764-1847), in Berlin

Hessen-Homburg, Friedrich V. (1748-1820), Landgraf von

Heyne, Therese siehe Huber

Hippel, Theodor Gottlieb von (1741-1796), Schriftsteller, Jurist, tätig in verschiedenen hohen Ämtern in Königsberg

Hoffmann, Ernst Theodor Amadeus (1776-1822), Erzähler, Komponist, Jurist am Berliner Kammergericht

Hölderlin, Friedrich (1770-1843), Dichter

Hölderlins Mutter siehe Gock

Hornthal, Peter von, Advokat in Bamberg

Huber, Ludwig Ferdinand (1764-1804), Schriftsteller

Huber, Therese, geb. Heyne, verw. Forster (1764-1829), Schriftstellerin

Hufeland, Christoph Wilhelm (1762-1836), Arzt in Weimar, Jena und Berlin

Hufeland, Juliane, geb. Amelung (1771-1845), dessen Frau, nach der Scheidung verh. mit Ernst Bischoff

Hugo, Victor (1802-1885), Schriftsteller

Humboldt, Karoline Freifrau von, geb. von Dacheröden (1766-1829)

Humboldt, Wilhelm Freiherr von (1767-1835), Schriftsteller, Diplomat, Bildungspolitiker in Berlin, deren Mann

Hyperion, bei Homer Beiname des Sonnengottes Helios

Iffland, August Wilhelm (1759-1814), Schauspieler, seit 1796 Theaterdirektor in Berlin

Imhoff, Luise von, geb. von Schardt (1753-1803), Schwester Charlotte von Steins

Jacobi, Friedrich Heinrich (1743-1819), Philosoph, Schriftsteller

Jean Paul (Johann Paul Friedrich Richter) (1763-1825), Schriftsteller in Hof, Leipzig, Berlin, Meiningen, Bayreuth

Jung, Heinrich (Jung-Stilling) (1740-1817), Professor der Kameralistik, Schriftsteller

Kalb, Familie

Kalb auf Kalbsrieth, Karl Alexander von (1712-1791), Kammerpräsident in Weimar

Kalb, Johann August Alexander von (1747-1814), ehemaliger Kammerpräsident in Weimar, dessen Sohn

Eleonore von, geb. Marschalk von Ostheim (1764-1831), dessen Frau

Kalb, Heinrich von (1752-1806), Hauptmann in französischen Diensten, Sohn von Karl Alexander von Kalb

Charlotte, geb. Marschalk von Ostheim (1761-1843), dessen Frau

Kinder:

–, Karl Friedrich (Fritz) Heinrich Alexander von (1784-1852), Offizier

–, Franziska, geb. O'Brien, dessen Frau

–, Adelheid Antoinette Sophie von (19. April – 10. Mai 1786)

–, Amalie Rezia Eleonore Adelaide (Edda) von (1790-1874), Hofdame in Berlin

–, August von (1793-1825), Offizier

Kinder von Heinrich von Kalb und Barbara Tod:

–, Karl (1800-1860)

–, Luise (1801-1865), ab 1818 in Bamberg, Trabelsdorf, Burglisberg, später verheiratet mit dem Musiker Schmitt in Neuhausen

Kalb, Johann (1721-1780), gebürtig aus Hüttendorf bei Erlangen, dann Offizier und General in amerikanischen Diensten

Kerner, Justinus (1770-1812), Arzt, Schriftsteller

Kirms, Wilhelmine (geb. 1772), ab 1792 Gesellschafterin Charlotte von Kalbs in Waltershausen, 1795 Gouvernante in Meiningen, Mitte Juli dort Geburt einer Tochter, die ein Jahr später starb

Kleist, Heinrich von (1777-1811), Dramatiker, Erzähler

Knebel, Henriette (1755-1813)

Knebel, Karl Ludwig von (1744-1834), Schriftsteller und Übersetzer in Weimar, deren Bruder

Körner, Anna Maria (Minna), geb. Stock (1762-1843)

Körner, Christian Gottfried (1756-1831), Jurist, Konsistorial- und Appellationsgerichtsrat in Dresden, deren Mann

Körner, Theodor (1791-1813), Schriftsteller in Wien, deren Sohn

Kohlrausch, Friedrich (1780-1856), Arzt

Krause, Karl Christian Friedrich (1781-1832), Philosoph

Krüdener, Juliane Freiin von, geb. Freiin von Vietinghoff (1774-1824), Schriftstellerin

Lafayette, Marie Joseph de Motier, Marquis de (1757-1834), französischer General und Staatsmann

La Roche, Marie Sophie von, geb. Gutermann (1731-1807), Schriftstellerin in Speyer

Lengefeld, Louise von (1743-1823), Hofmeisterin in Rudolstadt

Lengefeld, Charlotte von siehe Schiller

Lindblad, Adolf (1801-1871), schwedischer Komponist

Loder, Justus Christian (1753-1822), Professor der Medizin in Jena, ab 1803 in Halle

Lukrez (Carus Titus Lucretius) (um 98-55 v. Chr.), römischer Dichter

Manzoni, Alessandro (1785-1873), italienischer Schriftsteller

Marat, Jean Paul (1744-1793), französischer Arzt und revolutionärer Journalist

Marschalk von Ostheim, Dietrich Christian Ernst, zu Walldorf (1743-1803)

Marschalk von Ostheim, Heinrich August von, zu Marisfeld und Trabelsdorf (1726-1809), Hochfürstlich Bambergischer Geheimer Hof- und Kriegsrat

Marschalk von Ostheim, Johann Friedrich Philipp Freiherr (1723-1769)

Marschalk von Ostheim, Wilhelmine Rosina, geb. von Stein (1733-1769), dessen Frau

Kinder:

–, Johann Christian August Friedrich Wilhelm Gottlob Egyd, genannt Fritz (1760-1782)

–, Wilhelmine siehe Waldner von Freundstein

–, Eleonore siehe Kalb

–, Karolina siehe Geispitzheim

Matthisson, Friedrich (1761-1831), Schriftsteller

Mayer, Karoline siehe Richter

Metastasio, Pietro (1698-1782), italienischer Schriftsteller, Verfasser von Libretti für Opern, Singspiele, Kantaten, ab 1730 als Hofdichter in Wien

Meyer, Johann Heinrich (1760-1832), Direktor der Zeichenschule in Weimar, Kunsthistoriker

Mirabeau, Honoré Gabriel Victor Riqueti, Comte de (1749-1791), französischer Politiker und Publizist

Montaigne, Michel de (1533-1592), Essayist

Moritz, Karl Philipp (1756-1793), Schriftsteller, Gymnasialprofessor in Berlin

Moser, Friedrich Karl Freiherr von (1723-1798), Jurist, politischer Schriftsteller

Müller, Johannes von (1752-1809), Schweizer Historiker

Münch, Wilhelm Heinrich (1769-1827), Hauslehrer bei Charlotte von Kalb in Waltershausen

Nenninger, Johann Friedrich (1760-1828), seit 1780 Nachfolger seines Vaters als Pfarrer in Waltershausen

Neuffer, Christian Ludwig (1769-1839), Pfarrer, Dichter, Übersetzer, Freund Hölderlins

Osmund, Emanuel (1765-1842), Bankier, Freund Jean Pauls

Otto, Christian (1783-1823), Jurist, Schriftsteller, Freund Jean Pauls

Otto, Amöne, geb. Herold (1774-1837), Schriftstellerin

Pfranger, Johann Georg (1745-1790), Hofprediger in Meiningen, Schriftsteller

Platon (um 427-347 v. Chr.)

Poel, Peter (1760-1837), Studienfreund von Friedrich Marschalk von Ostheim in Göttingen, später Kaufmann in Altona und Herausgeber des »Altonaer Merkur«

Preußen

   Friedrich Wilhelm III., König von (1770-1840)

   Luise, geb. Prinzessin von Mecklenburg-Strelitz (1776-1810), dessen Frau

   Friedrich Wilhelm IV., König von (1795-1861)

   Wilhelm Friedrich Karl, Prinz von (1783-1853)

   Marianne, geb. Prinzessin von Hessen-Homburg, Prinzessin von (1785-1846), dessen Frau

Properz (Sextus Aurelius Propertius) (um 47 - um 16 v. Chr.), römischer Lyriker

Racine, Jean (1639-1699), französischer Dramatiker

Ranke, Leopold von (1795-1886), Historiker

Reinhold, Karl Leonhard (1758-1823), Professor der Philosophie in Jena

Reinhold, Sophie, geb. Wieland (1768-1837), dessen Frau

Reinwald, Wilhelm Friedrich Hermann (1737-1815), Bibliothekar und Rat in Meiningen

Reinwald, Christophine, geb. Schiller (1757-1847), dessen Frau

Richardson, Samuel (1689-1761), englischer Romancier

Richter, Johann Paul Friedrich (Jean Paul) (1763-1825)

Richter, Karoline, geb. Mayer (1777-1860), dessen Frau

Riemer, Friedrich Wilhelm (1774-1845), Schriftsteller

Robespierre, Maximilien (1758-1794), Revolutionär, Jurist

Rotenhan, Maria Juliana Eleonore Gräfin (1722-1773), Tante von Charlotte

Rousseau, Jean-Jacques (1712-1778), Schriftsteller

Rückert, Friedrich (1788-1866), Lyriker, Übersetzer, Orientalist

Rußland

    Alexander I. Zar (1777-1825)

    Katharina II., geb. Prinzessin von Anhalt-Zerbst, Zarin (1729-1796)

Sachsen-Gotha-Altenburg, Maria Charlotte Amalie von, geb. Prinzessin von Sachsen Meiningen (1751-1826)

Sachsen-Hildburghausen, Ernst Friedrich III. Karl, Herzog von (1727-1780)

Sachsen-Meiningen

    Charlotte Amalie, geb. Prinzessin von Hessen-Philippsthal, Herzogin von (1730-1801)

    Georg I. Friedrich Karl Herzog von (1761-1803)

Sachsen-Weimar-Eisenach

    Anna Amalia von, geb. Prinzessin von Braunschweig-Wolfenbüttel, Herzogin von (1739-1807)

    Karl August Herzog von (1757-1818)

    Luise Auguste Herzogin von, geb. Prinzessin von Hessen-Darmstadt (1757-1830), dessen Frau

Saint-Martin, Louis Claude de (1743-1803), französischer Theosoph

Saint-Simon, Claude Henri de Rouvray de (1760-1825), sozialistischer Reformer

Sappho (um 600 v. Chr.), griechische Lyrikerin

Schadow, Johann Gottfried (1764-1850), Bildhauer, Kunstschriftsteller, seit 1816 Direktor der Berliner Akademie der Künste

Schardt, Sophie von, geb. von Bernstorff (1755-1819), Schwägerin von Charlotte von Stein

Schiller, Charlotte, geb. von Lengefeld (1766-1826)

Schiller, Friedrich von (1759-1805)

Schlabrendorf(f), Auguste Sophie Charlotte, Gräfin, später verheiratet mit Ernst Schwendler

Schlegel, August Wilhelm (1767-1845), Schriftsteller

Schlegel, Friedrich (1772-1829), Schriftsteller

Schlegel Caroline, geb. Michaelis, verw. Böhmer (später Schelling) (1763-1809), Frau von August Wilhelm Schlegel

Schleiermacher, Friedrich (1768-1834), Theologe

Schröter, Corona (1751-1802), Schauspielerin in Weimar

Schwan, Christian Friedrich (1733-1815), Verlagsbuchhändler und Lexikograph in Mannheim

Schwan, Margaretha (1767-1796), dessen Tochter

Schwarzburg-Rudolstadt, Karoline Luise Fürstin von, geb. Prinzessin von Hessen-Homburg (1771-1854)

Schwendler, Johann Valentin (1738-1784), Amtmann

Schwendler, Ernst (1774-1853), Kaufmann in Frankfurt, dessen Sohn

Schwendler, Friedrich Christian August (1773-1844), Sohn von Johann Valentin Schwendler, Kabinetts-Sekretär in Meiningen, seit 1802 verheiratet mit der Gräfin Schlabrendorf(f), seit 1816 in Weimarischen Regierungsdiensten und dort geadelt

Seckendorff, Karl Freiherr von (1736-1796), Minister in Bayreuth

Seckendorff, Karolina Friederika Freifrau von, geb. von Stiebar, dessen Frau

Seckendorff, Friederike Karolina, Freiin von, verh. Aufseß (1762-1796), deren älteste Tochter, Charlottes Freundin Mathilde (?)

Seckendorff-Aberdar, Siegmund Freiherr von (1744-1785), Kammerherr in Weimar

Seckendorff, Leopold von (1775-1809), Jurist

Seckendorff, Sophia Friederike, geb. von Kalb (1755-1820), dessen Frau

Seuse (Suso), Heinrich (1295-1366), Mystiker

Sinclair, Isaak von (1775-1815), Regierungsbeamter, Diplomat, Schriftsteller in Hessen-Homburg

Montgomery-Silfverstolpe, Malla (1782-1861), schwedische Schriftstellerin, befreundet mit Amalie von Helvig

Staël-Holstein, Anne Louise Germaine de, geb. Necker (1766-1817), Schriftstellerin

Stäudlin, Gotthold Friedrich (1758-1796), Kanzleiadvokat und Schriftsteller in Stuttgart, Freund Hölderlins

Stein, Charlotte von, geb. von Schardt (1742-1827), in Weimar

Stein, Ernst Josias Friedrich von (1739-1793), Oberstallmeister in Weimar, deren Mann

Stein, Dietrich Philipp August Freiherr von (1741-1803), auf Ost- und Nordheim, Onkel Charlotte von Kalbs

Stein, Susanne Wilhelmine Elisabeth, geb. von und zu der Tann (1737-1797), dessen Frau

Stein, Karl Heinrich vom und zum (1757-1831), preußischer Staatsmann

Stock, Johanna Dorothea (Dora) (1760-1832), Malerin in Dresden

Stolberg, Friedrich Leopold Graf zu (1750-1819), Amtmann und Schriftsteller in Neuenburg

Sydow, Josephine von (= Marie-Josephine de Lescun de Monbart) (1758?-1829), französische Schriftstellerin

Tasso, Torquato (1544-1595), Dichter

Tauler, Johannes (um 1300-1361), Mystiker

Teerstegen, Gerhard (1697-1769), Mystiker

Tod, Barbara, später verh. Mohr (1775-1835), Freundin Heinrich von Kalbs in Trabelsdorf und Burglisberg

Türck, Luise von, geb. Freiin von Bibra (1744-1779), Pflegemutter der Marschalk von Ostheimschen Schwestern

Türck, Otto Philipp von (1728-1797), Kammerpräsident in Meiningen, deren Mann

Unger, Manasse (1802-1868), Geometer, Maler, Kunstschriftsteller

Unzelmann, Friederike, geb. Flittner (1768-1815), Schauspielerin in Berlin

Varnhagen von Ense, Rahel, vorm. Robert, geb. Levin (1771-1833)

Veit, David (1771-1814), Medizinstudent, seit 1799 Arzt in Hamburg, Jugendfreund Rahel Varnhagens

Vischer, Louise Dorothea (1751-1816), Hauptmannswitwe in Stuttgart, Schillers »Laura«

Veit, Brendel, geb. Mendelssohn, später Dorothea Schlegel (1764-1839), Schriftstellerin

Voigt, Christian Gottlob von (1743-1819), Geheimer Regierungsrat in Weimar

Voltaire (François Marie Arouet) (1694-1778), Schriftsteller

Vulpius, Christiane, später verh. Goethe (1765-1816)

Wagner, Ernst (1793-1874), Schriftsteller in Meiningen

Waldner von Freundstein, Gottfried Freiherr (1757-1818)

Waldner von Freundstein, geb. Marschalk von Ostheim, Wilhelmine (1762-1763), dessen Frau

Wechmar, Friedrich Albrecht von (1746-1813), Vormund der Marschalk von Ostheimschen Waisen

Wieland, Christoph Martin (1733-1813), Schriftsteller in Weimar

Wieland, Anna Dorothea geb. von Hillenbrandt (1746-1801)

Wieland, Maria Karolina Friederica (1770-1851), deren zweite Tochter

Wintzigerode, Georg Ernst Levin Reichsgraf von (1752-1834), württembergischer Minister

Wollstonecraft, Mary, verh. Godwin (1759-1797), Schriftstellerin, Frauenrechtlerin

Woltmann, Karl Ludwig von (1770-1817), Historiker

Woltmann, Karoline von, geb. Stosch, gesch. Müchler (1782-1847), Schriftstellerin, dessen Frau

Wolzogen, Ernst Ludwig Freiherr von, auf Bauerbach (1723-1774)

Wolzogen, Henriette Freiin von, geb. Marschalk von Ostheim (1745-1788), dessen Frau

Wolzogen, Charlotte von (1766-1794), Tochter von Henriette von Wolzogen, deren Tochter

Wolzogen, Wilhelm Freiherr von (1762-1809), Karlsschüler, Leutnant und Hofarchitekt in Stuttgart, Kammerrat in Weimar, deren Sohn
Wolzogen, Karoline von siehe Beulwitz

Württemberg
Karl Eugen, Herzog von (1728-1793)
Friedrich Wilhelm Karl Herzog von (1754-1816), später König Friedrich I.

Zelter, Karl Friedrich (1758-1832), Komponist, Musiker, Leiter der Singakademie in Berlin
Zielinski, Wilhelmine von, Frau eines preußischen Generals

it 3234, Ursula Naumann, *Schillers Königin. Das Leben der Charlotte von Kalb*. © Insel Verlag Frankfurt am Main und Leipzig 2006. Der Text erschien erstmals 1985 unter dem Titel »Charlotte von Kalb. Eine Lebensgeschichte (1761-1843)« in der J. B. Metzlerschen Verlagsbuchhandlung Stuttgart. Er wurde für die vorliegende Ausgabe grundlegend überarbeitet.

Ursula Naumann
Schiller, Lotte und Line

Eine klassische Dreiecksgeschichte
Mit zahlreichen Abbildungen
insel taschenbuch 3079

Friedrich Schiller zwischen zwei Frauen: Ursula Naumanns
Buch über seine Liebe zu den Schwestern von Lengefeld zeigt
eine bislang nur wenig bekannte Seite des Dichters. Nach seiner Verlobung mit Charlotte von Lengefeld schrieb er Liebes-
briefe an sie *und* ihre verheiratete Schwester Caroline, in denen er von einer ménage à trois träumt.

»Hier wird auf knappstem Raum die private Affäre als ein
Stück exemplarische Kulturgeschichte entfaltet. Indem Naumann die Vorgeschichte von Schillers Vermählung als Teil einer ganzen Gefühlskultur beschreibt, die im Sog literarischer
Modelle die Dreiecksliebe zum verlockenden Experiment
werden liess, bleibt vom Skandalösen wenig übrig. Für den
Wegfall der voyeuristischen entschädigt die Zunahme der intellektuellen Spannung bei Naumann indessen mehr als genug.« *Neue Zürcher Zeitung*

NF 704/1/9.06

»Frauen um Goethe«
im insel taschenbuch

Behalte mich ja lieb! Christianes und Goethes Ehebriefe.
Auswahl und Nachwort von Sigrid Damm. it 2450. 170 Seiten

Sigrid Damm. Christiane und Goethe. Eine Recherche.
it 2800 und it 3009. 540 Seiten

Sigrid Damm. Cornelia Goethe. it 1452. 272 Seiten

Christiane Goethe. Tagebuch 1816 und Briefe. Aus der
Handschrift herausgegeben von Sigrid Damm.
it 2561. 478 Seiten

Dagmar von Gersdorff. Goethes Mutter. Eine Biographie.
it 2925. 464 Seiten

Dagmar von Gersdorff. Marianne von Willemer und
Goethe. Geschichte einer Liebe. it 3150. 302 Seiten

Doris Maurer. Charlotte von Stein. Eine Biographie.
it 2120. 303 Seiten

Ruth Rahmeyer. Ottilie von Goethe. Eine Biographie.
it 2875. 416 Seiten

Ruth Rahmeyer. Werthers Lotte. Goethes Liebe für einen
Sommer. Die Biographie der Charlotte Kestner.
it 2272. 271 Seiten

Goethes Ehe in Briefen. Der Briefwechsel zwischen Goethe
und Christiane Vulpius. Herausgegeben von Hans Gerhard
Gräf. it 1625. 1048 Seiten

Goethes Gretchen. Das Leben und Sterben der Kindsmörderin Margaretha Brandt. Nach den Prozeßakten dargestellt von Siegfried Birkner. it 2563. 149 Seiten

Lieber Engel, ich bin ganz dein! Goethes schönste Briefe an Frauen. Herausgegeben von Angelika Maass. it 2150. 486 Seiten

Liebesgedichte. Ausgewählt von Karl Eibl. it 2825. 108 Seiten

Erotische Gedichte. Gedichte, Skizzen und Fragmente. Herausgegeben von Andreas Ammer. it 1225. 246 Seiten